KB091080

송응창의 《경략복국요편》 역주

# 명나라의 임진전쟁

4

전후 처리

송응창의 《경략복국요편》 역주

# 명나라의 임진전쟁

## 4

## 전후 처리

구범진 · 김슬기 · 김창수 · 박민수 · 서은혜 · 이재경 · 정동훈 · 薛戈 역주

## 일러두기 및 범례

　『명나라의 임진전쟁』(송응창의 『경략복국요편』 역주)은 임진왜란 당시 명군의 최고 지휘관이었던 송응창(宋應昌)의 『경략복국요편』에 대한 번역과 주석이다. 역주의 저본으로는 1929년 남경(南京) 국학도서관(國學圖書館) 영인본의 1968년 대만 화문서국(華文書局) 재영인본[중화문사총서(中華文史叢書) 19]을 사용하였다. 그리고 같은 영인본을 1990년 북경(北京) 전국도서관문헌축미복제중심(全國圖書館文獻縮微復制中心)에서 재영인한 판본[『임진지역사료회집(壬辰之役史料匯輯)』 상(上)]과 대조하여 중화문사총서본의 빠진 부분을 보완하였다.

　『경략복국요편』은 송응창이 만력 23년(1595) 전후에 간행하였으나 청대에 금서(禁書)가 된 이후 전해지는 실물이 극히 드물었다. 1929년 국학도서관장 유이징(柳詒徵: 1880-1956)은 『경략복국요편』의 가치를 알아보고 그 전본(傳本)이 드문 것을 애석하게 여겨 국학도서관에 소장되어 있던 팔천권루본(八千卷樓本) 『경략복국요편』을 영인하도록 하였다. 이때 무봉림(繆鳳林, 1898-1959)이 『경략복국요편』의 제요(提要)를 작성하고 『우림집(寓林集)』에 실린 송응창의 행장(行狀)과 그 부인 숙인(淑人) 고씨(顧氏)의 묘지명(墓誌銘)을 발굴하여 영인본의 부록으로 실었다.

○ 원문의 오류

  - 원문의 오류는 원문 교감에서 각주를 통해 밝히고, 번역본에
    서는 오류를 정정하여 번역한다.


○ 문서 번호

  - 문서 제목 위에 각 권(卷)과 문서 순서를 기준으로 문서 번호
    를 표기한다.
  - 勅, 華夷沿海圖, 附는 통합하여 권0으로 간주하고 문서 번호를
    부여한다.
  - 後附, 行狀, 墓誌銘, 跋은 통합하여 권15로 간주하고 문서 번호
    를 부여한다.
    예) 15-1-2 문서방에서 내각에 전한 상유
    文書房傳諭內閣 | 後附, 8b


○ 문서 해설

  - 문서 제목 다음에 해당 문서에 대한 해설을 삽입한다.
  - 문서 해설은 날짜, 발신자, 수신자, 내용, 관련자료로 구성한다.
  - 날짜는 왕력과 서력을 병기한다.
    예) 만력 20년 5월 10일(1592. 6. 19.)
  - 수신자는 관직과 성명을 풀어쓴다.
    예) 石大司馬 → 병부상서(兵部尙書) 석성(石星)


○ 문서의 인용 표기

  - 제1인용 = " ", 제2인용 = ' ', 제3인용 = 「 」으로 표기한다.
  - 인용된 문서의 분량이 긴 경우에는 문단 좌측에 여백을 주어

구분한다.

○ 한자 표기
  - 한자가 필요한 경우 한글과 한자를 병기한다.
    예) 송응창(宋應昌)
  - 한자 병기는 각 권을 기준으로 첫 번째 등장할 때만 표기한다.
  - 번역문과 원문이 다를 경우 [ ]로 표기한다.
    예) 순안어사[按院]

○ 일본 인명 표기
  - 일본어 인명과 한자 표기가 일치하는 경우에는 ( ) 안에 한자를 병기한다.
    예) 고니시 유키나가(小西行長), 유키나가(行長)
  - 일본어 인명과 한자 표기가 다른 경우에는 [ ] 안에 한자를 병기한다.
    예) 고니시 유키나가[平行長]

○ 숫자 표기
  - 만 단위를 기준으로 나누되 우리말 "만"을 표시해주고, 나머지 숫자는 붙여 쓰도록 한다.
    예) 4만 5500석

○ 문장의 주어
  - 주어가 축약되었거나 3인칭인 경우 정확한 대상으로 번역한다.
    예) 李提督→ 제독 이여송 / 該部 → 병부 또는 송응창

○ 문서의 투식

- 문서의 행이(行移) 과정을 보여주는 어구(語句)는 인용부호로 대체하며 번역하지 않는다.

  예) 等因, 等情, 欽此, 備咨到臣, 備咨前來, 送司, 到部, 案呈到部


○ 종결형의 번역

- 동일한 수신자에게 보낸 문서라도, 그 서식에 따라 문장의 종결형은 달리한다. 관문서는 관직의 상하관계에 따라 종결형을 달리하며, 사문서는 모두 경어체를 사용한다.

  예1) 송응창이 이여송에게 보낸 관문서는 송응창이 상사이므로 평어체로 번역한다.

  예2) 송응창이 이여송에게 보낸 사문서는 경어체로 번역한다.

  예3) 송응창이 석성에게 보낸 관문서는 석성이 상사이므로 경어체로 번역한다.

  예4) 송응창이 석성에게 보낸 사문서는 경어체로 번역한다.


○ 공식 문서의 종류와 번역

- 상주문: 신료가 황제에게 올리는 문서로 제본(題本), 주본(奏本) 등이 있다. 종결어는 경어체로 처리하였다.

- 상행문: 관부문서로 하급기관에서 상급기관에 보내는 문서이다. 정문(呈文), 품(稟) 등이 있다. 종결어는 경어체로 처리하였다.

- 평행문: 관부문서로 발신자와 수신자가 통속관계가 없을 때 보내는 문서이다. 자문(咨文)이 있다. 종결어는 경어체로 처리하였다.

- 하행문: 관부문서로 상급기관에서 하급기관에 보내는 문서이

다. 표문(票文), 패문(牌文), 차문(箚文), 차부(箚付) 등이 있다. 종결어는 평어체로 처리하였다.

○ 서간문의 번역

- 서간문은 관품과 관계없이 경어체로 처리하였다.
- 서간문에서 대하(臺下), 합하(閣下), 문하(門下), 존대(尊臺) 등은 상대방을 가리키는 존칭이다.

○ 각주 형식

- 각주의 표제어가 문장인 경우 …… 말줄임표로 표기한다.
  예) 강한 쇠뇌가 …… 뚫지 못할까
- 명 실록은 '명+왕호+실록' 조선 실록은 '왕호+실록'으로 표기한다.
  예) 『명태조실록』, 『선조실록』

# 차례

經略復國要編
권12

經略復國要編
권13

# 經略復國要編

권12

## 12-1

# 동쪽을 정벌하는 일의 어려움을 사실대로 아뢰고 파직을 청하는 상주

直陳東征艱苦幷請罷官疏 | 권12, 1a-6a

**날짜** 만력 21년 11월 1일(1593. 11. 23.)

**발신** 송응창(宋應昌)[1]

**수신** 만력제(萬曆帝)

**내용** 조선 사안과 관련해서 자신에 대한 탄핵에 반박하는 상주이다. 매우 불리한 상황에서 전쟁을 치렀다는 점, 이를 만회하기 위해 봉공(封貢: 책봉과 조공)을 미끼로 일본군을 속이는 전략을 취하였다는 점을 강조하고 있다. 아울러 일본군이 완전히 물러가고 조선의 방어체제가 완비될 때까지는 명군을 주둔시켜 방어할 것을 제안하였다.

동쪽을 정벌하는 일은 어렵고 힘든데 재주는 소략하고 지혜는

-------

1 송응창(宋應昌): 1536~1606. 명나라 사람으로 항주(杭州) 인화현(仁和縣) 출신이다. 호는 동강(桐岡)이다. 가정(嘉靖) 44년(1565)에 진사(進士)가 되었다. 임진왜란 때 1차로 파병된 조승훈(祖承訓)이 평양성 전투에서 패배하고 요동으로 돌아가자, 명나라 조정은 병부시랑(兵部侍郎) 송응창을 경략군문(經略軍門)으로, 도독동지(都督同知) 이여송(李如松)을 제독군무(提督軍務)로 삼아 4만 3000명의 명군을 인솔하게 하여 조선으로 출병시켰다. 그는 조선에 군사를 파견하거나 부상병을 돌려보내거나 군수물자를 수송하는 등의 지원을 하였다. 송응창은 벽제관(碧蹄館) 전투 후 도요토미 히데요시(豊臣秀吉)를 일본 국왕으로 책봉하고 영파(寧波)를 통해 조공하도록 하는 봉공안(封貢案)을 주도하였다.

졸렬하니, 황제[聖明]께 청하어 신속히 큰 계획을 정하여 특별히 저를 파직해주시어 사람들의 말에 사과하는 일.

신(臣: 송응창)은 본래 비루하고 졸렬하여 뭐하나 쳐줄 만한 것이 없음에도 황상(皇上)께서 동방(東方)의 업무를 신에게 맡겨주셨는데, 다행히 황상의 위엄[威靈]을 맞이하여 왜노들이 멀리 달아났습니다. 다만 봉공 문제에 대해 신은 앞서 이를 빌려 왜노를 퇴각시켰고 지금은 이를 통해 수비를 시행하려 한다는 점을 이전의 상주에서 거듭 밝혀 분명히 알렸습니다. 하지만 조정의 여러 신하가 신을 지목하여 나라를 망쳤다고 하니, 신은 입이 100개라도 변론하기 어렵습니다.

돌이켜보건대 동방 일의 시말(始末)에는 정말 부득이한 사정이 있었으니, 신은 즉시 처형을 당할지라도 다시금 해명해야만 할 것입니다. 무릇 국가에서는 또한 항상 병사를 사용하지만 옷깃을 끌거나 팔을 잡아당기는 일[掣肘]² 중 오늘날 동방의 일처럼 어려운 적은 없었으며, 너무 멀고 황량하여 오늘날 동방의 전투처럼 고생하는 일은 없었습니다.

바야흐로 왜노(倭奴)들이 조선의 팔도(八道)를 집어삼키고 국왕은 의주(義州)로 달아나버렸으니, 잃지 않은 곳은 안주(安州)·정주(定州) 등 수백 리뿐이었습니다. 저들은 안주·정주를 취하고 국왕을 사로잡는 일을 손바닥 뒤집듯 쉽다고 여겼습니다. 그리고 신이 명을

......

2  옷깃……일[掣肘]: 다른 사람을 방해하는 것을 말한다. 『여씨춘추(呂氏春秋)』 「구비(具備)」에 노(魯)나라 복자천(宓子賤)이 단보(亶父)의 수령으로 임명되었을 때 자신과 함께 온 임금의 관리들에게 글씨를 쓰도록 하고는 옆에서 팔꿈치를 잡아당겨 제대로 쓰지 못하게 한 고사에서 나왔다.

받들어 구원하러 가게 되자 국내외에서 불안해하면서 모두 신의 병마(兵馬)가 압록강(鴨綠江)을 건너기에 적합하지 않다고 말하였습니다. 더구나 일체의 군수(軍需)는 모두 시기에 맞추어 처리해야 하였습니다.

가령 징병은 원래 병부 문서에 따라 7만 명이었는데, 멀리 있는 자들은 올 수 없고 모집해야 하는 자들은 모이지 않아 실제로 요양(遼陽)에 동원한 자는 3만 명 남짓에 그쳤습니다. 또한 그중에는 각 변진(邊鎭)에서 오랑캐를 막아야 하는 수도 있어서 형세상 변진의 주둔병을 우선으로 하고 동원병을 나중으로 해야 하였습니다. 이 때문에 온 자 중 강한 병사와 약한 병사가 반반이었고 겨울은 다 끝나갈 무렵이었는데, 첩자들은 왜노의 무리가 20여만 명이라고 보고하였습니다. 신과 제독(提督) 이여송(李如松),[3] 찬획(贊畫)[4] 원외랑(員外郎) 유황상(劉黃裳)[5] 등은 서로 계획을 짜고 논의한 결과 저쪽은 강하고 이쪽은 약하니 대적해서는 안 되고 이 추위를 신속히 이용하여 승리를 취하기로 하였습니다. 그 후 심유경(沈惟敬)[6]의 조공을 강

.......

3　이여송(李如松): 1549~1598. 명나라 사람으로 요동 철령위(鐵嶺衛) 출신이다. 자는 자무(子茂), 호는 앙성(仰城)이다. 철령위 지휘동지(指揮同知)를 세습하였다. 만력 20년(1592) 감숙(甘肅) 영하(寧夏)에서 보바이(哱拜)의 난이 일어나자 반란 진압에 큰 공을 세워 도독(都督)으로 승진하였다. 임진왜란이 발발하자 흠차제독(欽差提督)으로 조선에 파병되었다. 평양성을 함락하였으나 벽제관에서 패배하여 퇴각하고 일본과의 화의 교섭에 주력하다가 명으로 철군하였다.

4　찬획(贊畫): 관명이다. 명대 제독(提督)과 순무(巡撫)의 막하(幕下)에서 보좌 역할을 담당하였는데, 구체적인 직책이나 품급은 정해져 있지 않았다.

5　유황상(劉黃裳): 1529~1595. 명나라 사람으로 하남(河南) 광주(光州) 출신이다. 자는 현자(玄子)이다. 만력 14년(1586) 진사에 올랐고, 문장으로 유명하였다고 한다. 병부원외랑(兵部員外郎) 찬획경략(贊畫經略)으로 임진왜란 때 송응창의 군무를 보조하는 임무를 맡았다.

6　심유경(沈惟敬): ?~1597. 명나라 사람으로 절강 가흥현(嘉興縣) 출신이다. 상인으로 활

구하자는 약속을 활용하고 병사로 그들을 속였습니다.

이 때문에 평양성(平壤城)에서 승리하고 개성(開城)을 수복하였으나, 전투를 계속해서 치르면서 깊이 들어가자 장사(將士)들은 피로해지고 고생은 지속되었으며 양식은 이어지지 않았습니다. 하늘에서 비가 내려 축축해지니 활의 아교가 풀렸고, 진흙이 깊어져 무릎까지 빠지니 북쪽의 병마가 치달릴 수 없었습니다. 이에 잠시 대군(大軍)을 쉬도록 하였으나, 왜노들이 평양성의 패배를 거울삼아 왕경(王京)으로 모두 모여들었습니다. 왕경은 진실로 형세가 뛰어난 지역이라 나라의 도읍으로 삼았으니, 뒤는 험한 산으로 막혀 있고 앞에는 한강을 두고 있습니다. 왜노들은 이내 구슬을 잇듯이 진영을 펼치고 성의 중앙에는 성채를 세웠으며 넓게 높은 누각을 세우고 두루 구멍을 뚫어놓아 조총으로 구멍에서 발사하면 맞는 자 중에 죽지 않는 사람이 없었습니다.

이에 이르러 3만의 무리로는 수십만의 왜노들을 공격할 수 없었을 뿐 아니라 설령 우리의 수가 배가 되어도 또한 금방 함락시킬 수 없었습니다. 이에 우리 군대가 조선에 들어왔으나 또 다른 세계라 언어가 통하지 않고 은전(銀錢)을 사용할 수 없었으며 고기를 잡거나 술을 파는 상점도 없었습니다. 이에 더하여 왜노들이 건물들에 불을 지르고 약탈하여 모두 텅 비어 있었습니다. 군사가 나물국으로 입술을 적실 수 없었던 것은 물론 입에 넣을 소금과 장(醬)도 없었으니, 이를 말하면 너무 슬퍼서 눈물이 납니다. 신이 소금과 소를 여러

.......

동하다가 임진왜란 때 조승훈이 이끄는 명나라 군대를 따라 조선에 들어왔다. 평양성 전투 이후 일본과 평화 교섭을 추진하는 임무를 맡았다. 훗날 일본과의 평화 교섭이 실패한 뒤 일본으로 망명을 꾀하다가 붙잡혀 처형되었다.

차례 발송하여 헤아려서 호상(犒賞)[7]을 베풀어 곤경을 도와주었지만[濡沫之恩][8] 끝내 일을 해결하기가 어려웠습니다. 요양 사람을 불러 생필품을 팔고자 하였으나 도로가 멀어 가져온 것들이 얼마 없었습니다. 또한 평양(平壤)·개성 등에서는 민인(民人) 중 굶어 죽은 자들이 쌓여 있어 더러운 냄새가 나는데다가 바다의 습기로 눅눅해져 전염병이 크게 일어나 마필(馬匹)이 쓰러져 죽고 군인 다수가 질병에 걸렸습니다. 그러니 진실로 순안어사[按臣] 주유한(周維翰)[9]이 "여윈 것이 마치 귀신 같다."라고 말한 것이 허언은 아닙니다.

저 제독 등의 신하들은 이때 병사가 사기를 떨치지 못하고 응원군이 오지 않는 것을 보고 스스로 고립되고 위태롭다고 여겨 서로 두려워하고 있었습니다. 신은 격문(檄文)으로 허를 찌르고 실을 꾀하는 소문을 퍼뜨려 적을 크게 위협하면서 몰래 간첩의 술수를 시행하되, 왜노의 식량 창고에 불 지르고 때로 유격(遊擊) 기병(騎兵)을 출동시켰으며 총포를 강가에 발사하고 정기(旌旗)를 은근히 산언덕에 보이도록 하였습니다. 그러자 왜노들이 결국 우리의 상황을 알지 못하고 다시금 두려워하면서 조공을 청해왔습니다. 신이 즉시 이때

........

7  호상(犒賞): 장사(將士)들에게 상으로 지급하는 물품을 말한다.
8  곤경을 도와주었지만[濡沫之恩]: '유말(濡沫)'은 같은 처지의 사람을 돕는 것을 뜻한다. 『장자(莊子)』「대종사(大宗師)」의 "샘이 마르니 고기들이 서로 물에 살면서 서로 붙어서 따스하게 하고 침으로 서로 적셔가며 강호(江湖)를 잊지 못하였다."에서 유래하였다.
9  주유한(周維翰): ?~?. 명나라 사람으로 직례(直隷) 하간부(河間府) 부성현(阜城縣) 출신이다. 호는 도우(韜宇)이다. 만력 21년(1593) 2월에 흠차순안요동 겸 관해방군무 감찰어사(欽差巡按遼東兼管海防軍務監察御史)로 조선으로 와서 감군(監軍)하며 평양(平壤)에 도착하였고 6월에 돌아갔다. 파견 목적은 평양성 전투에서 명군의 사상자를 파악하고 이여송이 승전을 보고할 때 죽은 조선인을 일본인으로 속였다고 하는 탄핵 내용을 현지에서 조사하는 것이었다. 『선조실록』 권34, 선조 26년 정월 11일(병인); 「6-49 報遼東周按院書 권6, 38b-39a」 참고.

를 이용하여 저들에게 왕경에서 물러나고 왕자와 배신(陪臣: 제후국의 신하)을 돌려보낼 것을 강요하니, 저들은 곧장 받아들였습니다.

그리고 전라도를 공격해서 노략질할 때 우리 병사를 만나 한 번 싸우고는 패하자 무리를 수습하여 밤에 달아났는데 바로 부산(釜山)으로 도망갔습니다. 또 많은 무리가 귀국하였지만, 오직 고니시 유키나가[平行長][10]의 한 부대는 멀리 바다 가운데의 서생포(西生浦)에 거주하면서 머무른 지가 지금 이미 석 달이 되었습니다. 조용히 수습하면서 감히 일을 벌이지는 않습니다만, 용맹한 자의 노력[效力]과 지혜로운 자의 모의(謀議)가 아니라면 어떻게 서생포를 얻을 수 있겠습니까. 조사해보니 부산진(釜山鎭)은 홍치(弘治)·정덕(正德) 연간에 이미 왜노들의 소굴이 되어 부산 사람들은 모두 왜호(倭戶)가 되었습니다. 이는 조선의 지리지에서 지금 증명할 수 있으니, 실로 조선 동남의 황량하고 궁벽한 해안 지역입니다. 돌이켜보면 의주까지 거의 3000리인데 손쉽게 조선을 과거처럼 회복하였으니 작년에 전부 함락된 것과 비교하면 어떻겠습니까. 서생포는 부산 해구(海口)의 밖에 위치한 곳으로, 내몰린 왜노들이 이곳으로 도망가 숨었습니다. 신은 제독에게 명령을 내려 전라도와 경상도 사이에서 요충지를 막고 험지(險地)에 기대어 병사를 늘려 세워 머무르며 지키라고 하였는데, 작년에 신이 동쪽으로 압록강을 건널 수 없다고 말한 것과 비교하면 어떻겠습니까.

.......

10  고니시 유키나가[平行長]: 고니시 유키나가(小西行長, 1555~1600)이다. 상인 출신으로 도요토미 히데요시의 수하로 들어간 후 신임을 얻어 히고(肥後) 우토(字土) 성의 성주가 되었다. 임진왜란 때에 선봉장이 되어 소 요시토시(宗義智)와 함께 부산진성을 공격하고 곧바로 진격하여 평양성을 함락하였다.

평양에서는 전투할 만할 때를 만나자 힘을 써서 진공하였고 왕경에서는 전투를 할 수 없는 때라서 틈을 이용하여 일을 처리하였으니, 군중(軍中)의 적절한 시기는 원래 한 가지에 얽매이기는 어렵습니다. 신이 또 듣건대, 병법에서 "적보다 열 배이면 포위하고 다섯 배이면 공격하며 그렇지 않다면 마땅히 피해야 한다."라고 하였습니다.[11] 왕전(王翦)은 초나라를 격파할 때 반드시 60만의 무리를 사용하였습니다. 그는 병력의 차이를 보여주려고 하였는데, 이는 당연합니다. 지금 하잘것없는 3만의 병졸로 그중 태반은 모두 유약한 사람들로 수십만의 승승장구한 왜노를 대적하고자 하였지만, 또 멀리 떨어진 지역으로 깊이 들어와서 앞에는 도움받을 곳이 없고 뒤에는 응원이 부족하였습니다. 더구나 여러 차례 분명한 성지를 받들었는데, 왜노를 용서하여 끝까지 추적하지 말고 신에게 군대를 온전히 하여 퇴각시키라고 하였습니다.

신은 실로 계책이 나올 곳이 없었지만, 바다로 왜노를 쫓아버리는 일과 병사를 머무르게 하여 수비하는 문제는 조금 행할 만하다고 생각하였습니다. 조선은 우리 중국[天朝]의 중요한 울타리로, 조선에서 수비에 실패한다면 그로 인해 요동(遼東)·계주(薊州)·보정(保定)의 동쪽에 일이 많아질 뿐 아니라 기보(畿輔) 또한 충격을 받게 될 것입니다. 이는 해내(海內)에서 식견이 있는 선비들이 모두 아는 바입니다. 조선에서 중요하게 지켜야 하는 지역은 전라·경상 두 도(道)입니다. 지금 이미 병사를 남겨두고 요해에 나누어 배치하였

........

11 적보다 열 배이면……한다: 전쟁에서 군대의 규모가 중요하다는 것을 강조하는 말이다. 『손자(孫子)』 「모공(謀攻)」에 나온다.

으나 남은 자들이 1만 6000명에 그칩니다. 이러한 때를 당하여 세 가지 불편한 점이 있습니다. 저들은 많고 우리는 적으니 형세상 대적하기 어려운 것이 첫 번째입니다. 조선의 병마 중 훈련되어 선발된 자들이 모이지 않은 점이 두 번째입니다. 전라·경상의 요충지를 쌓는 일이 마무리되지 않은 것이 세 번째입니다. 모름지기 시간을 들여야 비로소 조치할 수 있을 것입니다.

이에 나이토 조안[小西飛][12]을 정성껏 대우하여 그의 마음으로부터 신뢰를 얻어 여러 왜노를 깨우쳐서 본국으로 퇴각시키고 멀리 일본에서 관백[關白: 도요토미 히데요시(豊臣秀吉)][13]의 표문(表文)을 취하도록 하였습니다.[14] 표문이 오기를 기다렸다가 저들을 대신해

.......

12　나이토 조안[小西飛]: ?~1626. 일본 사람이다. 본명은 나이토 다다토시(內藤忠俊)이나 1564년 기독교에 귀의하여 요한이라는 세례명을 받은 후 본명을 버리고 이름을 나이토 조안(內藤如安)이라고 하였다. 고니시 유키나가에게 등용된 후 고니시 히다노카미(小西飛驒守)라는 이름으로 불렸으며 중국과 조선 측의 사료에서는 고니시 히(小西飛)라는 이름으로 자주 등장한다. 고니시 유키나가에게 중신으로 대우받았으며 임진왜란 때 명과의 강화 교섭을 담당하여 북경(北京)을 방문하였다.

13　관백(關白): 일본의 관명(官名)을 말한다. 헤이안(平安) 시대 이후 천황(天皇)을 대신하여 정무를 총괄한 일본의 관직이다. 율령에 규정되지 않은 영외관(令外官)으로, 메이지(明治) 유신까지 조정 대신들 중에서는 최고위 관직이었다. 9세기 중엽 이후 대대로 후지와라(藤原) 가문에서 관백을 독차지하였는데, 유일한 예외 기간이 바로 도요토미 히데요시와 그 조카 히데쓰구(秀次)가 관백에 취임한 시기이다. 히데요시는 고노에 사키히사(近衛前久)의 양자가 되어 최초의 무가(武家) 관백이 되었는데, 이후 도요토미 성을 받음으로써 후지와라 가문 외부에서 관백에 취임한 최초의 사례가 되었다. 도쿠가와(德川) 시기에는 다시 후지와라 가문에서 관백에 취임하였지만, 사실상 막부의 통제하에 놓이게 되었다. 도요토미 히데요시는 이때 이미 관백에서 물러나 태합(太閤)을 칭하고 있었지만, 명과 조선의 사료에서는 여전히 그를 관백으로 칭하였다.

14　이에 …… 하였습니다: 당시 나이토 조안은 선조 26년(1593) 6월 서울, 9월 평양을 거쳐 11월경에 요양(遼陽)에 도착하였던 것으로 보인다. 『선조실록』 권40, 선조 26년 7월 18일(경오); 『선조실록』 권42, 선조 26년 9월 12일(계해); 『명신종실록』 권266 만력 21년 11월 19일(기사) 참고.

주문(奏文)으로 청하여 성지(聖旨)를 내리시면, 조정 신하들이 회의하는 데 수개월이 아니면 불가능하니 그동안 조선에 유수하는 일은 점차 모양을 갖출 것입니다. 이는 또한 평양성을 격파하고 왕경에서 퇴각시킨 적을 속이는 방법을 따르는 것입니다. 오늘날 봉공(封貢)에 관한 설은 바로 권도(權道)로서 경도(經道)를 시행하고 기책(奇策)으로 정책(正策)을 시행하는 것이니, 이른바 병가(兵家)에서 말하는 간첩을 사용하는 모략입니다. 설령 봉공이 불가하더라도 간첩까지 불가하겠습니까. 조공은 진실로 말하기 어려우나 봉호(封號)는 공허한 글귀이니, 어찌 방해가 된다고 하면서 불가하다고 하겠습니까. 저는 오늘날 감히 이를 핑계삼아 왜노들에게 아첨하려는 것이 아니며, 세상 물정에 어두워서 왜노들의 우롱을 받은 것도 아닙니다. 폐하로부터 하나의 봉호라는 헛된 명분을 빌려 왜노들을 퇴각시키고 시급히 조선의 수비를 행하여 중국을 아무 일 없이 지키려고 하는데 불과할 따름입니다.

근래 밝은 성지를 받들었는데, "신하로 복종하면 기미(羈縻)하는 것은 천고에 변하지 않은 이치이다. 모두 강제로 소굴로 돌아가게 하고 그들이 표문을 올려 신하라고 표명하기를 기다렸다가 비로소 봉호를 허락할 것이다."라고 하셨습니다. 신이 삼가 우러러보건대, 우리 황상께서는 성덕(聖德)을 널리 펼치고 지극한 현명함을 널리 비추어 국경 밖의 오랑캐를 통제하는 방법과 경도와 권도를 서로 쓰는 시기를 깊게 체득하셨습니다. 이에 이미 왜추(倭酋) 나이토 조안 등에게 선유(宣諭)를 내려 차견한 종왜(從倭: 수행하는 왜인)로 하여금 고니시 유키나가 등에게 가서 신속히 서생포를 떠나 본국으로 돌아가라고 알리도록 하였습니다.

　　지금 나이토 조안의 파견인이 또 떠날 것이니,[15] 왜노들이 달아나 돌아가고 관백의 표문이 이른다면 신은 그것을 가지고 상주를 갖추도록 하겠습니다. 눈앞에서 기미하는 술책을 기꺼이 여기지 않으시고 반드시 진격하여 토벌하고자 하신다면, 반드시 신병(新兵) 수만 무리를 더하고 전선(戰船) 수천 척을 만들어서 바다를 건너 서생포로 들어가 왜노를 주륙(誅戮)하십시오. 이를 버리고는 좋은 계책이 없습니다. 그러나 쇠잔한 군대로 끝까지 추적하는 것은 아마도 밝은 성지를 저버리고 어기는 것일 터이니, 여러 신하가 또 신에 대해 뒷공론을 일삼을까 걱정입니다.

　　한편 여러 신하 중에 조선의 일을 말하는 자들이 매우 많은데, 어떤 이는 깊이 들어가서는 안 된다고 하고, 어떤 이는 대신 싸우지 말아야 한다고 하며, 어떤 이는 마땅히 내지(內地)를 지켜야 한다고 하고, 어떤 이는 대군을 철수해야 한다고 하며, 어떤 이는 진격하여 토벌해야 한다고 합니다. 그러니 분분히 시끄러워 사람에게 어느 쪽을 따르게 할 수 있겠습니까. 심지어 왜노가 무기로 협박하며 조공을 허락해달라고 요구하는 것이라고도 하는데, 신은 그 해명할 바를 알지 못하겠습니다. 대개 왜노가 조공을 강구하는 일은 평양에서 시작되었고 왕경에 이를 때도 지속되었습니다. 저들은 왕경의 요충지를 버렸고 왕경에 머물면서 협박하지 않고 이내 바로 해상으로 달아났으며 왕자와 배신을 돌려보내고 추장(酋長)을 보내 머리를 조아

15　지금 …… 것이니:『선조실록』에 따르면 선조 26년(1593) 12월 말에 나이토 조안이 보낸 일본인과 중국인 2명이 서울에 도착하였다. 이들은 나이토 조안의 명령으로 제포(薺浦)에 있던 고니시 유키나가의 진영에 다녀오는 길이었다고 한다.『선조실록』권34, 선조 26년 정월 1일(경진).

렸는데, 이를 가리켜 협박이라고 할 수 있겠습니까. 심지어 또 신이 구차하게 일을 마무리하였고 상을 내려주길을 바란다고 합니다. 아, 신은 관직에 오른 이래 국내외를 20여 년 동안 떠돌았고 지금은 이국(異國)을 왕래하면서 오래된 병이 더욱 심해졌으며 수염이 하얗게 되었으니, 매번 앞으로 죽을 날이 닥쳐온다고 생각하고 있습니다. 그러니 인간 세상에 있을 날이 얼마라고 만족할 줄 알아야 한다는 경계심이 없겠습니까.

신은 명망이 낮고 미미하며 지혜와 술책이 짧고 얕아 여러 신하의 책망을 받아왔습니다. 엎드려 바라건대, 황상께서 신을 속히 파직하여 사람들의 말에 사과하시고 계요(薊遼)의 총독(總督)[16]·순무(巡撫)[17]에게 즉시 칙령을 내려 저를 대신해서 처리하고 분수요해도(分守遼海道)에 대해서도 아울러 책임을 맡기십시오.

아울러 바라건대, 조선은 중요한 속국(屬國)이고 파괴가 극심하여 우리의 유수군이 아니면 저들의 신민(臣民)으로는 결코 지킬 수 없고 도리어 중국에 큰 우환을 끼칠 수 있다는 점을 생각해주십시오. 신의 개인적인 우려와 실책은 실로 여기에 있었습니다. 다시금 청컨대, 황상께서는 신속히 동방의 큰 계획을 정하여 책봉을 허락한

------

16 총독(總督): 명·청대의 관명(官名)이다. 명 초에는 성(省)의 행정, 감찰, 군사 업무를 포정사(布政司)·안찰사(按察司)·도지휘사사(都指揮使司)가 나누어 관장하였다. 하지만 점차 그 위에 다시 중앙에서 군무를 감찰하는 총독·순무 등 대관을 파견하게 되었고, 나중에는 이들로 하여금 군사·재정 문제를 총괄하도록 하였다. 총독과 순무는 원칙적으로 통속관계가 없는 대등한 벼슬이었으나, 실질적으로는 총독의 위상이 순무보다 높았다.

17 순무(巡撫): 명·청대의 관명이다. 명 초의 순무는 원래 임시로 경관(京官)을 주요 지방에 파견하였던 것이지만, 선덕(宣德: 1426-1435) 연간 이후 강남 등지의 중요한 지역에 상주하는 것이 점차 제도화되었고, 가정(1522-1566) 연간에는 실질적으로 상설화되었다. 이후 순무는 총독과 함께 지방의 최고장관의 위상을 갖게 되었다.

이전의 밝은 성지를 승인하시고 그 표문이 일단 도착하면 봉호를 내려주어 저들을 기미하십시오. 그리고 병부(兵部)에 칙령을 내려 신이 전의 상주에서 헤아린 바대로 이러한 때를 이용하여 병사 1만 6000명을 남겨 저들과 함께 협수(協守)하고 신속히 훈련하면서 요충지가 설치되고 조선[高麗] 병사들이 강해지며 왜노가 달아나기를 기다렸다가 점차 철수하면 비로소 좋은 계책을 얻을 것입니다. 이는 수개월에 불과한 일일 것입니다.

군량은 조선에 책임을 지워 모두 마련하게 하였으나 일이 어려울 것입니다. 이에 만일 월량(月糧: 월급) 등의 은을 줄이려고 한다면 유수군이 멀리서 외국을 지키고 이러한 추운 시절을 당하여 더욱 힘들고 피로할 것입니다. 따라서 신이 전에 제본(題本)을 통해 논의하여 처리한 것을 따른다면 아마도 동쪽 울타리를 보전하고 내지는 평화롭게 될 것입니다. 그리고 신 또한 시골에 웅크리고 앉아 태평을 노래할 수 있을 것이니, 남은 인생은 모두 황상이 내린 은혜가 될 것입니다. 신은 황공하고 두려워하면서도 간절하게 바라는 마음을 가누지 못하고 있습니다.

**12-2**

# 천진병비도에게 보내는 서신

與天津兵備道書 | 권12, 6b-7a

---

**날짜** 만력 21년 11월 1일(1593. 11. 23.)

**발신** 송응창

**수신** 천진병비도(天津兵備道) 양운룡(梁雲龍)[18]

**내용** 조선에서 일본군이 대부분 철수하였고 고니시 유키나가 한 부대만 남아 있는데, 이것만 마무리되면 고향에 돌아갈 것이라는 서신이다.

---

　번거롭게도 동쪽을 정벌하는 사람을 생각하여 멀리서 아름다운 글을 베푸셨는데, 연이은 수백의 말씀은 말마다 주옥같고 순식간에 글을 쓰는 재주와 금란(金蘭) 같은 우정이 여기에서 모두 드러났으니 저는 또한 보배처럼 여기고 보관하였습니다. 동쪽을 구원하는 일은 주상의 위엄과 문하(門下: 양운룡)의 지휘에 힘입어 조선이 잃어 버린 땅을 한 자 한 마디까지도 원래 주인에게 돌려주었습니다. 비록 보내온 편지의 넘치는 칭찬을 감당할 수는 없지만 아마도 제가

........

18　양운룡(梁雲龍): 1528~1606. 명나라 사람으로 해남(海南) 경산현(瓊山縣) 출신이다. 자는 회가(會可), 호는 임우(霖雨)이다. 호광순무(湖廣巡撫), 병부좌시랑(兵部左侍郞) 등의 직을 역임하였다. 임진왜란이 발발하였을 때 일본이 명에 쳐들어올 것에 대비하여 천진(天津)을 수비하였다.

심히 지기(知己)의 부끄러움이 되지는 않을 것입니다.

조정에서 말하는 사람이 저를 극도로 비방하는데 필시 용서하지 못할 죄를 가하려고 할 것입니다. 가령 군대를 잃고 나라를 욕되게 하였다면 또한 어떻게 처리하였겠습니까. 스스로 용렬함을 헤아려보면 이런 일이 생기는 것도 마땅하니 다른 사람에 대해 무엇을 허물하겠습니까. 다만 세 번 반성하라는 훈계를 따라 일신(一身)의 허물을 살피는 것이 실로 자신을 단속하는 데 도움이 될 것입니다. 지금 다만 고니시 유키나가[平行長]의 부하 한 부대가 서생포에 머물며 밝은 성지를 기다리고 있는데, 어제 사람을 보내 일본으로 모두 돌아가라고 전달하여 알렸습니다. 만일 약속대로 된다면 곧 세속의 그물에서 벗어나기를 청해서 제 고향의 양봉(兩峰)과 삼축(三竺)[19] 사이로 돌아갈 수 있다면 충분할 것입니다. 달리 무엇을 바라겠습니까. 사랑을 믿고 이렇게 부칩니다. 공과 같은 지기께서 헤아려서 싫증 내지 말고 들어주십시오.

.......

19 양봉(兩峰)과 삼축(三竺): 양봉은 절강성(浙江省) 항주(杭州)에 있는 산봉우리이다. 서호 십경(西湖十景)에 '양봉삽운(兩峯揷雲)'이라는 것이 있다. 항주에 있는 천축산(天竺山)을 상·중·하로 나누는데, 삼축은 이를 합해 말한 것이다. 이들은 모두 항주 서호(西湖)의 명승지이다. 송응창의 집안은 시조 송선원(宋先元) 때부터 항주 인화리(仁和里)에 대대로 거주하였다.

## 12-3

# 계요총독 고양겸, 요동순무 한취선에게 보내는 자문

移顧總督韓撫院咨 | 권12, 7a-7b

---

**날짜** 만력 21년 11월 1일(1593. 11. 23.)

**발신** 송응창

**수신** 계요총독(薊遼總督) 고양겸(顧養謙),[20] 요동순무(遼東巡撫) 한취선(韓取善)[21]

**내용** 전투에 사용하기 위해 위소(衛所)[22]에서 징발한 활과 화살 등의 비용을 요청하는 자문(咨文)이다.

---

.......

20 고양겸(顧養謙): 1537~1604. 명나라 사람으로 남직례(南直隷) 통주(通州) 출신이다. 자는 익경(益卿)이다. 진사 출신으로 요동순무(遼東巡撫), 병부시랑(兵部侍郞), 계요총독(薊遼總督) 등을 역임하였으며, 송응창이 탄핵된 후 그를 대신하여 경략으로 임명되었다. 일본과의 강화를 추진하다 탄핵받아 관직에서 물러났다.

21 한취선(韓取善): 1546~?. 명나라 사람으로 산동 제남부(濟南府) 치천현(淄川縣) 출신이다. 자는 성암(惺菴)이다. 만력 5년(1577)에 진사가 되었다. 만력 21년(1593) 2월에 흠차분수요해동령도 겸이둔전산서포정사우포정(欽差分守遼海東寧道兼理屯田山西布政司右布政)으로 조선에 와서 감군(監軍)하였다.

22 위소(衛所): 홍무제(洪武帝) 때 전국의 각 군사 요충지에 설립한 군사 기구이다. 명 초의 군사제도는 대도독부(大都督府)-도지휘사사(都指揮使司)-위(衛)-소(所)로 구성되어 있었다. 위소는 도지휘사사에 예속되었으며, 위는 5개의 천호소로 나누어지고 천호소는 10개의 백호소로 나누어졌다. 군사 요충지에 설치된 위와 소는 관할 지역의 군호(軍戶)를 관할하면서 군사뿐만 아니라 행정·감찰·경제·법률·교육·징세 등의 모든 권한을 가

변경과 해안의 군무(軍務)를 경략(經略)하는 일.

요동총병(遼東總兵) 양소훈(楊紹勳)[23]의 보고를 받았는데, "왜적을 정벌하는 군사에게 지급해서 사용한 광녕(廣寧) 전둔(前屯) 등 20개 위소의 시위가 있는 활 976자루의 재료로 모두 은 151냥, 화살 11만 99자루의 재료로 모두 은 371냥 9전인데, 마땅히 자세한 지시를 기다렸다가 승인을 받으면 각 위(衛)에서 비용을 지불하거나 혹은 비왜은(備倭銀) 내에서 지출하여 제조해서 보충해야 합니다."

마땅히 지시를 보내는 외에 살펴보건대, 위 항목의 활과 화살은 오랑캐를 막을 때 반드시 사용하는 도구이므로 상황상 부족해서는 안 되나 변경 위소의 경비[錢糧]로는 조처하기가 어렵습니다. 마땅히 비왜(備倭) 마가은(馬價銀)[24] 내에서 지급하여 제조해서 보충함으로써 완급(緩急)의 용도에 대비하도록 자문을 보내 알려야 합니다. 자문을 귀부원(貴部院)과 귀원(貴院)에게 보내니, 번거롭겠지만 살펴서 시행하십시오.

........

지고 있었다.

23 양소훈(楊紹勳): ?~?. 명나라 사람이다. 임진왜란 때 요동총병관(遼東總兵官)이었다.

24 마가은(馬價銀): 말 값으로 지출하기 위해 책정된 비용이다. 명 초에는 각지에서 말을 길러 변경에서 사용하도록 하였으나, 남방에서는 말이 나지 않기 때문에 성화(成化) 연간부터 은을 거두어 태복시(太僕寺)에 저장하고 유사시 이를 지출하여 말을 마련하도록 하였다.

## 12-4

# 부총병 장세작, 경력 진훈에게 보내는 명령

檄副總兵張世爵經歷陳勳 | 권12, 7b-8a

**날짜** 만력 21년 11월 3일(1593. 11. 25.)

**발신** 송응창

**수신** 부총병(副總兵)[25] 장세작(張世爵),[26] 경력(經歷) 진훈(陳勳)

**내용** 태복시(太僕寺)로부터 지급받은 기양마(寄養馬)[27]를 반환하기 전에 현재의 말 상태를 정확히 파악하라는 명령이다.

왜정(倭情)의 변화가 날로 늘어나는 등의 일.

조사해보건대 원래 받은, 각 주현(州縣)에서 맡아 기르는 태복시의 말은 1차 827필로 부총병 양원(楊元),[28] 유격 척금(戚金)[29]이 관리

......

25  부총병(副總兵): 관명이다. 명대 각 지역을 진수(鎭戍)하는 병력을 지휘하는 무관 중 하나로 총병(總兵) 다음의 지위이다. 『명사(明史)』「직관지(職官志)」에 따르면 정해진 품급(品級)이나 정원(定員)은 없다.

26  장세작(張世爵): ?~?. 명나라 사람으로 광동우위(廣東右衛) 출신이다. 호는 진산(鎭山)이다. 만력 20년(1592) 이여송 휘하에서 평양성 전투에 참전하였다. 평양성 전투에서 크게 활약해서 평양 수복에 주도적인 역할을 하였다. 만력 21년(1593)에 이여송과 함께 명나라로 돌아갔다.

27  기양마(寄養馬): 전쟁, 운송 등에 사용하기 위해 정부에서 민간에 양육을 위탁한 말을 가리킨다.

28  양원(楊元): ?~1598. 명나라 사람으로 정요좌위(定遼左衛) 출신이다. 호는 국애(菊厓)이다. 임진왜란이 발발하자 좌협대장(左協大將)으로 임명되어 여러 명의 부총병(副總

하여 방출하였고, 대규(戴桂)·대화(戴禾)의 태마(兌馬) 500필, 주봉명(周鳳鳴)의 태마 500필 모두 1000필은 중군관(中軍官) 왕승은(王承恩)[30]을 통해 지급되었다. 전쟁에서 상처를 입거나 쓰러져 죽은 외에 현재 마필은 이미 경력 진훈에게 명확히 조사하게 하고 부총병 장세작에게 확인해서 거둬들이도록 하였다. 그 후 지금 넘겨주는 일이 장차 완료되려고 하니, 위관(委官)[31]들이 말의 가치를 계산해야 한다.

패문(牌文)을 보내니, 바라건대 진훈과 장세작은 회동하여 넘겨줄 태복시 말에 대해 말마다 직접 털 빛깔과 치아, 크기를 검사하여, 등급의 높고 낮음을 분별하고 가치의 많고 적음을 계산하여 장부를 만들고 사유를 갖추어 자세히 올림으로써 내가 결정하여 병부에 보고할 수 있도록 하라. 진실로 마필의 가격을 너무 낮게 잡아 국가의 재정을 어그러뜨리려서는 안 되고, 또한 너무 높게 잡아 가난한 군사들에게 누를 끼쳐서도 안 되며, 중간에 이르는 데 힘써야 비로소 타당할 것이다. 지체하거나 어기지 말라.

兵)과 참장(參將), 유격(遊擊) 등을 인솔하였다. 정유재란 당시 남원성 전투에서 패배하여 탄핵된 후 명나라로 송환되었고, 이후 참형에 처해졌다.

29 척금(戚金): 1556~1621. 명나라 사람으로 산동 등주위(登州衛) 출신이다. 임진왜란이 발발하자 유격장군(遊擊將軍)으로 조선에 들어와 평양성 전투에 참전하였다. 척계광(戚繼光)의 인척으로 알려져 조선인의 관심을 받았다.

30 왕승은(王承恩): ?~?. 명나라 사람으로 대녕전위(大寧前衛) 출신이다. 중군(中軍) 소속으로 송응창을 따라 조선에 왔다.

31 위관(委官): 특별한 임무를 임시로 맡은 관원을 뜻한다.

12-5

# 조선 배신 윤근수에게 내리는 유시

諭示朝鮮陪臣尹根壽 | 권12, 8a-9b

**날짜** 만력 21년 11월 7일(1593. 11. 29.)

**발신** 송응창

**수신** 조선 배신 윤근수(尹根壽)[32]

**내용** 송응창 자신이 지시한 병사의 모집, 요새의 수축 등이 제대로 이루어지지 않는 상황을 힐책하면서, 국왕에게 직접 보고하여 방어에 필요한 사항들을 신속히 시행하라고 알리는 유시(諭示)이다.

경략 병부가 조선국 배신 윤근수에게 유시하여 알리노라. 내가 진심으로 너희 나라를 위해 도모한 일은 지극하였다. 적이 있으면 논의하여 정벌하였고 적이 물러서면 논의하여 수비하였다. 지난번에 유수하는 장사의 보고를 받았는데 또한 모두 말하기를, "왕자가 아직 출발하지 못하였고 양식이 이어지지 않으며 군병이 오지 않고 요충지를 쌓지 않았습니다."라고 하였다. 나는 너무나도 괴롭고 화나는 마음을 가눌 수 없다. 너희 나라는 어째서 헤매는 짓이 이와 같

......

32 윤근수(尹根壽): 1537~1616. 조선 사람으로 본관은 해평(海平)이고 서울에 거주하였다. 자는 자고(子固), 호는 월정(月汀)이다. 임진왜란 때 명나라에 구원병 5만 명을 청하고 전쟁 물자를 얻는 데 결정적 역할을 한 외교관이다.

은가. 지금 그대가 직접 왕에게 아뢰어 청하되 진실로 특별히 그대에게 부탁한다.

그대와 그대의 형 윤두수(尹斗壽)[33]는 모두 조선의 중신이다. 배신 중 재주와 지위가 모두 두 사람보다 나은 자가 없으니 모든 국정을 주관할 수 있다. 그렇지만 섬 오랑캐가 가만히 있지 않고 교활하게 땅을 넓히고자 한 것은 누구의 잘못인가. 어찌 책임을 병력이 많지 않은 것에 미룰 수 있겠는가, 아니면 사람의 지모를 다하지 않은 것에 미룰 수 있겠는가. 평소 어려운 일을 권하고 착한 일을 행하도록 말씀드리는 것과 국왕을 돕고 인도하는 일이 혹시라도 미비하였던 것인가. 무릇 지난 일은 간(諫)해서 그만두는 것이 불가하다. 상유(桑榆)에 수습해서[34] 동쪽 변방을 구원하려고 한다면 생각건대 늦출 수 있겠는가. 세상에는 진실로 물이 새는 배나 불타는 집 안에 앉아서 한가롭게 처리할 수 있는 자가 있지 않다. 조선은 파괴되어 황폐해져 결딴났으니 그 상황이 매우 심각하다.

그대는 신속히 돌아가 왕에게 아뢰고 형 윤두수와 함께 어렵고 힘든 일을 도모하되 서로 도와서 쇠퇴한 풍속을 만회하고 잘못된 습속을 진작하며 군무를 힐책하고 국경을 안정시켜라. 뒤에 열거하는, 국내를 안정시키고 외적을 물리치는 정사에 따라 신속히 매일

.......

33  윤두수(尹斗壽): 1533~1601. 조선 사람으로 본관은 해평(海平)이다. 임진왜란 때 명나라 측과 소통하는 데 결정적인 역할을 한 윤근수의 형이다. 세자 책봉 문제로 유배되었으나 임진왜란이 발발하자 복직되어 좌의정에 임명되었다.

34  상유(桑榆)에 수습해서: 초반의 실패를 나중에 만회하는 것을 말한다. 『후한서(後漢書)』「풍이열전(馮異列傳)」에 후한의 장수 풍이(馮異)가 적미(赤眉)의 난을 토벌하기 위해 나섰다가 처음에 대패하고 얼마 뒤에 반란군을 격파하였다. 이에 황제가 글을 내려 "동우(東偶: 새벽)에 잃었다가 상유(저녁)에 수습하였다."라고 칭찬한 데서 나왔다.

매일 시행한다면 조선은 거의 다스려질 것이다. 또 이런 말이 있는데, "남의 음식을 먹은 자는 응당 그 사람의 일을 마쳐야 한다. 남의 말을 탄 사람은 그 사람의 어려움을 구제해야 한다."[35]라고 하였다. 더구나 높은 작위와 많은 녹을 먹은 사람은 어떻겠는가. 따라서 거센 바람이 불면 강한 풀을 알 수 있고 난세가 되면 충신을 알 수 있다. 그대는 이를 생각하라. 그대 형제는 잘못됨이 없도록 각별히 주의하라. 나는 마땅히 성상(聖上)께 추천하여 천하의 후세에게 동국(東國)에도 난형난제하여 능히 충심을 다해 나라에 보답한 자가 있다는 것을 알게 할 것이다. 그대는 이를 생각하라. 거행한 연유를 갖추어 회보(回報)하라.

첨부

하나. 광해군이 전라도와 경상도 사이로 가서 머무르며 수비하도록 청하라.

하나. 상신(相臣) 1원(員)에게 명령하여 번갈아 전라·경상 사이로 가서 총괄하여 관리하라.

하나. 명령을 내려 호조판서가 군량을 관리하고 신속히 운반하여 유수군에게 보급하라. 병조판서는 군대를 관리하고 정련된 장사들을 신속히 선발하여 부총병 유정(劉綎)[36]의 관할로 데리고 가서 교

........

35 남의 …… 한다: 자신이 받은 배려를 갚아야 한다는 것을 말한다. 『사기(史記)』「회음후열전(淮陰侯列傳)」에서 유세가인 괴통(蒯通)이 한신(韓信)에게 유방(劉邦)을 배신하도록 설득하니, 한신이 "한왕이 나를 매우 후대하여 자신의 옷을 내게 입히고 자신의 음식을 내게 먹였다. 내가 듣기로 '남의 옷을 얻어 입은 자는 그 사람의 근심을 생각하고 남의 음식을 얻어먹은 자는 그 사람의 일에 목숨을 바친다'라고 하였으니, 내가 어찌 이익 때문에 의리를 저버릴 수 있으랴."라고 하였다.

련하라. 공조판서는 공사를 관리하고 이번 겨울을 이용하여 기한을 정해 신속히 요충지를 쌓고 화기를 제조하여 완료를 보고하도록 힘써라.

이상은 모두 외환(外患)을 물리치는 정사이다.

하나. 요역을 균등히 하라.

하나. 조세를 정리하라.

이상은 모두 국내를 편안하게 하는 정사이다.

........

36 유정(劉綎): 1553~1619. 명나라 사람으로 강서 남창부(南昌府) 홍도현(洪都縣) 출신이다. 자는 자신(子紳), 호는 성오(省吾)이다. 도독 유현(劉顯)의 아들로, 음서로 지휘사(指揮使)의 관직을 받았다. 임진왜란 때 어왜총병관(禦倭總兵官)으로서 참전하였으며 나중에 후금(後金)과의 전쟁에서 사망하였다.

12-6

# 이종성에게 보내는 서신

與李臨淮侯書 | 권12, 9b-10a

---

**날짜** 만력 21년 11월 9일(1593. 12. 1.)

**발신** 송응창

**수신** 이종성(李宗誠)[37]

**내용** 조선을 모두 회복하였지만 조정에서 자신을 비난하는 상황을 비관적으로 판단하면서 일이 잘 처리되어 고니시 유키나가가 귀국하면 귀향하고 싶다는 내용의 서신이다.

---

　오래도록 군무로 바빠서 답장 쓰는 일을 소홀히 하였으니 죄송함과 겸연쩍음이 어떠하겠습니까. 그러나 오랜 친구[故人: 이종성]를 우러러 바라는 마음은 몸이 현토(玄菟: 요동)에 있지만 잠시도 버려둔 적이 없었습니다. 지난번에 번거롭게도 편지를 보내 위로해주시고 아울러 일본의 지리지[志籍]를 보내 저들의 출몰을 보여주어 우리의 계획에 보탬이 되었습니다. 문하(門下: 이종성)께서 국사(國事)

.......

37　이종성(李宗城): 1560~1623. 명나라 사람이다. 도요토미 히데요시를 일본국왕으로 책봉하는 사행의 정사(正使)로 임명되었다. 그러나 일본으로 가기 위해 부산의 일본군 진영에 머물던 중 진영을 탈출하였고 명에 돌아가 황제의 명을 욕되게 한 죄로 처벌받았다.

에 마음을 두고 계시는 것을 보고 모두 깊이 감격하였습니다. 그 외에 제가 이번의 전쟁[役]을 잘못 감독하였지만 다행히 문하의 지시에 의지하여 몇 해 동안 힘을 다해 조선이 잃어버린 토지를 촌척(寸尺)까지 원래 주인에게 돌려주었으니, 아마도 지기(知己)의 수치가 되지는 않을 것입니다.

그런데 근래 언관(言官)이 공격을 다시 급박하게 합니다. 군대를 잃고 나라를 욕되게 하였다면 응당 어떻게 처리하였을지 알지 못하겠습니다. 한탄스럽고 또 한탄스럽습니다. 성지를 준수하여 사람을 고니시 유키나가에게 보내 무리를 이끌고 모두 귀국하도록 전달하여 알렸습니다. 혹시라도 바람대로 된다면 즉시 세속의 그물에서 벗어나기를 청하여 양봉과 삼축 사이에서 베개를 높게 하고 잘 것입니다. 소요하며 지내지 않고 무엇하러 힘들게 변변찮은 우마주(牛馬走)[38]가 되어 후생들에게 비방을 받겠습니까. 사랑을 믿고 감사를 드리며 이를 부칩니다. 이만 줄이겠습니다.

.......

38 우마주(牛馬走): 소나 말처럼 달리는 종이라는 뜻으로, 자신을 낮추는 말이다.

## 12-7

# 병부상서 석성에게 보내는 서신

報石司馬書 | 권12, 10a-11a

---

**날짜** 만력 21년 11월 10일(1593. 12. 2.)

**발신** 송응창

**수신** 병부상서(兵部尙書) 석성(石星)[39]

**내용** 자신에 대한 비판을 변호하면서, 자신이 조선을 떠날 때 조선 군민 (君民)이 감사한 마음을 담아 쓴 축(軸) 2개를 첨부한다는 서신이다.

**관련자료** 해당 축은 「14-3 朝鮮耆老攀轅軸文 권14, 7b-8b」, 「14-4 朝鮮 老攀轅軸文 권14, 8b-10b」 참고.

---

　짧은 상주 중의 몇 마디는 보내신 명령에 따라 삭제하였지만, 인심의 야박함과 세도(世道)의 위태로움이 오늘날처럼 심한 경우는 있지 않았습니다. 왜란이 일어난 이래 제가 명을 받들어 동쪽으로 온 이후 대하(臺下: 석성)께서 장수를 선발하고 병사를 동원한 일과 뛰어난 지혜 및 신기한 지략으로 도와주신 일은 또한 논의할 필요도

.......

39　석성(石星): 1538~1599. 명나라 사람으로 대명부(大名府) 동명현(東明縣) 출신이다. 자는 공진(拱辰), 호는 동천(東泉)이다. 가정 38년(1559)에 진사가 되어 출사하였고 만력 연간 병부상서(兵部尙書)에 올랐다. 임진왜란이 발발하여 조선이 명에 원조를 요청하자 파병을 강력히 주장하였다. 이후 일본과 강화를 추진하다 일본이 정유재란을 일으키자 강화 실패의 책임을 지고 옥사하였다.

없을 것입니다. 다만 날마다 내려주신 편지가 상자에 가득 찼으니 대하의 정신과 명맥(命脈)을 남김없이 다하셨고, 그중 한 점의 충성은 진실로 하늘과 땅의 신들도 모두 살펴볼 만한 것입니다. 그러나 끝내 한 사람도 이를 헤아리지 않으면서 비방하는 자들만 속출하니, 대하를 위해 깊이 화가 나고 분합니다.

저는 비록 재주가 없지만 중요한 위임을 저버릴까 밤낮으로 전전긍긍하고 있었습니다. 그런데 다행히 대하의 지시에 기대어 속국이 남김없이 회복되었고 섬의 왜노들이 무리를 수습하여 항복을 요청하니, 아마도 지기의 부끄러움이 되지는 않을 것입니다. 과거 은(殷)나라 고종(高宗)은 현명한 왕이라고 불렸고 귀방(鬼方)은 소국인데도 3년 만에 정복하였다고 합니다.[40] 이를 볼 때 군대는 말하기 어렵고 공이 쉽지 않다는 점을 바로 옛날부터 기록하였다는 것을 알 수 있습니다. 가령 일본의 강력함이 어떻게 귀방과 같겠습니까. 이에 일본을 이기는 데 한 해를 넘기지 않았으나 말하는 자들은 번번이 나라를 망쳤다고 이를 비판합니다. 심지어 가루가 되어도 속죄하기 부족하다고 말하는 자도 있습니다. 가령 제가 세월이나 탐닉하면서 군대를 잃고 나라에 수치를 끼쳤다면 응당 어떻게 처리하였을지 모르겠습니다. 한탄스럽고 또 한탄스럽습니다.

지난번 제가 안주에서 서쪽으로 귀환하는 날에 조선 남녀가 도로 가득히 절하며 춤을 추었는데, 만 명 아래가 아니었고 축(軸)을 보내 떠나는 사람을 사모하는 마음을 표(表)하였습니다. 의주에서

........

40 고종(高宗)……합니다: 귀방(鬼方)은 은(殷)나라를 적대하였던 변방의 부족이다. 『주역(周易)』 「기제(旣濟)」 "구삼효(九三爻)"에 "은나라 고종이 귀방을 정벌하여 3년 만에 승리하였다."라고 하였다.

출발하는 날에는 국왕이 그 아들 임해군(臨海君)⁴¹ 및 2~3명의 중신을 보내 강가의 정자에서 잔치를 열고 여러 차례 조아리며 감사하였고 남녀노소가 수를 헤아릴 수 없었습니다. 절하고 춤추며 노래 부르고 기뻐하는 소리가 땅을 흔들었고, 또한 축을 하나 보냈습니다. 강어귀에서 배에 오르자 백성이 강둑을 따라 눈물로 전송하여 제방이 인파로 덮였고 아쉬워하며 마치 차마 떠나지 못하는 듯하였습니다. 배가 중류에 이르렀는데도 여전히 백성이 보였습니다. 인정(人情)이 이와 같은 것은 위력으로 강제할 수 있는 것이 아니니, 아마도 미미한 공 때문에 저들을 감복시킨 것 같습니다.

자질구레하게 이를 말하면 자랑이 되겠지만, 대하와 저는 업무상 일체이고 또 제군(諸君)들은 보지 않아 그 이유를 괴이하게 여길 것이 없으므로 특별히 대하에게 전달합니다. 그러니 제군들에게 대신 알려줄 수 있다면, 오늘날의 일이 결코 나라를 망치고 군주를 속이는 것이 아니라는 것을 보고는 형벌을 조금 관대히 할 것입니다. 대하께서 사리에 맞지 않는다고 여기셔서 벌을 주지 않으면 다행이겠습니다. 축문(軸文) 두 수를 올리오니, 바라건대 명령을 내려 저를 위해 보관해두시면 훗날 공손히 받겠습니다. 삼가 번거롭게 해드렸습니다.

.......

41 임해군(臨海君) 이진(李珒): 1572~1609. 조선의 왕자이다. 선조의 서장자(庶長子)로 자는 진국(鎭國)이다. 어머니는 공빈(恭嬪) 김씨이다. 임진왜란이 발발하자 근왕병(勤王兵)을 모집하기 위해 함경도로 떠났으나 동생 순화군(順和君)과 함께 가토 기요마사(加藤淸正)의 포로가 되었다가 이듬해 석방되었다. 광해군(光海君) 즉위 후 역모죄로 몰려 진도(珍島)로 유배되었고 이듬해 사사되었다.

## 12-8

# 척금에게 내리는 유시

諭示戚金 | 권12, 11a-12a

**날짜** 만력 21년 11월 16일(1593. 12. 8.)

**발신** 송응창

**수신** 척금

**내용** 조선에서 요충지의 설치와 모병(募兵)이 잘 이루어지지 않고 있으므로 조선 국왕을 독촉하도록 하고, 최근 조선에서 자행된 약탈은 일본군이 아니라 일본군에 투항한 조선 백성으로 보이므로 이러한 상황을 호도해서 선동하지 않도록 조선 군신(君臣)에게 주의를 주라는 유시이다.

때는 엄동인데 이국에서 수고하니 나는 실로 매우 신경이 쓰인다. 집사(執事: 척금)는 나라를 위해 마음을 다하니 훗날 서훈(敍勳)할 때 반드시 높은 등급에 배치될 것이다. 그 외에 조선에 대한 뒤처리 문제는 내가 자세하게 낱낱이 논의하였으니 즉시 준행하는 것이 마땅할 것이다. 지금 광해군(光海君)⁴²은 아직 움직임을 보이지 않고

........

42 광해군(光海君): 1575~1641. 조선의 제15대 왕으로 이름은 혼(琿)이다. 선조의 둘째 아들이며 어머니는 공빈 김씨이다. 임진왜란이 발발하자 의주(義州)로 파천을 준비하는 가운데 세자로 서둘러 책봉되었다. 광해군은 즉위 이후 왜란의 피해를 복구하고 국가 운영을 안정시키려 하였으나 국내적으로는 대북(大北)의 독재를 허용하였고, 광해군 5년(1613) 모후 인목대비(仁穆大妃)를 유폐하고 동생 영창대군(永昌大君)을 사사하는 계

대구(大丘)에는 군량이 계속적으로 부족하며 모병도 겨우 4000명뿐인데 곧바로 해산하였다고 하고 여러 요충지 중 하나도 쌓은 것이 없다. 나랏일 보기를 아이들의 놀이처럼 하면서 또 자기 나라의 어려움과 위기를 중국이 모두 대신하게 하려 하니, 이러한 이치가 있을 수 있는가. 군신이 나태하고 혼미하여 모두 이 지경에 이르렀으니, 장차 어찌하겠는가. 지난번 본병(本兵: 병부)이 제본을 올린 것은 오로지 이 때문에 시행한 것이다.[43] 가령 다시 게을리 한다면 반드시 잔류 병력을 모두 철수시키고 요좌(遼左)의 내지를 지키면서 결단코 다시는 원병 요청을 허락하지 않을 것이다.

특별히 행인(行人)[44] 사헌(司憲)[45]에게 명령을 내려 조선국왕에게 가서 전달하여 알리도록 하였는데, 하직하고 북경(北京)을 나섰으니 집사는 모름지기 신속히 국왕에게 알려 모든 수비 수행에 관한 일을 서둘러 완비하고 다시는 지체하면서 시간을 보내다가 후회하는 일이 없도록 하라. 또한 고니시 유키나가는 무리를 모으고 성지를 기다리고 있는데 국왕은 여러 차례 약탈을 보고하였다. 무릇 약탈하

.......
축옥사(癸丑獄事) 등으로 정국을 공포 분위기로 몰아갔으며, 대외적으로는 명과 후금의 전쟁에 개입하지 않으려는 중립외교를 폄으로써 양반 사대부 대부분의 지지를 잃었다. 광해군 15년(1623) 서인 일파가 주도하여 일으킨 인조반정으로 폐위되었다

43 지난번 …… 것이다: 송응창의 경우 조선에 지속적으로 다수의 주둔군을 남겨서 일본이 완전히 철수할 때까지 방어해야 한다는 상주를 올렸다. 가장 가까운 일자의 상주는 「12-1 直陳東征艱苦并請罷官疏 권12, 1a-6a」이다.

44 행인(行人): 명대 행인사(行人司)에 속한 관직이다. 종실(宗室) 및 번국(藩國)의 군왕을 책봉하거나 조서(詔書)·칙서(勅書)를 전달할 때 사신으로 파견되는 직무를 주로 맡았다. 행인은 8~9품의 낮은 관직이지만 당시 사헌은 1품 복색(服色) 즉 임시로 1품 관직을 받아 조선에 왔다. 『선조실록』 권45, 선조 26년 윤11월 16일(병신)

45 사헌(司憲): ?-?. 명나라 사람으로 하남부(河南府) 수주(睢州) 출신이다. 호는 진대(晉臺)이다. 만력 14년(1586)에 진사에 급제하였다. 만력 21년(1593) 윤11월에 칙서를 가지고 조선을 방문하였다.

는 자들은 실제로는 조선 본국에서 왜노를 따르는 백성일 따름이다. 위로를 하지는 않고 도리어 멋대로 잘못 전하니 동쪽을 정벌하는 사체(事體)에 크게 방해가 된다. 또다시 혼란스럽게 전달한다면 나는 반드시 비밀리에 조사하여 조선 배신 중 이렇게 선동하는 자가 있으면 필시 가볍게 용서하지 않을 것이다. 집사는 조선의 군신들에게 엄히 전달하여 알리라. 이 때문에 전달하여 알린다.

## 12-9

# 병부상서 석성에게 보내는 서신

報石司馬書 | 권12, 12a-12b

---

**날짜** 만력 21년 11월 18일(1593. 12. 10.)

**발신** 송응창

**수신** 병부상서 석성

**내용** 자신이 일본군과의 전투에 소극적이거나 대비를 하지 않는다는 소문에 대해 해명하는 서신이다.

---

　지금 유언비어를 퍼뜨리는 것은, 고니시 유키나가의 남은 왜노들이 아직 퇴각하지 않고 조선 난민이 아직 돌아가지 않은 것에 불과하니, 따라서 바람과 그림자를 잡으려고 덩달아 짖는 개[吠聲之犬][46]가 될 따름입니다. 옹대(翁臺: 석성)께서 이 말을 들었다면 응당 제가 왜노들이 왕경에서 퇴각할 때 어째서 여러 차례 병사의 진격을 급히 독촉하였는지, 왜노들이 부산에서 퇴각할 때 어째서 계속해서 험지에 기대기를 재촉하였는지를 생각하십시오. 이에 이르러 왜

.......

46　덩달아 짖는 개[吠聲之犬]: 어떤 일의 진위(眞僞)를 살피지도 않고 자기 주관도 없이 맹목적으로 붙좇는 것을 말한다. 『잠부론(潛夫論)』 「현난(賢難)」에 "한 마리의 개가 이상한 형체를 보고 짖자 다른 100마리의 개가 그 소리를 듣고서 짖어댄다[一犬吠形 百犬吠聲]."라고 하였다.

노 무리의 대부분은 여전히 부산에 자리 잡고 아직 바다를 건너지 않았으니, 제가 어찌 감히 앞서 유수(留守)하도록 한 병마를 갑자기 철수시킬 수 있겠습니까. 유수하는 장사들은 외롭고 약하여 방어할 수 없으니, 몇 달 동안 제가 어찌 감히 조용히 아무 말도 없이 지원을 청하지 않을 수 있겠습니까. 고니시 유키나가가 또 기꺼이 마음을 달게 먹고 험준하고 막막한 해안에서 절대로 틈을 노리지 않을 수 있겠습니까. 다만 이를 생각하시면 사람들의 의심은 자연히 해소되고 와전은 자연스럽게 사라질 것이며 옹대께서는 마음속의 생각을 풀 수 있을 것입니다. 옹대께서는 이를 생각하십시오.

12-10

# 병부에 보내는 자문

移本部咨 | 권12, 12b-14a

---

**날짜** 만력 21년 11월 18일(1593. 12. 10.)

**발신** 송응창

**수신** 병부

**내용** 부총병 유정으로부터 조선을 방어하는 데 필요한 명나라 관원으로 천총(千總)[47] 유천우(劉天祐), 명색지휘(名色指揮) 마우경(馬禹卿)·유조원(劉朝元), 천총 진대강(陳大綱)·막여작(莫如爵)·왕유진(王維鎭) 등 6명을 추천받은 후 이들에게 실직(實職)을 내려달라고 병부에 요청하는 자문이다.

---

대군을 잠시 남겨두고 막아 지키게 하여 외번(外藩)[48]을 공고히

.......

47  천총(千總): 관직명이다. 명 초에는 북경에 주둔하는 경영(京營)을 삼대영(三大營)으로 나누고 천총, 파총(把總) 등의 영병관(領兵官)을 두었으나, 시간이 흐를수록 지위와 직권이 낮아졌다. 명 말에는 천총은 대략 1천 명 정도를, 파총은 300~500명 정도를 지휘하는 직책으로 수비(守備)보다 아래에 있었다. 명 후기의 천총·파총 등에 대해서는 肖立軍, 『明代省鎭營兵制與地方秩序』, 天津: 天津古籍出版社, 2010, 235~243쪽; 曹循, 「明代鎭戍將官的官階與待遇」, 『歷史檔案』 2016-3; 曹循, 「明代鎭戍營兵中的基層武官」, 『中國史研究』 2018-1을 참고.

48  외번(外藩): 제후국 또는 외국을 말한다. 어원적으로는 황실에서 토지와 작위를 준 제후국을 가리키지만, 수사적으로는 중국과 관계를 맺고 있는 주변의 정치체를 지칭하기도 한다. 여기에서는 조선을 말한다.

하고 내지를 편안히 하는 일.

찬획 원외랑 유황상의 보고를 받았는데, 그 내용은 다음과 같았습니다.

본직(本職: 송응창)의 지시를 받들고는 부총병 유정의 보고를 받았는데, 그 내용은 다음과 같았습니다.

살펴보건대 저는 도검(韜鈐)[49]의 말품(末品)이자 무장으로서 재주가 용렬한데 외람되게도 뒤처리를 위한 주둔 명령을 받고 관품(官品)을 올려주는 은전(恩典)이 더해졌으니, 가슴을 쓸며 두려운 줄 알아 각골난망(刻骨難忘)이라 몸을 버려서라도 보답을 도모할 뿐입니다. 다만 표하(標下)[50]에는 여전히 재주와 용맹이 대략 갖추어진 자가 6인이 있는데 응당 들어 써서 훗날의 효험을 다그쳐야 합니다.

살펴보니 중군천총(中軍千總) 유천우는 궁문 경비[武闈] 업무 등을 두루 거쳤기에 중요한 업무를 잘 알고 적을 살펴서 승리할 방법을 남김없이 사용하여 병사를 이끌고 여러 차례 뛰어난 공훈을 세웠습니다. 명색지휘 마우경은 뜻을 청영(請纓)[51]에 두고 마음에 죽음을 염두에 두고서 스스로 돌을 던지며 높이 뛰어오르는 용기와 지략을 지녔고 선

........

49 도검(韜鈐): 군사의 지위, 전쟁의 수행 방법 등을 말한다. 병서(兵書) 중 『육도(六韜)』와 「옥검편(玉鈐篇)」에서 한 자씩 따온 말이다.

50 표하(標下): 지휘관이 관할하는 직할부대를 말한다.

51 청영(請纓): 결박할 밧줄을 청한다는 말로, 스스로 전쟁터에 나가 적을 격파하고 나라의 은혜에 보답하겠다는 뜻이다. 『한서(漢書)』 「종군전(終軍傳)」에 한(漢)나라 간의대부(諫議大夫) 종군(終軍)이 긴 밧줄 하나만 주면 남월(南越)에 가서 그 임금을 묶어 데리고 와서 바치겠다고 청한 고사에서 나왔다.

봉에 서서 적진을 무너뜨리는 웅대한 기질을 넉넉히 가지고 있습니다. 이 두 사람은 수비비어(守備備禦)로 선발되는 것을 감당할 만한 자들입니다.

명색천총(名色千總) 진대강은 재주가 숙달되고 기백이 격렬하여 도적들이 그 활깍지 안에서 벗어날 수 없으며 사졸(士卒)은 즐거이 휘하로 들어갑니다. 명색천총 막여작은 나이와 힘이 강건하고 기예가 발군이며 전투에서 여러 차례 어려움과 위험을 겪으면서 적을 사로잡거나 참수(斬首)한 공적을 세웠습니다. 이 두 사람에게는 실제로 천총·파총(把總)의 직임을 주기에 충분합니다.

명색지휘 유조원은 오랫동안 군무를 수행하였고 여러 차례 정벌전에 참여하였으며 베어 죽이거나 포획한 공적을 다수 거두었으며 돌격할 수 있는 쓰임을 갖추었습니다. 명색천총 왕유진은 수년 동안 종사하였고 병사를 단속하는 일이 요란스럽지 않으며 정벌 전투에서 적을 사로잡고 참수한 것이 여러 차례이고 방어할 때는 안정을 바탕으로 삼았습니다. 이 두 사람에게 모두 실제로 파총의 직임을 줄 만합니다. 단 유조원은 원래 곤이(髡夷)[52]로서 훗날에 따로 쓰는 것이 마땅하지만 지금 왜를 정벌하는 데 부려야 할 자입니다.

이상 6인은 재주와 능력은 같지 않지만 모두 시험 삼아

........

52 곤이(髡夷): "髡夷"와 같은 뜻으로 보인다. 광동·광서 지역의 만이(蠻夷) 집단을 가리키는 말이다.

써보았기 때문에 감히 무릅쓰고 천거합니다. 가령 제 말이 그릇되다고 여기지 않고 굽어살펴서 윤허를 내리신다면, 특별히 제본을 갖추어 유천우 등에게 실직을 내려주십시오. 저의 표하 영병비왜(領兵備倭)로 보내주시면 씩씩한 무부(武夫)들이 모두 공을 세울 줄 알아 이역(異域)에서 보답하려는 행동이 장차 끝이 없을 것입니다.

지시를 받들었는데, "찬획 유황상은 제독 이여송과 회동하여 조사하고 논의한 후 상세히 보고하라."라고 하셨습니다.

이를 받고 이문(移文)에 따라 제독 이여송과 회동하여 조사하고 논의한 결과, 부총병 유정이 올린 천총 유천우, 명색지휘 마우경·유조원, 천총 진대강·막여작·왕유진 6원은 본래 선봉에서 적을 방어하는 데 뛰어나니 실직으로서 바다를 방어하는 직임을 줄 만합니다.

이를 받고, 먼저 부총병 유정이 올린 보고에 대해 찬획 유황상에게 지시를 내려 제독 이여송과 회동해서 자세히 의논하도록 하였습니다. 이후 지금 위의 사유를 받아보니, 살펴보건대 왜노 무리는 달아났지만 조선은 파괴되고 황폐해져 새로 회복한 뒤이므로 논의하여 병사를 남겨두고 잠시 지키기로 하였습니다. 지혜와 용맹이 있는 사람을 얻지 못한다면 군무를 안정시킬 수 없고, 특별한 선발이 아니라면 사기를 격앙시킬 수 없습니다. 문서에서 유정이 추천한 유천우 등 6인은 실직을 줄 만하며, 이미 시험한 일을 살펴보면 필시 앞으로 공을 세울 것을 반드시 기약할 수 있습니다. 다시금 찬획과 제독의 회의를 거쳤는데 모두 임무를 맡겨 부릴 만하다고 하니, 아마도 마땅히 허락하여 앞으로의 일을 독려해야 할 것입니다. 이에 병부로 자문을 보내니, 번거롭겠지만 결재를 하고 제본을 갖추어 시행한다면 인심이 분발할 줄 알게 되고 은혜에 감동을 받아 더욱 보답을 도모하고자 생각할 것입니다.

# 12-11

# 유정에게 보내는 명령

檄劉綖 | 권12, 14a-15b

**날짜** 만력 21년 11월 26일(1593. 12. 18.)

**발신** 송응창

**수신** 부총병 유정

**내용** 경솔히 전투를 벌인 유격 오유충(吳惟忠)[53]을 질책하면서 부총병 유정에게 요충지를 쌓고 병사를 훈련하는 데 집중하도록 주의를 주는 명령이다.

왜정에 관한 일.

이번 달 25일 내가 파견하였다가 돌아온 야불수(夜不收) 장경아(張經兒)가 구두로 보고하기를, "이번 달 3일 조선 난민들이 먹을 것이 없어 밀양(密陽)에서 양식을 약탈하였습니다. 유격 오유충이 즉시 병사를 거느리고 강을 건너 대적하였는데, 관군(官軍)이 상처를 입기까지 하였습니다."라고 하였습니다.

살펴보건대 이적(夷狄)을 제어하는 방법은 거스르면 정벌하고

........

53 오유충(吳惟忠): ?~?. 명나라 사람으로 절강 금화부(金華府) 의오현(義烏縣) 출신이다. 호는 운봉(雲峯)이다. 왜구 토벌에 공적이 있었다. 임진왜란이 발발하자 유격장군으로 조선에 와서 평양성 전투에 참여하였다.

순종하면 어루만져주는 것이다. 바야흐로 왜노들이 조선을 점거하였기에 병사를 써서 정벌하였다. 지금 그들이 해상으로 물러나서 장수를 보내 아픔을 호소하였고, 나는 여러 차례 받은 황제의 명령에 따라, 왜노들을 용서하여 끝까지 쫓지 않고 복종하였으니 기미하여 모두 소굴로 돌아가 표문을 올려 책봉을 청하는 일을 허락하였다. 이로써 당당한 중국이 대의를 밝히고 지극한 인자함을 보였다. 지금 논의하여 병사를 남겨둔 것은 애초에 조선을 위해서였고 요충지의 설치와 병사의 단련은 내가 여러 번 문서를 보냈으니, 잘 지키면서 일이 없게 한다면 바로 공이 생기는 것이다. 비록 소소한 도적들이 먹을 것이 없다는 이유로 간간이 출몰하면서 약탈하나 밀양 등의 지역은 모두 남김없이 파괴되고 황폐해졌으니 약탈해도 또한 얻을 바가 없다.

가령 오유충이 성벽을 견고히 하고 들을 불태우며 강에 기대어 수비하면서 멀리서 병세(兵勢)를 펼쳤다면, 저들은 필시 스스로 물러났을 것이다. 더구나 부총병 유정이 보고한 고니시 유키나가의 서신에서는 "적의 무리 중에 약탈하는 자가 있다면 청컨대 관리에게 명령을 내려 다스리거나 혹은 죽여도 됩니다."라고 하였으니, 전에 보고한 약탈은 협박받은 조선 난민들이 해안에 모여 있다가 이 겨울을 당하여 몸에는 입을 것이 없고 입에는 먹을 것이 없어 이렇게 되어버린 것이다.

그런데 오유충은 장수가 된 지 오래인데 사기(事機)를 살피지 않고 가벼이 강을 건너 공적을 멋대로 탐하다가 군병이 상처를 입게 하였다. 더구나 고니시 유키나가가 현재 그의 심복 나이토 조안[小西飛] 등을 보내 이곳에서 고통을 호소하고 있다. 저들이 어찌 꺼리는 바가 없겠는가. 또 4개월간 조용히 지내면서 감히 일을 일으키지 않았고 이러한 엄동설한은 그들에게 유리한 시기가 아니니, 저들이 다시 병사를 움직이겠는가. 오유충은 통제를 어겼으니, 중국의 신임을 망가뜨리고 이적의 마음을 잃은 짓이 이보다 심할 수 없다. 본래 마땅히 조사해서 처리해야 하나 일단 단단히 경계시키도록 한다.

패문을 보내니, 바라건대 그대는 즉시 오유충과 유수 장령(將領)[54]에게 단단히 경계시켜서, 내가 여러 차례 문서로 보낸 요충지의 설치와 병사의 선발·훈련 사안을 살펴서 착실하고도 신속히 거행하는 데 힘쓰라. 그리고 전처럼 한두 무리의 소소한 도적을 몰래 엿보아 공훈으로 상을 주는 일을 바라지 말라. 고니시 유키나가의 한 부대에 대해서는 선유하러 간 사람이 돌아와서 하는 말을 들어본 후 만일 패역하게도 일본으로 돌아가지 않는다면, 나에게 보고를 올려 잘 헤아려 조치함으로써 만전을 도모할 것을 허락한다. 가벼이 진격하여 요행을 바라서는 안 된다. 그리고 오유충이 적과 대치한 연유를 사실에 근거해서 보고하라. 어겨서는 안 된다.

........

54 장령(將領): 장관(將官)이라고도 하며, 명대 각 지역을 진수(鎭戍)하는 병력을 지휘하는 무관을 총칭한다. 총병(總兵)·부총병·참장·유격·수비(守備) 등이 있다.『명사(明史)』「직관지(職官志)」에 따르면 이들에게는 정해진 품급(品級)이나 정원(定員)이 없었으며, 이들 중 한 방면을 총괄하는 자를 진수(鎭守=總兵), 일로(一路)만을 담당하는 자를 분수(分守), 한 성이나 보(堡)를 각각 지키는 자를 수비, 주장(主將)과 함께 한 성을 지키는 자를 협수(協守)라고 칭하였다. 숭정(崇禎) 10년(1637)에 이르러 병부상서(兵部尚書) 양사창(楊嗣昌)이 이들의 관계(官階)를 정리하였고, 이는 청대 녹영(綠營)의 품급(品級)으로 계승되었다. 曹循,「明代鎭戍將官的官階與待遇」,『歷史檔案』2016-3 참고.

12-12

# 이여백에게 보내는 명령

檄李如栢 | 권12, 15b-16a

**날짜** 만력 21년 11월 27일(1593. 12. 19.)

**발신** 송응창

**수신** 이여백(李如栢)[55]

**내용** 위협을 받아 일본군을 따라다닌 조선 백성을 수용하라는 내용을 조선국왕에게 전달하였다는 것을 알리고, 조선 난민들이 소요를 일으키기 전에 불러들여 정착시킬 방법을 전하는 명령이다.

군민(軍民)을 불러 안정시키는 일.

확인해보니 왜노들의 협박을 받아 왜군을 따르는 조선 백성이 서생포 부근에 모여들어 일본으로 쫓아가고자 하나 왜노들이 데리고 가려 하지 않고 조선으로 돌려보내고자 하는데, 나는 또한 국왕이 반민(叛民)에 연루시켜 살육할까 걱정하였다. 이에 이미 국왕에게 자문을 보내 법령을 조금 관대히 하여 그들의 귀순을 독려하라고 하였다. 이러한 문서를 보낸 이후 다만 위협받은 사람들이 시간

········

55 이여백(李如栢): 1553~1620. 명나라 사람으로 요동(遼東) 철령위(鐵嶺衛) 출신이다. 이성량의 둘째 아들이자 이여송의 동생이다. 임진왜란 당시 형과 함께 참전하여 평양성을 탈환하는 데 공을 세웠다.

이 오래되어 양식이 다하면 지역에서 소란을 일으킬 것이 염려되니, 위관이 불러서 위로해야 할 것이다.

패문을 보내니, 바라건대 그대는 즉시 부총병 유정과 함께 위협 받은 조선 군민이 정확히 얼마나 되는지와 지금 어느 지방에 있는 지를 조사하라. 그리고 고향으로 돌아가기를 원한다면 조선 관원에게 문서를 보내 군민들을 불러들여 보내되 별개의 도(道)에 떨어뜨리고 군읍(郡邑)을 나누어 정착시키도록 하라. 미혹됨을 고집하여 돌아오지 않고 왜노에 빌붙어서 지방에서 소란을 피우는 자는 반드시 모조리 공격하여 죽여서 후회막급하도록 하라. 각 관원 중에 혹여 군민들을 불러들여 정착시킬 좋은 방법을 아는 자가 있으면 사유를 갖추어 보고하라.

# 부총병 유정에게 보내는 명령

檄副總兵劉綎 | 권12, 16a-17b

**날짜** 만력 21년 11월 30일(1593. 12. 22.)

**발신** 송응창

**수신** 부총병 유정

**내용** 일본군에 투항한 조선 백성을 구체적으로 귀순시키는 방법을 알리는 명령이다. 협박받은 조선 백성을 용서하도록 하였다는 내용을 조선 국왕에게 전달하면서, 구체적으로 면사첩(免死帖)을 지급하고 병사로 편입할 자와 귀향을 원하는 자를 구분해서 수용할 것을 제시하고 있다. 정해진 기간 동안 권유하였는데도 따르지 않는 자들에 대해서는 공격을 허락하였다. 다만 공적을 세우기 위해 난민들을 자극하는 행위를 엄격히 금지하고 있다.

협박받은 사람들을 헤아려 처리함으로써 무리를 흐트러뜨리고 분란을 멈추게 하는 일.

살펴보건대, 부산 등의 지역에 모여 있는 왜노에게 협박을 받은 조선인들은 의식(衣食)을 마련할 수 없어 돌아가려고 해도 또한 조선국왕에게 살육당할까 두려워해서 종종 왜노라는 이름을 가탁하여 간간이 나와서 약탈을 한다. 내가 여러 차례 국왕에게 자문을 보내 용서하도록 하였고 다시 면사첩 만 장을 발송해서 그대에게 널리 불러오도록 하였다. 다만 이 무리가 끝내 의심과 두려움을 품고 있고 해당 배신들은 또 관망하면서 조처를 하지 않는다.

지금 살펴보건대, 내가 관원을 파견해 성지에 따라 고니시 유키나가에게 선유하여 일본으로 돌아가라고 하였다. 만일 고니시 유키나가가 선유에 따라 물러간다면 해상에는 오직 이 무리만 남을 것이다. 마땅히 법령을 세워 불러서 위로하면 아마도 곧 귀순할 것이다.

패문을 보내니, 바라건대 그대는 가령 고니시 유키나가가 선유에 따라 물러나 돌아가면 즉시 그에게서 확실한 보고[結報]<sup>56</sup>를 취하여 "부산에 원래 왜적 무리가 얼마 있었는지, 지속해서 바다를 건너간 자들은 얼마인지, 이번 바다를 건너는 자들은 얼마인지, 해상에 남은 왜노 무리가 있는지, 연이어 난을 일으켜 약탈한 자들이 조선 난민인지 왜노 무리와 관계없는지" 등을 드러내도록 하라.

다른 한편으로 즉시 당보(塘報)<sup>57</sup>를 갖추어 나에게 보내고 그대는 직접 부산 일대를 순행하라. 배신 권율(權慄)<sup>58</sup> · 김명원(金命元)<sup>59</sup>
‥‥‥‥

---

56 확실한 보고[結報]: "결(結)"은 보증서, 확약서 등을 가리킨다. 가령 인결(印結)은 지현 (知縣) 등 인장(印章)을 가진 관원이 문서의 내용이 틀림없음을 보증하면서 자신의 관인 (官印)을 찍은 것이고, 감결(甘結)은 문서의 내용이 사실과 다르면 '달게[甘]' 벌을 받겠다는 서약서를 말한다.

57 당보(塘報): 군사정보 보고서 또는 긴급한 군사정보를 알리는 사람을 가리킨다.

58 권율(權慄): 1537~1599. 조선 사람으로 본관은 안동(安東)이다. 자는 언신(彦愼), 호는 만취당(晚翠堂), 모악(暮嶽)이다. 임진왜란이 발발하자 전라도 관찰사 겸 순찰사로 발탁되었다. 고바야카와 다카카게(小早川隆景)의 군대와 접전을 벌인 끝에 일본군의 전라도 침입을 저지하였고 행주산성에서 대승을 거두었다. 삼도도원수(三道都元帥)로 임명되어 영남지방에 주둔하여 일본군과 싸웠다.

59 김명원(金命元): 1534~1602. 조선 사람으로 본관은 경주(慶州)이다. 임진왜란이 발발하자 팔도도원수(八道都元帥)로 임진강 방어선을 전개하였으나 적을 막지 못하고 후퇴하였다.

등과 함께 난민들이 모여 있던 곳에 홍색과 백색의 큰 기(旗)를 각각 1개씩 세우고 통사(通事: 역관)로 하여금 널리 말을 전하여 타이르도록 하라. 가령 투항하여 병사에 충원되기를 원하는 자들은 홍기 아래에 서게 하고 즉시 면사첩을 지급하여 군영으로 거두어들여 옷과 양식을 모두 지급하라. 가령 병사가 되기를 원하지 않고 시골로 돌아가려는 자들은 백기 아래에 서게 한 후 즉시 면사첩을 지급하고 각기 주부(州府)로 발송하여 옛날처럼 백성으로 삼고 재차 진휼을 시행하라. 그리고 배신으로 하여금 국왕의 사면을 크게 펼쳐 고시(告示)하고 결단코 살육하지 않음으로써 사람들의 마음을 안심시켜라.

그리고 다방면으로 깨우치고 인도하여 불러 오게 함으로써 호생지덕(好生之德)[60]을 넓히도록 하라. 한 달을 기한으로 삼아 번잡한 일에 싫증 내지 말고 거듭 명령을 내려 훈계하라. 저들은 이미 앞에서는 왜노에게 기댈 것이 없고 해안에는 식량이 끊겼으니 헤아리건대 필시 즐거이 귀순할 것이다. 가령 반복해서 타일렀는데 한 달 후에도 귀순을 기꺼워하지 않는 자가 있다면, 이는 진실로 배반자이니 하늘도 용납할 수 없는 바일 것이다. 그대는 유수 병장(兵將) 및 조선 배신들을 독려하여 가령 전투해서 죽인 수급(首級)이라면 왜노 수급의 10분의 3으로 쳐서 포상하는 것을 허락한다. 이는 부득이한 일이니, 반드시 고니시 유키나가가 물러나 돌아간 지 한 달 후에 여러 차례 권유해도 끝내 오는 것을 기꺼워하지 않을 경우 비로소 시행할 수 있다. 각 장사가 이 기회를 이용해 공적을 바라고서 난민들

........

60  호생지덕(好生之德): 사형에 처할 죄인을 특사하여 살려 주는 제왕의 덕을 일컫는다.

을 격앙시켜 변란을 일으키게 하고서는 갑작스레 살육함으로써 많은 목숨을 잃게 만들어 위로 하늘의 조화를 범하지 말라. 그대는 상세하고 신중히 시행하라.

12-14

# 조선국왕에게 보내는 자문

移朝鮮國王咨 | 권12, 17b-18a

**날짜** 만력 21년 윤11월 3일(1593. 12. 25.)

**발신** 송응창

**수신** 조선국왕

**내용** 최근 소식을 전달하기 위해 파견한 명나라 관원이 조선 도적들에게 약탈당한 사건을 언급하면서, 해당 관원이 빼앗긴 물품을 지급하고 엄격히 치안을 유지하여 군기(軍機)가 잘 이루어지도록 요청하는 자문이다.

　　약탈이 횡행하니 신속히 논의하여 처리함으로써 도로를 깨끗이 하는 일.

　　저의 차관(差官) 담종인(譚宗仁)[61]이 성지를 받들어 고니시 유키나가에게 선유하여 서생포로 물러나 돌아가도록 하였고, 왜노를 몰아내 국왕을 편안히 하려고 하지 않은 적이 없었습니다. 더구나 부총병 유정 등 장사 1만 6000명을 남겨두었고 멀리 대구 등의 지역에 있으면서 모든 군기에 대해 전부 격문에 근거하도록 하였습니다.

.......

61　담종인(譚宗仁): ?~?. 명나라 사람이다. 만력 20년(1592) 이여송을 따라 조선에 왔다가 명이 일본과 강화 교섭을 추진하게 되었을 때 일본 진영에 머무르며 교섭 업무를 담당하였다.

그런데 근래 보고를 받아보니, 담종인이 옷과 마필을 모두 도적들에게 빼앗겨 배고픔을 참고 소를 타고 대구에 도착하였습니다. 그 나머지 왕래하는 관역(官役)도 매우 고초를 겪으며 해상까지 이르니 소식이 매번 막히고 끊깁니다.

무릇 중국의 관원이 이렇게 피부가 찢기고 손가락이 떨어져나갈 듯한 시기에 분주히 이역에서 치달리며 곧바로 해안까지 가는 것은 이미 그 고됨이 이루 말할 수 없는 터인데, 게다가 차마 그 옷과 마필을 모두 빼앗겼으니 저는 이를 듣고서 매우 분통이 터졌습니다. 왕국이 이러한 유신(維新)의 때를 맞이하여 마땅히 기강을 정돈하고 떨쳐 안을 편안히 하고 외적을 물리쳐야 하는데, 약탈이 횡행하도록 하여 도로가 막히고 군기가 통하지 않으니 왕래에 어긋남이 생겨 크게 귀국의 우환이 되므로 신속히 금지해야 마땅합니다.

왕께서는 해당 관할 지방의 배신에게 속히 명령을 내려 엄격히 단속하고 굶주린 백성이 난을 일으키면 방법을 마련해 진휼하고 미친 무리의 경우에는 방법을 마련해 체포해야 합니다. 담종인이 빼앗긴 옷과 마필에 대해서는 신속히 조사해서 마무리하여 의복과 마필은 담종인에게 돌려주고 도적질한 사람들은 체포해서 처형해야 화의 근원을 끊을 수 있고 나라의 본령도 평안해질 것입니다.

이에 자문을 보내니, 살펴서 신속히 자문으로 회답하기를 바랍니다. 만에 하나라도 도적들이 간악함을 키우도록 방치해서 스스로 근심을 끼치지 않도록 하십시오.

# 금약의 유시

禁約示諭 | 권12, 18a-19b

> **날짜** 만력 21년 윤11월 9일(1593. 12. 31.)
>
> **발신** 송응창
>
> **수신** 명 관군
>
> **내용** 명의 관원과 군사가 조선에서 피해를 끼치는 사례를 거론하면서 또다시 이러한 일이 발생할 경우 처벌할 것을 알리는 유시이다.

다시금 금약(禁約)을 단단히 경계시켜 법의 기강을 밝히는 일.

살피건대 내가 병사를 머무르게 하여 조선을 방어하고 있는데, 파견하여 왕래하는 관리와 유수하는 관군이 조선 연도(沿途)의 객관(客館)과 역참(驛站) 지역에서 소란스럽게 할까 진실로 걱정되어 여러 차례 엄격히 금지한 것이 한두 번이 아니었다. 그런데 근래 확인해보니 여전히 방자하고 탐욕스러워 법기를 돌아보지 않는 자들이 있었다. 이에 혹은 말 60~70필을 요구해서 화물을 싣거나 인부 60~70명을 취하는 자들도 있었다. 혹은 여러 차례 유수 장령으로 차출되었다는 명분을 사칭하여 연도에서 공응(供應)[62]과 소나 말을

.......

62  공응(供應): 공무와 관련하여 역참에서 제공하는 숙식 및 이동 등의 접대를 말한다.

요구하는 경우도 있었다. 혹은 연도에서 멋대로 황개(黃蓋)[63]를 펴고 사적으로 국왕을 알현하여 이익을 도모하는 경우도 있었다. 혹은 전라도의 부유한 지역으로 길을 돌아가 공응을 다수 취하기를 바라는 자도 있었다. 혹은 지급한 신분증을 이용하여 말을 토색질한 다음 짐을 싣고 장사를 하거나 부당하게 급료를 받는 자도 있었다. 혹은 원래 보낸 패표(牌票)에는 말을 1~2필만 사용하는 것으로 되어 있었는데 돌아올 때는 소나 말을 토색질하니 이것이 쌓여 10~20필에 이르기도 하고 끝내 자신의 물건으로 여겨 멋대로 판매한 경우도 있었다. 혹은 나귀를 잃거나 약한 말이 넘어져 죽으면 좋은 말을 강제로 가져가는 경우도 있었다. 혹은 조선 배신의 안장을 갖춘 말을 모두 강제로 빼앗는 자도 있었다. 혹은 남의 부인에게 음란한 생각을 품고 사달을 일으키거나 그 남편을 꽁꽁 묶어서 자기의 사욕을 채우는 자도 있었다. 또 각 해당 관병들은 모두 이동과 주둔 비용을 받은 것이 적지 않는데 이외에 또 정해진 공응의 이중 지급을 요구하는 경우도 있었다. 또 각처의 파수처를 배치하였는데 스스로 배책(排柵)[64] 세우는 것을 기꺼워하지 않고 성으로 들어가거나 민가의 건물을 점거하여 멋대로 소요를 일으키다가 조금이라도 마음에 들지 않으면 매질을 가하는 경우도 있었다.

무릇 조선이 왜노에게 함락되어 고단함과 고통이 극에 이르렀다. 근래 회복되었으나 현재 논의한 후 병사를 남겨 방어하고 있는데 양식은 또한 조선에서 가져다 지급하고 있다. 그런데 간사한 무

.......

63　황개(黃蓋): 의장(儀仗)의 하나로 양산 형태이다. 천의 색깔에 따라 명칭이 다르다.
64　배책(排柵): 큰 나무를 배열하여 연이어 목책을 세우는 것을 말한다.

리가 멋대로 거리낌 없이 법규를 어기는 짓이 모두 이 지경에 이르렀으니, 본래는 마땅히 두루 잡아다 조사해야 한다. 그러나 우선 어긴 사람이 많다는 점을 생각하여 잠시 관대히 용서하나 응당 다시금 고시를 지급해서 단단히 경계시키겠다.

이에 고시를 보내니, 각 공무로 파견되어 왕래하는 관리 및 유수 관군은 이후 각별히 법의 기강을 준수하는 데 힘쓰고 망한 나라가 새로 살아나는 것을 염두에 두어라. 다시는 전철을 밟아 멋대로 토색하며 소요를 일으키는 일을 허락하지 않는다. 만일 감히 전처럼 어기는 자가 있다면 관참을 관할하는 위관 및 해당 지방의 배신이 이름을 지목해 보고를 올리는 것을 허락한다. 나는 이에 근거하여 즉시 체포한 후 반드시 군법으로 처리할 것이며 결코 가벼이 풀어주지 않을 것이다.

## 12-16

# 유응기에게 보내는 명령

檄劉應祺 | 권12, 19b-20a

---

**날짜** 만력 21년 윤11월 11일(1594. 1. 2.)

**발신** 송응창

**수신** 유응기(劉應祺)

**내용** 각 아문(衙門: 관청)에서 보낸 군화(軍火: 화약무기), 장비[器械], 무기 등의 목록을 작성해서 확인하고 수령할 때 대조할 수 있도록 하라는 명령이다.

---

성지(聖旨)에 따라 부신(部臣: 송응창)에게 전적으로 책임을 맡긴 일.

앞서 요동도사(都司)가 올려보낸 군화와 장비의 제조를 완료하였다는 장부가 나에게 도착해 이미 분수도(分守道)에게 패문을 보내 조사하도록 하였다. 그 후 여러 번 재촉하였지만 아직 보고가 없었다. 살펴보건대 각 항목의 장비는 각 아문에서 모두 마가은을 써서 제조하고 일이 완료되면 요동순무에게 보내 확인해서 거두어들여야 한다.

표문을 보내니, 바라건대 그대는 즉시 여러 차례 수령한 각 아문에서 보낸 모든 군화·장비, 초석과 유황으로 제작한 화약, 불화살 및 위관이 제조를 완료한 편(鞭)[65]·곤(棍)[66]·철탄·납탄·경거(輕車)·마패(麻牌)[67] 등의 항목에 대해 문책 2부를 만들어 나에게 보내라. 그럼으로써 하나는 남겨두고 대조할 수 있도록 하고 다른 하나는 요동순무에게 보내 확인해서 수령할 수 있도록 하라. 지체하지 말라.

........

65 편(鞭): 금속으로 만들어진 봉 모양의 타격무기이다. 채찍과 비슷한 모양이라 '철편(鐵鞭)'이라고도 부른다.
66 곤(棍): 긴 나무를 둥글게 깎아 만든 병기를 말한다.
67 마패(麻牌): 마로 만든 방패이다.

# 도사 장삼외에게 보내는 명령

檄都司張三畏 | 권12, 20a-20b

> **날짜** 만력 21년 윤11월 11일(1594. 1. 2.)
> **발신** 송응창
> **수신** 도사 장삼외(張三畏)[68]
> **내용** 최근 발송한 무기의 수령 및 저장, 사용 수를 정리해서 보내라는 명령이다.

성지에 따라 부신(송응창)에게 전적으로 책임을 맡긴 일.

표문을 그대에게 보내 원래 수령한 모든 군화(軍火)·장비를 강가로 운반하여 동양정(佟養正)[69]에게 교부하고 동양정이 확인해서 받도록 하였다. 그 후 살펴보건대 각 항목의 장비는 원래 마가은을 써서 제조하고 일이 완료되면 요동순무에게 보내 확인해서 수령하도록 하였다.

.......

68 장삼외(張三畏): ?~?. 명나라 사람으로 요동 삼만위(三萬衛) 출신이다. 만력 20년(1592)에 요동도지휘사사첨사(遼東都指揮使司僉事)로 의주에 와 머물면서 군량을 관리하였다.
69 동양정(佟養正): ?~1621. 명나라 사람으로 요동 무순소(撫順所) 출신이다. 임진왜란 때 관전부총병(寬奠副總兵)의 관직을 가지고 있었다. 이후 천명(天命) 3년(1618)에 일족을 이끌고 후금에 투항하였다. 훗날 손녀가 순치제(順治帝)의 비(妃)가 되고 그 아들이 강희제(康熙帝)로 즉위하여 효강장황후(孝康章皇后)로 추존되었다.

표문을 보내니, 바라건대 그대는 유응기가 차례로 운반한 일체의 군화·장비와 해개도(海蓋道) 및 대조변(戴朝弁)[70]·영국윤(甯國胤)이 보낸 철탄·납탄과, 왕헌(王憲)·장표(蔣表)가 보낸 편·곤 중 평양에서 부정립(傅廷立)[71]이 수령한 것이 얼마인지, 유정의 진영 안에 있는 것이 얼마인지, 동양정에게 발송하여 동양정이 수령하여 강연(江沿)에 저장한 것이 얼마인지를 원래 보낸 수량과 항목과 동일하게 맞추고 만일 사용하였다면 분명히 제외하여 상세히 장부 2부를 만들어 나에게 보내라. 그래서 하나는 남겨두어 확인하는 데 사용하고 다른 하나는 요동순무에게 보내 확인해서 수령하도록 하라. 지체하지 말라.

........

70  대조변(戴朝弁): ?~?. 명나라 사람이다. 흠차통령요병유격장군(欽差統領遼兵遊擊將軍)으로 마병(馬兵) 1000명을 이끌고 만력 20년(1592) 6월에 압록강을 건너왔는데, 군령이 매우 엄숙하여 백성이 편하게 여겼다. 7월에 조승훈과 함께 평양을 공격하였으나 전투에서 패하면서 적탄에 맞아 전사하였다.

71  부정립(傅廷立): ?~?. 명나라 사람으로 요동 광녕위(廣寧衛) 출신이다. 만력 21년(1593)에 군량을 관리하러 와서 평양에 머물렀으며, 뒤에 의주를 수비하러 다시 조선에 왔다.

## 12-18

# 행인사행인 사헌에게 보내는 서신

與司大行書 | 권12, 20b-21a

**날짜** 만력 21년 윤11월 11일(1594. 1. 2.)
**발신** 송응창
**수신** 행인사행인(行人司行人) 사헌(司憲)
**내용** 조선의 정세 및 방어 사항을 확인해서 자신에게 알려주고, 혹시 전략에 도움이 되는 인물이 있다면 확인해달라고 요청하는 서신이다.

문하(門下: 사헌)께서는 뛰어난 재주를 지닌 해내의 뛰어난 인물이신데, 지금 다행히 동방(東方)에서 함께 일을 하여 광범(光範)[72]을 볼 수 있으니 기쁘고 위로됨이 어찌 끝이 있겠습니까. 문하의 행차가 동쪽으로 향하며 바람을 몰고 가실 때, 제가 비록 말고삐를 잡고 시중을 들 수는 없지만 그리워하는 개인적 마음은 엄연히 좌우(左右: 사헌)께 있습니다. 손가락을 세며 일정을 헤아려보면 아마도 왕경에 도달하셨을 것입니다. 천 마디 말을 정성껏 하셨을 것이니 국왕도 반드시 과거의 잘못을 고치려 하였을 테지만, 폐단이 쌓인 나라라 형편상 금방 바뀌기 어렵습니다. 문하께서 시험 삼아 그 군신

........

72  광범(光範): 재상의 풍모를 뜻하는 말로, 상대방에 대한 존칭이다.

의 근래 의향이 어떠한지, 방어시설의 설치는 어떠한지, 즉시 유수군을 철수해도 만전을 보존할 수 있을지 살펴보십시오. 신명(神明)으로 밝게 살펴보시면 필시 그 진상을 얻을 수 있을 것이니, 자세히 알려주시기를 바랍니다. 또 영토를 두루 살피면서 다니는 길에 자문을 구하면 필시 뛰어난 계획으로 외번에 보탬이 될 자들이 있을 것입니다. 다시 저에게 가르침을 주시어 대신 행할 수 있도록 요청합니다. 편지를 쓰자니 마음이 쏠려 그리운 마음을 가눌 수 없습니다.

12-19

# 병부상서 석성에게 보고하는 서신

報石司馬書 | 권12, 21a-21b

**날짜** 만력 21년 윤11월 12일(1594. 1. 3.)

**발신** 송응창

**수신** 병부상서 석성

**내용** 현재 고니시 유키나가의 일부 부대만이 서생포 앞바다 섬에 머물고 있다는 정황을 전달하면서, 자신과 이여송, 유황상이 명확한 권한과 직책이 없이 요양에 머무르고 있는 상황을 정리해달라고 요청하는 서신이다.

　이자윤(李滋潤)과 손문도(孫文道)가 구두로 아뢰기를, 고니시 유키나가가 지금 웅천(熊川)에 머무르고 있으며 서생포와는 100리 떨어져 있는 바다 가운데의 작은 섬이라고 합니다. 또한 거느린 병력은 아주 많지는 않다고 합니다. 동쪽을 정벌하는 일은 아마도 조금 마무리되었다고 할 수 있습니다. 황제께서는 밝은 성지에서 반드시 왜군의 귀국이 확실히 보고되어야 저의 귀향을 허락하겠다고 하셨습니다. 다만 지금 왜노들이 멀리 떨어진 섬에 거처하고 있어 쫓아내기가 어렵습니다. 하물며 부산은 오래전에 왜호(倭戶)의 땅이 되었는데 이제 기필코 그들을 죄다 쫓아버리고자 한다면, 이는 조선의 오늘날 강토(疆土)를 회복하려는 것일 뿐만 아니라 110년 전의 옛 강토까지 회복하려는 것이니 어찌 어렵지 않겠습니까. 지금은 겨울에 해당하고 또 유정이 유수하고 있으니 생각건대 다른 우려는 없으나, 걱정할 만한 것은 봄 사이에 있을 따름입니다.

지금 제가 제독·찬획과 요양에서 아무 일 없이 앉아 있은 지가 이미 거의 3개월인데, 공급하기가 매우 어렵습니다. 문하의 재관(材官)[73]·책사(策士)의 생필품 소비에 대해 공무라고 하면서도 군더더기처럼 간주한다면 사체가 불편해지는 것은 말할 필요도 없습니다. 우리 세 사람은 팔짱을 끼고 무리 지어 머무르고 있지만, 애초에 병마에 관한 권한이 없고 지방의 관직도 없는데 도리어 전쟁의 이해(利害)에 대해 책임을 지고 있습니다. 봄이 오면 병사는 동원할 수 없고 군량을 징발할 수 없는데, 만에 하나 경보(警報)가 생기면 장차 어떻게 시행할 일을 계획할 수 있겠습니까. 총독·순무의 입장에서는 "사안은 경략에게 속한다."라고 하면서 태만히 조심하지 않을 것이고, 저와 제독·찬획의 입장에서는 일에 대한 권한이 없으니 혹시 소홀한 일이 생기면 죄를 누구에게 미루겠습니까. 이에 제가 섬나라의 왜노들을 견제하고자 하나 도리어 섬의 왜노들에게 견제받게 됩니다. 저희들이 아무리 아쉬워한들 국가 사안에 무슨 보탬이 되겠습니까. 오늘날을 위한 계획은 저를 놓아서 조정으로 돌려보내고 왜적 방어[禦倭]의 권한을 고충로(顧冲老: 고양겸)에게 전적으로 돌리는 것

........

73 재관(材官): 정식 관제에는 들어 있지 않지만, 순무(巡撫) 등의 상급 지휘관에 의해 채용되어 영중(營中)의 군사적 직무를 맡았던 기층 무관을 지칭하는 것으로 보인다. 이들은 기본적으로 파총보다 낮은 지위에 있었던 것으로 보이지만, 필요에 따라서는 정식 장령으로 승진할 수도 있었다.

만 못합니다. 그렇지 않고서 지금 시간을 쓸데없이 낭비하면서 올봄의 대비를 소략하게 하는 것은 계획이 아닙니다. 대하께서 유의해주시기를 바랍니다.

# 병부에 보내는 자문

移本部咨 | 권12, 22a-23a

**날짜** 만력 21년 윤11월 14일(1594. 1. 5.)

**발신** 송응창

**수신** 병부

**내용** 일본군이 퇴각한 후에 총독·순무에게 조선의 사무를 담당하게 하라는 황제의 명령이 내려오자 이에 대해 구체적인 대응책을 알리는 자문이다. 송응창은 총독·순무에게는 본래 맡은 임무가 있어서 현재 상황으로는 일본군이 다시 조선을 침략할 때 대응하기 어려우므로, 파견할 군대와 주둔할 군대의 지휘체계를 미리 명확히 정비해야 한다는 점을 강조하고 있다.

**관련자료** 철군을 명령한 만력제의 성지는 『명신종실록』 권266 만력 21년 11월 19일(기사) 기사의 병부 제본에 인용되어 있다. 따라서 황제의 철군 명령은 이보다 먼저 내려왔을 것으로 추정된다.

방어와 공격에 관한 기틀을 미리 계획함으로써 책임을 지우기에 편리하게 하고 만전을 보존하는 일.

근래 병부로부터 자문을 받았는데, 그 내용은 다음과 같았습니다.

병부에서 제본을 올려 철군을 논의하였습니다. 성지를 받들었는데, "알았다. 조정에서는 원래 대의(大義)로 군사를 일으켰는데 지금 전투에서 승리하고 적이 항복하였으니, 다시 무엇을 요구하겠는가. 이에 상주한 철군 사무에 대해 모두 헤아린 대로 시행하라. 대군이 철수한 뒤에는 유정의 한 부대를 잠시 머무르게 하는 외에 송응창과 이여송은 왜노들이 돌아갔다는 확실한 보고를 기다렸다가 즉시 조정으로 돌아오도록 하라. 이후 모든 방어 사무는 해당 총독·순무에게 문서를 보내 각기 칙서에 따라 마음을 써서 처리하도록 하라. 소홀히 하지 말라."라고 하셨습니다.

삼가 준수하면서 제가 살펴보건대, 기회는 도모하는 것을 귀하게 여기고 일은 획일을 기해야만 하니 스스로 처리할 일들을 미리 준비해야 마땅할 것 같습니다. 지금 왜노들은 비록 위세를 두려워하여 멀리 달아났지만 결국은 교활한 자들이라 그 마음을 헤아릴 수 없습니다. 조선은 전국을 회복하였지만 결과적으로는 파괴되고 황폐해져 상처로 인해 아직 일어서지 못하고 있습니다. 그렇기 때문에 병사를 남겨두어 전라도와 경상도 사이에 배치한 지가 이미 4개월여인데, 고니시 유키나가 등이 감히 조선에서 날뛰지 못하고 조선에서는 현재 요충지를 설치하고 있습니다. 이는 반드시 유수의 공이 아니라고 할 수 없습니다.

지금 대군에 대해 철군을 논의하였습니다. 그런데 눈 깜빡할 사이에 겨울이 깊어지고 장차 봄에 물이 불어날 시기가 되어 만일 왜노들이 우리 병사가 이미 철수하였다는 것을 알고 다시 조선을 침범하면 조선은 반드시 우리에게 구원을 요청할 것입니다. 상황이 창졸간이라 우리 병사들은 여전히 논의하는 상황일 것이고, 문서를 왕래해도 도로가 매우 멀기 때문에 대적할 군병들이 비로소 움직일 때 저쪽의 기회는 이미 떠나버릴 것입니다. 성지를 받들건대 "총독·순무에게 문서를 보내 처리하라."라고 하셨지만, 총독·순무는 본직이 있기 때문에 서로 방해될 혐의를 면할 수 없습니다. 총병은 제독이 있기 때문에 관망할 생각을 면하기 어렵습니다. 대군이 이미 철군하였으니 저와 제독은 병마에 대한 권한이 없고 지방의 관직도 없습니다. 피차 시기를 질질 끌면서 서로 지체될 것입니다. 혹시 봄에 물이 불어날 때 일이 생기면 장차 어떻게 책임을 지우겠습니까. 이는 또한 미리 계획하지 않으면 안 됩니다.

아마도 총독·순무에게 자문을 보내고, 아울러 각 진수총병관(鎭守總兵官)에게 차문(箚文)을 갖추어 보내 그 요동진(遼東鎭)의 군병을 미리 파견하여 지키며, 아무개 장군은 아무개 로(路)의 군병 얼마를 관할하고, 아무개 장수는 아무개 로의 군병 얼마를 관할하여 모두 미리 점검하여 완비하는 것이 마땅할 것입니다. 일이 없을 경우에는 예전처럼 주둔하면서 오랑캐를 방어하고, 일단 경보가 발생하면 신속히 동원한 후 왜적 방어에 나누어 투입하여 혹은 조선을 구원하고 혹은 내지를 방어합니다. 계주·보정 또한 여기에 비추어 파견합니다. 요동 병사가 동원하기에 부족하다면 계주·보정이 협조하고, 각 해방(海防)을 단단히 경계시켜 모두 신경을 써서 수비를 시행하여 방어합니다. 이처럼 한다면 아마도 편안한 가운데 수고할 일을 기다리고 고요히 있으면서 움직임을 기다리며, 장령들에게 해방의 책임을 지워 근심을 없게 할 수 있습니다. 이에 병부에 자문을 보내니, 번거롭겠지만 살펴서 신속히 거행하십시오. 아울러 결과를 자문으로 보여주는 일을 시행해주시기를 바랍니다.

12-21

# 왕군영에게 보내는 명령

檄王君榮 | 권12, 23a-23b

---

**날짜** 만력 21년 윤11월 19일(1594. 1. 10.)

**발신** 송응창

**수신** 왕군영(王君榮)[74]

**내용** 심유경 및 수행 관원이 봉공 사안을 성사시키기 위해 고생하지만 아직 경비가 지급되지 않았으니 심유경에게는 포상금을, 수행 인원에는 경비를 지급하라는 명령이다.

---

　노고를 바친 인원들을 넉넉히 대우함으로써 격려와 권장을 보여주는 일.

　살펴보건대 왜노가 멀리 서생포 등의 지역으로 달아났으며 공순하게 소란을 일으키지 않고 있다. 이는 중국의 은혜와 위세가 널리 베풀어진 데서 나온 것이지만, 유격 심유경이 잘 타이른 공적도 빠뜨려서는 안 될 것이다. 더구나 왜노의 소굴을 출입한 일이 이미 수차례였고 지금 날씨가 매우 추운 상황에서 험난함을 마다하지 않고

.......

74　왕군영(王君榮): ?~?. 명나라 사람으로 산동(山東) 청주부(靑州府) 익도현(益都縣) 출신이다. 호는 혜천(惠泉)이다. 원임(原任) 통판(通判)으로 송응창을 따라 나와서 관향은(管餉銀)을 전담하다가 만력 21년(1593) 9월에 명나라로 돌아갔다.

의연하게 가서 왜적 무리를 타일러 반드시 모두 바다를 건너가서 표문을 갖추고 책봉을 청하게끔 하였다. 이렇게 충성으로 일을 수행하니 더욱 가상하다고 할 수 있다. 그런데 지급을 청구하는 품문을 보건대 심유경 관정(官丁)들의 늠량은(廩糧銀: 수당)과 월량은(月糧銀: 월급)이 아직까지 지급되지 않았다고 하니 정황상 몹시 불쌍하다. 마땅히 먼저 넉넉히 처리해서 지급해줌으로써 노고를 마다하지 않도록 권장해야 할 것이다.

패문을 보내니, 바라건대 그대는 심유경과 수행하는 관리가 마땅히 받아야 할 늠량은과 월량은을 장부의 명수에 따라 달을 헤아려 확인해서 지급하라. 그리고 마가은 200냥을 써서 심유경에게 상으로 지급함으로써 추운 계절에 노역하는 고생을 위로하고, 또한 내가 넉넉히 대우하는 뜻을 보이도록 하라. 일이 완결되고 공이 이루어지는 날이 되면 우대하는 쪽으로 제본을 올려 서훈하겠다. 사유를 갖추어 회보하여 내가 확인할 수 있도록 하라.

# 병부상서 석성에게 보내는 서신

報石司馬書 | 권12, 23b-24a

---

**날짜** 만력 21년 윤11월 27일(1594. 1. 18.)

**발신** 송응창

**수신** 병부상서 석성

**내용** 일본군이 일본으로 돌아갔다는 권율의 보고를 첨부하고, 황제의 허락이 있으면 조정으로 돌아가겠으며 심유경이 일을 잘 처리하도록 서신을 보내달라는 내용의 서신이다.

---

윤11월 27일 이자윤(李滋潤)이 북경에서 광녕으로 왔을 때 수찰(手札)을 받았는데, 조선 사안은 전적으로 순무도원[撫道]에게 위임하고 저를 위해 조정으로 돌아오도록 성지를 청한다고 하니 감격스럽고 또 감격스럽습니다. 오늘날 조선의 권율이 조선국왕에게 급히 보고하기를, "해안의 각 왜노가 이번 달 5일에 식량을 찌고 양식을 싸서 모두 일본국으로 돌아갔습니다."라고 하였으니, 또한 아름다운 일입니다. 그 보고를 살펴보시도록 올립니다.

저는 단지 유정의 보고가 도착하기를 기다릴 뿐인데, 혹시 대하(석성)께서 제본을 올려 허락을 받으신다면 즉시 서쪽으로 이동하겠습니다. 심유경의 일에 대해 삼가 가르침을 받았는데, 저는 이미 심유경 및 가정(家丁)[75]의 늠량은에 대해 그 첨부한 바에 따라 모두 지급하고 호궤은(犒饋銀)[76] 100냥을 더해주면서 여러 차례 전달하여 알리기를 마음을 다하여 일이 완결되는 날에 별도로 큰 상을 내려 앞쪽에 서훈하겠다고 하였습니다. 대하께서도 서신을 보내 전달하여 알려서 신속히 완결하는 것이 묘책일 것입니다. 이 밖에는 감히 덧붙이지 않겠습니다.

........

75  가정(家丁): 원래는 관원이 집에서 부리는 사람을 지칭하지만, 이 시기에는 장령들이 직속으로 거느린 병력을 말한다. 명대의 군제였던 위소제(衛所制)가 점점 해체되면서 일선 지휘관들은 항복한 비(非) 한족(漢族)이나 변경의 민간인, 위소에 속해 있던 군호(軍戶) 등을 자기 수하에 거두어 가정으로 삼았다. 명 후기의 장령들은 많은 수의 가정을 거느리고 있었으며, 이들은 실제 전투에도 참전하여 장령의 수족처럼 활동하였다. 대표적으로 명 후기 요동의 실력자이자 이여송의 부친인 이성량(李成梁)이 거느린 가정은 일족을 합하여 수천 명에 이르렀다고 한다.

76  호궤은(犒饋銀): 군사들의 노고를 위로하기 위해 지급하는 음식 또는 그에 상당하는 돈을 말한다.

12-23

# 부총병 유정에게 보내는 명령

檄副將劉綎 | 권12, 24a-24b

날짜 만력 21년 윤11월 27일 (1594. 1. 18.)

발신 송응창

수신 부총병 유정

내용 군병들의 겨울옷을 위해 포(布)와 솜을 지급하는데, 도망가거나 사고를 당한 사람이 있을 경우 전체 물량에서 차감해두었다가 훗날 명령에 따라 상으로 지급할 수 있게 보관하라는 내용이다.

변경 해안의 군무를 경략하는 일.

살펴보건대 이미 분수도(分守道)에게 패문을 보내 마가은을 써서 남백포(藍白布) 4만 8000필, 솜 2만 8000근(觔)을 구매 완료하여 유정의 군영으로 보내 유수하는 관군 1만 6000명에게 상으로 지급함으로써 겨울옷으로 착용하도록 하고 시행한 사유를 갖추어 회보하도록 하였다. 이후 살펴보니 위 항목의 군사 중 도망가거나 사고를 당한 이가 매우 많아 천총·파총·관대(管隊)[77]가 서로 짜고서 멋대로

.......

77 관대(管隊): 파총(把總)보다 아래의 기층 무관으로, 50~100명 정도의 병사들을 관할하는 직책이었다. 만력 연간에 이들은 기본적으로 일반 군정(軍丁)과 같은 대우를 받았던 것으로 보인다.

수령할까 진실로 걱정되니 마땅히 다시금 단단히 경계시켜야겠다.

패문을 보내니, 바라건대 그대는 즉시 위 항목의 포와 솜을 1만 6000명분으로 한정해서 만들고 현재 관군에게 명수에 따라 지급하라. 만일 도망가거나 사고가 났다면 차감해서 관에 두고 남긴 수량을 첨부해서 보고를 올리고 별도로 나의 명확한 문서를 기다렸다가 상으로 지급하라. 어기거나 잘못하여 불편하게 만들지 말라.

12-24

# 부총병 유정에게 보내는 명령

又 | 권12, 24b-25a

---

**날짜** 만력 21년 윤11월 28일(1594. 1. 19.)

**발신** 송응창

**수신** 부총병 유정

**내용** 서생포 등의 일본군이 귀국하였다는 조선 측의 보고가 있었으므로 이와 관련하여 일본군의 귀국 여부와 귀국 일자 등을 조사해서 보고하라는 명령이다.

---

왜정에 관한 일.

살펴보건대 그대의 부대는 모두 대구에 주둔하고 있으므로, 무릇 모든 왜정의 군기(軍機)에 대해 응당 원거리에서 상세히 정찰하고 때에 따라 보고함으로써 시기에 맞추어 헤아려 처리할 수 있도록 해야 한다. 지금 조선 도원수(都元帥) 권율이 국왕에게 보고한 바,[78] 서생포·두모포(豆毛浦)·동래수영(東萊水營)·부산포(釜山浦)·하룡당(下龍堂)·거제(巨濟)·김해(金海) 등의 지역의 왜노들이 이번 달 5일 모두 이미 배를 타고 본토로 돌아갔다고 한다. 나에게도 역시

.......

78 지금 …… 보고한바: 『선조실록』 권45, 선조 26년 윤11월 17일(정유) 기사 참고.

품보(稟報)가 있었으나 그대는 나태하여 한 글자의 치보도 없었다. 이는 과연 정탐할 사람이 없어서 저들의 상황을 알지 못해서인가, 아니면 알고서도 가벼이 발설하는 것을 기꺼워하지 않아서인가. 사안이 왜정과 관련된 것이니 마땅히 조사해야 한다.

패문을 보내니, 바라건대 그대는 즉시 서생포 등의 왜노들이 과연 모두 귀국하였는지, 정확히 언제 바다에 올랐는지를 서둘러 명확히 조사하여 한편으로는 즉시 당보를 올림으로써 본부(本部: 병부)에 대신 전달할 수 있도록 하라. 이후 모든 사정(事情)은 수시로 신속히 보고하도록 하라. 머뭇거리면서 지체하거나 소홀히 하여 사기를 망쳐 불편하지 않도록 하라.

# 병부상서 석성에게 보내는 서신

報石司馬書 | 권12, 25a-25b

**날짜** 만력 21년 윤11월 28일(1594. 1. 19.)

**발신** 송응창

**수신** 병부상서 석성

**내용** 일본군이 대부분 조선을 떠나지 않았다거나 가토 기요마사(加藤清正)[79]가 조선에 있다는 등의 말은 모두 잘못된 소문임을 알리는 서신이다.

　대하(석성)의 지우(知遇)[80]를 받았으니 동방의 일에 대해 지금까지 터럭만큼도 감히 속이지 않았습니다. "왜노 무리들이 여전히 많다, 가토 기요마사가 아직도 있다"라는 말은 조선 난민들이 왜노 무리 속에서 섞여 있기 때문이니, 무슨 방도로 그들을 가려낼 수 있겠습니까. 더구나 조선 군신들은 이를 핑계삼아 유수군을 견고히 하려고 하고 유수하는 장사들은 이를 빌려 토벌을 도모하기 때문에 말

......

79　가토 기요마사(加藤清正): 1562~1611. 일본 사람으로 어려서부터 도요토미 히데요시를 섬기다 히고(肥後)국의 영주가 되었다. 임진왜란 때 1만 명의 병사를 이끌고 함경도로 진격하여 조선의 두 왕자를 사로잡았으나 일본과 명의 강화 교섭이 벌어지자 강화를 방해한다고 하여 문책을 받아 일본으로 돌아갔다.

80　지우(知遇): 타인의 인격(人格)이나 학식(學識)을 알고서 잘 대우(待遇)한다는 의미이다.

들이 분분하며 그치는 때가 없습니다. 가령 저 왜노들이 여전히 남아 있다면 제가 감히 이를 가지고 대하를 속일 수 있겠습니까. 가토 기요마사의 문제는 제독 이여송이 매우 잘 알고 있습니다. 지난번 고니시 유키나가가 귀국하여 관백에게 참소하였기 때문에 가토 기요마사의 가속(家屬)이 살육되었고 이내 제독에게 투항하고자 하였으나 그 일이 잘 안 되었습니다. 다시 유정에게 투항하고자 하였으나 유정이 세 가지 불인(不仁)한 일로 그를 책망하여 다시 잘 안 되었습니다. 이후에는 끝내 향방을 알지 못하였습니다. 집안이 멸문(滅門)을 당하였는데 이곳에 편안히 자리 잡고 관백을 위해 마음을 다할 수 있겠습니까. 대하께서 시험 삼아 편지를 보내 제독에게 상세히 물어보시면 제 말이 틀리지 않았다는 것을 아실 것입니다. 모든 일에 대해 엎드려 바라건대, 대하께서 마음으로 헤아려주시고 거짓 소문에 흔들리지 않으시기를 바라고 또 바랍니다.

# 일을 잘못한 장관을 탄핵하는 상주

參失事將官疏 | 권12, 26a-28b

---

**날짜** 만력 21년 윤11월 28일 (1594. 1. 19.)

**발신** 송응창

**수신** 만력제

**내용** 최근 전투에서 명군이 일부 전사하였는데, 조선 난민과 경솔히 전투를 벌인 오유충 및 이를 제대로 관리하지 못한 부총병 유정을 처벌하고 자신은 파직해달라는 상주이다.

---

공적을 탐하다 일을 망친 장령들을 조사하여 탄핵하니 논의하여 처분함으로써 군기(軍紀)를 엄숙하게 해주기를 간절히 청하는 일.

올해 윤11월 5일 부총병 유정이 보고하기를, "11월 2일에 경주(慶州)를 수비하는 유격 오유충이 보고하기를, '남은 왜노들이 조선의 반민(叛民)과 함께 안강(安康) 등의 식량을 약탈하니 청컨대 관병을 보내 수비하게 해주십시오.'라고 하여 즉시 마우경 등을 보내 병사를 거느리고 가도록 하였습니다. 그리고 오유충은 병사를 동원하고 파견하여 적과 접전을 벌였는데, 부상병이 아군보다 많고 비록 적을 베고 사로잡았지만 감히 공적을 보고할 수 없습니다."라고 하였습니다.

다시 제독 이여송으로부터 보고를 받았는데, 위의 사안과 동일하였습니다. 신(송응창)은 마땅히 즉시 조사하였지만, 요동에서 대구까지는 왕복 5000여 리이기에 아직 회보를 받지 못하였습니다. 바야흐로 독촉하는 사이에 25일 저보(邸報)[81]를 접하였는데, 병부상서 석성이 산동순안어사(山東巡按御史) 주유한의 주본(奏本)의 검토 의견을 제본으로 답한 것이었습니다. 그 내용은 "전해 들으니 왜노들이 사천(四川)의 병사를 다수 살상하였다고 하니 황제께 청컨대 신속히 경략에게 문서를 보내 사실대로 아뢰어 보고하도록 하는 일."이었습니다. 성지를 받들었는데, "알았다. 송응창에게 즉시 공문을 보내 사실대로 보고하도록 하라."라고 하셨습니다. 지금 비록 조사를 행한 것이 아직 보고되지 않았지만, 신은 삼가 삼엄한 성지를 준수하여 감히 들은 것이 아니라 사실에 근거하여 황상께 아룁니다.

살펴보니 앞서 저는 왜노가 비록 이미 멀리 달아났지만 부산에는 예부터 왜호가 있어 일본으로 잠깐 왔다 갔다 하는 일을 헤아릴 수 없고 전라도와 경상도는 실로 조선에서 중요한 문호(門戶)이니 어떻게 방어를 엄밀히 하지 않을 수 있겠습니까. 그런 까닭에 제독 이여송, 찬획 유황상 등과 논의하여 병사 1만 6000명을 남겨두었고, 부장(副將) 유정을 대구에 주둔시켰으며, 그 나머지 장령들은 각기 관할 지역을 나누어 지키되 전라에 주둔한 자는 오로지 전라도

........

---

81  저보(邸報): 전한(前漢) 무렵부터 간행된 일종의 관보(官報)이다. 전통시대의 중국 지방 관들은 수도에 '저(邸)'를 두고 이곳에서 황제의 유지(諭旨: 명령)와 조서(詔書), 그리고 신하들이 올린 주요 상주문 등 각종 정치 정보들을 정리하여 지방 관아로 보내도록 하였다. 이러한 제도는 청대까지 지속되었는데, 청대에는 '경보(京報)'라 불리기도 하였다.

를 지키고 경상에 주둔한 자는 오로지 경상도를 지키도록 하였습니다. 또한 각 관원에게 여러 번 공문을 보내 요충지를 설치하고 병사를 단련시키며 장비를 수리하고 양식을 저장하는 데만 힘쓰도록 하였습니다. 오로지 수비를 공으로 삼고 전투를 일삼지 않으며 갈등을 도발하거나 일을 일으키는 것에 대해 단단히 주의를 주었고 경계시킨 일이 서너 번이 아니었습니다.

지금 위의 사유에 대해 보고를 받았는데, 제가 살펴보건대 왜노 무리가 이미 돌아갔고 고니시 유키나가 한 부대만 멀리 해도(海島)에 주둔하고 있습니다. 고니시 유키나가가 나이토 조안[小西飛]을 보내 항복을 청하며 조용히 있으면서 감히 문제를 일으키지 않은 지가 이미 반년이 되었습니다. 또 이러한 엄동은 저들에게 유리한 때가 아닙니다.

이어서 위관 팽사준(彭士俊)이 대구에서 아뢴 보고를 받았는데, "왜노 무리는 수가 많지 않아 전투를 자제하고 있으며 결코 문제를 일으키지 않습니다."라고 하였습니다.

또 방수경주참장(防守慶州參將) 낙상지(駱尙志)[82]의 보고를 받았는데, "조선에서 왜적을 따른 난민들은 포로가 된 지 오래되어 돌아와도 갈 곳이 없어 식량을 찾아 노략질하는 일이 아마도 간혹 있는 것 같습니다. 다른 계책을 몰래 키우고 이름을 빌려 반란을 일으키는 것 같은 경우는 실제로 알지 못하니 감히 멋대로 말할 수 없습니

........

82  낙상지(駱尙志): ?~?. 명나라 사람으로 절강 소흥부(紹興府) 여요현(餘姚縣) 출신이다. 호는 운곡(雲谷)이다. 임진왜란 때 좌참장(左參將)으로 보병 3000명을 인솔하고 조선으로 들어와 평양성 전투에 참가하였다. 용맹함과 청렴함으로 이름이 높았으며 조선에 협조적이었다.

다."라고 하였습니다.

또 부총병 유정의 보고를 받았는데, "유격 송대빈(宋大斌)[83]과 곡수(谷燧)[84]의 보고를 받았는데, '고성(固城) 연해(沿海) 등에서 왜선의 흔적이 결코 없습니다. 웅천(熊川)의 제포(薺浦) 등에서 연이어 5일 동안 불길이 일어나 하늘까지 뻗었는데 필시 장차 바깥 섬으로 돌아가려는 것입니다.'라고 하였습니다."라고 하였습니다.

곧이어 유정의 차관 이경운(李慶雲) 등을 현장에서 심문하여 공술(供述)을 받았는데, "고니시 유키나가는 조용하며 애초에 약탈하지 않았습니다. 조선의 난민이 식량이 없기 때문에 경주에서 50~60리 떨어지고 또 강 하나를 사이에 둔 안강 등처에서 양식을 노략질하였습니다. 방수경주유격(防守慶州遊擊) 오유충이 왜노가 적은 것을 보고 몰래 스스로 병력을 거느리고 강을 건너 소굴을 공격하였고 적과 대적하였습니다. 적의 무리에서 부상자가 많았고 우리군 또한 손실을 입었습니다. 부총병 유정이 이를 듣고 지혜롭지 못하다고 말하였습니다."라고 하였습니다.

곧이어 부총병 유정이 게첩(揭帖)으로 보고하기를, "부상당한 관군의 수는 유격 오유충 휘하 관병 227명, 천총 육승은(陸承恩) 휘하 갑병(甲兵) 49명, 참장(參將) 낙상지 휘하 관병 24명, 제조(提調) 마우경·이위호(李爲瑚) 휘하 관병 27명입니다."라고 하였습니다.

살펴보건대 병사를 남겨 조선을 도운 것은 원래 조선의 시설이

........

83 송대빈(宋大斌): ?~?. 명나라 사람으로 광녕우위(廣寧右衛) 출신이다. 호는 양허(養虛)이다. 만력 21년(1593) 정월에 마병 2000명을 이끌고 조선으로 나왔다가 만력 22년(1594) 정월에 돌아갔다.
84 곡수(谷燧): ?~?. 명나라 사람으로 대동위(大同衛) 출신이다. 만력 20년(1592)에 마병 1000명을 이끌고 조선에 왔다가 만력 22년(1594)에 명나라로 돌아갔다.

갖추어지지 않았기 때문에 잠시 우리 병사를 남겨두어 조선을 위해 감독하고 통솔하기 위해서였습니다. 더구나 왜노들이 현재 책봉을 청하면서 조용히 소란을 일으키지 않고 있으니, 어떻게 난민들의 준동에 편승하여 곧장 소굴을 공격하기 위해 가벼이 행동할 수 있겠습니까. 또 안강은 경주와의 거리가 멀고 낙상지와 오유충이 함께 경주를 지켰는데, 지금 낙상지는 난민들이 약탈한다고 보고하였으나 오유충은 유독 왜적이 약탈한다고 보고하였습니다. 낙상지는 안정적으로 지키면서 움직이지 않았고 오유충은 홀로 가벼이 병사를 인솔하여 강을 건너 깊숙이 들어갔다가 군대를 손상시킨 짓을 가장 많이 하였습니다. 명확히 공을 탐한 것이니 장차 누구에게 죄를 미루겠습니까. 유정은 직분이 주장(主將)이며 권한을 전적으로 통제할 수 있었는데 단지 지혜롭지 못하다고 말하고 미리 단속하지 않았으니, 죄를 또한 어떻게 피하겠습니까.

탄핵하건대 유격 오유충은 큰일을 하여 공을 세우기를 좋아해서 적은 수로 가벼이 대적하기를 도모하여 무지한 난민을 쫓아가 죽였으니 무장이라고 하기에 부족합니다. 먼 조선에서 수비하는 우리 군에게 부상을 입혀 실로 이미 위세에 손실을 입혔으니 본래 군법으로 처리해야 합니다. 다만 정벌을 따라다니며 평양·개성 등지에서 무리를 이끌고 성곽에 올라 여러 차례 전공을 세워 전공이 과오를 갈음하기에 족한 듯하니, 응당 혁임(革任: 해임)해야 할 것입니다. 부총병 유정은 유수하는 중임을 맡아서 배치에는 비록 실책이 없었지만 장령이 공적을 탐한 것에 근거해보면 아마도 단속하는 데 흠결이 있었을 것입니다. 다만 지금 부산 일대에 남은 왜노와 난민들이 물러나서 지방이 무사한 것은 또한 방어한 공적일 터이니, 응당 이를 헤아려 벌로 다스려야 할 것입니다. 신은 경략이라는 명령을 받들었는데 조치가 마땅하지 않아 일을 망치는 허물이 생겼고 직무를 감당하지 못한 죄를 면하기 어려울 것이니 가장 먼저 파직함으로써 공과 죄를 명확히 해야 할 것입니다.

엎드려 바라건대, 병부에 칙령을 내려 신을 가장 먼저 파직하고 유정은 벌로써 다스리며 오유충은 먼저 파직하고 그의 공과 죄를 신이 조사하기를 기다렸다가 논의하여 처리하면 아마도 상벌이 명확해지고 군령이 엄숙해질 것입니다.

# 經略復國要編

## 권13

13-1

# 주구공에게 내리는 유시

諭示周九功 | 권13, 1a-1b

**날짜** 만력 21년 12월 8일(1594. 1. 28.)

**발신** 송응창(宋應昌)

**수신** 기패관(旗牌官)[1] 주구공(周九功)

**내용** 조선에 남긴 병력이 철수하면 일본군이 다시 침략할 수 있기 때문에 현재 전라·경상 지역의 요충지를 방어하며 요새를 설치하고 병사를 훈련시킨다는 내용을 내외 관원을 응대할 때 잘 전달하라는 유시(諭示)이다.

기패관 주구공에게 유시하며 알리노라. 지금 동방의 일을 보면 남은 왜적들이 멀리 해도(海島)로 달아났고 난민들은 상처를 입고는 자취를 감추었다. 전라·경상에서는 요충지를 쌓고 수비하고 있는데 점차 자리가 잡혀가고 있고, 각 군영(軍營)에서 조선 병사를 감독하고 훈련하는데 조금씩 정련되고 강해지는 것 같다. 고니시 유키나가(行長)가 있지만 또한 우려할 만한 것은 없다. 부산(釜山)·웅천(熊川) 일대는 원래 일본이 예전에 점령한 지역이라 그 민호(民戶)들은 모

.......

1 　기패관(旗牌官): 군중(軍中)의 명령을 전달하는 책임을 맡은 군리(軍吏)를 가리킨다.

두 왜호(倭戶)이다. 조선에서는 홍치(弘治)·정덕(正德) 연간부터 이미 이 지역을 도외시하였고, 지리지[志書]에서도 명확히 볼 수 있다. 따라서 지금 왜적이 이곳으로 달아났으니, 이는 이미 그 소굴로 돌아간 것이다. 대마도(對馬島)와는 단지 한 번 항해할 정도만 떨어져 있으니, 잠시 오가는 일은 진실로 예측하기 어렵다. 따라서 잔류 병력으로 전라도와 경상도의 요해(要害)를 방어하는 것은 그들이 빈틈을 타고 다시 침범할까 걱정해서이다. 이에 오늘날 유수군에 대해 늘리는 것만을 논의할 수 있고 철군을 논의해서는 안 된다.

유수군이 일단 철수한다면 왜노(倭奴)들은 필시 다시 올 것이다. 조선인들은 평소 왜노의 위세에 겁을 먹어서 일단 그들이 온다는 것을 들으면 심지와 담력이 땅에 떨어져 누구도 감히 대항하지 않을 것이다. 이에 앞의 공은 모두 버려지게 되고 중국[天朝]이 구원한 처음의 뜻도 잃게 될 것이다. 따라서 나는 바로 개선(凱旋)을 아뢰고 서쪽으로 돌아가지 않고 밤낮으로 제독(提督)·찬획(贊畫) 등과 뒤처리를 마련하면서 만전을 기함으로써 완전한 공적을 거두고자 할 따름이다. 나는 평소 그대가 충성스럽고 근실하며 일을 잘 알며 조정(調停)에 능하다는 것을 알고 있다. 이에 특별히 그대에게 전달하여 알리니, 무릇 이후 내외 관리를 응대할 때 이러한 뜻을 잘 전달하고 경솔히 망령되이 대응하여 사기를 망쳐 불편하게 만들지 말도록 하라.

# 주둔과 철군을 신중히 하고 경도와 권도를 참작해야 한다는 상주

愼留撤酌經權疏 | 권13, 1b-11b

**날짜** 만력 21년 12월 8일 (1594. 1. 28.)

**발신** 송응창

**수신** 만력제(萬曆帝)

**내용** 일본의 재침(再侵)을 방지하기 위해서는 전군(全軍)의 철군을 중지하고 조선의 요충지에 요새를 쌓으며 조선 군병을 훈련시킨 후 철군해야 한다는 상주(上奏)이다.

속국(屬國: 조선)이 새롭게 회복되고 수축이 시행되고 있으니, 주둔과 철수의 논의를 신중히 하고 경도(經道)와 권도(權道)의 적절함을 참작하며 일관된 임무를 정함으로써 만전을 도모하기를 황제께 간절히 청하는 일.

병부(兵部)의 자문(咨文)을 받았는데, 그 내용은 다음과 같았습니다.[2]

.......

2   병부의 …… 같았습니다: 만력제의 성지(聖旨)는 『명신종실록』 권266 만력 21년 11월 19일(기사) 기사 참고.

병부에서 철병(撤兵)을 논의한 연유로 제본을 올렸고 성지(聖旨)를 받들었는데, "알았다. 조정에서는 원래 대의(大義)로 군사를 일으켰는데 지금 전투에서 승리하고 적이 항복하였으니, 다시 무엇을 요구하겠는가. 이에 상주한 철군 사무에 대해 모두 헤아린 대로 시행하라. 대군이 철수한 뒤에는 유정의 한 부대를 잠시 머무르게 하는 외에 송응창과 이여송은 왜노들이 돌아갔다는 확실한 보고를 기다렸다가 즉시 조정으로 돌아오도록 하라. 이후 모든 방어 사무는 해당 총독·순무에게 문서를 보내 각기 칙서에 따라 마음을 써서 처리하도록 하라. 소홀히 하지 말라."

다시 병부의 자문을 받았는데, 그 내용은 다음과 같았습니다.

병부에서 제본(題本)을 올렸는데, 동쪽을 정벌하는 일에서 조공과 책봉을 논의한 것은 모두 실책(失策)에 속하니 간절히 청컨대 황제께서 독자적으로 결정하시어 흔단(釁端)의 싹을 없애고 강토(疆土)를 보전하시라는 일이었습니다. "논의하건대 오유충(吳惟忠)·낙상지(駱尙志)·곡수(谷燧)·송대빈(宋大斌)·장응충(張應种)[3]·등영화(鄧永和)·육승은·유숭정(劉崇政)·무승선(毋承宣)[4] 등은 남아서 지키고, 남북의 관병은 모두 각 진으로 철수해야 합니다."라고 하였습니다. 이어서 성지를 받들었는데, "이번에 아뢴 철군 사무는 모두 논의한 대로 하라."라고 하였습니다.

.......

3  장응충(張應种): ?~?. 명나라 사람이다. 만력 20년(1592)에 마병 1500명을 이끌고 조선에 왔다가 만력 21년(1593) 4월에 명나라로 돌아갔다.
4  무승선(毋承宣): ?~?. 명나라 사람이다. 초탐천총(哨探千總)으로 만력 21년(1593)에 조선에 왔다가 바로 명나라로 돌아갔다.

또 병부의 자문을 받았는데, 그 내용은 다음과 같았습니다.

병부에서 병과급사중(兵科給事中) 오응명(吳應明)의 주본(奏本)에 대해 황제의 지시에 따라 제본으로 답하였는데, 유수군이 다수 살상되었는데도 경략(經略)이 상주로 보고하지 않았으니 청컨대 밝은 성지를 반포하시어 엄한 질책을 거듭 전달하여 알림으로써 속이거나 숨기는 행위를 막아야 한다는 일이었습니다. 성지를 받들었는데, "옳다. 이번에 왜정 보고가 정확하지 못하니 즉시 대략 언제 일을 완결 지을 수 있는지 송응창에게 물어라. 만일 혼자 힘으로 담당할 수 있어 모든 것이 안전하고 걱정이 없다면 조정에서는 응당 관대하게 의논(議論)함으로써 성공하도록 책임 지워야 한다. 혹시 일에 장애가 있다면 또한 서둘러 명백히 보고함으로써 처리할 수 있도록 하라. 지연하거나 얼버무려 일을 망쳐서는 안 된다. 나머지는 논의한 대로 하라."라고 하였습니다.

신(송응창)은 응당 폐하의 명령을 공손히 읽고서 준행하기에도 틈이 없으니, 어찌 감히 다시 말을 늘어놓겠습니까. 조선이 함몰되었기 때문에 구원할 군대가 한 번 움직여 성스러운 무공(武功)이 밝게 펼쳐지니, 맹장들이 힘을 바치고 책사들이 계획을 올리자 이미 망한 나라를 회복시켜 옛 군주에게 돌려주었고 세력이 커지는 이적을 막아 해외로 쫓아버렸습니다. 황상(皇上)께서 망한 나라를 일으켜주고 끊긴 왕통을 이어주는 인자함은 다시금 더할 수 없고 폭군을 벌하고 잔악함을 제거하는 의리는 오늘날 표상이 되었습니다. 성유(聖諭: 황상의 말씀)처럼 된다면 또 무엇 때문에 역할을 나누어 일

하는 것을 구하겠습니까. 본국을 가져다 본 주인에게 돌려주고 본
주인에게 본국을 지키게 한다면 잔류하여 지키는 우리 병사들은 진
실로 할 일이 없을 것입니다.

다만 신이 생각건대, 시작을 잘하는 자는 반드시 끝을 유지하고
가까운 곳을 도모하는 자는 먼 곳에 대한 계획을 귀하게 여깁니다.
신은 일본·조선의 강약(強弱)과 정형, 유수(留守)와 봉공(封貢)을 서
로 사용하는 사체(事體) 및 담당하는 일, 맺고 끊는 일, 방해하는 일,
책임을 지워 이루게 하는 일을 우리 황상을 위해 낱낱이 아뢰겠으
니, 엎드려 바라건대 들어주십시오.

지난해 관백(關白)이 갑자기 해상에서 일어나 교활하게 영토를
넓히고 고니시 유키나가[平行長] 등을 보내 무리를 이끌고 곧장 조
선을 격파하도록 하였으니, 어찌 조선만을 이익으로 삼으려는 계획
이었겠습니까. 저들 중 부산과 경상도에 거주하는 왜노들은 조선인
과 혼인하고 무역한 지가 거의 100년에 이르니, 이미 조선이 지리상
[形勝] 중국과 가까이 접하고 있다는 것을 익숙히 알고 있었습니다.
상주(尙州)의 낙동강(洛東江), 왕경(王京)의 한양강(漢陽江), 개성(開
城)의 임진강(臨津江), 안주(安州)의 청천강(淸川江), 정주(定州)의 대
정강(大定江), 평양(平壤)의 대동강(大同江), 의주(義州)의 압록강(鴨綠
江)은 모두 서해를 통과해 곧장 계주(薊州)·요동(遼東)·보정(保定)의
동쪽 여러 곳에 이르니, 이곳들을 점거하여 중국 내지(內地)를 엿보
려고 하였을 따름입니다.

신은 전에 제본을 올려 잠시 대군(大軍)을 남겨두고 방어해야 한
다고 한 상주에서 자못 명확히 모두 알려드렸습니다. 가령 조선은
면적이 6000리이니 땅이 넓지 않은 것이 아니며 팔도(八道) 삼도(三

都)에 백성이 모여 있지 않은 것이 아니나 왜노들이 한 번 공격하자 한 달을 못 넘기고 전국이 함락되었으니, 이는 다름 아니라 진실로 조선 군신들이 어둡고 나태하며, 거짓으로 속이고 실정에 어둡고, 하늘이 준 험한 지형을 버리고 수리할 줄 모르며, 인력을 버리고서 단련할 줄 모르고, 납과 철 등 자연의 이익을 버리고 사용할 줄 모르며, 억만의 머리 검은 백성을 버리고서 구휼할 줄 몰라서 시기를 놓치고 일을 망쳐 국가가 패망하여 여기에 이르게 된 것입니다. 이에 일본의 여러 왜노는 조선의 군신(君臣) 보기를 진실로 상 위의 고기처럼 여길 따름입니다.

다만 성주(聖主: 황제)의 신기한 무위(武威)와 조정[廟堂]의 계획 및 우리 장사(將士)의 실행으로 인해 위세를 두려워하여 책봉을 청하였습니다. 그리고 왜노 무리의 대부분은 이미 바다를 건너간 지가 오래이고 단지 고시니 유키나가만이 부하 왜노 수천을 거느리고 웅천의 섬 가운데에 머무르고 있는데, 병사를 수습하여 조용히 있으면서 감히 일을 일으키지 않은 지가 지금 이미 반년입니다. 전라도와 경상도의 여러 장수는 관할 지역을 나누어 지키면서 결코 일을 그르치지 않고 있습니다. 교활한 이적은 이에 이르러 공순해졌다고 할 수 있습니다.

가령 중국에서 사이(四夷)⁵를 대우함에 하늘이 만물을 덮어주듯이 한다면, 무엇인들 용납하지 못하겠습니까. 왜노들이 진실로 이러한 마음으로 온다면 이에 받아들일 따름입니다.⁶ 책봉과 조공을 허

5  사이(四夷): 사방의 오랑캐라는 뜻으로, 중국 중심의 지리 관념에서 주위의 정치체를 낮추어 부르는 표현이다. 각 방위별로 동이(東夷), 북적(北狄), 서융(西戎), 남만(南蠻)으로 불렸다.

락함으로써 저들을 기미하는 일이 어째서 불가하겠습니까. 다만 유수는 경도(經道)이고 봉공은 권도입니다. 경도를 지켜야 권도를 행할 수 있으며 경도가 없으면 권도도 없습니다. 비유하면 유수는 형체이고 봉공은 그림자입니다. 형체가 있으면 이에 그림자가 있지만, 형체가 없으면 그림자도 없습니다.

봉공 사안에 대해서는 신이 관원을 파견해 저들과 논의하였는데, 저들은 봉호(封號)를 청하기만 하니 즉시 저들을 봉해주고 그런 후 2~3년간 무사하면 그때 가서 과연 조공을 허락할지 별도로 논의해야 합니다. 조공을 허락하는 일에 대해서는 사체의 순서를 이와 같이 해야 헛된 논의가 없을 것입니다.

유수하는 일은 바로 오늘날 신속히 강구해야 하는 것입니다. 그것은 왜입니까. 조선과 중국은 형세상 순치(脣齒)를 같이하니,[7] 유구(琉球: 오키나와) 등 여러 나라와의 일반적인 관계와 비할 바가 아닙니다. 순망치한(脣亡齒寒)은 예로부터 이야기되었습니다. 편안함과 근심을 함께하니, 조선은 우리 중국을 위해 반드시 잃어서는 안 되는 울타리입니다. 그렇기 때문에 신은 일찍이 조선은 계주·요동과 보정 동쪽의 중요한 울타리이고 전라도와 경상도는 조선 일국의 중요한 문호라고 하였으니, 이는 신의 진실한 말이며 속이는 이야기가 아닙니다.

........

6 진실로 …… 따름입니다:『맹자(孟子)』「진심 하(盡心下)」에 "부자(夫子)께서 교과를 설치함에 지난날의 잘못을 좇아 허물하지 않으며 오는 자들을 막지 아니하여 만일 배우려는 마음을 가지고 오면 받아주실 뿐이다[夫子之設科也 往者不追 來者不拒 苟以是心至 斯受之而已矣]."라고 한 데서 나왔다.

7 순치(脣齒)를 같이하니[脣齒之勢]: 입술과 이의 뗄 수 없는 관계와 같이 서로 의지하고 영향을 끼치는 형세를 뜻한다.

전라도와 경상도를 지키면 조선은 무사히 보존될 수 있고, 전라도와 경상도를 잃으면 조선은 위태롭습니다. 조선을 지키면 사진[四鎭: 계주·요동·보정·산동(山東)]은 무사히 보존될 수 있고, 조선을 잃으면 사진은 위태롭게 됩니다. 오늘날 왜적을 방어하는 계책으로 오직 조선을 지키는 것이 가장 중요하며, 조선의 전라도와 경상도를 지키는 것은 더욱 중요합니다. 전라도와 경상도를 지킬 수 있다면 간략한 것을 가지고 번다한 것을 감당할 수 있고[8] 목구멍을 막고서 등을 치는 것[扼吭拊背][9]이라고 할 수 있습니다. 이렇게 하고서 다시금 혹시라도 책봉과 조공을 허락해준다면 왜는 필시 우리가 대비하여 이용할 틈이 없다는 것을 알고 도리어 공순한 마음을 더욱 단단히 할 것입니다. 쓰는 힘은 적고 이룰 공은 많으니, 완벽한 계책입니다.

전라도와 경상도를 지키지 못하면 이는 이적(夷狄)에게 험지(險地)를 던져주는 것이며 쉬운 것을 버리고 어려움을 따르는 것이라고 할 수 있습니다. 이렇게 하고서 책봉과 조공을 허락한다면 왜는 필시 우리가 대비가 없어 이용할 틈이 있다는 것을 알고 결국 엿보려는 마음을 움직일 것입니다. 힘쓴 것은 크지만 우환이 작지 않으니 대책이 없습니다. 더구나 우리가 왜를 보는 것이나 왜가 우리를 보는 것은 같습니다. 우리 병사가 철수하지 않는 것은 진실로 저들이

........

8 간략한 …… 있고: 『논어(論語)』 「위정(爲政)」의 위정이덕장(爲政以德章) 범씨(范氏) 주의 "지키는 것이 지극히 간략하면서도 번거로움을 제어할 수 있고, 처하는 것이 지극히 고요하면서도 움직이는 것을 제어할 수 있으며, 힘쓰는 것이 지극히 적으면서도 여러 사람을 복종시킬 수 있다[所守者至簡而能御煩, 所處者至靜而能制動, 所務者至寡而能服衆]."에서 유래하였다.
9 목구멍 …… 치는 것[扼吭拊背]: 급소를 눌러 상대방을 쓰러뜨려 눕히는 것을 말한다.

돌아가기를 기다리려는 것이니, 저 왜노들이 돌아가지 않은 것이 어찌 우리의 철군을 기다리는 것이 아니겠습니까. 위세를 두려워해서 달아났다가 철군을 틈타 다시 들어오는 일을 또한 염려하지 않을 수 없습니다.

신은 여러 장사와 더불어 왜노들을 조선 강역에서 쫓아낼 수 있었지만, 왜노들을 부산 및 해도 바깥으로 쫓아낼 수는 없었습니다. 왜를 쫓아내서 오늘날에는 편안하게도 멀리 달아나게 하였지만, 왜가 훗날 다시 오지 않도록 할 수는 없습니다. 성주의 신위(神威)를 빌려 20만의 새로 온 왜노들을 쫓아낼 수 있었지만, 부산 등지에서까지 100여 년 된 옛날의 왜호를 쫓아낼 수는 없었습니다. 조선의 오늘날 강토 중 이미 잃은 것을 회복하여 존속시킬 수 있었지만, 훗날 피로가 극에 달한 조선을 다시 잃어버린다면 재차 회복할 수 없을 것입니다.

신이 병사를 남겨 방어하고 봉공으로 기미(羈縻)하는 것은 바로 왜노들의 동정을 살피고 험지 설치가 완비되기를 기다려야만 끝내 체제가 세워질 수 있기 때문이지, 오늘 병마(兵馬)를 갑자기 철수할 수 있다고 말하려는 때문은 아닙니다. 또한 근래 보고를 받았는데, "서생포(西生浦)의 왜노들이 숲과 나무를 불태우고 배들을 정돈하고 있습니다."라고 하였습니다. 큰 무리는 이미 떠났고 잔당들은 주저하고 있으니 이에 왜의 상황을 앉아서 기다릴 수 있습니다. 참장(參將)·유격(遊擊) 등 여러 장수 중 낙상지는 남원(南原)에 요충지를 쌓고, 송대빈은 철포(鐵砲)를 제조하며, 위관(委官) 팽사준(彭士俊)은 밀양(密陽)에서 철못을 심고자 합니다. 부총병(副總兵) 유정(劉綎)이 보고하기를, 조선 병졸들을 훈련시키고 있으며 배신(陪臣) 윤근수(尹根

壽)와 함께 난민들을 불러 위로하고 있다고 합니다. 모두 현재 각기 파견되어 감독하고 통솔하며 거행하니 수리와 설비를 성취할 가망이 있습니다.

그런데 갑자기 철군한다면 이는 중도에 폐기하는 것이고 위의 공적을 모두 버리는 것이며 왜노들 또한 철군한 뒤를 틈탈 수 있습니다. 그렇기 때문에 조선이 중국과 관계없다고 한다면 철수할 수 있지만, 조선이 중국과 관계있다고 한다면 이미 처음에 구해주었으니 응당 끝을 보호해주어 그 처음과 끝을 온전히 하도록 해주는 것이 바로 가능할 따름입니다.

혹자는 유수를 오래 하면 군량의 소비가 적지 않을 텐데 어찌할 것이냐고 합니다. 신은 다시 말씀드릴 것이 있습니다. 전라도와 경상도의 동서 두 길에 방어해야 할 곳은 둘레가 수백 리에 불과합니다. 동쪽의 보정과 계요(薊遼) 지역은 연해(沿海)의 주위가 수천 리밑으로 내려가지 않습니다. 전라와 경상은 옷깃 같은 강들이 바다를 막고 있고 험준한 고개와 높은 산이 있어 험지에 기댈 수 있으니, 필요한 유수 병마는 겨우 수만을 헤아립니다. 가령 동쪽의 보정·계요 지방은 곳곳이 바다인데 해면이 동남처럼 광활하지 않고 해안은 대부분 평탄하며 많이 험준하지 않아 왜선이 곳곳으로 이동할 수 있으니, 필요한 방어 병마는 마땅히 수십만으로 생각됩니다.

무릇 수백 리와 수천 리 중 어느 곳이 멀고 어느 곳이 가까우며, 수만이 필요한 것과 수십만이 필요한 것 중 어느 것이 많고 어느 것이 적겠습니까. 모든 군화(軍火)와 장비, 포상[犒賞]과 군량[芻糧], 보급과 지원 중 어느 것이 절약되고 어느 것이 소비되겠습니까. 더구나 그중에서 조선이 보조하며 돕는 것이 또한 10분의 3입니다. 형세를 이용해 시기를 기다리면 일은 반이 되고 공은 배가 되는데 또한 무엇을 꺼려서 하지 않겠습니까. 또 동쪽 오랑캐는 마음이 교활해 북쪽 오랑캐들의 마음이 솔직한 것과 다르고, 동쪽 오랑캐들의 목적은 중국을 넘보듯이 미친 듯하니 북쪽 오랑캐들의 목적이 물화나 얻고자 하듯이 얕은 것과 다릅니다.

더구나 관백과 고니시 유키나가는 또한 해상의 간웅(奸雄)입니다. 작년에 평양성에서 조공을 강구하였는데 바로 대동강으로 홍구(鴻溝)¹⁰의 약속을 정하였습니다. 올해는 왕경에서 조공을 강구하다가 가까스로 부산에 이르렀지만 곧 진주(晉州)와 전라도를 범하였으니, 변동이 반복되어 추측할 수 없습니다. 병가(兵家)에서 지피지기(知彼知己)면 승리를 얻을 수 있다고 하였습니다. 폐하께서 시험 삼아 보시기에 두 왜노가 어떠한 사람인가요. 어찌 봉공을 지정해서 전부 진실로 간주하고 하나를 고집해서 대응할 수 있겠습니까. 신의 어리석은 생각으로는 이 두 가지 사안은 마땅히 사기(事機)에 따라 변화에 대응하고 병행하면서 어그러뜨리지 말아야 합니다. 지금 유수에 편중하면 우리의 근간[吾體]을 얻을 것이니, 말할 만합니다. 봉공에 편중하면 우리의 중심[吾常]을 크게 잃을 것이니, 말하는 것이 불가합니다.

엎드려 밝은 성지를 보니, "왜노는 교활해서 정성을 바치다가도 침범하고 침범하다가도 다시 정성을 바친다. 이에 종래에는 기미만

---

10 홍구(鴻溝): 중국 하남성 개봉부(河南省開封府)의 지명으로, 경계를 나눈다는 뜻이다. 항우(項羽)와 유방(劉邦)이 이 홍구를 경계로 하여 서쪽은 한(漢)으로, 동쪽은 초(楚)로 하기로 약속한 것에서 유래하였다. 『사기』 「항우기(項羽紀)」의 "소년의 장한 뜻은 천하를 삼킬 만하였으니, 즐거이 홍구를 갈라 한나라로 만들려 하였는가[少年壯志吞天下, 肯割鴻溝作漢家]."라는 구절에 보인다.

하면서 저쪽에서 잘못을 저지른 후에야 징벌하였다. 어찌 오늘날 죄를 후회한다는 것을 진실로 여겨서 경계를 두루 시행하면서 대비하지 않을 수가 있겠는가. 방어를 더욱 엄밀하고 성실히 하며 소홀히 해서 일을 망치지 않도록 하라."라고 하셨습니다. 신이 우러러 살펴건대, 황상께서는 도량이 천지를 품고 밝음이 일월과 나란히 하여 이적의 정세를 병법으로써 밝게 살피고 여러 가지 계책을 곡진히 다하여 빠뜨림이 없으니, 신이 다시 무슨 말을 하겠습니까. 신은 단지 황제의 덕스러운 말씀을 우러러 받들어 행할 뿐입니다. 책봉과 유수를 논의할 때 경도[經]와 권도[權]를 섞어서 시행하는데, 경도는 능히 승리할 지역에 세우고 권도로는 또한 기미술을 행합니다. 위세는 미친 듯이 날뛰는 자들을 두렵게 만들어 복종시키고 은혜는 그들의 의지를 불러오기에 충분해야 하니, 필시 이와 같이 한 이후에 만전을 기하고 왜정(倭情)에 대해 계획을 완벽히 해야 성취할 날을 정할 수 있습니다.

신이 자신하고 자임(自任)하며 미력한 힘으로 담당할 수 있는 것은 오직 이뿐입니다. 만일 조선을 구원하는 것이 가치가 없다고 여기고 전라와 경상을 지키는 것은 계책이 아니라고 생각해서 내지로 물러나 식량을 절약하고 봉공에 기대어 철병한다면, 이러한 계획은 신이 감히 아는 바가 아닙니다. 지금의 유수군은 밝은 성지로 일본을 책봉한 이후 철수할 수 있으나, 남은 왜노들이 떠나지 않은 시점에 철수하는 것은 결코 불가합니다. 조선의 병사가 단련되고 험지가 설치된 이후에 철수할 수 있으나, 조선의 방어가 미비한 초반에 철수하는 것은 결코 불가합니다.

신은 5월부터 제독·찬획 등 여러 신하와 해상에서 한 차례 요격하는 문제를 생각해서 국왕을 재촉하여 수병(水兵)·거북선[龜船]을 모아 앞에서 막고 우리 병사들은 뒤에서 이들을 따름으로써 한 번 움직이려 하였습니다. 하지만 생각지 못하게 끝내 조선의 병선(兵船)은 그림의 떡이 되었고 또 대군이 철수하였으며 병력을 동원하는 데 응할 수 없어 이 계획은 끝내 실행하지 못하였습니다. 또 조선이 새로 회복하고 있지만 스스로 존립하기 어려울 것을 우려해 병사 1만 6000명을 남겨두어 조선과 협력하여 수비하도록 하였고, 봉공을 이용해 기미하면서 시일을 보냄으로써 요충지를 수리하고 설치할 계획으로 삼았습니다. 이는 모두 신들이 만부득이해서 그렇게 하려던 것이지 본심은 아니었습니다. 더구나 이 1만 6000명의 병사는 그중 다수가 유명무실하여 신이 낱낱이 조사하여 필요한 수를 요청하여 채우고자 하였습니다. 따라서 어찌 흠결이 있는 속에서 다시 줄이거나 철수할 수 있겠습니까.

가령 최근 제독 이여송이 병마를 선발하여 훈련시키고 병과도급사중(兵科都給事中) 오문재(吳文梓)가 병사를 더하고 군량을 늘렸는데, 깊이 생각하고 옳은 일을 고민하였습니다. 그러니 모두 좋은 계책이므로 폐하께서 마땅히 서둘러 책임을 지워 착실히 거행하도록 해야 합니다. 신이 사적으로 우려하면서 지나치게 생각하는 것은 모두 여기에 있습니다. 그러나 실로 감히 두 문제를 지리하게 말하여 다른 말들이 생기도록 할 수 없습니다.

무릇 지혜로운 자는 일을 생각할 때 아직 싹이 나기 전을 보고, 충신은 나라를 위할 때 마음과 힘을 다합니다. 만일 신이 오늘날 알고서 말하지 않고 말하지만 다하지 않는다면, 이는 불충(不忠)이라고 해야 할 것입니다. 불충은 나라를 망치니 죄가 이보다 클 수 없습니다. 눈앞의 여러 신하는 이 유수군을 지엽적인 사무로 생각해서 급작스레 철수시키려 합니다. 만일 왜적 무리가 맹세를 깨고 빈틈을 타고 침입한다면, 조선 한 나라는 결코 지킬 수 없을 것입니다. 저들이 조선을 다시 점거하기를 기다린다면 중국은 무사하기를 면하기 어려우니, 사진의 연해에서 징발하고 동원할 병력과 군량은 아마도 1만 6000명에만 그치지 않을 것입니다. 책략을 잘못 짜고 일을 망치면 죄가 돌아갈 바가 생기는데, 신들이 오늘날 말을 다 하지 않았다고 여겨서는 안 됩니다.

다시금 황상께 청컨대, 신의 마음이 오로지 나라를 위하고 결코 다른 뜻이 없다는 것을 살펴서 신의 지금 상주와 이여송·오문재가 아뢴 사정을 칙령으로 병부에 내려 논의하게 하고, 신들이 청한 바에 따라 신속히 총독·순무 등의 신하들에게 공문을 보내 제때 정리하도록 해주십시오. 응당 유수할 자들은 유수하고 예비할 자들은 예비함으로써 내년 봄의 물이 불어나는 시기에 쓰이기를 기다리게 해야 합니다. 서로 끌면서 양쪽이 일을 그르치게 해서는 결코 안 됩니다.

또 오늘날 왜노가 조선만 침범하였는데, 조선의 군현(郡縣)은 우리의 토지가 아니었습니다. 그러나 다행히 황상께서 가까운 이웃의 고통스러운 우환을 우려하여 하늘과 땅을 덮는 은혜를 펼치시어 구원하는 군대가 한 차례 일어나서 우리의 무위를 펼쳤습니다. 그러자 평양성을 격파하고 왕경을 수복하였으며 전라도와 경상도를 보존하고 부산으로 몰아냈으며 지금 이미 해외로 내몰았습니다. 전라도와 경상도의 동서 여러 길의 가령 대구(大丘)·경주(慶州)·광양(光陽)·운봉(雲峰) 각 지역의 요해는 우리 병사들이 점거하여 보유하였습니다. 이에 우리는 그 험지를 얻었고 저들은 그 이익을 잃은 것입니다.

더구나 김해(金海)·웅천 및 서생포 등의 섬은 모두 조선 바다 남쪽의 변방 지역으로 아득한 망망대해라 잠시 왕래해도 누가 그것을 알 수 있겠습니까. 왜국이 이웃이라 아침에 출발하면 저녁에 도착하니 누가 막을 수 있겠습니까. 홍치·정덕 연간부터 이미 왜노들이 자리 잡게 되었고 경상도의 주민들은 또 이들과 혼인하여 모두 왜호가 된 것이 하루아침의 일은 아닙니다. 조선의 지리서에서 지금 조사할 수 있으니, 신이 오늘날 감히 거짓을 말하는 것이 아닙니다. 신은 이여송·유황상(劉黃裳) 및 장사들과 일찍이 부산 등지는 우리 중국의 오랑캐 지역과 같고 전라도와 경상도는 우리 중국의 구변(九邊)[11]과 같다고 말하였습니다.

황상께서 시험 삼아 구변의 오랑캐를 살펴보시면, 그중 세력이 큰 자로 순의(順義)[12]가 풍탄(豊灘)[13]에 웅거하고 복추(卜酋)[14]가 하투(河套)[15]를 점거하며 아추(阿酋)[16]가 송산(松山)에 웅거하고 화추(火

........

11 구변(九邊): 명나라 때 북방에 설치한 군진으로, 요동·계주(薊州)·선부(宣府)·대동(大同)·산서(山西)·연수(延綏)·영하(寧夏)·고원(固原)·감숙 등이다.

12 순의(順義): 투메드(土默)의 알탄 칸이 1571년 융경제(隆慶帝)에게 순의왕(順義王)에 봉해진 이후로 그 자손들이 이어받았던 작위이다. 1593년에는 알탄 칸의 장손인 제3대 순의왕 출루게(撦力克)가 재위(1587~1607)하고 있었다.

13 풍탄(豊灘): 순의왕가의 근거지인 후흐호트(歸化城) 일대를 가리킨다.

14 복추(卜酋): 오르도스의 지농(吉囊) 보쇽투(卜失兔)를 말한다. 다얀 칸의 셋째 아들인 바르스 볼로드(알탄 칸의 부친)를 다얀 칸 이후의 첫 번째 지농으로 본다면 보쇽투는 다섯 번째 지농에 해당한다.

15 하투(河套): 황하(黃河)의 만곡부(彎曲部)인 오르도스를 가리킨다.

16 아추(阿酋): 오르도스의 분가로, 송산(松山)에 주목(駐牧)하여 송로(松虜)라고도 불린다. 여기서 아추는 오르도스의 군 빌릭 메르겐 지농(알탄 칸의 형)의 둘째 아들인 바이상구르 랑 타이지(狼台吉)의 장자 아이다비시 다얀[한문사료에서는 빈투(賓兔)로 표기]의

酋)[17]가 망라(莽剌)[18]를 점거하며 청추(靑酋)[19]가 개평(開平)[20]을 점거하고 장앙(長昂)[21]이 삼위(三衛)[22]를 점거하는 것과 같습니다. 모두 변방에서 겨우 100~200리 떨어져 있을 뿐입니다. 그러나 중국은 또한 이들을 받아주기도 하고 막기도 하니, 애초에 음산(陰山)[23]의 북쪽이나 광막(廣莫)한 들로 쫓아버릴 수 없습니다.

⋯⋯⋯

장자 아치투(阿赤兔) 다얀 노얀을 가리키는 것으로 보인다. 그는 부친 빙투(빈투) 타이지를 따라 송산[난주(蘭州)의 북쪽, 황하와 장낭하(莊浪河) 사이에 낀 일대]에서 유목하다가 명군의 공격을 받아 청해(靑海)로 옮겨가 콜로치(火落赤) 등과 연합하여 명조에 대항하였다.

17 화추(火酋): 돌론 투메드(多羅土蠻)의 수장 콜로치를 말한다. 다얀 칸의 넷째 아들인 아르수 볼로드의 자손으로, 망날천[망라천(莽剌川)과 날공천(捏工川, 捏工川)]에서 유목하면서 청해 지역을 지배하였다.

18 망라(莽剌): 황하 이남인 현재 청해성의 귀덕(貴德)·귀남(貴南)·동덕(同德)·해서몽골족장족자치현(海西蒙古族藏族自治縣) 일대를 가리킨다. 날공천은 망라천 동쪽의 융무하(隆務河) 중유역의 렙꽁 일대[현재의 동인(同仁) 일대]를 가리킨다.

19 청추(靑酋): 하라친의 칭바투르(靑把都兒)를 말한다. 칭바투르는 다얀 칸의 셋째 아들인 바르스 볼로드의 넷째 아들(알탄 칸의 동생) 쿤둘렌 칸(昆都力哈 또는 老把都, 1510~1572)의 둘째 아들을 가리킨다. 그는 1591년경 사망한 것으로 알려져 있으나, 명에서는 이를 아직 인지하지 못한 것 같다.

20 개평(開平): 원대(元代) 상도(上都)가 위치한 곳으로, 독석구(獨石口) 북쪽을 가리킨다.

21 장앙(長昂): 하라친의 속부(屬部) 타안위(朵顏衛 또는 朶顏衛)의 수령을 말한다. 계(薊)·요(遼) 양진(兩鎭)에서 무상(撫賞)과 시상(市賞)을 얻었는데, 그 액수는 매년 약 만여 냥에 달하였다고 한다[『명신종실록』, 만력 37년 정월(경인)]. 그 자손들 대에 하라친 '36가(家)'로 불리기도 하였다.

22 삼위(三衛): 1389년 명조로부터 타안위(朵顏衛, 우리양한), 태영위(泰寧衛, 옹니우드), 복여위(福餘衛, 우지예드)의 이름을 부여받은 것에서 기원한다. 처음에는 북만주의 눈강(嫩江)·조아하(洮兒河) 유역에 있었는데, 15세기에 남하하여 명의 변경에 접근하였다. 타안위가 가장 남쪽에 있었기 때문에 명인은 타안 3위 또는 우리양한(兀良哈) 삼위라고 총칭한 반면, 몽골인은 가장 북쪽의 복여위의 이름을 따서 3위를 산전(山前)의 6천 우지예드라고 불렀다.

23 음산(陰山): 멀고 먼 북쪽 지역을 비유할 때 사용되는 말이다. 현재 내몽고(內蒙古)의 자치구(自治區) 남쪽으로부터 동북쪽으로 내흥안령(內興安嶺)으로 뻗어 있는 음산산맥(陰山山脈)을 가리킨다.

속국을 회복한 것이 이 정도에 이르렀고 신들이 직분상 방어 사무를 다하지 않은 것이 아니니, 상식적인 이치로 논하자면 방어 임무를 조선에 주어야 합니다. 그러나 신은 여전히 조선 군신이 어리석고 나약하며 파괴가 극심하여 결코 지키지 못할 것이라 우려하는데, 전라와 경상의 요충지는 반드시 잃어서는 안 됩니다. 이를 지키면 조선과 중국의 큰 이익이 되겠지만, 지키지 못한다면 조선과 중국의 큰 우환이 될 것입니다. 그렇기 때문에 특별히 병사 1만 6000명을 남겨 함께 머무르면서 방어하도록 한 것은 비단 조선을 보호하는 것뿐 아니라 실로 중국을 호위하기 위해서입니다.

신은 지금 병부의 논의를 준수하여 유격 심유경(沈惟敬)으로 하여금 다시 왜적 진영으로 가서 봉공을 강구하고 논의하도록 하였는데, 받아들이면 허락하고 불가하다고 하면 명확히 저들과 단절할 것입니다. 유수하는 병마 중에 피로하거나 게으른 자들을 모두 철수시켜 돌려보내고, 수륙(水陸) 정예병 2~3만을 추가로 발송하고 협조하여 전라도와 경상도의 요해에 주둔시키고 배치합니다. 그리고 조선을 독려하고 책임을 지워 전선(戰船) 수백 척을 제조하고 일체 공격과 수비의 계획을 도모합니다. 이렇게 하면 처음을 삼가고[謹始][24] 또 끝을 보전할 수 있으며 외적을 물리치고 국내를 편안히 할 수 있으니, 만전에 대한 고려는 생각건대 여기에서 벗어나지 않습니다. 그러므로 바로 오늘날 마땅히 반드시 행해야 하고 의심하지 말아야

.......

24 처음을 삼가고[謹始]: 『춘추(春秋)』 「은공(隱公) 원년」의 첫머리에 "원년춘왕정월(元年 春王正月)"이라고 하였는데, 이에 대해 『춘추곡량전(春秋穀梁傳)』에 "비록 일이 없어도 반드시 정월을 거론하나니, 이는 처음 시작하는 것을 신중히 하기 위함이다[雖無事必擧 正月 謹始也]."라고 하였다.

할 것입니다.

비록 그러하지만 신은 여전히 말씀드릴 것이 있습니다. 신이 듣건대 일을 함에는 책임과 성공을 중요시하고 그 권한은 하나로 귀결되어야만 합니다. 신은 지금 1명의 경이(卿貳: 시랑)이고 제독은 1명의 대장이며 찬획은 1명의 부원(部員)으로, 병권의 권한이 없고 또 지방을 맡은 것도 아니며 쓸쓸한 외부인으로 붙어 있습니다. 그러니 생각건대 하려고 해도 무엇을 하겠습니까. 더구나 근래 밝은 성지를 받들건대 전적으로 총독·순무에게 위임하여 처리하도록 하셨습니다. 신들이 가령 다시금 쓸데없이 요양(遼陽)에 있다면, 총독·순무는 신이 있기 때문에 견제한다는 혐의에서 벗어날 수 없고 총병(總兵) 등의 신하는 제독이 있기 때문에 관망하려는 생각을 버리기 어렵습니다. 봄에 물이 불어나는 시기가 가까워오는데 의외의 방어 문제가 생기면 장차 어떻게 통일하겠습니까. 신이 이 때문에 부월(斧鉞)[25]을 피하지 않고 어리석음을 무릅쓰고 다시 아뢰오며 황상께 재차 청컨대, 신 등이 실로 피할 수 있는 길을 꾀하지 않는 이유를 굽어살피고 특별히 하늘과 같은 결단을 내려서 칙서를 병부에 내려 모두 논의하여 답하게 하십시오. 그리고 신이 즉시 상주하여 칙명(勅命) 등을 반납하는 것을 허용하시고, 제독·찬획은 모두 소속 관부로 가서 직무를 수행하며, 동방의 사무는 전부 총독·순무에게 돌려 한마음으로 정돈함으로써 불측한 일을 막으십시오.

혹시 신들이 이를 빌려 책임에서 벗어나 미루려 한다고 의심하

.......

25 부월(斧鉞): 임금의 권위를 상징하는 작은 도끼와 큰 도끼를 아울러 지칭하는 말이다. 출정하는 대장에게 임금이 정벌(征伐)과 중형(重刑)의 뜻으로 주는 상징이다.

신다면, 조정으로 돌려보내지 말고 그대로 마땅히 일을 맡게 하되 일을 할 수 있는 직위에 머물게 하고 일을 이룰 수 있는 권한을 조종하도록 해주십시오. 그리하여 병사의 동원과 군량의 징발을 모두 자유롭게 할 수 있게 하고 오늘날처럼 남에게 기대지 않도록 해주십시오. 이러면 신들이 어찌 감히 있는 힘을 다하여 담당하고 몸을 던져 은혜를 갚고자 하지 않겠습니까. 경도와 권도를 교차로 쓰고 적들이 엿보기 어렵게 힘쓴다면 아마도 오는 봄에 감히 문제가 일어나지 않을 것입니다. 만일 신의 재주가 용렬하여 그 직임을 감당할 수 없다고 여기신다면, 또한 황상께 청컨대 신속하고 빠르게 하늘 같은 결단을 내리시어 신을 파직하여 고향으로 돌려보내고 마땅히 신으로 하여금 현명한 이들의 길을 오래도록 막아 국사를 망치지 않게 해야 합니다. 신은 이때 성유를 받았으니 오히려 혐의를 피하려 숨기거나 분명히 말하지 않는 것은 신이 질질 끌면서 지리하게 말함으로써 군주를 속이고 나라를 망치는 일일 것입니다. 혹여라도 봄에 물이 불어날 때 일이 생기면 신의 죄를 어떻게 해명하겠습니까. 그렇기 때문에 신은 조선의 전라도와 경상도를 수비하고 방어하는 것이 바로 오늘날 뒤처리 중 가장 중요하다고 말하는 것입니다. 만일 다시 망설이다가 의외의 일이 생긴다면 후회막급일 것입니다.

신은 평소 견문한 것 중 정확하고 중요한 것에 근거하여 도설(圖說)²⁶을 그려 황제께서 친히 볼 수 있게 올리고자 하였으나 궁벽진 곳에서는 베껴내는 것이 어려운 작업이라 감히 조잡하게 올려 황제의 마음[宸聽]을 어지럽힐 수는 없었습니다. 이번에 특별히 병부와

.......

26 도설(圖說): 설명이 첨부된 지도를 가리킨다.

병과(兵科) 및 각 아문(衙門)의 일을 맡은 여러 신하와 어사[按臣]에게 도설과 주본·게첩[奏揭] 등을 모두 보내서 마음을 다해 확인하고 철저히 검토하기를 요청할 것입니다. 그러면 관련 신료들이 이 지방의 방어를 결코 늦춰서는 안 된다는 것과 신의 말이 정확하고 속이지 않는다는 것을 알게 될 것이니 이로써 깊게 생각하고 상세히 논의하여 상주를 올려 시행한다면 어리석은 신으로서는 매우 다행일 것입니다.

# 13-3

# 숙질이 발병하여 파면을 청하는 상주

夙疾擧發乞賜罷免疏 | 권13, 11b-12b

**날짜** 만력 21년 12월 9일(1594. 1. 29.)

**발신** 송응창

**수신** 만력제

**내용** 병약한 몸을 이끌고 조선에서 분주히 업무를 수행하다가 숙질(夙疾)이 발병하였기에 사직을 청하는 상주이다.

숙질이 발병해 지휘하기는 하지만 전진하기 어려우므로 성스러운 은혜로 파직을 내려줌으로써 남은 목숨을 연장하도록 간절히 청하는 일.

신은 허약한 몸에 타고난 본성이 연약해 어릴 적부터 울렁증을 앓고 있었습니다. 그러나 나이가 어린 것을 믿고 처음에는 개의치 않았습니다. 그러다 생각지 못하게 질병을 키운 지가 오래되면서 병환이 갈수록 깊어졌습니다. 산동순무(山東巡撫)로 있을 때 화증(火症)이 갑자기 일어나 거의 살 수 없을 지경이었습니다. 신은 그때 이미 상주를 올려 휴가를 청하였지만 황상께서 남아 있도록 하셨고 이윽고 외람되게도 내직으로 옮겼는데, 마침 동쪽의 일이 긴급해지자 신에게 경략하도록 명령하셨습니다. 신은 이때 감히 스스로를 아끼고자 맡긴 일을 저버릴 수 없어 질병을 무릅쓰고 거행하였으며 억지로 열심히 일을 보았습니다.

때는 겨울이고 요동 지역은 몹시 추운데 왜적의 경보가 빈번하여 속도를 내어 빨리 이동하니 바람과 추위가 이미 살가죽 틈으로 스며들었습니다. 올해 2월에 전진하여 조선에 도착하니 조선의 풍속은 오히려 옛것에 익숙하여 앉고 누울 때 모두 땅에 자리를 깔았습니다. 더하여 봄기운이 찌는 듯하고 장맛비가 시시때때로 내리니 냉기와 습기가 또 피부 깊숙한 곳으로 침입하였습니다. 그리고 마시는 물이 모두 해천(海泉)이라 비위(脾胃)가 텅 비고 상하였습니다. 여름과 가을에 이르니 여러 질병이 함께 발작해 때로 현기증이 났지만 이국(異國)에는 의사가 없어 단지 스스로 숨기고 참았습니다. 그런데 바로 이때 전쟁을 해야만 하였고 신은 감히 여생을 위해 퇴직을 청해 장사들의 마음을 나태하게 할 수 없었습니다. 질질 끌다가 문득 다시금 연말이 되어 겨울의 한기가 내습하자 전의 병이 더욱 심해져 수족에 경련이 일고 반신을 쓸 수 없게 되었습니다. 함께 일을 하는 신료 중 이여송과 유황상이 모두 직접 보았는데, 침상의 이불에서 신음하니 그 참혹함이 처연하였습니다.

가만히 생각건대 황상께서 신을 쓸 때 정력이 있다고 여기셨으나 신이 거울을 보니 혈색이 화색(華色)이 아니었습니다. 무릇 신을 부릴 때 근골이 튼튼하다고 여기셨으나, 신이 옷을 벗어보니 형체가 고목과 같았습니다. 이러한 사람으로 수를 채우면 한갓 국사(國事)를 망치고 황제께 누를 끼칠 것입니다.

엎드려 바라건대, 황상께서는 신을 가련히 여겨주십시오. 병고(病苦)가 날로 심해지니 일시에 치료하기 어렵고 조선에 관한 일은 이미 중간 정도 성취하였으니, 일을 회피하는 것이 아닙니다. 신이 처리한 경비와 일체 사무를 상주하여 완료하는 날에 신을 신속히 파면하여 고향으로 돌려보내주십시오. 당장 죽음에 이르지 않는다면 응당 강구요[康衢]와 격양가[擊壤]<sup>27</sup>를 부르며 백성과 요순(堯舜) 시절의 태평성세를 노래하겠습니다. 신은 하늘을 우러러 간절히 기도하면서 명령을 기다리는 마음을 가눌 수 없습니다.

........

27  강구요[康衢]와 격양가[擊壤]: 백성이 편안하게 지내는 것을 말한다. 강구요(康衢謠)라고도 한다. 『열자(列子)』「중니(仲尼)」에 요(堯)임금이 나라를 다스린 지 50년이 되었을 때 큰 거리[康衢]에 나가서 살펴보니 노인들이 땅을 두르리며[擊壤] 노래를 불렀다는 구절에서 유래하였다.

# 공경히 교대를 보고하는 상소

恭報交代疏 | 권13, 12b-14a

**날짜** 만력 22년 정월 9일(1594. 2. 28.)

**발신** 송응창

**수신** 만력제

**내용** 황제의 명령에 따라 고양겸(顧養謙)과 교대를 완료하였고, 장병들의 서훈(敍勳)과 관련해서는 일본군이 돌아가는 날에 보고할 예정이며, 그 동안 사용한 경비를 장부로 만들어 올리겠다는 상주이다.

**관련자료** 앞 문서의 날짜가 만력 21년 12월 9일이고 현재 문서에는 초9일만 적혀 있어 만력 21년 12월 9일로 추정되지만, 문서 내용 중 고양겸과 교대한 날짜인 만력 22년 정월 9일이 기록되어 있다. 따라서 다음 문서(만력 22년 정월 4일)의 뒤에 있어야 하지만 편집상 실수로 현재 위치에 온 것으로 추정된다.

공경히 교대할 일자를 기다리며 성지를 준수하여 서쪽으로 귀환하는 일.

신(송응창)은 앞서 병부의 자문을 받았는데, 그 내용은 다음과 같았습니다.

병부에서 제본을 올렸는데, 방어하고 대적할 사기를 미리 계획함으로써 전적으로 책임을 지우는 일을 편리하게 하고 만전을 지키는 일이었습니다. 이에 성지를 받들었는데, "옳다. 대군은 모두 철수하였다. 송응창은 이미 행동을 펼치기 어려우니 이여송과 함께 돌아오라. 다만 왜정의 변화와 속임수가 있으므로 급작스레 일이 완결될 수 없다. 총독·순무 관원은 멀리서 제어하기 어려울 것이다. 고양겸은 재주와 지략이 평소 뛰어나다고 하니, 신속히 저곳으로 달려가 상황에 따라 처리함으로써 성공을 유지하기에 힘쓰라. 칙서를 베껴 그에게 지급하라. 계주진(薊州鎭)의 오랑캐 방어 사무는 잠시 순천순무(順天巡撫)로 하여금 대신 관할하도록 하라. 송응창은 고양겸이 도착하면 교대하고 북경으로 돌아오라. 나머지는 논의한 대로 하라."라고 하였습니다.

신은 즉시 밝은 성지를 준수하여 올해 정월 9일에 영원위(寧遠衛)에 도착하여 총독 고양겸과 만나 현재 경비, 유수 관병과 마필(馬匹), 일체의 군화와 장비 등의 항목 및 경략이 미진한 사무를 낱낱이 자세하게 분석하여 모두 분명히 교대하였습니다. 평양·개성·벽제(碧蹄)의 세 차례 전공은 신이 만력 21년 4월간에 이미 상주를 갖추어 서훈을 제본으로 올렸고 부(部)에 내려져서 확인을 기다리고 있습니다. 평양·개성·벽제 전투 이후 여러 장사가 왜노에게 봉공으로 속이는 법을 써서 왕경·함경(咸鏡)에서 물러나도록 한 것, 병사를 보내 전라도를 구원하여 지키자 왜적이 패배하여 다시 부산으로 돌아간 것, 유정 등의 장수가 병사를 거느리고 전라도와 경상도의 요해를 나누어 지킨 것 등 지금까지 반년 남짓 동안 삼도(三都)와 팔도를 회복하고 왕자와 배신을 귀환시킨 모든 공적의 경우 제독 이여송이 이미 원고를 갖추어 앞서 세 번 전투의 공적까지 아울러 서술하여 게첩(揭帖)으로 신에게 보고하였습니다. 신은 유수와 봉공에 대한 사안이 완결되지 되지 않아 제본을 올리기 어려웠기 때문에 이미 이여송의 게첩을 총독 고양겸에게 자문으로 보내 수령하여 보관하도록 하였습니다. 책봉을 청하고 남은 왜노들이 모두 돌아가 표문(表文)이 도착하는 날에 공적이 있는 관리에 대해 모두 제본을 올려 서훈하면 아마도 양쪽이 편리할 것입니다. 신은 지금 교대가 이미 끝났으니 즉시 산해관으로 들어가서 그동안 처리한 경비를 항목별로 구분해 책으로 만들어 완료하고 아울러 상주하여 칙유(勅諭: 황제의 명령)를 반납하도록 하겠습니다.

## 13-5

# 공도를 밝혀서 조속히 살아 돌아가게 해달라고 청하는 상주

懇明公道早賜生還疏 | 권13, 14a-19a

**날짜** 만력 22년 정월 4일(1594. 2. 23.)

**발신** 송응창

**수신** 만력제

**내용** 최근 전쟁의 성과를 비판하는 말이 있기에, 만력 20년 이후 장병들의 공적을 상세히 서술하고 이를 서훈함으로써 장사들을 위로해줄 것을 청하는 상주이다. 아울러 병이 심해졌으니 전쟁에 사용한 경비를 정리한 보고서, 칙유 등을 반납하고 고향으로 내려보내달라고 간청하고 있다.

동쪽을 정벌하는 일의 공적이 명확하며 서쪽으로 귀환한 후 병세가 도리어 심해졌으니, 황제께 공도(公道)를 밝혀 선비의 마음을 위로하고 생환을 허락하시어 남은 목숨을 보전해주기를 간절히 청하는 일.

신(송응창)은 이번 달 9일에 영원위에서 총독 고양겸을 만나 교대하고 산해관(山海關)으로 들어왔습니다. 도중에 저보(邸報)를 받았는데, 호과급사중(戶科給事中) 포견첩(包見捷)·진세은(陳世恩), 귀주도어사(貴州道御史) 허문조(許聞造), 광동도어사(廣東道御史) 당일붕(唐一鵬)이 교대로 상주를 올려 조선 사안에 관해 탄핵한 것을 보았습니다. 무릇 풍문(風聞)으로 일을 말하는 것은 언관(言官)의 직분이니 신이 어찌 감히 변명하겠습니까. 시비곡직(是非曲直)에는 자연히 공론(公論)이 있을 것이니 신이 또 어찌 쓸데없이 변호하겠습니까.

다만 신 한 사람의 문제를 말하면서 병사와 장수, 책사가 조선을 회복시켜 공을 이룬 것을 없애버리고 죄다 태워버린다면, 장차 어떻게 오늘날 동쪽을 정벌한 장사의 바람을 위로할 수 있으며 또한 어떻게 이후 일을 맡는 사람의 마음을 격발시킬 수 있겠습니까. 신은 지금 병이 들었고 장차 죽음에 이를 것이나 눈을 감을 수 없는 일이 있어 감히 동쪽 정벌의 공적으로써 장사들을 위해 억울함을 씻고자 하는데, 삼가 황상께서 살펴봐주시기를 바랍니다.

지난 사안을 살펴보건대 만력 20년 왜노들이 조선에서 난을 일으켜 칠도(七道)를 집어삼키고 삼도(三都)를 석권하였으며 왕자와 배신을 포로로 잡아가고 무덤과 종묘를 훼손하였으니, 국왕은 의주로 달아나 숨고 백성은 들에 고혈을 뿌렸습니다. 왜노들이 소유하지 못한 곳은 겨우 압록강변의 탄환 같은 땅뿐이었습니다. 형세가 얼마나 급급하였겠습니까. 신은 제독 이여송, 찬획 유황상 등과 동쪽을 구원하라는 명을 받들었지만 병사는 평소 훈련되지 않았고 무기는 준비되지 않았기에, 곧 요양에 도착해서 함께 병사를 동원하고 무기를 배치하며 병사들에게 맹세하게 하고 압록강을 건넜습니다. 다행히 황상의 위엄과 영험에 기대어 장졸(將卒)들은 명령을 행하고 책사들은 계책을 바쳐 비로소 평양을 수복하였습니다. 이여송은 호랑이 같은 아우 및 장수와 함께 삼군(三軍)에 용맹을 주창시켜 3만 남짓의 오합지졸로 10여 만의 기세등등[鴟張]²⁸한 왜노들과 맞서 1647 과(顆)의 수급을 베었고 불타거나 익사한 자는 셀 수 없었습니다.

　고니시 유키나가는 위세에 두려움을 느끼고 왕경으로 달아났습니다. 봉산(鳳山)·개성 등은 승세를 타고 수복하였으며, 수급 165과를 베었습니다. 이때 먼저 심유경을 활용하여 조공을 논의하면서 병사를 늦추는 모략을 행하였고, 아군 또한 장사의 용맹과 병사의 강인함이 교차하면서 이에 승리를 거두었으니, 진실로 근거가 없는 것이 아닙니다. 가령 벽제 전투에서 제독 이여송은 병사 수백을 이끌고 지형을 정찰하다가 별안간 부장(副將) 이녕(李寧)²⁹ 등이 왜적 수만으로부터 사면(四面)에서 공격을 받아 포위되는 일을 당하였습니다. 이여송은 조금도 두려워하는 마음이 없이 무리를 이끌고 돌격하여 죽음을 각오하고 전투를 벌이다가 화살로 금갑(金甲)을 입은 왜장을 맞추어 말에서 떨어뜨렸습니다. 그러자 왜노들이 이에 따라 왜장을 둘러싸고 곡을 하였는데, 결국 포위가 풀렸습니다. 양원(楊元)·장세작(張世爵) 등은 병사를 동원하여 즉시 이르렀는데, 왜노들은 흩어져 성으로 들어갔습니다. 병사와 말이 비록 손상을 입었지만 또한 167과의 수급을 베었습니다. 그 나머지 중 화살을 맞아 상처를 입고 계속해서 왕경에서 죽은 자들은 실제의 몇 배입니다. 세 번 싸워 세 번 승리하였으니 세상에 보기 드문 바입니다. 왜노들이 바야흐로 간담이 떨어진 듯 두려워하여 애걸하며 책봉과 조공을 청하였습니다.

........

28　기세등등[鴟張]: 치장(鴟張)은 올빼미가 날개를 활짝 편 모습을 가리키는데, 기세가 등등하다는 것을 비유하는 말이다.

29　이녕(李寧): ?~?. 명나라 사람이다. 이여송의 표하(標下)에서 참장(參將)으로 병마 1000명을 거느리고 평양성 전투에 참전하였다.

당시 가토 기요마사는 왕자와 배신 등을 포로로 잡아두고 호랑이처럼 함경도에 웅거하면서 평양을 엿보며 회복하려고 하였습니다. 이에 앞서 찬획 주사(主事) 원황(袁黃)[30]이 책사 풍중영(馮仲纓)·김상(金相)[31] 등을 보내 가토 기요마사에게 말을 넣어 직언으로 움직이도록 계획하였습니다. 신은 또한 유격 송대빈, 지휘(指揮) 조응작(趙應爵) 등을 보내 병사를 거느리고 익수(益水)·검산(劍山) 등의 지역에서 매복한 것처럼 꾸며서 그를 두렵게 하였습니다. 가토 기요마사는 두려워서 달아나 왕경에 집결하였습니다. 그러나 왕경은 나라의 수도이므로 쌓인 양식이 매우 풍부하고 성의 견고함은 충분히 믿을 만하며 왜노 무리가 모두 모여 있어 형세상 바로 함락시키기 어려웠습니다. 신은 이여송·유황상 등과 함께 왜노들이 두려워하며 애원하는 것을 이용해 기회를 틈타 계책을 쓰고자 다시 심유경·주홍모(周弘謨)[32]·호택(胡澤)[33]·심사현(沈思賢)[34] 등을 보내 봉공을 논의

........

30 원황(袁黃): 1533~1606. 명나라 사람으로 절강 가흥부(嘉興府) 가선현(嘉善縣) 출신이다. 자는 곤의(坤儀)이다. 임진왜란이 발발하였을 때 병부의 직방청리사주사(職方淸吏司主事)였다. 병부원외랑(兵部員外郞) 유황상과 함께 찬획(贊畫)으로 파견되어 참모 역할 등을 수행하였다. 특히 병참과 관련된 업무를 많이 담당해서 군량 문제 등을 조선 조정과 논의하는 경우가 많았다.

31 김상(金相): ?~?. 명나라 사람이다. 천문을 잘 본다는 평가가 있어 선조가 천문의 길흉을 물어보도록 한 일이 있다.

32 주홍모(周弘謨): ?~?. 명나라 사람이다. 만력 20년(1592) 흠차통령선부영병유격장군(欽差統領宣府營兵遊擊將軍)으로 마병(馬兵) 1000명을 이끌고 조선에 왔다가 만력 21년(1593) 명나라로 돌아갔다. 만력 24년(1594)에 적들을 선유(宣諭)하기 위해 재차 와서 서울에 머물렀는데, 얼마 되지 않아 말에서 떨어져 병으로 죽었다.

33 호택(胡澤): ?~?. 명나라 사람이다. 원임관(原任官)으로 일본 진영에 왕래하였다. 심유경과 함께 일본과의 강화를 위해 노력했기 때문에 조선의 군신과는 수많은 외교적 갈등을 초래했다.

34 심사현(沈思賢): ?~?. 명나라 사람으로 절강 소흥부(紹興府) 여요현(餘姚縣) 출신이다. 자는 방달(邦達), 호는 사천(沙川)이다. 원임(原任) 통판(通判)으로 송응창을 따라 나와

하면서 속여서 왕경에서 나가도록 하였습니다.

왜노들이 비록 왕경을 떠났지만 전라도와 경상도는 더더욱 요해가 되었으므로 방어하지 않을 수 없었습니다. 비밀리에 이여송과 함께 마땅히 부총병 유정·이여백·이평호(李平胡)[35]·이녕, 참장 낙상지, 유격 오유충·송대빈 등을 파견하여 왜노를 추적하여 전진하되 대구·남원·경주 등의 요충지를 나누어 막도록 하였습니다. 이후 다시 숙성령[星嶺]에서 승리하여 수급 35과를 베었습니다.[36] 왜노는 우리 병사들이 준비되어 있다는 것을 잘 알고서는 감히 다시 침범하지 못하였습니다. 전라도와 경상도가 보존되자 조선은 비로소 공고해졌습니다.

더구나 지난해 7월 병사를 남겨 방어한 것이 지금까지 8개월 정도인데, 왜노들이 멀리 해도로 달아나 조용하게 가만히 있으니 방어한 공적이 아니라고 말할 수 없습니다. 책봉을 기다리며 남은 왜노들이 아직 다 돌아가지는 않았지만, 작년에 조선의 영토 중앙을 점거하면서 경기 지역까지 약탈하던 것과 비교할 수 없습니다. 부산·웅천 연해 일대에서는 간혹 약탈과 도적질이 있지만 단지 해안의 적막한 곳에 그칠 따름이고 또 대부분 협박받아 따르는 조선 백성이 배고픔과 추위에 핍박을 받아 그러한 것이니, 작년에 왜노 무리

.......

서 심유경과 함께 일본군의 진영에 들어갔다. 만력 25년(1597)에 어사 진효(陳效)의 표하관으로 따라와 군량 조달을 맡았다.

35 이평호(李平胡): ?~?. 명나라 사람이다. 만력 20년(1592)에 흠차통령요동조병 원임부총병 서도독동지(欽差統領遼東調兵原任副總兵署都督同知)로 마병 800명을 이끌고 제독 이여송을 따라 조선에 왔다가 이듬해(1593) 명나라로 돌아갔다.

36 숙성령[宿星嶺]에서……베었습니다: 남원(南原) 일대의 일본군을 조명군(朝明軍)이 숙성령에서 물리친 소규모 전투이다. 사대수(査大受), 낙상지(駱尙志) 등이 참전하였다. 『선조실록』 권41, 선조 26년 8월 9일(경인) 기사.

가 대거 침입하여 성과 땅을 공격하며 미친 듯이 심한 고통을 뿌리던 것과는 비교할 수 없습니다. 삼도와 팔도가 모두 이미 완전히 수복되었고 왕자와 배신은 모두 귀환하였으니, 회복한 공적은 가만히 생각건대 이에 이르러 또한 이미 다 되었다고 할 수 있습니다. 이는 모두 사안마다 실재하는 것으로, 터럭만큼도 꾸민 일이 없고 한마디한마디 진실되며 결코 과장하거나 속이는 일이 없습니다. 더구나 조선 억만 민인(民人)이 모두 아는 바이고, 동쪽 정벌을 수행한 3만여 무리가 모두 본 바이며, 왕래하는 파견 관리나 무역하는 사람들이 모두 들은 바입니다.

신은 전에 여러 차례 상주 안에서 명백히 설명을 다 하였고 하나하나 고증할 수 있습니다. 위에는 황상[天日]이 있고 아래에는 신하들의 공론[淸議]이 있으니, 신이 장사들과 속여서 숨길 수 있는 것이 아닙니다. 장사들이 조선에 들어가고 나서 장령(將領)들은 용맹을 떨치며 몸을 던졌고, 사졸들은 선봉에 서서 죽음을 각오하고 전투를 벌였습니다. 겨울에는 눈과 얼음 위에 누웠고 여름에는 무더운 비에 섰으며 날마다 음식이 모자랐고 식사에는 짠 기가 없어 사람이 겪는 고초가 이보다 더할 수 없었습니다. 바라는 것은 일이 완료된 후 공적이 큰 경우는 관작을 얻고 작은 경우는 포상[犒賞]을 받으며 죽은 자는 도타운 구휼을 얻는 것에 불과하였습니다.

지금 그런데 1년 남짓 끌면서 조금도 상을 받지 못하였으며, 논의가 벌떼같이 일어나 왜노를 쫓은 것을 마치 휘휘 모기를 쫓은 듯여기고 혈전(血戰)에 대한 평가를 터럭을 사르는 듯이 여기니, 조선을 회복한 것으로 장사를 위한 공적을 말하지 않고 또한 남은 왜가 아직 평정되지 않았다는 것으로 장사에게 죄를 더하고자 합니다. 간첩으로 왜를 몰아낸 것을 권도를 가지고 술법을 알맞게 사용하였다고 하지 않고 도리어 봉공으로 속박한 것을 논의해서 그 연유로 죄를 주려고 합니다. 또한 왜노가 속국을 발판으로 삼아 몰래 내지를 범하려고 하였으니 어찌 한 번에 섬멸해서 심사(心事)를 통쾌하게 하려고 하지 않았겠습니까. 그러나 적디적은 3만 남짓 병사로 수십만의 날뛰는 왜노들을 일격에 없애버리려는 일이 그 누가 가능하겠습니까. 이 때문에 봉공을 빌려 왜노를 속인 것이니, 진실로 봉공은 하나의 뛰어난 계책으로 사용하였다고 생각합니다.

그런데 말하는 자들은 또 "병사를 남겨두고 철수하지 않은 것, 이는 조선 사안이 아직도 완료되지 않았다는 것이니 어떻게 공적을 말할 수 있는가"라고 합니다. 이러하니 왜적을 해외로 몰아내 조선의 산하(山河)가 예전처럼 완연해진 것이 회복한 공적임을 어찌 알겠으며, 병사와 장령을 남기고 봉공을 논의하여 이때를 틈타 수리하고 훈련하는 것이 지키는 일인지 어떻게 알겠습니까. 그렇기 때문에 신은 여러 차례 조선 군신이 너무나 어리석고 나약하며 아울러 나라가 파괴되어 결코 스스로 보존하기 어렵다고 말하였습니다. 작년 8월 이후 매번 상주를 갖추어 동쪽 사안을 총독·순무에게 넘겨서 담당하게 하고 그들에게 대신 수비를 시행하도록 해야 한다고 말한 것은 또한 조선의 경계가 요좌(遼左)와 연이어 있어 형세가 순치와 같기 때문입니다. 그리고 계주·요동[薊遼]의 신하들은 원래 관리의 주체이기에 지방의 책무를 가지고 있고 또 병향(兵餉: 급여)의 권한을 쥐고 있어 동원하고 파견하여 운용하고 이에 따라 전략을 펼칠 수 있으니 진실로 신들처럼 헛된 이름을 가지고 손님으로 붙어 있는 자들과 다르기 때문이기도 합니다.

사람에 비유하면, 병환이 위급한 사람이 거의 일어날 수 없는 지경에 이르면 약을 쓰고 의술로 치료해서 죽음을 돌려 회생시키는 것은 의원의 일입니다. 위급한 질병이 사라졌으나 원기가 크게 손상되어 조리함으로써 생명을 온전히 하는 것은 병을 앓고 있는 자의 보호자에게 속하는 일입니다. 조선의 오늘날 일은 자못 이와 유사합니다. 조선은 위험을 당하였다가 다시 생존하였는데, 신과 장사들이 이를 맡았습니다. 방어하고 완벽히 지키는 것은 총독·순무에게 책임이 있습니다. 이렇듯 회복과 방어는 두 가지 일입니다. 어떻게 왜정이 예측되지 않는다고 말하면서 전의 공적을 버려두고 논의하지 않으며 상을 내리지 않을 뿐 아니라 또한 논의해서 처벌하려고 함으로써 동쪽 정벌에 종사한 장사들로 하여금 마음에 상처를 받고 눈물을 흘리며 산산이 흩어져 자취를 감추게 할 수 있습니까. 이러한 상황은 신의 말로 모두 진술할 수 있는 바가 아닙니다. 그러나 이에 신이 처벌을 피하지 않고 죽음을 무릅쓰고 군부(君父) 앞에서 애원합니다.

엎드려 바라건대 황상께서 장사들이 혈전으로 공훈을 세우고 전쟁터에 고생한 지 오래되었음을 불쌍히 여기시어 병부에 칙령을 내려 신속히 총독 고양겸에게 공문을 보내도록 해주십시오, 그리하여 남은 왜노들이 모두 돌아가면 조선의 회복에 공적이 있는 관리들에 대해 응당 특별히 처리해야 할 자는 특별하게 처리하고 승진시키거나 상을 줄 자는 승진시키고 상을 주되 먼저 서훈을 조사하여 장사들의 공에 보답해야 합니다. 유수 및 조공을 강구한 관리의 경우 비록 앞의 전투 때 후속 부대로 도착한 장사 1~2명이 있지만 수가 많지 않으니 모름지기 공적이 완료되기를 기다렸다가 별도로 서훈해야 합니다. 이것이 사체와 인정 양쪽에 타당합니다. 어째서일까요. 서쪽 전투는 영하(寧夏)의 성 하나를 회복하는 데 그쳤지만 동쪽을 정벌하는 장사들은 먼저 평양성에서 승리하였고 다음으로 왕경을 수복하였으며 그다음으로는 전라도·경상도·부산을 지켰습니다. 이와 같은 공적은 서쪽 전투보다 몇 배는 되는데 도리어 한 마디의 은혜도 얻지 못하고 견제를 받아 지체되니, 사람들이 어떻게 원망을 일으키지 않을 수 있겠습니까. 후일 국가에 일이 발생하면 또 어떻게 감동시켜 사람들로 하여금 효용(效用)을 즐겁게 여기게 할 수 있겠습니까. 신이 지금 만일 명확히 말하여 서둘러 은혜를 입도록 하지 않아서 장사들이 안으로는 서운해 하고 밖으로는 원망하는 말을 한다면, 이는 신이 폐하를 그르치는 것이자 장사들을 저버리는 것입니다.

신 또한 무슨 낯짝으로 조정[殿陛]에 서 있을 수 있겠습니까. 아니면 무슨 말로 장사들의 분함을 풀 수 있겠습니까. 가령 신의 하잘것없는 재주로 남의 힘을 빌려 일을 이루었으나[37] 혁혁한 전공[汗馬之蹟][38]도 없고 또 계획을 세울 능력도 없으니, 신이 어찌 감히 공적을 말하겠습니까. 병부에서는 신을 서훈할 필요가 없습니다. 신은 결단코 서훈을 바라지 않습니다. 또 신은 숙질이 더욱 심해졌으니 살날이 얼마이겠습니까. 날마다 고향에 돌아가기를 생각하며 오직 떠날 줄 알 따름입니다. 전의 상주에서 귀향을 청하였는데 성유를

--------

37 남의 …… 이루었으나[因人成事]: 남의 힘에 빌붙는 행위를 말한다. 『사기(史記)』 「열전(列傳)」 평원군(平原君) 조에 "그대들은 정말 쓸모가 없소. 이른바 남을 통해 일을 이루는 자들이오[公等碌碌, 所謂因人成事者也]."라고 하였다.

38 혁혁한 전공[汗馬之蹟]: 말이 땀을 흘릴 정도로 부지런히 전장(戰場)에서 수고하는 것을 말한다.

내려 만류하셨습니다. 지금은 이미 성지를 준수하여 교대하였고 병든 몸을 지탱하며 서쪽으로 돌아가는데 상황이 날마다 더욱 심해져서 약물로 치료하기가 어렵습니다.

다시금 황상께 청컨대 신의 질병을 불쌍히 여기고 신의 어리석은 마음을 살피시어 신이 처리한 경비를 책으로 만들어 완료하고 관원을 파견해 칙유·관방(關防)[39]·기패(旗牌)를 올리되 상주와 함께 반납하도록 하십시오. 그리고 이부(吏部)에 명령을 내려 즉시 저를 파직시켜 귀향해서 정양하도록 해주신다면 신이 죽기 전까지의 날은 모두 황상께서 다시 살게 해주시는 은혜일 것이며 신과 자손은 대대로 이를 기릴 것입니다. 신이 어떻게 간절히 바라고 감격스러운 마음을 가눌 수 있겠습니까.

-------

39 관방(關防): 관인(官印)의 일종이다. 명대에 인신(印信)은 국초부터의 정제(定制)에 규정된 관원이 사용하였던 반면, 관방은 일반적으로 규정 외에 임시로 임명된 관원이 사용하였다.

13-6

# 살아서 돌아가게 해달라고 세 번째 간청하는 상주

三懇生還疏 | 권13, 19a-20a

**날짜** 만력 22년 2월 5일(1594. 3. 26.)

**발신** 송응창

**수신** 만력제

**내용** 병세가 심해져 조정으로 돌아가 공직을 수행할 수 없으니 귀향을
허락해달라는 세 번째 상주이다.

회계 보고가 완료되었으나 병세가 더욱 심해졌으니 황제께서
살아 돌아가도록 굽어살피어 남은 목숨을 보전해주시기를 간절히
청하는 일.

신은 본디 몸이 약해 오래도록 질병을 앓았는데, 이번에 이역(異
域)에서 분주히 일할 때 물과 흙이 맞지 않아 숙질이 더욱 심해져서
만부득이하게 작년 12월 중에 상주를 갖추어 귀향을 청하였으나 성
유를 내려 만류하셨습니다.[40] 곧이어 총독 고양겸과 교대하여 병든
몸을 이끌고 서쪽으로 돌아가게 되었으니 분골쇄신한다고 스스로

.......

40  신은 …… 만류하셨습니다: 송응창은 만력 21년 12월에 병을 이유로 사직을 청하였다.
  『명신종실록』 만력 21년 12월 24일(계유) 기사.

맹세하고도 그에 부응하기에 부족하였습니다. 그런데 장부를 완성하자마자 전의 병이 더욱 심해질 줄을 예상하였겠습니까. 대개 고생스럽게 분주히 다니다가 화기(火氣)가 요동치는 증상이 다시 생기고 갈라진 피부에 한기(寒氣)가 침투하며 머리와 눈에 현기증이 생겨 반신이 마비되어 움직이는 일이 어렵습니다. 의원을 불러 상태를 보게 하니 신의 혈기가 본래 허하였는데 신경을 소모하는 것이 과도해 더욱 손상을 입어 몸까지 약해져 이와 같이 되었으니 환경이 좋은 곳에서 조용히 거주하면서 마음을 편안히 하고 조리하지 않으면 결코 나을 수 없다고 하였습니다. 신이 매번 스스로 시험해보건대 정신이 더욱 쇠하였으니 의원의 말이 진실로 빈말이 아니며 아침과 저녁의 약물로 치료할 수 있는 바가 아닙니다. 신이 퇴직을 스스로 결정하지 않고 계속 위독해져 비록 죽는다고 해도 무슨 보탬이 있겠습니까.

엎드려 바라건대 황상께서 신이 질병으로 인해 직접 궐 앞으로 갈 수 없다는 것을 불쌍히 여겨 완성된 책과 원래 수령한 칙유를 관원을 파견해 상주와 함께 돌려드리는 일을 허락해주십시오. 그리고 신에 대해 즉시 논의하여 파직시켜 고향으로 돌려보내 정양하게 해주신다면, 신이 죽기 전까지의 날은 모두 황상께서 다시 살게 해주시는 은혜일 것이며 신과 자손은 대대로 이를 기릴 것입니다. 신이 어떻게 간절히 바라고 감격스러운 마음을 가눌 수 있겠습니까.

13-7

# 질병이 심해져 조정으로 돌아갈 수 없기에 살아서 돌아가게 해달라고 네 번째 간청하는 상주

疾篤不能回朝四懇生還疏 | 권13, 20a-20b

**날짜** 만력 22년 3월 6일(1594. 4. 25.)

**발신** 송응창

**수신** 만력제

**내용** 병세가 심해져 조정으로 돌아가 공직을 수행할 수 없으니 귀향을 허락해달라는 네 번째 상주이다. 병뿐만 아니라 자신은 현재 탄핵을 받은 상태이므로 해당 사안이 깨끗이 해결될 때까지 관직을 맡을 수 없다는 말도 덧붙였다.

숙질이 더욱 심해져 조정에 돌아가 직무를 수행할 수 없으므로 황제께서 굽어살피어 살아서 귀향함으로써 남은 생명을 보전해달라고 청하는 일.

신은 조선에서 오래도록 있었는데 물과 땅이 맞지 않아 과거의 병이 갑자기 발병하여 작년 12월 중에 상주를 올려 귀향을 청하였습니다. 그리고 곧 성지를 받들었는데, "송응창이 동쪽을 정벌하는 일에 성실히 노고를 바쳤으니 이미 병이 있지만 조정으로 돌아와 조리하라. 사직을 허락하지 않겠다. 이부에서는 알아라."라고 하였습니다.[41] 신은 노둔하고 용렬하므로 오랫동안 파직되는 것이 마땅하다고 생각하였는데, 성유로 만류하셨기에 감히 어길 수 없었습니다. 곧이어 총독 고양겸과 교대하고 병든 몸을 이끌고 산해관으로 들어선 후 밤낮으로 경비를 명확히 조사하고 보고서를 엄밀히 만들면서 신의 병이 조금 나아지면 조정으로 돌아가 조정에서 우러러 절을 하고 은혜와 돌보심에 직접 감사하기를 바랐습니다.

신이 생각건대 관직에 오른 이래 삼조(三朝)[42]로부터 두터운 은혜를 받았으니 삼가 보답하기에도 부족한데 신이 까닭 없이 어찌 감히 떠난다고 말할 수 있겠습니까. 근래 다시 명령을 받들어 동쪽을 정벌하였고 따뜻한 황상의 명령과 은혜로운 하사(下賜)가 심지어 여러 번 있었으니 신에게 질병이 있더라도 어찌 차마 떠난다고 요청드릴 수 있겠습니까. 다만 신은 평소 병약하고 질병을 앓은 지가 오래되어 형세상 실로 나아지기가 어렵습니다. 또한 지금 동쪽 정벌의 공적과 잘못에 대해 여러 차례 탄핵 상주가 있었기에 이부·병부에 성지를 내려 실상을 논의하여 함께 상주하도록 하였습니다. 신은 처벌을 기다리는 사람인데 어찌 멋대로 조정에 들어가 안면몰수하고 직무에 복귀할 수 있겠습니까. 이러한 때에는 응당 신의 귀향을 허락하시어 동쪽 일이 결정되기를 기다리게 해야 합니다.

만일 공적이 없다면 신은 즉시 몸으로 처벌을 달게 받아 군주를 속이고 나라를 망친 죄를 바로잡겠습니다. 혹시 조그마한 노고가 있

.......

41  그리고 …… 하였습니다: 해당 성지는 『명신종실록』 권268 만력 21년 12월 24일(계유) 기사 참고.

42  삼조(三朝): 송응창이 진사에 합격한 이후의 세 황제, 즉 가정(嘉靖), 융경(隆慶), 만력(萬曆) 황제를 말한다.

다면 신의 직분상 당연한 것이며 원래 남보다 나은 일도 아니니 조금의 녹훈도 마땅하지 않습니다. 더구나 신은 지난번에 군진에 있을 때 매번 남의 힘을 빌려 일을 성사시켰으니 혁혁한 전공도 없고 또 계획을 만드는 능력도 부족합니다. 신은 실로 일찍이 공적이 있은 적이 없는데 또한 어찌 감히 공을 바라고 망령되이 개선을 희망하겠습니까. 가령 신은 보잘것없어 조금도 공을 세우지 못한데다 겸하여 병이 더욱 심해졌으니, 살날이 얼마 남지 않아 매일 귀향을 생각하며 오직 떠날 줄만 알 따름입니다. 이에 신이 간절하고도 간절히 군부(君父) 앞에서 애원하며 말을 멈출 수가 없습니다.

황상께 엎드려 바라건대 신의 성글고 재주 없음을 헤아리고 신의 질병을 불쌍히 여기어 병부[該部]에 칙령을 내리십시오. 그리하여 작성을 마친 장부와 칙유·기패·관방 등의 사무를 관원을 파견해 가지고 가서 상주로 반납하게 하고 신을 방면하여 고향으로 돌아가 조리하도록 허락해주시면, 미천한 신의 남은 목숨은 이를 통해 조금 늘어나고 조정의 법의 기강은 이로 인해 더욱 떨치게 될 것입니다. 신은 간절히 바라면서도 감축하는 마음을 가눌 수 없습니다.

13-8

# 지출 및 남은 마가은을 정리한 장부를 올린다는 상주

奏繳支存馬價冊籍疏 | 권13, 21a-33a

**날짜** 만력 22년 3월 12일(1594. 5. 1.)

**발신** 송응창

**수신** 만력제

**내용** 전쟁 중에 지급 받은 세 차례의 마가은에 대한 지출 내역, 잔액을 상세히 서술한 상주이다. 이외에 부당하게 급료 등을 수령한 이들의 성명도 언급하였다.

**관련자료** 제1차 마가은(馬價銀) 20만 냥의 발급은 「1-7 移本部咨 권1, 8b-9a」에, 제2차 마가은 20만 냥의 발급은 「4-12 咨遼東趙撫院 권4, 12a-12b」에 처음 등장한다.

경략 직무의 인수인계가 완료되어 군중(軍中)의 지출과 현존 마가은을 조사하여 장부를 작성해서 상주하여 올리는 일.

찬획 병부 무고사(武庫司) 서리(署理) 원외랑(員外郎) 주사 유황상이 올린 다음과 같은 정문(呈文)을 받았습니다.

신(송응창)의 위 사안에 관한 차부(箚付)를 받들고는 그대로 준행하여 경비를 관리하는 하간부(河間府) 통판(通判) 왕군영(王

君榮)에게 문서를 보내 지출 보고를 받았습니다. 밀운도(密雲道)·
천진도(天津道)·계주도(薊州道)·영평도(永平道)·영전도(寧前道)·
분순요해도(分巡遼海道) 등 각 도와 중군(中軍) 부장 양원, 경비를
관리하는 하간부 통판 왕군영이 각기 수령한 병부의 제1차 마가
은[43]은 20만 냥이었습니다. 그 가운데 밀운도가 4만 냥, 천진도가
3만 5000냥, 계주도가 3만 냥, 영평도가 3만 냥, 영전도가 3만 냥
을 받았고, 분순요해도가 3만 냥을 받아 분수요해도(分守遼海道)
로 보냈으며, 양원이 5000냥을 받았습니다. 또한 요동순무(遼東
巡撫) 아문에서 수령한 병부의 제2차 마가은은 20만 냥이었습니
다. 이 가운데에서 다시 분수요해도에게 19만 7000냥을, 산해관
주사 장동(張棟)에게 3000냥을 보냈습니다. 또 분수요해도가 병
부에서 삼가 황상의 칙유를 받들어 보낸 제3차 마가은 15만 냥
가운데 10만 냥을 받았고, 나머지 5만 냥 중 해주위(海州衛)가 4
만 8500냥, 산해관 주사 장동이 1500냥을 받았습니다.

이상의 세 차례 마가은에 대하여 지출 내역을 검사한 결과는
이렇습니다.

밀운도는 원래 은 4만 냥을 수령하여 은 3만 5174.7405냥을
지출하였습니다. 지출 내역은 군량[糧餉]에 은 3만 냥, 군화(軍
火)·장비에 은 4902.7405냥, 호상(犒賞)에 은 272냥이었고, 현재
잔액은 은 4825.2595냥입니다.

........

43 제1차 마가은: 원문을 직역하면 "원래 발송한 마가은 20만 냥"이지만, 마가은의 발송이
여러 차례 있었다는 사실이 잘 드러나도록 이 20만 냥을 "제1차 마가은"으로 옮겼다. 마
찬가지 이유로, 이 문서에서 뒤에 언급되는 마가은의 발송은 "제2차", "제3차" 등으로
표기하였다.

천진도는 원래 은 3만 5000냥을 수령하여 은 2만 2489.89814 냥을 이미 지출하였습니다. 지출 내역은 먼저 패주도(覇州道)가 공문을 받들어 불화살을 제조할 때 관원을 선발하여 천진도의 은 3000냥을 수령해서 물건 재료 매입에 은 382.675냥, 칭절(秤 折)[44]에 은 29.7냥이고, 현재 금고에 보관한 은이 2587.625냥입니 다. 천진도는 군량에 2만 냥, 군화·장비에 1999.89814냥, 호상에 490냥을 썼습니다. 천진도 및 패주(覇州)에서 금고에 보관한 현 재 잔액은 은 1만 2510.10186냥입니다.

계주도는 원래 은 3만 냥을 수령하여 은 7494.90414냥을 지 출하였습니다. 지출 내역은 군화·장비에 은 6078.61974냥이 고, 연도(沿途)에서 폐사한 전마(戰馬)를 매입하여 채우는 데 은 779.2냥, 호상에 은 30냥이며, 잡다한 항목에 쓴 은이 607.0844 냥이었습니다. 또한 통판 왕군영이 빌려다 쓴 은 6559.615냥을 상환하여 현재 잔액은 은 1만 5945.48086냥입니다.

영평도는 원래 은 3만 냥을 수령하였는데, 그 가운데 5000냥 을 유격 척금(戚金)에게 지급하여 별도의 자금으로 지출 목록을 작성한 것을 제외하면 실제 수령 금액은 은 2만 5000냥이었습 니다. 거기서 은 5265.466325냥을 지출하였습니다. 지출 내역은 군화·장비에 은 4682.475825냥, 호상에 은 58냥, 약재(藥材)에 은 12냥이고, 잡다한 항목에 쓴 은이 512.9905냥이었습니다. 현 재 잔액은 은 1만 9734.533675냥입니다.

.......

44  칭절(秤折): 지역마다 저울의 실제 무게가 다른 탓에 지출 과정에서 발생하는 비용을 말 한다.

산해관 주사 장동은 원래 은 4500냥을 수령하여 은 2621.77
냥을 지출하였습니다. 현재 잔액은 은 1878.23냥이며 영평도로
보내어 보관하고 있습니다.

영전도는 원래 은 3만 냥을 수령하였는데, 그 가운데 분
수요해도로 은 700냥을 보내고 또한 통판 왕군영에게 은 2만
4226.535냥을 보내 실제 수령 금액은 은 5073.465냥입니다. 거
기서 은 5049.465냥을 지출하였습니다. 지출 내역은 군량에 은
2301.35냥, 군화·장비에 90.9냥이고, 연도에 폐사한 전마를 매
입하여 채우는 데 쓴 은이 1984냥이며, 잡다한 항목에 쓴 은이
673.215냥이었습니다. 현재 잔액은 은 24냥입니다.

분수요해도는 원래 은 34만 6176냥을 수령하였는데, 그 가운
데 지휘(指揮) 노응등(盧應登)이 경력(經歷) 고태성(顧台星)이 원래
보내온 마가은 10만 냥을 받아서 보낼 때 칭절로 은 365.6냥을,
원외랑 축이빈(祝以豳)$^{45}$이 원래 마가은 5만 냥을 보내올 때 칭절
로 24냥을 썼고, 부총병 양원이 수령하여 지출한 은이 1만 5000
냥, 왕군영이 수령하여 지출한 은이 14만 9634.4냥이었으니, 실
제 수령한 금액은 은 18만 1176냥,$^{46}$ 이미 지출한 금액은 은 17

.......

45 축이빈(祝以豳): 1564~1632. 명나라 사람이다. 만력 14년(1586) 진사로 급제하여 관직
이 병부낭중(兵部郎中)에 이르렀다. 만력 20년(1592) 일본이 조선을 침략하자 조선이
일본에 꺾이면 그 영향이 명나라에 미칠 것이라고 강경하게 주장했다.

46 실제 …… 1176냥: 분수요해도(分守遼海道)에서 원래 수령하였다는 34만 6176냥에서
두 차례의 칭절(秤折) 365.6냥과 24냥, 양원(楊元)의 지출 1만 5000냥, 왕군영(王君榮)
의 지출 14만 9634.4냥을 차감한 결과는 18만 1176냥이 아니라 18만 1152냥으로 계산
되어 24냥의 오차가 난다. 그런데 분수요해도의 지출 총액 17만 8834.8344냥과 현재
잔액 2341.1656냥을 합하면 18만 1176냥이 되기 때문에, 18만 1176냥을 오류로 볼 수
는 없다. 사실 오류는 위의 "34만 6176냥"이라는 숫자에 있는 것으로 보인다. 이 문서에

만 8834.8344냥이었습니다. 지출 내역은 군량에 은 4831.2냥, 군화·장비에 은 2291.9015냥, 마필 사료[草料]에 은 881.2924냥, 상공[賞功: 공적에 대한 상]으로 은 8만 3950냥, 호상에 2만 3935.075냥, 출정 관병 연상(宴賞: 상으로 베푼 연회)에 은 4만 539냥, 약재료[藥料]에 은 26.72냥이고, 잡다한 항목에 쓴 은이 1만 7010.1455냥이었으며, 분순동녕도(分巡東寧道)에서 철수하는 병사들을 위한 연상에 쓴 은을 상환한 금액은 은 5369.5냥이었습니다. 현재 잔액은 은 2341.1656냥입니다.

부총병 양원은 원래 2만 5000냥을 수령하여 은 2만 4554.48915냥을 이미 지출하였습니다. 지출 내역은 가정(家丁) 등을 모집할 때 지급하는 안가은(安家銀)[47]에 은 1만 1399냥, 가정들의 군량에 은 6031.62냥, 관원들의 늠량(廩糧)에 은 1778.81315냥, 군화·장비에 은 780.4냥, 마필 사료에 은 2249.971냥, 호상에 1979.66냥, 약재에 은 35.84냥이고, 잡다한 항목에 쓴 은이 299.185냥이었습니다. 선여(羨餘)[48] 은 445.51085냥은 통판 왕군영에게 넘겨 접수하여 지출로 처리하도록 하였습니다.

해주위는 원래 마가은 4만 8500냥을 수령하였는데, 그 가운데 1만 8500냥은 다시 분수요해도로, 3만 냥은 분순요해도로 보내어 현재 잔액은 전무합니다.

........

서 분수요해도가 수령한 여러 항목의 은은 합계 "34만 6200냥"으로 계산되기 때문이다. 즉, 24냥의 오차는 칭절 24냥을 중복 차감한 결과인 것이다.

47 안가은(安家銀): 규정된 급여 이외에 추가로 지급하는 비용으로 액수가 정해져 있지 않았던 것으로 보인다.

48 선여(羨餘): 은을 무게를 달아 지출하는 과정에서 발생한 자투리 등을 말한다.

분순요해도는 원래 해주위에서 보관하던 마가은 4만 8500냥 가운데 3만 냥을 수령하였는데, 모두 철수하는 병사들을 위한 연상에 전액 지출하였습니다.

통판 왕군영은 네 차례에 걸쳐 분수요해도에서 보관하던 은 14만 9634.4냥을 수령하였고, 두 차례에 걸쳐 영전도에서 은 2만 4226.535냥을 수령하였으며, 양원과 척금에게서 인수인계 및 상환을 받은 각 항의 은이 445.51085냥이었고, 계주도로부터 은 6559.615냥을 수령하였습니다. 이를 합계한 실제 수령 금액은 은 18만 866.32535냥이었고,[49] 지출 금액은 17만 6656.15803냥이었습니다.

지출 내역은 제2차 흠상(欽賞)[50]에 은 5만 1319.8냥, 관원 늠량에 은 1만 4182.05333냥, 가정 등을 모집할 때 지급하는 안가은에 은 1382냥, 군량에 은 6만 1742.92냥, 마필 사료에 은 1만 2197.645냥, 군화·장비에 은 788.1365냥, 호상에 은 2만 3570.5402냥, 출정(出征) 연상에 7363.55냥, 철병 연상에 은 2965.9냥, 약재와 선박에 은 544.605냥이고, 잡다한 항목에 쓴

.......

49  실제 …… 이었고: 왕군영이 수령한 네 가지 항목의 금액을 모두 더하면 18만 866.06085 냥으로 계산되어 18만 866.32535냥보다 0.2645냥이 적다. 그러나 왕군영의 지출 총액 17만 6656.15803냥과 현재 잔액 4210.16732냥을 합하면 18만 866.32535냥이 된다. 현재로서는 어느 쪽이 오류인지 판정할 수 없다.

50  제2차 흠상(欽賞): 흠상은 황제가 상으로 지급하는 하사품을 말한다. 원문은 "후차흠상 (後次欽賞)"인데, 이는 출정 장병들에 대한 만력제의 두 번째 흠상을 가리키는 것이기에 "제2차 흠상"으로 옮겼다. 송응창은 만력제가 첫 번째 "흠상"을 위해 보낸 마가은 10만 냥에 대한 회계 보고를 별도의 문서로 올렸는데, 이 문서 바로 다음의 문서(「13-9 奏繳 欽賞冊籍疏, 권13, 33a-36b」)가 그것이다. 참고로 송응창은 앞서 만력제의 제1차 흠상 에 감사하는 상주(「3-45 謝欽賞將士疏 권3, 36b-37b」)를 실은 바 있다.

은이 599.008냥이었습니다. 현재 잔액은 은 4210.16732냥입니다. 그 밖에 각 관원이 도망치거나 사망한 군사·가정의 행량(行糧),[51] 호상, 안가은, 폐사한 마필의 사료 이중 지출, 연상 등의 은 2315.40415냥을 공제하여 반환하였기에, 모두 별도 항목으로 보관하였습니다. 끝으로 선여로 은 57냥이 있습니다.

총계를 내자면, 전후(前後)로 보내와서 수령한 은 65만 냥 가운데 제1차 흠상 10만 냥은 별도의 장부로 보고하는 외에 응당 지출할 은이 55만 냥이었습니다. 거기에서 경력 고태성이 원래 보낼 때 칭절로 쓴 365.6냥과 원외랑 축이빈이 은을 보낼 때 칭절로 쓴 24냥을 제외하면, 실제 수령 금액은 은 54만 9610.4냥이었습니다. 지출한 금액을 통틀어 합하면 은 48만 8140.725685냥이고, 지출하고 남은 현재 잔액은 은 6만 1468.674315냥이며,[52] 선여로 은 57냥이 있습니다. 이미 쓴 것은 명백히 나누어주었고, 현재 잔액은 확실한 실수(實數)이며, 차부에 열거한 양식에 맞추어 각 영(營)의 장사가 받은 수량과 항목을 나누어 나열하고 월(月)과 일(日) 순서로 문서와 장부의 작성을 완료해서 영수증까지 갖추어 정문으로 올립니다.

제가 이를 받고 살피건대, 앞서 왜가 조선을 침범하여 내지가 진동하며 놀랐을 때 신은 바다를 방어하고 왜를 막는 군무(軍務)를

........

51  행량(行糧): 병정이 출정할 때 진영에 지급되는 양식(糧食)이다.
52  지출하고 …… 이며: 지출 총액과 현재 잔액을 합하면 54만 9609.4냥으로 계산되어 실제 수령 금액이라고 쓴 54만 9610.4냥보다 1냥이 적다. 위에서 열거한 실제 지출 금액의 총계를 계산해보면 48만 8141.725685냥으로, 여기에서 지출 총액으로 제시한 48만 8140.725685냥과 딱 1냥 차이가 난다. 따라서 1냥의 오차는 지출 총액을 계산할 때의 오류에서 비롯된 것이라고 할 수 있다.

경략하라는 황명을 받들었고 이어서 다음과 같은 칙서를 받들었습니다.[53]

병부우시랑(兵部右侍郎) 송응창에게 칙서를 내린다. 근래 왜노가 조선을 함락시키고 중국을 침범하려고 꾀하는 일 때문에 이연(李昖: 선조)이 여러 번 주본을 올려 보고한 것과 우리 변경 관리가 아뢴 보고를 받았다. 이 일은 불손하고, 그 죄는 용서하지 못할 것이다. 비록 일찍이 총독·순무·총병·도원(道員)[54]을 단단히 경계시키고 병사를 훈련하고 검열하는 여러 신하를 더 두기는 하였지만, 여전히 오랑캐를 막고[55] 왜를 방비하는 일을 겸하여 처리하기 어렵다. 또한 지역을 구획하여 나누어 지키는 일에 서로가 마음을 같이하는지 알 수 없음을 염려하였다.

지금 특별히 그대에게 명하노니 계주·요동·보정·산동 등지로 가서 연해를 방어하고 왜를 막는 군무를 경략하라. 그대는 마땅히 병부에서 제본을 올려 윤허를 받은 내용에 따라 요해처(要害處)를 지키는 것, 돈대(墩臺)를 쌓는 것, 전선 제조를 감독하는

........

53 다음과 …… 받들었습니다: 이 칙서는 「0-1 勅, 1a-2b」에 실려 있다.
54 도원(道員): 명대 성 단위의 특별 행정업무를 전담하게 하거나 포정사(布政使)·안찰사(按察使)의 업무를 보좌하기 위해 설치한 관원이다. 도대(道臺)라고도 칭하였다. 독량도(督糧道)·병비도(兵備道)·해관도(海關道)·순경도(巡警道)·권업도(勸業道)·분수도(分守道)·분순도(分巡道) 등이 그 일례이다. 이 중 분순도는 안찰사를 보좌하여 소속 주·부·현의 행정과 사법 등의 사안을 감독, 순찰하였다. 분수도는 포정사를 보좌하며 담당지역의 세금 징수, 작황 확인, 인사 고과, 군량 징발 등의 업무를 수행하였으며, 성의 크기에 따라 분수도의 숫자도 달랐다. 분수도·분순도는 관할하는 지역의 이름을 따서 "분수요해도(分守遼海道)"와 같이 불렸다. 『경략복국요편』에서는 전쟁 물자를 준비하는 과정에서 분수도와 분순도가 상당한 역할을 수행하였다.
55 오랑캐를 막고: 원문은 "어왜(禦倭)"이지만, 「0-1 勅, 1a-2b」에 실린 칙서와 대조해보면 "어로(禦虜)"의 잘못임을 알 수 있다.

것, 화포(火砲)를 많이 쌓아두는 것, 사기를 고무하는 것, 왜정을 살펴보는 것 등 싸우고 지키며 위로해주고 토벌하는 일체의 일을 모두 편의대로 처리하라. 병마·경비를 편의대로 조치하고, 사(司)·도(道)[56]·장령에게 편의대로 임무를 맡겨서 파견하라. 총독과 더불어 계획하고 의논해야 할 일은 충분히 상의하여 행하되 선입견을 고집하지 말고 나랏일에 이롭기를 기약하라. 총병·순무 이하는 모두 너의 지휘를 받는다. 문직(文職)으로 지부(知府) 이하, 무직(武職)으로 참장 이하로 게으름을 피우거나 두려워하여 피하는 자가 있을 경우, 잡아서 심문해야 할 자는 곧바로 직접 잡아서 심문하고 탄핵하여 다스려야 할 자는 무겁게 탄핵하여 다스려라. 반드시 장수는 용감하고 병사는 강력하여 싸울 때는 승리하고 수비할 때는 견고히 하도록 하라. 왜노가 감히 서쪽으로 침범해오면 대군으로 먼저 그 칼끝을 꺾도록 하라. 만약 우리의 위세를 두려워하여 도망쳐 돌아가면 또한 마땅히 군대를 엄히 단속하고 신중히 지켜서 한 명의 왜도 들어오지 못하도록 하는 것을 공으로 삼아야 한다. 종전의 방어 관련 사안 중 처치가 타당하지 못한 것이 있으면 모두 네가 방략(方略)을 계획하여 선후책을 강구하는 것을 허락한다. 칙서 안에 다 쓰지 못한 사안도 모두 편의대로 처리하는 것을 허락한다. 응당 주청해야 할 것은 주청해서 결정을 받아라. 일이 안정되는 날 주본을 갖추어 병부로 돌아와서 각 진(鎭)의 문무 관리와 군량을 담당하는 관원을 나누어 탄핵하라.

........

56  사(司)·도(道): 포정사·안찰사·도지휘사사(都指揮使司)와 도원을 총칭하는 말이다.

그대는 중신(重臣)으로서 이렇게 특별한 간택을 받았으니, 마땅히 충성과 사려를 다해서 무위를 밝게 펴서 꿈틀거리는 벌레같이 보잘것없는 추악한 무리가 중국의 처벌을 받도록 하고, 자그마한 조선이 상국(上國)의 비호를 받도록 하라. 큰 공을 능히 세워서 승전보를 일찍 듣는 것이 짐이 위임한 뜻에 부합한다. 그대는 이를 삼가 받들어라. 그러므로 칙서를 내린다.

당시 병부로부터 성지에 따라 부신(部臣: 송응창)에게 전적으로 책임을 맡겨 왜로 인한 환란을 경략하는 일로 보낸 자문을 받았는데, 그 내용은 제가 위의 일로 제본을 올린 것에 대하여 병부에서 검토한 후 의논한 대로 하라는 황명을 받들어 마가은 20만 냥을 발송해서 각 병비도(兵備道)[57]로 나누어 보내 보관하다가 지출에 대비하라는 것이었습니다.[58] 또한 병부에서 왜정의 변덕스러운 속임이 날로 더하고 형세가 더욱 걷잡을 수 없어 매우 우려할 만하니 간절히 바라건대 황상께서 속히 의논해 처리하도록 해주시어 광포한 계책을 징벌하고 치안을 도모하는 일로 제본을 올려, 곧이어 황명을 받들어 두 번째로 마가은 20만 냥을 발송하였습니다. 병부에서 일을 보는 진사(進士) 장삼극(張三極)에게 10만 냥을 운송하고 경력 고태성이 10만 냥을 운송해서 모두 요동순무 아문에 넘겨 인수하여 전적으로 모병 등의 항목에 지출하는 데 대비하도록 하였습니다.[59]

.......

57 병비도(兵備道): 명대에는 각 성(省)의 요충지에 병비(兵備)를 전담하는 도원을 두고 이를 병비도라 하였다. 주로 군사를 감독하는 임무를 맡았으며, 작전행동에 직접 참여하기도 하였다. 일반적으로 안찰부사 혹은 안찰첨사(按察僉事)가 맡았다.
58 그 내용은 …… 것이었습니다: 제1차 마가은 20만 냥의 발송 근거를 밝힌 것이다.
59 또한 … 하였습니다: 제2차 마가은 20만 냥의 발송 근거를 밝힌 것이다.

이어서 병부가 삼가 칙유를 받든 일로 보낸 자문을 받았는데, 사례감(司禮監) 태감(太監) 장성(張誠) 등이 회극문(會極門)에서 동쪽을 정벌하는 장사(將士)에게 내리는 다음과 같은 칙유를 받들었다는 내용이었습니다.[60]

이번에 왜노가 창궐하여 조선을 쳐서 함락시켰다. 짐(朕)이 멀게는 동쪽 사람들이 임금을 기다리는 마음을 생각하고 가까이는 내지에서 이웃을 떨게 한 근심을 끊어내기 위해 하늘의 토벌을 펼치고 부월(斧鉞)을 하사하여 정벌에 나서게 하였다. 너희 장사들이 마음과 힘을 모아 어려움과 험난함을 피하지 않은 덕분에 먼저 평양을 수복하고 이어 개성에서 승리를 거두었다. 짐은 너희가 세운 공적에 매우 기뻐하며 하루빨리 깨끗이 소탕하기를 바라며 크게 승진과 포상을 내렸다.

지금 들으니, 날씨가 점점 더워지고 장마가 멈추지 않는데 적의 무리는 여전히 많고 성을 굳게 지키고 있다고 한다. 너희가 지원 없이 적진 깊숙이 들어가 완전한 승리를 급하게 거두기가 힘들어졌다는 점과, 배고픔과 추위에 노출되고 질병으로 죽거나 다치는 것을 면치 못하고 있음을 매우 안타깝게 생각하고 있다. 짐은 이 때문에 마음이 아프고 눈물이 흘러 누워도 편안히 잘 수가 없어서, 이미 담당 관청에 지시하여 은 15만 냥을 보내 군전(軍前)으로 가지고 가게 해서 마땅하게 포상하고 두텁게 은혜를

........

60 이 칙유는 앞서 「9-2 謝犒賞將士疏 권9, 2a-3a」에 실려 있다. 제3차 마가은 15만 냥의 발송 근거를 밝힌 것이다. 제3차 마가은에는 제2차 흠상으로 쓴 은 5만 1319.8냥이 포함되어 있었다.

베풀게 하였다.

또한 한편으로 산동 등의 지역에 문서를 보내 상인을 끌어모아 식량을 사들여 막 배로 실어가게 하고 다른 한편으로는 절강(浙江) 등의 지역에 문서를 보내 병사를 징발하고 장수를 뽑아 길을 나누어 나아가게 함으로써, 너희의 재력을 여유롭게 하여 안심하고 전투와 수비에 나설 수 있게 보장하고 하루빨리 악인들을 물리치고 변경 지역을 오래도록 평안하게 만들고자 하였다. 너희도 짐이 계속 멀리서 걱정하고 있음을 헤아려 보답하기 위해 힘써서 죽백(竹帛)에 공명을 남기고[61] 자손에게 음복을 남기도록 하라. 이에 칙유를 내린다.

뒤이어 병부에서 마가은 15만 냥을 발송하였는데, 무선사(武選司) 원외랑 축이빈을 선발하여 5만 냥을 운송해 가서 해주위에 넘겨 보관하고, 거가사(車駕司) 주사 가유약(賈維鑰)[62]을 선발하여 10만 냥을 운송해 가서 분수요해도에서 보관하다가 모두 신이 마땅한 바에 따라 상공·우휼 등에 쓰는 데 대비하도록 하였습니다. 여러 차례에 걸쳐 찬획과 각 도가 논의한 바를 보고받았는데, 속국을 구원하려면 반드시 병마와 장비에 의지해야 하니 병마를 모집하고 장비를 매입

.......

61 죽백(竹帛)에 …… 남기고: 역사에 남길 만한 공로를 의미한다. 대나무[竹]와 비단[帛]은 종이가 보급되지 않았던 시기에 기록을 남기는 재료로 사용되었기 때문에 서책 나아가 역사책을 뜻하기도 하였다.

62 가유약(賈維鑰): ?~1630. 명나라 사람이다. 이름이 『상촌고』에는 "賈維鑰", 『선조실록』에는 "賈惟約" 또는 "賈維鑰"으로 기록되어 있다. 만력 21년(1593)에 흠차사험군공(欽差查驗軍功) 병부무선청리사주사(兵部武選淸吏司主事)로 조선에 와서 군공을 조사하고 돌아갔다. 만력 27년(1599) 병부직방사낭중(兵部職方司郞中)으로 다시 조선에 파견되었고, 부산평왜비명(釜山平倭碑銘)을 작성한 일도 있다.

하고 제조하는 일은 형세상 늦추어서는 안 된다는 것이었습니다.

이에 신은 즉시 부장 양원에게 비문(批文)을 보내 가정 800여 명을 모집하게 하였는데, 1명마다 각 안가은으로 은 6냥씩, 군량으로 1일 은 6분(分)씩 지급하기로 의논하였습니다. 또한 각 도에 공문을 보내 군화·장비를 매입하고 제조하여 진공(進攻)에 대비하도록 하였습니다. 원정에 종군한 관원·가정에게는 각기 매일의 식비·임금으로 서로 다른 금액을 지급할 것을 허락하되, 모두 군영에 출근한 날로부터 지급 금액을 계산하도록 하였습니다. 관원에게 위임하여 수령해온 태복시(太僕寺)의 말 2327필은 1필마다 매일 사료값으로 은 3분씩 지급하였습니다.

신이 만력 21년 2월 24일 압록강을 건너 조선에 들어간 이후로 조사해보니, 세 군영의 군사에게는 각각 급여 담당 기관에서 염채은 (鹽菜銀)을 은 3분씩 지급하여 원정의 노고를 보살피고 있음을 알았으나, 신의 직할부대에 딸린 인원[員役]들은 출정하여 싸우는 노고가 없었기 때문에 염채은을 지급하는 것을 허락하지 않았습니다.

이어서 통판 왕군영의 다음과 같은 보고를 받았습니다. "원정에 따라온 태복시의 마필은 조선에 비록 본색(本色: 현물)의 사료가 있다 해도 모든 종류가 부족하여 충분히 쓸 수 없기에 마필의 폐사가 날로 늘고 있습니다. 또한 본부 및 찬획 직할의 각 인원은 시도 때도 없이 계주·요동 등지로 출장을 가서 공무를 처리하는데, 타고 다니는 태복시 마필에 대해서는 초료건은(草料乾銀: 사료값)을 지급하지 않아 마필을 먹일 방도가 없습니다." 그래서 신은 비문을 찬획 유황상에게 보내 살펴 의논해서 지급을 허락하도록 하였습니다.

신이 다시 공문을 보내어 "이미 조선의 사료를 지급하고서 또 다시 마필의 건은을 지급하였다면 응당 전자를 환수해야 할 것 같다."
라고 하였으나, 찬획이 정문을 올려 "세 군영의 군사에게는 모두 향
사의 염채은은 지급하지만 건은은 지급하지 않습니다. 태복시의 마
필에게는 다만 요초 건은을 지급할 뿐 염채은은 지급하지 않으니,
염채은과 건은은 사실 서로가 족히 상쇄하는 셈입니다."라고 하였
습니다. 신은 이 때문에 직할의 서리(書吏) 등과 서리 중군관(中軍官)
왕승은(王承恩), 기고관(旗鼓官) 장구경(張九經)[63] 휘하의 가정들에 대
해서는 공무 출장이 전혀 없다는 이유로 모두 건은의 지급을 허락
하지 않았습니다. 왜적을 정벌하기 위한 경비를 관리하는 통판 왕군
영 및 상공 담당의 경력 진훈(陳勳) 휘하의 가정들은 간혹 공무 출장
을 하였기에 건은의 10분의 3을 헤아려 지급하였습니다.

　그 뒤로 이제 일이 끝나기에 이르러 다시 찬획과 각 도에 공문을
보내어 상기 마가은의 지출을 마감하도록 하였고, 통판 왕군영과 함
께 하나씩 하나씩 내역을 검사해서, 지출의 처리·계산에 부적절한
출납은 없었는지 명백하게 항목을 열거하고, 앞뒤로 숫자가 맞는지
따져 월·일의 순서에 따라 지출 대상 관원·가정 및 지출 은량의 대
략적인 수치를 문서와 장부로 만들어 황상께 상주할 때 쓸 수 있도
록 하였습니다.

　그 뒤로 이번에 유황상으로부터 위의 정문을 받아 살피건대, 상
기 마가은은 안가(安家), 행량, 사료, 호군(犒軍),[64] 상공, 무기 구입,

-------

63　장구경(張九經): ?~?. 명나라 사람으로 하남 수양위(睢陽衛) 출신이다. 호는 봉죽(鳳竹)
　　이다. 중군기고관(中軍旗鼓官)으로 송응창을 따라 조선에 왔다. 이후 만력 25년(1597)
　　에 형개(邢玠)의 기고관으로 다시 왔다.
64　호군(犒軍): 군사들을 격려하기 위해 지급하는 물품이나 돈을 말한다.

우휼, 약재 등의 사유로 총계 마가은 65만 냥을 수령한 것이었습니다. 흠상 10만 냥은 별도의 장부로 보고하는 외에,[65] 응당 지출할 은 55만 냥은 경력 고태성이 은을 보낼 때의 칭절 365.6냥과 원외랑 축이빈이 은을 보낼 때의 칭절 24냥을 제외하고 실제로 은 54만 9610.4냥을 수령하였습니다. 통틀어 은 48만 8944.095685냥을 썼고, 지출하고 남은 현재 잔액은 은 6만 1468.674315냥이며, 또한 선여로 은 57냥이 있습니다.[66]

살피건대, 원래 산동해방도(山東海防道)에 보내 군량 매입에 지출한 은 5만 냥은 매입한 군량을 잇달아 운송한 외에 현재 미두(米豆) 10만 9697.66석 남짓이 남아 있습니다. 또한 영전도에서 군량 수매에 지출한 은 2301.35냥은, 원래 비슷한 시기에 병마가 바야흐로 한꺼번에 몰려드는데 요해(遼海) 일대의 인민이 미두를 모두 산해관 서쪽 지역까지 가서 운송해와서 판매해도 여전히 군사는 많고 군량은 비싸 공급에 진척이 없을까 우려하여 신이 특별히 영전도에 은을 보내어 시가에 따라 미두를 수매해서 공급 부족에 대비하도록 한 것이었습니다. 현재 영전도에 보관하면서 향사에서 필요에 따라

.......

65  흠상 …… 외에: 제1차 흠상을 위해 보낸 마가은 10만 냥에 대한 별도의 회계 보고인 이다음의 문서(「13-9 奏繳欽賞冊籍疏, 권13, 33a-36b」)를 말한다.

66  통틀어 …… 있습니다: 위에 인용된 유황상 정문의 실제 수령 금액과 송응창이 여기에 제시한 실제 수령 금액은 모두 54만 9610.4냥으로 서로 일치한다. 그러나 유황상 정문의 지출 총액은 48만 8140.725685냥, 송응창이 제시한 지출 총액은 48만 8944.095685냥으로, 후자가 전자보다 803.37냥 많다. 이와 대조적으로 송응창이 여기에 제시한 현재 잔액 6만 1468.674315냥은 위에 인용된 유황상 정문의 현재 잔액과 일치한다. 유황상 정문의 지출 총액과 현재 잔액을 합한 값은 앞서 지적하였듯이 54만 9609.4냥으로, 1냥의 오차가 있다. 하지만 송응창이 제시한 지출 총액과 현재 잔액을 합한 값은 55만 412.77 냥으로, 802.37냥의 차이가 있다.

지출하였다가 그 값대로 상환하여 채우도록 하였습니다.

또한 각 도에 공문을 보내 염초(焰硝)[67]·유황을 수매하여 명화전(明火箭)·독화전(毒火箭), 비호(飛虎)·벽력(霹靂)·자모(子母) 등의 포, 대소(大小) 납탄·철탄·마름쇠[鐵蒺藜][68] 등의 군화·장비를 제조하는 데 합계 은 2만 1615.06465냥을 썼는데, 모두 이미 제조를 완료하여 요동도사(遼東都司) 장삼외(張三畏)에게 발송해서 전장의 군영에서 쓸 수 있도록 보내게 하였습니다. 조사해보니 화약과 불화살은 이미 헤아려 사용하였고 그 쓰고 남은 것은 모두 그대로 요동도사에 다시 옮겨 보관하고 있습니다. 마가은은 비록 이미 비용으로 지출하였다 하더라도 그 은으로 장만한 원래 물건들이 모두 현재 남아 있어서 앞으로 왜를 막고 오랑캐를 막는 데 골고루 가져다 쓸 수 있습니다.

패주도는 원래 천진도에서 받아 보관하던 마가은 3000냥을 수령하였는데, 현재 잔액 2587.625냥 외에 그 나머지 은으로 매입한 염초·화살 등의 물건은 모두 현재 패주도에서 보관하고 있습니다. 만약 지방에 일이 생기면 편의에 따라 가져다 쓰고 그 원가를 상환하도록 하였습니다.

부장 양원 및 각 장수 휘하 가정들의 행량·월량(月糧), 그리고 태복시 마필의 사료 건은은 합계 6만 300여 냥으로 모두 해당 향사에서 발급해야 하는데, 이번 전쟁에서는 모두 마가은에서 지출하였습니다. 또한 직할하는 계주진(薊州鎭)의 가정 500명이 탔거나 짐을 실었던 말 480필은 원래 의논하기를 그 사료는 급여 담당기관에서 지

.......

67  염초(焰硝): 특수한 흙에서 구워내던 화약의 원료를 말한다. 초석(硝石)의 다른 말이다.
68  마름쇠[鐵蒺藜]: 철질려라고도 한다. 끝이 송곳처럼 뾰족한 서너 개의 발을 가진 쇠못을 말한다.

급하되 호부(戶部)가 10분의 7, 병부가 10분의 3을 책임진다는 규정을 따르기로 하였습니다. 이번에 경비를 관리하는 업무를 맡은 주사 애유신(艾維新)[69]은 다만 각기 헤아려 지급하였는데, 위의 마필에 대해서는 그대로 마가은 안에서 1필마다 1일 은 1분(分)씩 지급하여 합계 대략 은 600여 냥을 지출하였습니다. 또한 참장 주역(周易)[70] 휘하 및 복주영(復州營)의 초정(哨丁: 보초병)에게 염채은으로 은 41.8냥을 지급하였는데, 이상의 지출 항목들을 모두 응당 호부에서 상환하여 채워주어야 할 듯합니다.

그리고 선부(宣府)·대동(大同)·산서(山西) 각 진에서 이동해온 관원·병사의 연도에서 폐사한 전마에 대해서는 이미 소재 군영·군위에서 조사하고 확인하여 대체할 마필을 지급하였습니다. 그리고 해당 도에서 마가은을 지출하여 말 값을 상환하여 채워줄 것을 신청하였기에 비문으로 허락하였는데, 그 금액이 합계 은 2763.2냥이었습니다. 다만 지급한 마필에 쓴 은량은 해당 군진(軍陣)의 연례(年例) 경비에서 공제해야 마땅합니다.[71]

이 마가은의 현재 잔액은 비록 6만 2609냥 남짓에 그치지만,[72]

........

69  애유신(艾維新): 1563~?. 명나라 사람으로 하남 개봉부(開封府) 난양현(蘭陽縣) 출신이다. 호는 시우(時宇)이다. 만력 21년(1593) 정월부터 임진왜란에 참전한 군대의 군량과 봉급을 관리하였다.

70  주역(周易) ?~?. 명나라 사람이다. 만력 20년(1592) 조선에 들어와서 제4차 평양성 전투에 참가하였다.

71  다만 …… 마땅합니다: 원문을 직역하면 해당 군진의 연례 경비에서 "공제해야 할지 말지"로 문장이 미완성 상태이다. 송응창의 실수로 보이지만, 아래의 서술 내용에 부합하도록 "공제해야 마땅합니다"로 번역하였다.

72  이 마가은의 …… 그치지만: 위에서 송응창은 마가은의 현재 잔액을 6만 1468.674315냥이라고 썼다. 여기서 제시한 현재 잔액 6만 2609냥 남짓은 그보다 약 1141냥이 많다. 이 1141냥의 차액이 어디에서 비롯되었는지는 미지수이다.

상기 현재 보관 중인 군량과 사료·장비 등과 부장 양원과 각 장수 휘하 가정의 행량·월량, 태복시 마필의 사료 건은 등을 합산한 약 13만 4800여 냥은[73] 응당 향사에 공문을 보내어 상환하게 해야 합니다. 아울러 현재 잔액은 6만 2609냥, 그리고 전마를 매입하여 채우는 데 지출하여 응당 각 군진의 연례 경비로 충당할 은 2760여 냥은 각각 현재 있는 수이니 모두 실재 은으로 잡을 수 있습니다. 이러한 까닭에 현재 남은 마가은은 아직 20여만 냥이 있는 셈이고, 여기에 적의 수급에 대해 포상으로 지급한 은 8만 3950냥과 제2차 흠상으로 지급한 은 5만 1319.8냥을 합하면 대략 은 33만 5000여 냥이니, 신이 군전에서 쓴 금액은 실제로 21만 5000냥에 그칩니다.

이제 이미 지출한 것은 조사하건대 모두 명백히 사실이고, 현재 남은 것으로 각 도의 관고(官庫)에 보관하고 있는 것과 일체의 군량·군화·장비는 모두 장부를 작성하여 총독 고양겸에게 넘겨 관리하도록 하였습니다.

엎드려 생각건대, 병부에서 원래 발송한 마가은은 오직 군전의 지출에 공급하기 위한 것이었지만, 절약하면서 출납하는 일은 신이 직무로 맡은 것이었습니다. 그러므로 군수물자 조달에 응당 써야 할 것에 대해서는 신은 진실로 감히 삭감하여 조정이 군사들을 고무하는 뜻을 잃을 수 없었습니다. 법률상 지출할 수 없는 것에 대해서도 신은 더더욱 감히 낭비하여 변방을 지키는 신하가 임금을 기망하던 폐단을 반복할 수 없었습니다.

……

73 약 …… 4800여 냥: 이 13만 4800여 냥은 위의 산동해방도(山東海防道)에서 은 5만 냥을 써서 매입한 군량부터 참장 주역 휘하 및 복주영의 초정에게 지급한 염채은 41.8냥까지를 합한 금액으로 보인다.

신이 이번에 하나씩 하나씩 철저하게 조사해보니, 간혹 가정의 안가은이나 향은(餉銀: 급료)을 허위로 수령한 자들이 있었습니다. 그 가운데 양원, 정문빈(鄭文彬),[74] 조여매(趙汝梅)[75]와 같은 자들은 이미 조사하고 탄핵하여 확인하는 중입니다. 왕종요(王宗堯)와 조지목(趙之牧)은 이전에 충군(充軍)[76]의 죄를 받은 범인이고 진방철(陳邦哲)[77]은 공을 세워 죄를 갚으라는 처벌을 받은 자인데 이번에 모두 원래 관직의 명색으로 군량을 받았음에도 또 허위로 향은을 수령하는 죄를 범하였으니, 이들은 마땅히 모두 철저히 수사해야 합니다. 만약 각 항의 군량 관련 여러 장부에서 그들이 저지른 일이 중요 업무를 위반한 것이라면 더더욱 명확하게 처리해야 합니다.

엎드려 바라건대 해당 부(部)에 명령을 내려 조정 신료 중 업무에 정밀하고 공정한 관원 1명을 골라 지금 은을 수령하고 지출하는 업무를 맡은 관리들이 모두 각기 현존하여 아직 해산하지 않은 때를 활용하여 신이 출납한 경비를 장부들과 대조하면서 하나씩 하나씩 명백하게 조사하고, 아울러 왕종요 등을 모두 철저히 수사하도록 해주십시오.

.......

74 정문빈(鄭文彬): ?~?. 명나라 사람이다. 원임(原任) 하간부동지(河間府同知)로 군량을 관리하였는데, 만력 20년(1592)에 조선에 왔다가 만력 21년(1593)에 돌아갔다. 만력 25년(1597)에 다시 조선에 왔다.

75 조여매(趙汝梅): ?~?. 명나라 사람으로 요동(遼東) 철령위(鐵嶺衛) 출신이다. 호는 초암(肖菴)이다. 산서(山西) 노안부(潞安府) 호관현(壺關縣)의 지현(知縣)으로 만력 20년(1592) 12월에 나와서 군량을 관리하였다. 일본군이 물러가자 이여송을 따라 서울에 들어왔다가 얼마 뒤에 송응창의 탄핵을 받고 만력 21년(1593) 9월에 명나라로 돌아갔다.

76 충군(充軍): 죄를 지은 자를 군역에 복무하도록 한 형벌을 가리킨다.

77 진방철(陳邦哲): ?~?. 명나라 사람이다. 만력 20년(1592) 흠차통령산서영 원임참장(欽差統領山西營原任參將)으로 군사 1000명을 이끌고 조선에 왔다가 만력 21년(1593) 명나라로 돌아갔다.

보고를 받은 위 항목의 지출과 현존 마가은에 대해서는 이미 찬획이 관원을 위임하여 조사하였기에 보고를 작성해서 올려야 마땅하겠습니다. 이에 이번에 작성을 마친 마가은의 지출과 현존하는 각 수량과 항목에 대한 보고를 마땅히 제본으로 올려야 하므로, 지휘 종대성(鍾大成)을 이 일만으로 선발하여 직접 가져가서 올리도록 하면서 삼가 갖추어 아룁니다.

13-9

# 흠상 장부를 상주로 올린다는 상주

奏繳欽賞冊籍疏 | 권13, 33a-36b

---

**날짜** 만력 22년 3월 11일(1594. 4. 30.)

**발신** 송응창

**수신** 만력제

**내용** 포상으로 지급한 은의 수량과 항목을 정리해서 책자로 올린다는 상주이다.

---

경략의 일을 마치며 나누어 지급한 흠상의 수량과 항목을 조사하여 장부를 작성해서 상주하여 올리는 일.

찬획 병부 무고사 서리 원외랑 주사 유황상이 올린 다음과 같은 정문을 받았습니다.

신(송응창)의 위 사안에 관한 차부를 받들고는 그대로 준행하여 경비를 관리하는 하간부 통판 왕군영에게 문서를 보내어 지출 보고를 받았습니다. 왕군영 본인은 주사 황걸(黃杰)[78]이 운송해온, 병부가 삼가 칙유를 받들어 보낸 흠상은 6만 냥을 수령하

....

78 황걸(黃杰): ?~?. 명나라 사람으로 하남(河南) 식현(息縣) 출신이다. 병부주사(兵部主事)를 지냈다.

였으며, 경력 왕국언(王國彦)이 운송해온 흠상은 계주도에서 2만 냥을 수령하고 천진도에서 2만 냥을 수령하여 합계가 은 10만 냥이었습니다. 그 지출 내역을 검사한 결과는 이렇습니다.

왕군영은 6만 냥 외에 선여로 은 394냥을 수령하여[79] 송금을 맡은 관원 왕이(王邇)에게 넘겨 찬획 원외랑 유황상에게 발송하였는데, 칭절에 은 25.5냥을 쓰고 여러 차례에 걸쳐 5만 4397.4냥을 흠상으로 나누어주었습니다. 거기에 찬획 원외랑 유황상이 흠상을 나누어주면서 칭절로 은 19.7냥을 썼기 때문에 현재 잔액은 은 5602.6냥입니다.[80] 이 가운데 이미 후임에게 인계한 4000냥을 제외하면 실재가 은 1602.6냥, 선여가 은 348.8냥입니다.

계주도에서 수령한 2만 냥은 공문을 받들어 은 9047.9냥을 나누어주었고 현재 잔액은 은 1만 952.1냥입니다.

천진도에서 수령한 2만 냥은 공문을 받들어 은 2만 냥을 나누어주었기에 현재 잔액은 전무합니다.

통틀어 합계 은 8만 3445.3냥을 나누어주어 현재 잔액은 1만 6554.7냥이며, 이미 후임에게 4000냥을 인계하여 실재는 은 1만 2554.7냥입니다.

각 관원이 공제하여 반환한 사고 군사·가정 몫의 흠상은 407냥은 별도 항목으로 보관하였고, 선여는 은 348.8냥이 남았습니다.

........

79 선여로 …… 수령하여: 왕군영이 6만 냥 외에 따로 받은 선여 394냥은 송금 및 흠상 지급 과정에서 발생하는 손실에 대비하기 위한 것이었다.

80 현재 …… 입니다: 현재 잔액 5602.6냥은 왕군영이 수령한 흠상은 6만 냥에서 5만 4397.4냥을 차감한 값이다. 송금과 지급 과정에서 발생한 비용 25.5냥과 19.7냥은 선여 394냥에서 차감하였는데, 아래에 제시된 선여의 잔액 348.8냥은 그 차감의 결과이다.

이미 쓴 것은 명백히 나누어주었고, 현재 잔액은 확실한 실수이며, 차부에 열거한 양식에 맞추어 각 영의 장사가 받은 은량의 수량과 항목을 나누어 나열하였습니다. 각 장사의 이름은 이미 마가은 장부의 연상 항목 안에 갖추어 열거하여 문서와 장부 작성을 완료하고 영수증까지 갖추어 정문으로 올립니다.

이를 받고 살피건대, 앞서 병부에서 성지를 삼가 받든 일로 보낸 자문을 받았는데, 그 내용은 사례감 태감 장성 등이 회극문에서 다음과 같은 성유를 받들어 전하였다는 것이었습니다.[81]

짐이 보건대 겨울에 접어든 이래로 날씨가 매우 얼어붙을 듯이 춥다. 왜를 방어하는 각 변경에 원래 소속되어 있었거나 이번에 모집된 관리와 군정(軍丁) 등은 옷이 얇고 군량이 적은데다 또한 물가에 인접하고 있으니, 그들이 춥고 굶주림을 근심할 것을 생각하면 짐은 심히 우려스럽다. 태복시로 하여금 마가은 10만 냥을 지출하도록 하니, 너희 병부는 청렴하고 능력 있는 주사 1명을 뽑아서 경략 송응창에게 운송하여 그로 하여금 관리와 군정들에게 나누어주도록 하라. 실질적인 혜택을 고루 입을 수 있도록 하기에 힘써서 짐이 노고를 불쌍히 여기는 지극한 뜻을 체득하도록 하라.

이에 병부에서는 곧이어 직방사(職方司) 주사 황걸을 선발하여 태복시에 차부를 보내 마가은 10만 냥을 쓰게 하였습니다. 그 가운

........

81  그 내용은 …… 것이었습니다: 이 성유는 앞서 「3-45 謝欽賞將士疏 권3, 36b-37b」에 실린 것으로, 출정 장사에 대한 흠상으로 마가은 10만 냥을 보낸다는 만력제의 말이다.

데 6만 냥은 요동으로, 2만 냥은 계주도로, 2만 냥은 천진도로 보내 보관하면서 신이 장(將)·리(吏) 등을 호상·우휼하는 데 쓰도록 하였습니다. 이어서 신은 찬획 원외랑 유황상과 제독 이여송에게 공문을 보내 흠상·우휼 등에 관한 규칙을 조사하고 의논하여 각기 군영마다 그에 따라 지급하도록 하였습니다.

단 전사한 관원과 군사·가정은 특별히 우대하여 지휘는 1원마다 10냥, 천총(千總)은 1원마다 8냥, 파총(把總)은 1원마다 6냥, 백총(百總)은 1원마다 5냥, 무거(武擧)[82]는 1명마다 4냥, 군사·가정은 1명마다 3냥을 지급하였습니다. 각기 성명과 은의 수량을 자문에 나열해서 각 순무 아문으로 보내 그에 따라 각기 전사자의 친족에게 나누어주어 수령하도록 하였습니다.

계주도와 천진도 소속의 바다를 방어한 군사들에게도 역시 헤아려 지급하였습니다. 아울러 찬획에게 공문을 보내 통판 왕군영에게 위임하여 위의 흠상 은량을 하나씩 하나씩 내역을 검사해서 지출의 처리와 계산에 부적절한 출납은 없었는지 명백하게 항목을 열거하고 앞뒤로 숫자가 맞는지 따져서 지출 대상 관원과 가정 및 지출 은량의 대략적인 수량과 항목을 문서와 장부로 만들어 황상께 상주할 때 쓸 수 있도록 하였습니다.

그 뒤로 이번에 위의 정문을 받고서 살피건대, 위 항목의 흠상 은량은 황상께서 호탕하게 베푸신 큰 은혜로 반드시 사졸들이 골고루 누려야 비로소 실질적인 혜택이 됩니다. 이번에 이미 각 군진에서 징발하고 이동하거나 모집한 남북(南北), 수륙(水陸), 주객(主客)

-------

82 무거(武擧): 무과의 각 성 향시(鄕試) 급제자를 말한다.

의 장리(將吏)와 군병 등에 대하여 먼저 도착한 자에게는 이름에 맞추어 먼저 상을 주었고 나중에 도착한 자에게는 선례에 비추어 남겨 지급하였습니다. 전사한 자는 조사하여 우대하였습니다. 계주도와 천진도의 바다를 지킨 군사들은 군영에 머무르고 철수한 기간의 길고 짧음이 서로 다른데, 역시 모두 조사하여 헤아려 지급함으로써 성스러운 은혜를 흠뻑 입도록 하였습니다.

총계하건대, 신의 군전에 보낸 흠상은 6만 냥과 가외로 보낸 선여은 394냥 중에서 은 5만 4397.4냥을 나누어주었습니다. 통판 왕군영이 송금을 맡은 관원 왕이에게 넘겨 찬획 원외랑 유황상에게 다시 보낼 때 칭절로 쓴 은 25.5냥, 찬획 원외랑 유황상이 흠상을 나누어주면서 칭절로 쓴 은 19.7냥을 제외한 현재 잔액은 은 5602.6냥이며, 이미 후임에게 인계한 4000냥을 제외한 실재는 은 1602.6냥입니다.

계주도에서 수령한 흠상은 2만 냥 중에서 은 9047.9냥을 나누어주었고, 현재 잔액은 은 1만 952.1냥입니다.

천진도에서 수령한 2만 냥 중에서 은 2만 냥을 나누어주었기에 현재 잔액은 전무합니다.

통틀어 합계 은 8만 3445.3냥을 나누어주어서 현재 잔액은 1만 6554.7냥이고, 앞서 후임에게 인계한 4000냥을 제외하면 실재는 은 1만 2554.7냥, 선여는 은 348.8냥입니다. 이미 나누어준 것은 모두 명백히 사실이며, 현재 남은 것은 모두 이미 총독 고양겸에게 넘겨 접수하고 보관하도록 하였습니다.

엎드려 생각건대, 황상께서는 장사들의 추위와 고통을 불쌍히 여기시어 특별히 내탕은(內帑銀)[83]을 발송하여 상으로 구휼해주셨습

니다. 그러나 골고루 나누어주어 사람마다 실질적인 혜택을 누리도
록 하는 일은 신이 직무로 맡은 것이었습니다. 그러므로 출정하거나
바다를 지키거나 전사한 이들에 대해서는 신은 진실로 감히 삭감하
여 조정에서 상으로 구휼하여 고무하는 뜻을 잃을 수 없었습니다.
법률상 줄 수 없는 자들에 대해서는 더더욱 감히 낭비하여 변방을
지키는 신하가 은혜를 팔며 임금을 기망하던 폐단을 반복할 수 없
었습니다.

보고를 받은 위 항목의 지출과 현존 흠상 은량에 대해서는 이미
찬획이 관원을 위임하여 명확하게 조사하였기에 보고를 작성해서
올려야 마땅하겠습니다. 이에 이제 작성을 마친 흠상은의 지출과 현
존 각 수량과 항목에 대한 보고를 마땅히 제본으로 올려야 하므로,
지휘 동득록(童得祿)을 이 일만으로 선발하여 직접 가져가서 올리도
록 하면서 삼가 갖추어 아룁니다.

.......

83  내탕은(內帑銀): 황제의 개인적인 재산을 말한다.

# 공경히 해도와 왜적의 물건을 올린다는 상주

恭進海圖倭物疏 | 권13, 36b-38a

---

**날짜** 만력 22년 3월 20일(1594. 5. 9.)

**발신** 송응창

**수신** 만력제

**내용** 자신이 현지의 정보를 취합해서 만든 조선 일대의 해도(海圖)와 나이토 조안[小西飛]으로부터 받은 왜도(倭刀) 및 왜마(倭馬)를 바친다는 상주이다.

---

　공경히 해도를 올리고 왜노들의 물건을 헌납함으로써 의로운 군대를 빛내고 채택을 갖추는 일.

　신은 경략하라는 명을 받은 초기에 왜로 인한 환란이 극성이라 기보(畿輔)의 경계를 엄중히 하였고 속국에서는 구원을 매우 긴급히 바랐습니다. 신은 중요한 곳에 머물러야 가벼운 것을 제어할 수 있고 안쪽을 안정시켜야 외적을 물리칠 수 있다고 생각하였습니다. 이에 곧 천진·계주진 및 요좌에 들렀으며 산동은 또 신이 예전에 순무로 있었던 지역이니 이에 사진(四鎭)의 해방(海防) 계획에 대해 자세히 묻고 제본을 갖추어 사·도·장령들에게 책임을 지워 해방을 실시하도록 하였습니다. 그리고 그림을 그리는 것과 설명을 다는 문제는 신이 다시금 각 관원에게 공문을 보내 상세하고 논리적으로 쓰도록 하였습니다.

원래는 일이 완료되면 올리려고 하였으나, 조선이 비록 내부(內 附)[84]라고 일컬어지지만 결국은 외번(外藩)에 속하기 때문에 전 영토 와 해도에 대해 아는 자가 드물었습니다. 신은 그 영역으로 들어가 고 나서 바로 강구하여 무릇 제가 직접 방문한 곳과 눈으로 본 곳, 그림에 실려 있는 곳과 토인(土人)들이 말한 바를 찬획 원외랑 유황 상과 자세히 살펴서 연구하고 상의하지 않음이 없었는데, 이로써 진 상을 비로소 얻을 수 있었습니다. 이에 사진과 조선의 동서남북 바 다를 합쳐 모두 하나의 그림으로 만들었고, 사진을 분리한 후 조선 수륙의 요충지 및 산천의 내력을 첨부하여 각기 설명을 만들었습니 다. 진실로 기이한 것으로 접철하지 않았으며 또한 이목(耳目)을 미 혹하려는 것을 억지로 끌어다 쓰지도 않았습니다. 신은 마땅히 상주 로 반납할 때 전례에 따라 삼가 올림으로써 황상께서 살펴보시도록 하겠습니다.

또 작년 정월 중에 평양 등에서 장사들이 용맹을 떨치며 혈전을 치러 전투에서 왜의 수급을 베고 왜도·왜마 등의 물건을 빼앗았는 데, 왜의 수급은 요동순안어사(遼東巡按御史)에게 보내 철저히 조사 하도록 하였고 왜도·왜마는 보내서 조사할 것은 조사하고 군사에 게 지급할 것은 지급하도록 하였습니다. 곧이어 신은 제독 이여송 등에게 공문을 보내 그중에서 왜도 10개, 왜마 2필을 골라놓도록 하

........

84  내부(內附): 외국의 세력이 귀순하는 것을 뜻한다. 여기서는 조선과 가까운 사이라는 것
   을 강조하는 의미이다.

였습니다. 올해 12월 중에 신이 광녕(廣寧)에 도착하였을 때 왜추(倭
酋) 나이토 조안의 문서를 받았는데, 이번 달 19일에 신에게 책봉을
애원하면서 우키타 히데이에[平秀嘉][85] · 고니시 유키나가 · 이시다 미
쓰나리 · 오타니 요시쓰구 · 마시타 나가모리 다섯 장수의 칼 · 총 · 투
구 · 갑옷을 보냈습니다. 그리고 아뢰기를, "관백의 항복 표문은 왜적
진영으로 보낸 지 오래되었는데 제가 오늘 본 다음에 고니시 유키
나가 등에게 알렸으므로 표문이 곧 올 것이며 감히 지체하지 않을
것입니다."라고 하였습니다.

　신은 그가 보내는 뜻이 지극히 정성스럽고 어투가 진실되므로
즉시 받아들이고 물건 모두 광녕의 사 · 도로 하여금 공동으로 조사
해서 확인하도록 한 후 즉시 제본을 올렸습니다. 쓸 수 없는 도기(刀
器)는 감히 올리지 않는 외에 그중에서 금초장병도(金鞘長柄刀) 10
개, 조총 2문(門), 홍철회(紅鐵盔) 1개, 철하령(鐵下頜) 1개, 홍칠피갑
(紅漆皮甲) 1개, 흑철회(黑鐵盔) 1개, 철하령(鐵下頜) 1개, 흑칠피갑(黑
漆皮甲) 1개를 골라놓았고, 이상의 해도 · 칼 · 말 등의 물건을 모두 각
각 정리해놓은 상태입니다. 지금 신이 처음 받은 칙유 등을 반납할
시기에 위의 칼과 갑옷 등을 으레 공경히 올려야만 위로는 황상의
뛰어난 무공의 위엄을 드러내고 아래로는 장사들이 혈전(血戰)한 고
생을 보일 수 있을 것입니다. 섬 오랑캐들이 지금 겉의 태도를 바꾸
었지만 또한 일본으로 돌아가려는 마음을 알 수 있으니, 진실로 너

.......

85　우키타 히데이에[平秀嘉]: 우키타 히데이에(宇喜多秀家, 1573~1655)이다. 도요토미 히
　　데요시 신임을 얻어 유시(猶子: 양자)의 연을 맺게 되었으며, 히데요시의 양녀를 정실로
　　맞이하고 '오대로(五大老)'가 되었다. 임진왜란 때는 일본군의 감군(監軍)으로 조선에
　　침입해왔다.

무 심하게 거절해서는 안 됩니다. 신이 통정사(通政司)에 상주를 보내 대신 아뢰는 외에 해도와 오랑캐의 물건 등은 삼가 지휘 진삼석(晉三錫)을 파견해 회극문으로 가지고 가서 삼가 공경히 올리도록 하오니, 엎드려 바라건대 올리는 물건들을 굽어살펴서 받아주십시오. 신은 간절히 기도하면서 어리석게도 죄송하고 두려운 마음을 가눌 수 없습니다.

# 經略復國要編

---

## 권14

# 칙유와 부험을 반납하는 상주

奏繳勅諭符驗疏 | 권14, 1a-1b

권14

**날짜** 만력 22년 4월 10일(1594. 5. 29.)

**발신** 송응창(宋應昌)

**수신** 만력제(萬曆帝)

**내용** 경략(經略)에 임명될 때 받은 칙유(勅諭)와 부험(符驗)[1]을 반납한다는 상주이다.

칙유와 부험을 반납하는 일.

만력 20년 9월 26일에 신은 삼가 칙명(勅命)을 받들어 경략계요 보정산동등처방해어왜군무(經略薊遼保定山東等處防海禦倭軍務)의 임무를 부여받았습니다.[2] 신은 즉시 계요(薊遼) 등으로 가서 삼가 칙유의 내용에 따라 각 진(鎭)의 해안 방어 사안에 대해 두루 단단히 경계시켜 적절히 군사를 동원하고 무기를 배치하며 강을 건너가서 조선을 구원하였습니다. 이제 이미 교대 업무를 마쳤으며 수령하였던

.......

1 부험(符驗): 특정 권한을 증빙하는 문서 또는 물건을 가리킨다. 증빙물을 반으로 쪼개서 지급하기도 했기 때문에 부절(符節)이라고도 불린다.

2 만력 ⋯⋯ 부여받았습니다: 만력제(萬曆帝)가 송응창(宋應昌)에게 내린 칙서는 『경략복국요편(經略復國要編)』 「0-1 勅, 1a-2b」 참고.

마가은(馬價銀)과 상으로 내려준 은에 대해서는 책으로 작성하여 상주하고 반납하였습니다. 원래 수령해서 가지고 있던 관방(關防: 도장) 1과(顆)와 영기(令旗)와 영패(令牌) 각각 12면씩은 모두 자문(咨文)으로 병부(兵部)에 보내 예부(禮部)와 공부(工部)에 각각 전달하여 반납하였습니다. 삼가 원래 받들었던 칙유와 부험을 이치상 마땅히 주본(奏本)을 갖추어 지휘(指揮)를 파견해서 직접 가지고 가서 반납합니다. 삼가 주본을 갖추어 아룁니다.

첨부
원래 수령하였고 반납할 칙유 1도(道), 달자(達字)[3] 339호 부험 1도.

3   달자(達字): 문서를 발급할 때 부여하는 순서를 말한다. 천자(天字) 1호, 지자(地字) 3호 등의 방식이다.

# 마음을 명확히 변론하는 상주

辯明心迹疏 | 권14, 1b-7b

**날짜** 만력 22년 4월 12일(1594. 5. 31.)

**발신** 송응창

**수신** 만력제

**내용** 자신에 대한 비판을 변명하는 상소이다. 비판 내용은 첫째 일본에 뇌물을 제공한 일, 둘째 표문(表文)을 빨리 올리도록 재촉한 일, 셋째 별도의 경비를 끌어다 쓴 일, 넷째 화친을 허락하여 싸움을 망친 일, 다섯째 봉공을 지연시킨 일이다.

외로운 신하가 나랏일을 그만두면서 속마음은 밝혀야 하겠기에 자애로운 황제께 특별히 조사를 시행하여 공도(公道)를 밝혀주시길 간청하는 일.

엎드려 생각하건대 신은 황상께서 피로하고 병든 몸으로 지탱하기 힘들다고 굽어살펴주시어 이미 본적(本籍)으로 돌아가 조리하도록 하는 은혜를 입었습니다. 지금 칙유와 부험을 반납하는 사안까지 마쳤으니, 즉시 병든 몸을 가마에 싣고 남쪽으로 달려갈 것입니다. 지금부터는 농사에 기대어 구차하게나마 삶을 이어갈 것이니, 남은 생을 평안히 하는 것은 모두 황상의 은혜에서 나온 것일 터이고, 동쪽에서의 일에 대해서는 분수에 맞게 마땅히 입을 다물고 오직 국가의 주관을 따라야 할 것입니다.

다만 봉공(封貢) 문제를 둘러싸고 여러 사람들이 신에 대해 말하기를, 어떤 이는 공이 없다고 하고 어떤 이는 죄가 있다고 하며 어떤 이는 기망하였다고 하고 어떤 이는 간사하다고 하며 어떤 이는 뇌물을 써서 왜에게 아첨하였다고 하고 어떤 이는 누차 왜에게 표문을 올릴 것을 재촉하였다고 하며 어떤 이는 잘못해서 화친(和親) 요구를 들어주면서 싸울 것을 주장하지 않았다고 하고 어떤 이는 봉공을 지연해놓고 자신이 한 일이 아니라면서 미루고 있다고 하며 어떤 이는 내쫓아야 한다고 하고 어떤 이는 죽여야 한다고도 합니다. 잇달아 상소를 올리며 억지로 흠집을 찾고 있습니다[洗垢索瘢].[4] 신은 감히 아옹다옹하며 변론할 수 없으나, 진실로 황상의 일월과 같은 밝으심에 우러러 기댄다면 지금과 후세에 저절로 공론(公論)이 있으리라 생각합니다.

다만 뇌물을 써서 왜에게 아첨하였다고 하는 것은 경비와 관계된 일이고, 누차 표문을 올릴 것을 재촉하였다고 하는 것은 국체(國體)에 관한 일이며, 잘못해서 화친을 들어주었다는 것이나 봉공을 지연하였다는 것은 국시(國是)에 관계된 일이니, 모두 작은 일이 아닙니다. 신은 병이 들고 또 본적으로 돌아왔으므로 성지(聖旨)를 내려 조사하실 것을 지금 분명히 말하지 않는다면 여러 의혹이 끝내 풀리지 않을 것이니, 그렇다면 신의 마음은 무엇으로 광명을 얻을 수 있겠습니까. 이것이 천만 부득이하게 군부(君父)의 앞에 슬프게 호소하는

.......

4  억지로 …… 있습니다[洗垢索瘢]: 다른 사람의 흠집을 고의로 끄집어내는 것을 말한다.

까닭이니, 엎드려 바라건대 폐하께서는 굽어살펴주십시오.

근래 왜가 조선을 함락하자 구원을 요청하는 것이 위급하였고, 요좌(遼左)와 기보(畿輔)에 근심이 닥쳐왔습니다. 신이 경략의 명을 받든 것은 만력 20년 9월 하순이었고, 요동(遼東)으로 달려간 것은 그해 11월 20일이었습니다. 그때 대장(大將)은 아직 도착하지 않았고 병마(兵馬)는 아직 정돈되지 않았으며 군량과 마초는 아직 모이지 않았고, 무기와 장비는 아직 갖추어지지 않아서 시일은 촉박한데 백 중에 하나도 채 없었습니다. 이에 밤낮으로 독촉하고 나누어 처리하여 겨우 실마리를 마련하였습니다. 12월 8일에 이르러 제독(提督) 이여송(李如松)이 경사(京師: 북경)에서 요동에 이르러 힘을 합쳐 전투를 주관하며 신과 함께 한마음이 되었으므로 마침내 군사들과 맹세하고 강을 건너 낯선 땅으로 깊이 들어갔습니다. 평양(平壤)을 깨뜨리고 개성(開城)을 수복하며 벽제관(碧蹄館)에서 크게 싸우면서 금갑(金甲)을 활로 쏘고[5] 남원에서 군사를 동원하여 전라도를 보전하며 삼도(三都)와 팔도(八道)를 회복한 것은 실로 장사(將士)와 이여송 등이 혈전을 벌이며 적을 벤 공 때문입니다. 왜군을 함경도에서 퇴각시키고 왕경(王京)을 수복하였으며 부산(釜山)으로 돌아가도록 해서 왜군이 지금까지 감히 서쪽으로 침범하지 못한 것 또한 책사(策士) 심유경(沈惟敬) 등이 기미(羈縻)하고 간첩을 활용한 책략 때문입니다. 조선의 산하가 완연히 예전과 같이 되었으니 신들이 직책을 다하지 않은 것은 아닌데, 의논하는 자들은 그것은 헤아리지 않

.......

5  금갑을 …… 쏘고: 앞서 「6-21 報石司馬書 권6, 16a-16b」에 벽제관 전투 관련 보고에서 "이여매(李如梅)가 왜군 중 금갑(金甲)을 입은 대장 1명을 쏘아 죽였다고 합니다."라는 내용이 있다.

고 신이 20만, 40만 금(金)을 빼내서 왜에게 뇌물을 주어 물러나게 하였다고만 합니다.

무릇 왜에게 뇌물을 주었다고 하는 점에 대해서라면 그것은 선물이 아니면 금전(金錢)일 것이니, 비단으로는 수백 수레가 될 것이고 금전으로는 수백 자루가 될 것입니다. 1000리에 걸쳐 수송하면서 만 개의 눈이 훤히 보았을 터이니, 두 손으로 가리거나 숨길 수 없었을 것입니다. 또한 조선은 그 면적이 5000~6000리가 되며 토지와 물산이 자못 풍부하다 할 만합니다. 왜노가 하루아침에 빼앗아 차지하고 있다가 그것을 버려 자기 것으로 삼지 않고 신이 주는 수십만 금의 뇌물을 공연히 받기로 하다니, 왜가 비록 매우 어리석다 하지만 이렇게는 하지 않을 것입니다.

가령 신이 20만 금을 왜에게 뇌물로 주었다고 한다 한들 경략 아문(衙門)에는 별도 항목으로 마련할 것이 전혀 없으니 분명 마가은(馬價銀)에서 취하였을 것입니다. 차례차례 전달되어온 마가은과 삼가 상으로 내려주신 은을 전부 계산하면 총 65만 냥입니다. 삼협(三協)과 해안 방어 관병에게 두 차례 상으로 내려주는 데 합계 은 13만 6765냥을 썼고, 삼협이 수급을 벤 데 대해 상으로 지급한 은 8만 3960냥은 계산하지 않았습니다. 그 외에는 산동(山東)에서 군량을 사들이는 데 쓴 은 5만 냥, 영전도(寧前道)에서 군량을 사들이는 데 쓴 은 2301냥 3전(錢) 5푼, 각 도(道)에서 염초(焰硝)와 유황을 사들이고 군화(軍火)와 장비를 제작하는 데 사용한 은 총 2만 1615냥, 패주도(覇州道)에서 불화살을 제작하는 데 쓴 은 382냥인데, 제작한 무기들은 모두 현재 각 도에서 보관하고 있습니다. 부장(副將) 양원(楊元) 및 각 장수의 가정(家丁)에게 지급한 행량(行糧)·월량(月糧) 및 태복시(太僕寺) 마필의 초료건은(草料乾銀) 총 6만 3600여 냥, 계진(薊鎭) 가정의 기마(騎馬)와 짐말에 대해 초료건은 600여 냥, 참장(參將) 주역(周易) 휘하 및 복주영(復州營)의 초정(哨丁)에게 지급한 염채은(鹽菜銀) 41냥 8전은 모두 해당 급여 담당 기관에서 환급하여 채워야 합니다. 도중에 쓰러져 죽은 전마(戰馬)를 사서 보충하는 데 쓴 은 2763냥 2전, 은화(銀花)와 단필(段疋) 등의 항목 및 각 관원이 사고가 있는 군정(軍丁)에 대해 반환한 항목 등의 은 3000여 냥, 지출하고 남은 현재 잔액으로 은 7만 9160여 냥이 있습니다.

이상 각 항목은 모두 실제 있는 액수이므로, 모두 현재 있는 은의 수량과 맞춰볼 수 있습니다. 이렇게 해서 남은 마가은은 오히려 모두 약 23만여 냥이며, 가령 군전(軍前)에서 관군의 급여와 호상 등의 항목으로 지출하여 실제 사용한 은은 겨우 21만여 냥입니다. 만약 이 액수로 왜에게 아첨하였다면 신이 군전에서 쓴 것은 어떤 물건이겠습니까. 40만 냥을 왜에게 뇌물로 주었다면 나머지 20만 냥은 또 어디서 나왔겠습니까. 하물며 수입과 지출은 관원을 거쳤고 예산 내에서 처리할 때는 장부에 기록하여 종류에 따라 조목별로 명확하니, 거짓을 꾸며 모함하려 해도 조금도 소용이 없을 것입니다. 근래에 새로 작성하여 상주 보고한 장부를 통해서도 조사해서 알 수 있을 것입니다.

이른바 표문을 올리라고 하여 화친하였다고 하는 데 대해서라면, 신이 살피건대 경략을 맡은 이래로 봉공에 대해서 밝은 성지를 받든 것이 무릇 일곱 번이었습니다. 신이 지금 감히 모두 기록하여 성상(聖上)을 번거롭게 하지는 않겠으나 일단 한두 가지만 말씀드리겠습니다.

만력 21년 9월 17일에 병부상서(兵部尙書) 석성(石星)이 신이 올린 조공을 논의한 시말(始末)을 밝힌 상소에 대해 검토 상주를 올리고 성지를 받들었는데, "그렇게 하라. 너희 병부에서 서둘러 송응창에게 유지를 전달하여 도요토미 히데요시(豐臣秀吉)가 표문을 올려 신하를 칭하고 영원히 속국(屬國)이 되는 것을 허락하라. 또한 성지에 따라 그들이 조공하러 들어오는 일을 면해줌으로써 내지(內地)의 간사한 백성이 그들을 끌어들여 소란을 피우는 일을 방지하도록 하라."라고 하셨습니다. 또 그달 18일에 병부상서가 노병(老病)이 더욱 심해져서 중요한 업무를 감당하기 어렵다는 등의 일로 제본(題本)을 올리고서 성지를 받들었는데, "어제 성지를 내려 왜노가 모두 소굴로 돌아가기를 기다렸다가 신하를 칭하고 죄를 자복하며 영원히 침범하지 않겠다는 표문을 받아들이되, 책봉은 허락하고 조공은 허락하지 않겠다고 하였다. 짐이 스스로 계책을 정하였는데 어찌 여러 말을 두려워하는가."라고 하셨습니다.

신이 살피건대 조공을 하는 사안은 신이 실로 이를 빌미로 왜를 속이려는 것이었습니다. 평양을 깨뜨리고 왕경에서 몰아내며 부산으로 돌려보낸 것은 비록 장사와 책사의 힘에 기댄 것이지만 병가(兵家)에서는 속임수를 싫어하지 않으니 또한 매번 이 수를 써서 은밀히 이를 도왔던 것입니다. 전쟁의 적절한 시기는 마땅히 은밀해야 하니 다른 사람에게는 말하기 어려운 것인데, 사람들은 알지도 못하고 매번 이 일을 논의합니다. 신은 왕경을 회복하기 전에는 실로 봉공을 청하는 제본을 올리지 않았습니다. 왜가 왕경에서 조공할 것을 빌었기에 신이 비로소 그에 대해 말하였던 것입니다. 그러나 신은 단지 책봉할 것을 청하였을 뿐, 조공 허락을 청한 적은 없습니다.

다만 심유경이 요양(遼陽)에 이르렀을 때 찬획(贊畫) 주사(主事) 원황(袁黃)이 말하기를 왜노 가운데 봉공을 가리켜 화친이라고 하는 이야기가 있다고 하였습니다. 신과 찬획 유황상(劉黃裳)은 매우 놀라 면전에서 옳지 못하다고 배척하였습니다. 원황은 기뻐하지 않으며 드디어 왜를 정벌하는 것에 열 가지 불리함이 있다는 글을 조목조목 지었습니다. 이것이 만력 20년 12월 초순의 일이었습니다. 당시 유황상 또한 말하기를, "내가 잘 아는 것을 능히 행하고 내가 의심하는 것을 행하지 않아야 합니다. 싸우는 것은 제가 잘 아는 것이고 봉공은 제가 의심하는 것입니다."라고 하였습니다. 신은 그 말이 옳다고 여겨 한뜻으로 싸우고 지킬 것을 주장하며 봉공하는 수에 대해서는 내버려두고 논하지 않았습니다.

12월 8일에 이르러 제독 이여송이 요양에 도착하니, 신은 즉시 동원해둔 각 진의 장령(將領)과 병마, 표하(標下)의 왜를 정벌하는 장정, 그리고 심유경 등과 일체의 군화(軍火)·장비를 제독 이여송에게 넘겨주어 모두 통솔하고 지휘하게 하였습니다. 또한 제독에게 패문(牌文)을 보내 심유경을 구금하고 감시하여 그가 왜의 진영으로 가서 군기(軍機)를 누설하지 못하게 하라고 하였으니, 그 패문의 원고가 지금도 있습니다. 바야흐로 평양을 깨뜨린 것은 정월 8일의 승리였습니다. 만약 신이 싸울 것을 주장하지 않았다고 한다면 무기와 장비를 제조하고 심유경을 표하에 구류하여 다시는 왜의 진영으로 가지 못하게 한 것은 과연 어떻게 설명하겠습니까.

하물며 신은 만력 21년 정월 4일에 싸울 것을 주장하는 글을 보신(輔臣) 왕석작(王錫爵)[6]·조지고(趙志皐)[7]·장위(張位)[8]와 병부상서 석성, 병과도급사중(兵科都給事中) 허홍강(許弘綱)[9] 등에게 보낸 바 있습니다.[10] 각각이 회답 서신을 보내 신의 말이 옳다고 하였습니다. 여러 신하가 모두 있으니 폐하께서는 불러서 물어보실 수 있을 것이며, 신의 서신의 원고가 지금도 있으니 가져다가 보실 수 있을 것입니다. 그 후 병부상서가 그해 9월 16일에 상소를 올려 또한 말하기를, "경략이 은밀히 신에게 서한을 보내 왜장이 비록 평양에서 물러나기를 원하지만 실제로는 우리를 얕잡아보고 있으니 만약 크게 공격하지 않는다면 훗날의 효과는 거두기 어려울 것이라고 하였습니다. 신 또한 그 말이 옳다고 생각합니다."라고 하였으니, 그 또한 증거가 될 수 있을 것입니다.

신은 시종일관 군사를 동원하여 힘껏 싸웠으며 그 후에는 계책을 세워 책봉을 논의하되 조공은 논의하지 않았습니다. 하물며 화친과 같이 도리에 어긋나는 이야기를 하였겠습니까. 신은 과거 나이토 조안[小西飛]을 만나 타일러 말하기를, "만약 진심으로 향화(向化)

권14

......

6  왕석작(王錫爵): 1534~1611. 명나라 사람이다. 남직례 태창주(太倉州) 출신으로 자는 원어(元馭), 호는 형석(荊石)이다. 태원(太原) 왕씨 가문으로 가정 41년(1562)에 높은 성적으로 급제하여 출사하였다. 만력 12년(1584)에 예부상서 겸 문연각대학사(禮部尙書兼文淵閣大學士)에 제수되었다. 만력 21년(1593)에는 수보대학사(首輔大學士)가 되었다.

7  조지고(趙志皐): 1524~1601. 명나라 사람이다. 절강 금화부(金華府) 난계현(蘭溪縣) 출신으로 자는 여매(汝邁), 호는 곡양(瀔陽)이다. 융경(隆慶) 2년(1568)에 높은 성적으로 급제하여 출사하였다. 만력 19년(1591)에는 동각대학사(東閣大學士)로 임명되었고 곧 수보대학사(首輔大學士)가 되었다.

8  장위(張位): 1534~1610. 명나라 사람이다. 강서 남창(南昌) 신건(新建) 출신이다. 자는 명성(明成), 호는 홍양(洪陽)이다. 융경 2년(1568)에 급제하여 출사하였고 만력 19년(1591)에 이부좌시랑 겸 동각대학사를 제수받았고, 곧 예부상서에 올랐다.

9  허홍강(許弘綱): 1554~1638. 명나라 사람이다. 절강 황전판(黃田畈) 출신이다. 자는 장지(張之), 호는 소미(少薇)이다. 임진왜란이 발발하여 조선이 명에 원군을 요청하자 간관(諫官)들을 이끌고 전쟁 참여에 반대하였다. 이후 경략 송응창을 탄핵하는 데 동참했다.

10  하물며 …… 있습니다: 「5-10 報三相公石本兵許兵科書 권5, 9a-9b」 참고.

하고 중국[天朝]을 두려워한다면 다만 한 번의 책봉은 허락할 것이다. 혹 다시 조공이나 연이은 책봉을 요구한다면 윤허하지 않을 것이다."라고 하였습니다. 나이토 조안은 고개를 조아리고 엎드려 일어서지 못하며 다만 중국에서 한 번 책봉해줄 것을 청한다고 하였기에, 신이 허락하여 "기왕 진심으로 향화하였다면 표문이 일단 도착하기를 기다렸다가 너를 대신하여 문서를 올려 책봉을 청하도록 하겠다."라고 하였더니 나이토 조안은 머리를 조아렸습니다. 이는 광녕(廣寧)의 공당[當堂]에서 공공연히 한 말이니, 대소 관원과 수행원들의 입을 가리기 힘들 것입니다. 또한 나이토 조안은 조만간 경사에 도착할 것이며, 신이 선발한 관원인 심유경·손문도(孫文道)·양안(楊安)·이승(李勝) 등이나 제독 이여송이 선발한 관원 담종인(譚宗仁)[11]·왕자강(王自强) 등은 모두 친히 왜의 진영에 들어가서 고니시 유키나가(行長)와 직접 만나 책봉을 논의하였고 관련 문서가 모두 각기 지금 그대로 있으니 따져볼 수 있을 것입니다.

표문을 올릴 것을 재촉하였다고 하는 데 대해서라면, 신은 책봉을 허락하신다는 밝은 성지를 받들었고 또한 병부의 자문이 있었기 때문에 신이 누차 관원을 선발하여 왜의 진영으로 가서 타일렀습니다. 성지를 선포하고 병부의 문서를 전달하여 왜로 하여금 표문을 올려 항복을 청하고 책봉을 받아 귀국하게 함으로써 나랏일을 완수하려 한 것이었습니다. 어찌 말하는 자들이 이르는 것처럼 뇌물을

........

11  제독 …… 담종인: 고니시 유키나가(小西行長)가 선조 26년(1593) 11월 15일에 심유경에게 발송한 서신에 따르면, 당시 담종인은 송응창과 이여송(李如松)의 편지를 고니시 유키나가에게 전한 후 그의 진영에 머물고 있었다. 『선조실록』 권45, 선조 26년 윤11월 4일(갑신) 기사.

주어 사사로이 요구하였다고 할 수 있겠습니까.

봉공을 지연하였다고 하는 데 대해서라면, 왜는 작년 7월 부산으로 물러난 뒤 다시 전라도를 침략하였습니다. 이때 왜정(倭情)이 여전히 한결 같지 않은데 어찌 감히 가벼이 믿고 섣불리 책봉하라는 상소를 올릴 수 있었겠습니까. 마땅히 표문이 도착하기를 기다려서 살펴보고서 과연 공순하며 나이토 조안을 직접 심문하여 별도의 요구가 전혀 없음을 확인한 뒤에라야 그를 대신해서 상소를 올려 책봉을 해도 좋다고 청할 수 있었을 것입니다. 근래에 듣건대 관백(關白)의 표문이 정월 23일에 부산의 왜군 진영에서 출발하여 3월 4일에 요양에 이르렀다고 하니, 총독(總督) 고양겸(顧養謙)이 상소를 올려 봉공을 청한 것이 과연 표문이 그에게 도달한 이후이겠습니까, 아니면 그에게 도달하기 이전이겠습니까. 과연 표문이 일단 도착하고 보니 다만 봉호(封號)를 요청하였을 뿐이었으므로, 신이 그에게 책봉을 내려줄 것을 청하면서 그에게 귀국하게 하였던 것입니다. 조공은 책봉 이후 2~3년이 걸릴 것이므로 그들이 공순한지 반역하는지 여부를 보았다가 별도로 논의하면 되는 것이라고 생각하였습니다. 이것이 신이 제본을 올려 청하였던 처음 뜻이었습니다.

이렇게 조용한 틈을 타서 또한 유정(劉綎)을 재촉하여 조선의 군신(君臣)들을 급히 독려해서 서둘러 수비를 갖춤으로써 후환을 막게 하였습니다. 이렇게 한 후에 다시 사태가 발생한다면 신은 원하건대 온몸으로 담당하고자 하며 감히 떠넘기지 않겠습니다. 만약 지금 의외의 문제가 발생하여 신이 원래 제본을 올린 바와 같지 않게 된다면 신과는 무관한 일일 것입니다. 신이 지금 만약 분명히 말하지 않아 훗날의 사체(事體)를 그르치게 된다면, 신의 마음은 밝혀지지 못할 것이며 신의 죄는 어찌 풀어지겠습니까. 당시에 대성(臺省)[12]의 여러 신하가 앞다투어 상소를 올려 신에 대해 논하였으나 신이 감히 변명하지 못한 것은 언관(言官)의 체면을 온전히 하는 것이 마땅하다고 생각하였기 때문입니다. 그러나 언관 가운데 어찌 공도로 이 사안을 확실히 처리하는 자가 없겠습니까.

조선은 우리나라에 중요한 울타리이며 전라도와 경상도는 조선에 있어 중요한 문호(門戶)라는 점은 제가 누누이 말하였던 바입니다. 그 밖의 사소한 일에 대해서는 신이 모두 공론에 부쳐두고 감히 주절주절 말참견하거나 여러 가지로 변명을 하지 않겠습니다.

엎드려 바라건대 병부에 칙유를 내려 신이 경략을 맡았던 시기를 재차 조사하여 재물을 써서 왜에게 뇌물을 준 일이 있는지 없는지, 표문을 올릴 것을 재촉한 일이 있는지 없는지, 별도의 경비를 끌어다 쓴 일이 있는지 없는지, 화친을 허락하여 싸움을 그르쳤는지 아닌지, 봉공을 지연시켰는지 아닌지를 하나하나 다시 조사하여 사실을 밝혀 갖추어 상주하게 해주십시오. 만약 그런 일이 있다면 신은 부월(斧鉞) 아래 처형을 달게 받아 황제를 속이는 자들의 감계(鑑戒)가 될 것입니다. 만약 그런 일이 없다면 신의 마음과 행적은 밝혀지게 될 터이니, 신은 비록 병을 안고 칩거하더라도 살아서는 남은 영예를 누리고 죽더라도 편안히 눈을 감을 수 있을 것입니다. 신은

........

12 대성(臺省): 명대 도찰원(都察院)과 육과(六科)의 통칭이다. 도찰원은 서대(西臺), 육과는 동원(東垣)이라고 불렸기에 합쳐서 대성이라고 칭하였다. 도찰원은 중앙 감찰기관이며, 육과는 육과급사중(六科給事中)을 이르는 것으로 육부(六部)의 사무를 감찰하는 직임을 수행하였다.

감격하고 간절함을 이루 말할 수 없어 하늘을 우러러 명을 기다리
겠습니다.

# 조선 기로들이 송응창의 수레를 붙잡으며 보낸 축문

朝鮮耆老攀轅軸文 | 권14, 7b-8b

---

**날짜** 미상

**발신** 조선 기로(耆老)[13]

**수신** 송응창

**내용** 평안도 정주목(定州牧)의 기로들이 송응창의 노고에 감사하며 올린 축문(軸文)이다.

**관련자료** 『경략복국요편』「12-7 報石司馬書 권12, 10a-11a」.

---

조선국 평안도 정주목의 기로·사서(士庶)[14]·군인·민인(民人) 등이 삼가 진심으로 황송해 하며 머리를 한껏 조아리고 정중히 재배하며 흠차경략계요보정산동등처방해어왜군무(欽差經略薊遼保定山東等處防海禦倭軍務) 가일품복(加一品服) 병부우시랑(兵部右侍郞) 대노야(大老爺) 대좌(台座)께 바칩니다.

.......

13 기로(耆老): 나이가 많고 덕이 높은 사람 또는 60세 이상의 노인을 가리키는 말이다.

14 사서(士庶): 관직 및 관품이 있는 사(士)계층과 관품과 직역이 없는 생원, 진사, 유생 등의 서인(庶人)을 합쳐서 부르는 말이다. 서인은 일반 백성을 가리키기도 하지만 위의 문장에서 민인이 있기 때문에 여기에서는 생원 등을 지칭한다.

엎드려 말씀드리건대, 우리 동방[靑維]은 하늘에서 땅을 내려받아 중국과 나누어 다스린 일이 태사(太師: 기자)로부터 시작되었는데,

오랫동안 문명이 동쪽으로 점점 확장되었고 바다는 고요하고 물결은 잠잠하여 봉화 연기[兜鈐]를[15] 보지 못하였습니다.

그런데 이 어리석은 야만인들[卉服][16]이 동방[析木][17]에서 함부로 날뛰면서 벌이나 전갈처럼 독을 내뿜더니,

우리에게 길을 빌려달라고 하였는데 천하[寶區]를 넘보면서도 하늘을 속일 수 있다고 여겼습니다.

준엄한 글로 거절하였는데 차갑기가 서릿발 같았으니 우리 왕은 충성스럽고 장렬하였으나,

왜노는 양처럼 고집을 피우고 이리처럼 탐욕스러워[18] 성질을 부리며 호시탐탐 노리더니 남쪽에서 침략해 들어왔습니다.

권14

.......

15 봉화 연기[兜鈐]: 두검(兜鈐)은 봉수대에 불을 피울 때 사용하는 바구니를 말하는데, 그 뜻이 확장되어 전쟁을 가리킨다.

16 야만인들[卉服]: 훼복(卉服)은 풀잎으로 짠 의복을 가리키는 말로, 옛날 중국 변방의 섬 사람들이 입었기에 그들을 낮추어 가리키는 말로 쓰인다.

17 동방[析木]: 별자리 분야(分野)인 십이성차(十二星次)의 하나를 말한다. 십이진(十二辰)에서는 동쪽인 인(寅), 이십팔수(二十八宿)에서는 미수(尾宿)와 기수(箕宿)에 해당한다. 조선은 중국의 연(燕)나라, 즉 유주(幽州)와 함께 이곳에 위치한다.

18 양처럼……탐욕스러워: 통제 안 되는 무리를 뜻한다. 『사기(史記)』 「항우본기(項羽本紀)」에 "사납기가 호랑이 같고 제멋대로 하는 짓이 양 같고 탐욕스럽기가 승냥이 같고 완강하여 부리지 못할 자는 모두 목을 벨 것이다[猛如虎, 狠如羊, 貪如狼, 强不可使者, 皆斬之]."라는 구절에 나온다.

변방의 장수들은 패배하고 꺾였으며 살아 있는 백성은 쓸려나가 물고기와 고기처럼 되었고,[19]

국왕은 서쪽 땅으로 파천(播遷)하여 어가(御駕)가 머무를[20] 곳조차 없었으나 명(明)을 향한 충심[葵忱]은 더욱 굳어졌습니다.

오직 우리 천자께서는 만 리 밖의 일을 훤하게 알아 흉폭한 돼지 같은 자들[封豕][21]을 어찌 용납할 수 있겠는가 하시고는,

장수를 뽑아 배웅하고[推轂][22] 상황을 살펴 칙서를 보내니 하늘의 위엄이 지척에 있는 것 같습니다.

경략께서 유영(柳營)[23]을 설치할 때[緩帶][24] 아문(牙門)[25]은 낮에도 빗장으로 잠겨 있고 1만 마리의 말들도 소리가 없었으며,

장수들을 지휘할 때는 바람처럼 몰아치고 번개처럼 번쩍이다가

19 물고기 …… 되었고[爲漁爲肉]: 사람들을 잔인하게 짓밟아 해치는 것을 비유한다. 『후한서(後漢書)』「중장통전(仲長統傳)」에 "백성을 어육(魚肉)으로 만들어 그 욕심을 채웠다[魚肉百姓, 以盈其欲]."라는 구절에 나온다.

20 어가(御駕)가 머무를[稅駕]: 해가(解駕)와 같은 말로, 휴식 또는 숙박을 뜻한다. 세(稅)는 탈(挩) 또는 탈(脫)과 통한다.

21 흉폭한 …… 자들[封豕]: 탐욕스러운 자를 말한다. 『좌전(左傳)』정공(定公) 4년 조에 "오(吳)나라가 큰 멧돼지와 긴 뱀처럼 탐욕스럽게 상국(上國)을 잠식해 들어갔다[吳爲封豕長, 以薦食上國]."라는 구절에 나온다.

22 배웅하고[推轂]: 옛날에 군주가 장수를 보낼 때 몸소 장수의 수레를 밀어주었다는 고사에서 유래하였다. 장수에 대한 예우 또는 임명의 중요성을 뜻한다.

23 유영(柳營): 장군이 있는 진영을 말한다. 『사기』「강후주발세가(絳侯周勃世家)」에 한(漢)나라의 장수 주아부(周亞夫)가 세류영(細柳營)이라는 둔영(屯營)을 설치한 데서 나왔다.

24 설치할 때[緩帶]: 띠를 풀어놓는다는 뜻으로, 군영을 설치한다는 의미로 해석하였다.

25 아문(牙門): 군문(軍門)을 말한다. 옛날에 군대를 주둔시킬 때 지휘부의 장막 앞에 아기(牙旗)를 세워 군문을 표시하였다.

도 백우선[白羽扇]²⁶을 손에 쥐고 있었습니다.


우뚝 솟은 기성(箕城: 평양성)은 철벽이 병풍처럼 두르고 있는데
이미 왜노의 소굴이 되었으나,

천자(天子)의 병사가 뛰어들어가 화성(火星)을 한데 모아서 추악
한 무리를 불살라버리셨습니다.


파죽지세로 송악(松嶽: 개경)으로 진격해 적을 밟아버리는 일을
대나무 껍질을 털 듯하시니,²⁷

흉악한 혼백이 연기처럼 흩어져 갑옷을 말고서 쥐새끼처럼 도망
쳐 밤을 틈타 한강을 건너가버렸습니다.


서두르지도 않고 늦추지도 않으며 정군(正軍)과 기군(奇軍)을 함
께 써가며 적절하게 조치를 취하시어,

백성을 유새(楡塞)²⁸에 안치시키고 병기(兵器)를 염해(炎海)²⁹에서
씻었으니 공적이 만 대에 이르도록 전해질 것입니다.

⋯⋯⋯

26 백우선[白羽]: 유장(儒將)의 풍모를 가리키는 말이다.
27 대나무 ⋯⋯ 듯하시니: 매우 손쉬운 일을 말한다.
28 유새(楡塞): 변경의 관문 및 요새를 뜻한다. 『한서(漢書)』「한안국전(韓安國傳)」의 "몽염
   (蒙恬)이 진(秦)나라를 위해 오랑캐를 침략하여 수천 리를 넓히고 강을 경계로 삼았다.
   돌을 쌓아 성을 만들고 느릅나무로 요새를 만들었다. 그러자 흉노가 감히 강에서 말에게
   물을 먹이지 못하였다[後蒙恬爲秦侵胡, 辟數千裏, 以河爲竟, 累石爲, 樹楡爲, 匈奴不敢飮
   馬於河]."라는 구절에서 보인다.
29 염해(炎海): 몹시 더운 남쪽 지방을 말한다. 두보(杜甫) 등 유명한 문인들의 시에 나온
   다. 두보의 「다병집열봉회이상서(多病執熱奉懷李尚書)」의 "큰 물이 아득히 뜨거운 바다
   에 닿고 기이한 봉우리 우뚝하니 불길 같은 구름에 오르네[大水森茫炎海接, 奇峯碑兀火
   雲升]."에서 보인다.

예공(繄公)³⁰께서 조선에 이르시기 전에는 형세가 겹겹이 쌓아올린 바둑돌[累棊]이 곧 땅바닥으로 무너질 것처럼 위태하였는데,

전쟁[妖祲]이 평정된 후에는 소경이 눈을 뜨듯이³¹ 명쾌히 하늘의 태양을 볼 수 있게 되었습니다.

강산이 예전처럼 되고 세상을 다시 만들어주셨으니 공(公)은 우리의 부모입니다.

편안히 살아가며 부모를 봉양하고 처자를 양육할 수 있는 것이 누구의 힘 덕분이겠습니까.

공께서는 서둘러 돌아가지 마셔서 우리가 눈물과 콧물을 흘리지 않도록 하소서. 동방 백성이 모두 의지하고 있습니다. 돌을 캐고 쇠를 불려도 공의 덕음(德音)을 어찌 다 표현할 수 있겠습니까. 우리 마음에 새기겠습니다.

........

30  예공(繄公): 가까운 현신(賢臣)을 말한다. 여기에서는 송응창을 황제의 현신으로 비유한 것으로 보았다.

31  소경이 …… 뜨듯이: 원문은 "若育之瞆"이나 문맥상 "若盲之瞆"으로 해석하였다.

## 14-4

# 조선 기로들이 송응창의 수레를 붙잡으며 보낸 축문

朝鮮老攀轅軸文 | 권14, 8b-10b

**날짜** 미상

**발신** 조선 기로

**수신** 송응창

**내용** 평안도 의주(義州)의 기로들이 송응창의 노고에 감사하며 올린 두 번째 축문이다.

조선국 평안도 의주진(義州鎭)의 기로·사서·군인·민인 등이 삼가 진심으로 황송해 하며 머리를 한껏 조아리고 정중히 재배하며 흠차경략계요보정산동등처방해어왜군무 가일품복 병부우시랑 대노야 대좌께 바칩니다.

엎드려 생각건대 봉황을 먼저 보는 것을 기쁨으로 여기는 것처럼[32] 공의 세상에 없을 의용(義勇)을 앞다투어 우러릅니다.

........

32 봉황을 …… 것처럼: 태평 시대에만 나타난다는 경성(景星)과 봉황(鳳凰)을 말한다. 당(唐)나라 한유(韓愈)의 「여소실이습유서(與少室李拾遺書)」에 "조정의 선비들이 목을 빼고 동쪽을 바라보면서 마치 경성과 봉황이 처음 나타난 것처럼 다투어 먼저 보며 흐뭇하게 여겼다[朝廷之士引頸東望, 若景星鳳凰之始見也, 爭先覩之爲快]."라는 말이 나온다.

태산이 높다 하기에 부족할 정도로 전례 없는 공적을 보았습니다.

공의 크신 이름은 종정(鐘鼎)에 새길 만하고,[33] 뛰어난 공적[盛烈]은 관현(管絃)의 음악으로 칭송함이 마땅합니다.


생각건대 저희 동방 울타리(藩籬)는 실로 상국(上國)의 보장(保障)[34]이 되어,

200년 동안 전쟁을 알지 못하였으니 하늘의 위엄을 믿고 걱정이 없었으며,

13대 동안 삼가 봉토(封土)를 지켜오면서 이미 넓고 두터운 황은(皇恩)을 입어왔습니다.


그런데 어찌 제힘도 헤아리지 못하는[35] 추악한 무리가 감히 함부로 군사를 일으킬 줄 생각이나 하였겠습니까.

길을 빌려달라고 요구하였는데 이런 말을 왜 하는 것이겠습니까.

우리에게 땅을 나눠달라고 요구하기에 이르렀으니, 저들의 흉측한 모의는 그 끝을 헤아릴 수도 없습니다.


노(魯)나라의 닭이 기약하지 않다가[36] 초(楚)나라의 매우 험악한

.......

33  종정(鐘鼎)에 …… 만하고: 국가에 큰 공적을 세웠다는 뜻이다. 공적이 있는 사람의 이름을 종(鐘)이나 정(鼎)에 기록하였기에 "훈공(勳功)", "공덕(功德)"의 의미로 사용된다.
34  보장(保障): 적의 접근을 막기 위하여 견고하게 만든 구축물 또는 그러한 장소를 말한다.
35  제힘도 …… 못하는:『시경(詩經)』「유월(六月)」에 "험윤(獫狁)이 스스로 헤아리지 않고서 초(焦)와 호(穫)에 정연하게 거처하고 호(鎬)와 방(方)을 침략하여 경양(涇陽)에 이르거늘[獫狁匪茹, 整居焦穫, 侵鎬及方, 至于涇陽]"라는 구절에 보인다.
36  노(魯)나라의 …… 않다가: 힘이나 세력을 믿고 대비하지 않는다는 뜻이다. 당나라 한유의「수계(守戒)」의 "노나라 닭은 기약하지 못하고 촉(蜀)나라 닭은 지탱할 수 없다[魯雞

기운에[37] 덮이게 되었습니다.

통탄하게도 접역(鰈域)[38]이 쪼개지고 옛 도성은 모두 불타 잿더미가 되었습니다.

모구(旄丘)에서 칡덩굴 마디를 노래하였으니,[39] 대방(大邦: 명나라)이 아니었던들 누구에게 기대고 누가 구해주었겠습니까.

다행히 부모께서 가까운데 계셔서 장군[元戎]에게 명령하여 출정[徂征][40]하게 하셨습니다.

삼가 생각건대 경략 노야(老爺)께서는 성현(聖賢)에서 연원하여 경세제민(經世濟民)을 업으로 삼아오셨습니다. 황제께서 "나라를 근심하고 공사를 받드는 데 어떻게 하면 제 정로(祭征虜: 제준)와 같은

.......

之不期, 蜀雞之不支]."라는 구절에 보인다. 한유는 강대한 군대를 가졌더라도 일상적으로 대비하지 않으면 버틸 수 없다는 것을 말하였다. 노나라의 닭이란 몸집이 큰 닭으로 원래 강대한 조선을 말하지만, 한유의 글을 인용하여 평상시에 대비하지 못하였다가 일본군의 침입을 받았음을 표현한 것이다.

37 초(楚)나라의…… 기운에: 일본군의 침입을 가리킨다. 『춘추좌씨전(春秋左氏傳)』 양공(襄公) 27년 조에 "초나라의 기운이 매우 험악하니 어려운 일이 벌어질까 두렵다[楚氛甚惡, 懼難]."라는 구절에 보인다.

38 접역(鰈域): 조선을 가리킨다. 『이아(爾雅)』 「석지(釋地)」의 "동쪽에 눈을 나란히 붙이고 다니는 물고기가 있는데, 눈을 나란히 붙이지 않으면 다닐 수가 없다. 그 이름을 접이라고 한다[東方有比目魚焉, 不比不行. 其名謂之鰈]."라는 구절에 보인다.

39 모구(旄丘)에서 …… 노래하였으니: 의지할 데 없는 심정을 말한다. 『시경』 「패풍(邶風)」의 "모구의 칡덩굴이여. 마디가 어찌 그리 엉성한가. 숙(叔)이여 백(伯)이여. 어찌 이렇게 여러 날이 걸리는가[旄丘之葛兮, 何誕之節兮. 叔兮伯兮, 何多日也]."라는 구절에 보인다. 이 시는 여(黎)나라 백성이 나라를 잃고 위(衛)나라에 살면서 모구의 칡덩굴을 보고 지은 것으로, 구원을 기다리나 희망이 보이지 않는 심정을 노래하였다.

40 출정[徂征]: 『서경(書經)』 「대우모(大禹謨)」의 "묘족(苗族)이 따르지 않으니 네가 가서 정벌하라[惟時有苗弗率, 汝徂征]."라는 구절에 보인다.

이를 구할 수 있겠는가."[41] 하시자 신속히 조정에 계신[廊廟] 공을 천거하였고, 황제께서 "계책을 세우고 승리를 거두는 데 나는 장자방[張子房: 장량(張良)]에 미치지 못한다."[42]라고 하셨는데 황제의 총애를 홀로 입으셨습니다. 문무(文武)의 능력은 만방(萬邦)의 전범(典範)이 되고, 충성과 의리는 백관(百官)의 첫머리에 위치하기 때문입니다.

공이 학사(學士)로서는 군사의 일을 논의하여 세상 사람들이 금중(禁中)의 염파(廉頗)·이목(李牧)[43]이라고 칭하였고, 중승(中丞)[44]으로서 나라에 몸을 바쳐 천하의 안위를 자기 임무로 삼으셨습니다.

속국이 위태로운 때에 병부시랑(兵部侍郎)으로서 임무를 맡으셨습니다.

황제께서 토벌하라고 명령을 내리시자 오직 한두 신하만이 공과 함께하였는데, 군대가 출동함에 명분이 있으니 비록 천만 명이라도

.......

41 어떻게 …… 있겠는가: 뛰어난 인물을 얻기 어렵다는 뜻이다. 『후한서』「제준열전(祭遵列傳)」에 나오는 고사로, 후한(後漢) 때 정로장군(征虜將軍)을 지낸 제준(祭遵)이 죽자 광무제(光武帝)가 "어떻게 해야 제 정로처럼 나라를 근심하고 공사를 받드는 자를 얻을 수 있겠는가."라고 탄식하였다고 한다.

42 계책을 …… 못한다: 뛰어난 전략을 지닌 이를 칭찬하는 말이다. 『사기(史記)』「고조본기(高祖本紀)」에서 "무릇 산가지를 장막 안에서 움직여 1000리 밖의 승리하는 일은 내가 장자방(張子房)보다 못하다[夫運籌策帷帳之中, 決勝於千裏之外, 吾不如子房]."라는 구절에 보인다.

43 금중(禁中)의 …… 이목(李牧): 문무를 겸비하고 재략(才略)이 탁월한 신료를 말한다. 염파(廉頗)와 이목은 모두 전국시대 조(趙)나라의 명장이다.

44 중승(中丞): 중국 고대 관직 중 어사(御史)를 가리킨다. 송응창은 만력 17년(1589) 도찰원우부도어사(都察院右副都御史)로 승진하여 산동순무[巡撫山東]가 되었는데 이를 가리킨다. 『명신종실록』 권212, 만력 17년 6월 10일(을유).

나는 가겠노라고 하셨습니다.⁴⁵

진실로 진정한 유자(儒子)에게는 대적할 자가 없는 것이니, 조정의 모의(謀議)가 이로써 크게 달성될 수 있었습니다.

공의 용병술은 음(陰)이 닫히면 양(陽)이 열리는 것 같아 귀신도 그 끝을 헤아릴 수 없고, 먼저 계획을 세우고 후에 싸우니 완급(緩急)이 모두 시기와 권도(權道)에 맞아떨어졌습니다.

만전을 기하여 편의에 따라 움직였으니 백전백승(百戰百勝)이 모두 공의 지휘에 따라 이루어졌습니다.

군령(軍令)이 한 번 나오면 바람과 번개가 그에 따라 색을 바꾸고, 위엄을 한 번 행하면 풀과 나무도 공의 이름을 알았습니다.

천자의 병사의 토벌이 동쪽 구석에서 시행되니, 달마다 승전보가 북쪽 궁궐로 날아들었습니다.

흉악한 무리를 쓸어버리기를 뿔을 뽑아버리는 것처럼 하여 360주의 구역을 모두 회복하셨고, 우리 백성을 구하기를 밧줄을 풀어버리는 것처럼 하여 백만 억조창생의 목숨을 끝내 살리셨습니다.

천자께서는 동쪽을 돌아보는 걱정을 덜어 "이적(李勣)을 쓰는 것이 만리장성보다 낫다."⁴⁶라고 하시고 삼한(三韓)을 다시 만들어주시

<hr />

45 비록 …… 하셨습니다: 『맹자(孟子)』「공손추상(公孫丑上)」의 "스스로 돌이켜보아 바르면 비록 천만 인이라고 해도 나는 갈 것이다[自反而縮, 雖千萬人, 吾往矣]."라는 구절에서 나왔다.

는 은혜를 입었으니, "관중(管仲)이 없었더라면 우리는 옷깃을 왼쪽으로 여몄을 것입니다."[47]라고 하겠습니다.

오늘날은 모두 우리 공께서 내려주신 것이며, 비록 털끝만큼이라도 황제의 힘이 아니었다면 어떠하였겠습니까.

엎드려 생각건대, 저희는 비록 압록강 강가 요새에 사는 먼 지역 백성이지만 기자가 책봉받은 땅의 옛 습속을 지녀서 동쪽으로 전해진 남은 은택(恩澤)을 입어오면서 중국에 성인(聖人)이 계심을 오랫동안 알고 있었고 서쪽으로 돌아가시기에 좋은 목소리로 위로하니,[48] 어린아이가 사랑하는 어머니를 사모하는 것 이상입니다.

곤의(袞衣)[49]를 입으신 공께서 저희 마을에 며칠 묵으시니, 우리가 아니면 누가 노래를 지어 찬양하겠습니까.

사(詞)는 다음과 같다.

·······

46  이적(李勣)을 …… 낫다: 당나라 태종(太宗)이 이적을 평가한 말을 인용하여 송응창의 공을 칭송한 것이다. 『신당서(新唐書)』 「이적열전(李勣列傳)」의 "수(隋)나라 양제(煬帝)는 사람을 골라 변방을 지키게 하지 않고 중국의 힘을 들여 장성을 쌓아 오랑캐에 방비하였다. 이제 나는 이적을 써서 지키게 하니 장성보다 훨씬 낫다."라는 구절에 보인다.
47  관중(管仲)이 …… 것입니다: 외부의 침략을 막아낸 것을 칭찬하는 말이다. 『논어(論語)』 「헌문(憲問)」의 "만약에 관중이 없었더라면 우리들은 머리를 풀고 옷깃을 왼쪽으로 여미는 오랑캐의 신세가 되고 말았을 것이다[微管仲, 吾其被髮左衽矣]."라는 구절에 보인다.
48  서쪽으로……위로하니: 『시경』 「비풍(匪風)」에 "누가 서쪽으로 돌아가려고. 그를 좋은 목소리로 위로하리라[誰將西歸, 懷之好音]."라고 하였다.
49  곤의(袞衣): 중국 고대 제왕 및 상공(上公)의 옷을 가리키는 것으로 송응창의 복장을 높여서 표현한 말이다.

아! 우리 동쪽 울타리인 조선은 대대로 황은을 입어 본디 충성스럽고 근면한 것으로 이름이 있었으니, 대명(大明) 천자께서 만 리 밖의 일을 훤하게 알아 내복(內服)[50]과 같이 보셨습니다.

삼면의 변방[三陲]은 아무 일이 없어 평안하고 평온하여 태평함에 젖어 위험을 잊었는데, 섬 오랑캐가 공손하지 못하여 감히 흉악한 짓을 저질렀으니 누가 그 예봉을 꺾을 수 있었겠습니까.

개나 양과 같은 왜노들이 멀리서 몰려와 우리 강토(疆土)를 유린하였는데 불의한 자들이지만 막강하였으니, 흘러 흘러 서쪽 성으로 옮기다가 피를 토하며 황제의 조정에 호소하니 우리 임금의 정성이여.

황제께서 육사(六師: 천자의 군대)에 명하시니 호랑이와 표범 같아 번개와 별똥처럼 빨리 달려왔으며, 장령(將領)들은 위풍당당하게 명을 받고 동쪽으로 오니 방숙(方叔)[51]·소공(召公)[52]과 같았습니다.

연회의 자리에서 상대를 제압하고[樽俎折衝][53] 눈 안에 오랑캐들

·······
50  내복(內服): 중국 황제가 다스리는 직할지를 말한다.
51  방숙(方叔): 주(周)나라 선왕(宣王) 때의 경사(卿士)로, 왕명을 받아 북쪽으로 험윤(玁狁)을 정벌하고 남쪽으로 형초(荊楚)를 정복하는 등 많은 공을 세웠다.
52  소공(召公): 주나라의 정치가로 전국칠웅(戰國七雄)의 하나인 연(燕)의 시조(始祖)이기도 하다. 주공(周公)과 함께 주의 건국과 안정에 크게 기여하였다.
53  연회의 …… 제압하고[樽俎折衝]: 외교술로 상대방을 제압하는 행동을 말한다. 준(樽)은 술을 담는 통이고 조(俎)는 고기를 담는 접시로 준조(樽俎)는 공식적인 연회를 뜻하고, 절충(折衝)은 담소를 나누는 가운데 상대를 제압하는 것을 뜻한다.

을 담아두니 가슴속에 만 개의 갑옷을 품고 있었으며, 용맹한 장수들이 안개처럼 모여들고 모사(謀士)들이 구름처럼 합세하니 형세가 산이 누르는 것과 같았습니다.

군기(軍旗)가 가리키는 곳에 감히 우리에게 대항하는 자들이 없었으니 황상의 위엄을 멀리까지 떨치게 되었고, 삼경(三京)을 쓸어버리고 팔로(八路)를 보전하니 국가는 다시 만들어지게 되었습니다.

군사를 주둔시켜 수비하며 장구히 대비하게 하니 사후처리를 잘할 수 있게 되었습니다.

식량을 요청하여 지속적으로 공급해주고 금전을 내어 구제하시니 이것이 누구의 은혜이며, 물에 빠진 우리를 건져주고 해골처럼 여윈 우리를 살찌우셨으니 이것이 누구의 힘 때문입니까.

지금부터 죽을 때까지 모두 공께서 내려주신 것입니다.

강가의 돌에 새겨 공의 공적을 기록하여 공의 은혜에 조금이나마 보답하고자 하는데, 덕을 칭송하고 공적을 노래하며 춤을 추는 것이 백발의 노인부터 어린아이까지 모두 한가지입니다.

예전에 공께서 오셨을 때에는 봄날 해가 느릿느릿하여 우리 마음이 화평하였는데,[54] 지금 공께서 가시는 때에는 한 해가 거의 저물어[55] 우리 마음이 괴롭습니다.

공께서는 돌아가지 마십시오. 공께서는 우리의 마음을 어기지 마십시오. 동방 백성이 공께 의지하고 있습니다.

.......

54  우리 …… 화평하였는데: 『시경』「소남(召南) 초충(草蟲)」에 "저 남산에 올라가서 고사리를 캐노라. 군자를 만나 보지 못한지라 내 마음이 슬프노라. 이미 그를 보고 또한 이미 만나고 나면 내 마음이 화평해지리로다[陟彼南山, 言采其薇. 未見君子, 我心傷悲. 亦旣見止, 亦旣覯止, 我心則夷],"라고 한 데서 나온 말이다.

55  한 해가 …… 저물어[歲律雲暮]: 이는 "세율기모(歲聿其莫)"로, 『시경』「당풍(唐風) 실솔(蟋蟀)」에 "귀뚜라미 집에 드니 벌써 해가 저물었네[蟋蟀在堂, 歲聿其莫]."라고 한 데서 나온 말이다.

# 은혜로운 음직을 거절하고 아울러 한 가지 생각을 아뢰는 상주

辭免恩廕并陳一得疏 | 권14, 11a-16b

날짜 만력 22년 10월 21일(1594. 12. 2.)

발신 송응창

수신 만력제

내용 자신의 전쟁 수행 과정을 왜곡하여 비판하는 내용에 대해 반론을 제기하며 귀향하기 위해 사직을 허락해달라는 상주이다.

원임(原任) 병부좌시랑(兵部左侍郎) 송응창이 상은 두터우나 공은 미미하므로 은혜로운 명령을 힘써 사양하고 아울러 의견을 아룀으로써 어리석은 충정(忠情)을 다하는 일.

신은 본적으로 돌아가 조리할 것을 은혜롭게 허락받은 이래로 초야 산속으로 물러나 있습니다. 신은 삼가 요행히 평안하게 지내며 생을 마칠 수 있을 것 같았습니다. 그런데 갑자기 만력 22년 10월 18일에 병부의 자문을 받았는데, 그 내용은 국내외에 많은 우환이 있어 긴급하게 격려하고 권장하는 일이었습니다. 거기에 이르기를 성지를 받들었는데, "송응창은 음서(蔭敍)로 아들 1명에게 정천호(正千戶)[56]를 주어 세습하게 한다."라고 하셨다고 하였습니다.

신이 다시 자문을 읽어보니 그 내용에, "병부에서 동쪽을 정벌한 일의 공적을 철저히 조사한 일로 제본을 올리고 성지를 받들었는데, '송응창은 일을 주관하느라 지치고 병들었으니 그의 큰 공을 정리해서 상주하고 첫머리에 서훈(敍勳)하도록 하라. 그를 도찰원우도어사(都察院右都御史)로 승진시키고 결원이 생기면 임용하라. 또한 상으로 은 100냥과 대홍저사(大紅紵絲) 4표리(表裏)를 하사하라.'라고 하셨습니다."라고 하였습니다.[57]

신은 하늘로부터 명을 듣고서 땀이 흘러 등을 적셨습니다. 신은 그때 신의 아들과 함께 계류봉(稽留峰)[58] 아래 냉천정(冷泉亭) 옆에 머무르면서 세수하고 입을 헹군 뒤 북궐(北闕)을 공손히 바라보며 머리를 조아리고 사은하였습니다. 그 외에 신은 황상의 따뜻한 말씀을 다시 칭송하며 비통하여 눈물 콧물이 흐르는 것을 멈출 수 없고 감격하여 죽고 싶을 정도였습니다.

신이 엎드려 생각하건대, 외로이 의심을 받아 위태로운 자취를 딛고 다만 어리석은 충정만을 품고 있었습니다. 오직 충성을 다할 뿐으로 자신을 죽이고 일족을 멸망시킬 화를 돌보지 않고 밝으신 군주께 우러러 보답하고자 하였습니다. 오직 어리석을 뿐으로 또한

......

56  정천호(正千戶): 천호(千戶)는 명대의 위소(衛所) 제도에 소속된 무관(정5품)을 가리킨다.

57  병부에서 …… 하였습니다: 만력 22년 9월 1일에 병부에서 동쪽을 정벌한 일의 공적에 대해 서훈(敍勳)할 것을 상주하자, 황제는 송응창을 우도어사(右都御史)로, 이여송을 태자태보(太子太保)로 승진시킨 바 있다. 『명신종실록』 권277, 만력 22년 9월 1일(병자).

58  계류봉(稽留峰): 영은산(靈隱山)의 다섯 봉우리 중 하나를 가리킨다. 지금의 절강성(浙江省) 항주시(杭州市) 서쪽에 위치한다. 송응창의 집안은 시조 송선원(宋先元) 때부터 항주 인화리(仁和里)에 세거하였는데, 영은산을 언급한 것은 귀향의 뜻을 드러낸 것으로 보인다.

이리저리 옮겨 다니거나 둘러대는 술수나 시류에 아첨하는 법은 알
지 못하였습니다.

지난 세월 왜노가 미친 듯이 마구 날뛰어 조선을 함락하고 기한
을 정해 침범해오려 하였습니다. 조정에 있는 자들은 여러 계책을
모두 바쳤고, 재야에 있는 자들은 놀라고 바라보며 어쩔 줄 몰라 하
였습니다. 그때 임무를 맡는 자는 위험할 것이고 피하는 자는 평안
할 것임을 누구인들 알지 못하였겠습니까.

신이 생각건대 삼조(三朝)의 두터운 은혜로 지위는 경이(卿貳)[59]
에 이르렀기에 떨쳐 일어나 몸을 돌아보지 않았던 것이니, 명령을
받들던 날에 어찌 살아서 궁궐 아래로 돌아오기를 바랐겠습니까. 그
때 신의 처자식은 경사에 있으면서 낮에는 감히 말리지 못해도 밤
마다 신의 바짓가랑이를 붙잡고 울었으나 신은 또한 성을 내며 처
자식을 차버렸습니다. 성천자(聖天子)의 신령스러운 위엄이 멀리까
지 떨쳐지고 조정[廟堂]의 책략이 현묘하게 부합한 데 힘입어, 대장
군은 반드시 승리하려는 노고를 다하였고 여러 부대들로 피 흘리며
싸우는 참혹함을 다하였으니, 이로써 갑옷을 거두어들이게 하고 적
을 멀리까지 쫓아냈으며 경도(經道)와 권도(權道)를 번갈아 써서 왕
자를 생환하게 하고 조선을 재조(再造)하였습니다. 진실로 폐하께서
말씀하신 바와 같이 세 번 싸워 공을 이루어 빼앗긴 지역을 온전히
되찾아 그 나라에 돌려주었던 것입니다. 이는 종묘사직의 밝은 혼
령과 성스러운 공덕이 연이어 다다르고 여러 장병들이 바위를 호랑

.......

59  경이(卿貳): 경(卿)의 다음이라는 뜻으로, 경략에 임명될 당시 송응창이 병부의 차관인
    시랑(侍郞)의 지위에 있었음을 말한다.

이로 여기는 마음[虎視石之心][60]으로 이룩한 것일 뿐입니다. 하찮은 신이 어찌 감히 하늘의 공을 탐내서 여러 미담을 빼앗을 수 있겠습니까.

다만 일단 항복하는 표문을 받고서 곧바로 상소를 올려 물러나려고 하였는데, 뜻하지 않게 원수진 자들과 시기하는 자들이 번갈아 공격하고 풍파가 사방에서 일어나 신을 죽이지 않고서는 멈추지 않겠다는 자들도 있습니다. 아아! 여러 신하들이 모두 나라를 위해 도모하는 충성을 품은 자들일 터인데 어찌 적을 위하여 원수를 갚고 저들의 이간책에 빠지는 일을 기꺼이 여겨서이겠습니까. 속으로는 선입견을 고집하고 겉으로는 견문이 좁은 탓에 그렇게 말하는 것일 뿐입니다. 삼가 황은을 입어 여럿의 분노가 반드시 신을 죽이고자 하던 가운데에서 신을 살리시고 항아리를 뒤집어쓰고[戴盆][61] 우물에 빠진 신에게 햇빛을 비춰주시어, 스스로를 돌아보아 분노를 속으로 삭였고 행동을 조심하며 하늘을 바라보게 되었습니다. 그 결과 신이 오늘날 처자식을 거느리고 남쪽의 밭을 몸소 일구며 어린 손자를 안고 북쪽 창[北牖][62]을 서성거릴 수 있는 것은 모두 폐하께서

·······

60　바위를 ······ 마음[虎視石之心]: 집중하면 불가능한 일도 이룰 수 있다는 뜻이다. 『사기』 「이광열전(李廣列傳)」에 이광(李廣)이 어두운 밤에 호랑이를 만나 활을 쏘아서 맞혔는데 가까이 다가가 보니 바위였다고 한 고사에서 나왔다.

61　항아리를 뒤집어쓰고[戴盆]: 햇빛이 들어오지 않는 어두운 항아리 속에 있다는 말로, 모함의 실상이 밝혀지지 않은 한스러움을 뜻한다.

62　북쪽 창[北牖]: 병에 걸려 아픈 상태를 말한다. 『논어』 「옹야(雍也)」에 "염백우(冉伯牛)가 병을 앓자 공자(孔子)가 문병을 가서 창문으로 그의 손을 잡고 '이런 병에 걸릴 리가 없거늘 운명(運命)인가 보다. 이런 사람이 이런 병에 걸리다니, 이런 사람이 이런 병에 걸리다니!'라고 탄식하였다[伯牛有疾, 子問之, 自牖執其手曰, 亡之, 命矣夫. 斯人也而有斯疾也, 斯人也而有斯疾也.]."라고 하였다. 주희(朱熹)의 집주(集註)에서는 이에 대해 "예(禮)에 '병자(病者)는 북쪽 창 아래에 있는데 임금이 문병하러 오면 남쪽 창[南牖] 아래

다시 살려주신 은혜 덕분입니다. 신은 머리를 찧어 들판에 피를 뿌리더라도 만분의 일만큼도 갚기에 부족할 것입니다. 신이 비록 연달아 아홉 번을 죽는다 하여도 결코 감히 다시는 이러한 국은(國恩)을 받지 못할 것입니다. 어째서 그렇겠습니까. 성상의 사람을 알아보는 밝음에 누를 끼치고 많은 헐뜯는 말과 배척하고 모욕하는 수모를 초래할 뿐이기 때문입니다.

신이 듣건대, 충신은 나라를 떠나도 의리상 군주를 잊지 않는다고 합니다. 신이 비록 우둔하지만 외로운 충성으로 스스로 맹세하였습니다. 신이 또한 듣건대, 포의지교(布衣之交)[63]는 말 한마디라도 자신을 알아준다면 곧 죽음으로 보답한다고 합니다. 하물며 존엄하신 군부에 대해서 어떠하겠으며, 생사가 걸리고 위험과 의심에 빠져 있을 때 알아주신 것에 대해서 어떠하겠습니다.

신이 앞뒤로 저보(邸報)를 전해 받아 엎드려 살펴보건대 올해 9월 3일에 내리신 성유(聖諭) 가운데서 말씀하시기를, "사후 계책으로는 혹 군사를 파견하여 왜를 몰아내든지, 저들이 다시 오기를 기다렸다가 군사를 출동시켜 정벌하든지, 혹 조공은 허락하지 않고 다만 가서 거래하는 것을 허락하는 세 가지가 있다."라고 하셨습니다. 또한 9월 13일에 내리신 성유를 보건대 거기서 말씀하시기를, "자고로 중국이 국경 밖의 오랑캐를 제어하는 데는 그들로 하여금 중국의 위엄을 두려워하고 중국의 덕을 품게 하는 것과 싸우거나 지

........

로 옮겨 임금으로 하여금 남쪽을 향하여 자신을 볼 수 있게 한다.'라고 하였다."라고 하였다.

63 포의지교(布衣之交): 신분이나 이해관계를 떠난 사귐을 말한다. 『사기』 「인상여전(藺相如傳)」의 "포의(布衣)를 입은 사람들의 교제도 오히려 서로 속이지 않는데 대국의 경우는 어떻겠는가[布衣之交, 尙不相欺, 況大國乎]."라는 구절에 보인다.

키거나 기미(羈縻)를 번갈아 쓰기를 꺼리지 않는다. 지금 왜가 이미 사신을 파견해서 항복을 요청하여 나라의 체면은 저절로 존엄해졌으니, 나는 이로써 그들을 어루만질 것이다. 속국을 보전하고 먼 곳을 지키는 것을 번거로워하지 않으며 잠시 기미함으로써 방비를 갖추기를 기다리는 일이 안 될 것이 무엇이겠는가."라고 하셨습니다.

신이 삼가 들어보니, "성인은 미미한 것을 보아도 드러날 것을 안다."라고 하고, 또한 말하기를 "말하지 않아도 깨우치는 것을 성인이라고 한다."라고 합니다. 신이 생각건대 왜의 모략은 교활하고 은밀하며 삼국 안위의 형세 역시 미미하다고 할 수 있습니다. 무릇 여러 신하가 책봉 논의를 깨뜨린 이래 도외시하고 언급하지 않은 지도 이미 오래되었습니다. 그러나 우리 황상께서는 하늘 같은 성스러움과 신명한 식견으로 특별히 밝은 성지를 선포하여 국내외에 내어 보이셨으니, 진실로 해외의 고래[鯨鯢][64] 같은 무리의 미친 혼백을 빼앗고 역내의 여우나 쥐 같은 무리의 사나운 마음씨를 주륙(誅戮)하실 만합니다. 신은 기쁘고 기뻐 춤추지 않을 수 없으며 이런 군주가 계시는데 어찌 차마 기대를 저버리겠습니까.

게다가 사안이 처음부터 끝까지 신과 관계되니 어찌 감히 평소 행적이 명망 높다는 데 얽매여 같은 배를 탄 호(胡)와 월(越)[65]과 같이 굴며 한번 속내를 털어놓지 않겠습니까. 하물며 상세하게 듣는 것은 대략 보는 것에 미치지 못합니다. 신이 과거 조선에 있으면서

.......

64  고래[鯨鯢]: 고래의 수컷과 암컷을 가리키는 말로, 소국(小國)을 병탄(幷呑)하려는 흉악한 자를 뜻한다. 여기서는 임진왜란을 일으킨 일본군을 가리킨다.

65  같은 …… 월(越): 어쩔 수 없이 적과 동행하는 것을 말한다. 오월동주(吳越同舟)와 같은 뜻이다.

사후 대책에 대해 상소들을 올리며 이미 상세히 말씀드린 바 있습니다. 전라도와 경상도의 요충지를 지키기는 쉬우나 중국의 연해(沿海)를 지키는 것은 어렵습니다. 이미 얻은 조선을 보전하기는 쉬우나 다시 격파된 조선을 공격하기는 어렵습니다. 조정에서 흔쾌히 한 번 봉호를 내려주어 그들을 기미하는 것은 쉬우나 바다를 건너 그들을 모두 주륙하는 것은 어렵습니다. 책봉을 해주고서 과연 3년 동안 공순하게 굴면 중국의 방비는 이미 엄밀해질 것이고 강역을 책봉받은 신하는 그 죽을 목숨을 제어할 수 있으니, 그런 이후에 조정의 신하들에게 조공을 논의하게 하면 될 것입니다.

지금 항복한다는 표문이 온 지 이미 1년이 되었습니다. 나이토 조안을 구류한 것도 1년여가 넘습니다. 여러 신하는 나이토 조안의 머리를 고가(藁街)[66]에 내걸지도 못하고 그렇다고 해국(海國: 일본)으로 돌려보내지도 못하고 있습니다. 이러한 행동을 신은 비록 누추하고 졸렬하지만 섬 오랑캐들 가운데 이것으로써 폐하의 속마음을 엿보는 자가 있을까 마음속으로 가만히 염려합니다.

근래에 듣건대 언관들이 걸핏하면 말하기를, "왜를 책봉하면 화(禍)가 발길을 돌리지 않을 것이다."라고 한다고 합니다. 신은 생각건대 왜가 중국을 침범한다면 하필 봉호를 빌미로 삼기야 하겠습니까. 아니면 바다로 돛을 펄럭이며 올 때 관시(關市)[67]는 단속이 엄격하여 반드시 부절이 있어야 하는데 화가 생길까 그냥 통과시키겠습

........

66  고가(藁街): 한나라 때 장안성(長安城) 남쪽 문 안에 있던 거리의 이름으로, 도성의 거리를 말한다.

67  관시(關市): 호시(互市)의 다른 표현 중 하나이다. 호시는 중국 왕조와 주변 정치세력 간의 무역이 이루어지는 장소 또는 그 방식을 말한다. 대체로 변경에 교역장을 설치했으며 위치나 시대에 따라 해시(海市), 관시 등으로 불렸다.

니까. 우리의 봉호를 받고서도 다시 패악질을 저지른다면 수비하는 신하가 죽인들 대명률(大明律)을 어기는 것이 되겠습니까. 이렇게 보면 그를 책봉하는 것이 해가 되지 않을 것임은 분명합니다. 어제 조선왕의 상소를 보니 일단 책봉하여 귀국시키자고 하였으니, 그 책략이 신의 사사로운 말이 아니었음을 믿었기 때문입니다.

이런 때에 이르러 조선에서 관문(關門)을 수리하고 보초를 배치하는 까닭을 묻지 않는 것은 어째서입니까. 우리 연해에서 군사를 훈련시키고 군량을 쌓아두는 까닭을 묻지 않는 것은 어째서입니까. 백성은 군사를 알지 못하고 병사들은 날로 교만해져도 옛날에는 병사를 농사에 부쳤던 까닭을 묻지 않는 것은 어째서입니까. 조선에서 둔전(屯田)을 행하여 군사들을 먹이는 것은 어째서입니까. 나라의 형세가 날로 가벼워지고 여러 이야기가 마구 들리는데 획일(劃一)의 법[68]을 묻지 않고도 믿고 따라서 받들어 행하는 것은 또 어째서입니까. 성천자께서 위에 계시면서 작은 선(善)도 빠뜨리지 않기 때문입니다. 신은 여러 신하가 밝으신 군주께 힘써 보답하기를 바라며 폐하께서 힘써 결재하시기를 바랍니다. 신은 산림에서 늙어 죽는다면 더할 나위 없는 행복이겠습니다. 어찌 감히 다시 나라의 은혜를 바라겠습니까.

근래에 신이 들어보니 어떤 사람은 조선을 대신해서 수비하지 말고 다만 군사를 더해 우리 요양을 지키자고 합니다. 무릇 왜가 조

---

68  획일(劃一)의 법: 훌륭한 제도 또는 방식을 말한다. 『사기』「조상국세가(曹相國世家)」에 혜제(惠帝) 때 상국(相國) 조참(曹參)이 소하(蕭何)를 이어 정치를 잘하니 백성이 노래하기를, "소하가 법을 만들되 바르기가 일자(一字)를 그린 듯하더니, 조참이 이어서 실수 없이 지켜 맑게 행하므로 백성이 편안하고 한결같다[蕭何爲法, 較若畫一, 曹參代之, 守而勿失, 載其淸淨, 民以寧一]."라고 하였다.

선을 차지한다면 침범하는 것이 어찌 요양에만 그치겠습니까. 요양을 침범하는 것은 뱀의 꼬리만 공격하는 것과 같으니 이는 하책(下策)입니다. 모의하는 신하가 어찌 하책을 가지고 왜에 대한 대책이라고 한다는 말입니까. 힘을 쓰는 것은 많고 공을 이루는 것은 적을 것이니, 어찌 전라도와 경상도를 지켜 힘은 덜고도 편리한 방책과 같을 수 있겠습니까.

신은 이해할 수 없습니다. 왜로 하여금 다시 조선을 차지하게 하면 그들의 소굴이 일단 견고해지고 천혜의 험준함에 기댈 수 있으니, 과거 수(隋)나라와 당(唐)나라가 온 나라를 기울여 일을 벌였으나 끝내 고려에서 뜻을 이루지 못하였던 일을 거울삼을 수 있을 것입니다. 하루아침에 압록강(鴨綠江) 위에 기치를 벌여놓고서 새벽에 한 갈래 군대를 출발시켜 천진(天津)을 노략질하고 저녁에 한 갈래 군대를 출발시켜 산해(山海)를 침범하며 유격병은 등주(登州)·내주(萊州), 서주(徐州)·회양(淮陽) 사이에 출몰할 것이니, 신이 보기에 날마다 여러 사태에 괴로워질 것입니다. 우리가 수비하지 않는 곳이 없고 저들은 공격하지 않는 곳이 없을 것입니다. 수비하는 자는 땅이 넓고 군대를 나누니 힘이 들지만, 공격하는 자는 앉아서 사기를 정돈하고 전군(全軍)으로 승부를 겨루니 힘이 덜 들 것입니다. 하물며 안으로는 인근을 진동시킬까 하는 두려움이 있고 밖으로는 방어하는 군사의 응원이 부족하다면, 경사(京師)와 능침(陵寢: 황릉)이 여기 있는데 어찌 하루라도 베개를 편안히 베고 누울 수 있겠습니까. 지금 조선을 대신해서 수비하는 것을 그르다고 하는 자들은 전체 판국의 형세는 보지 못하고 한 귀퉁이만 겨우 보는 것일 뿐입니다. 이 또한 신은 이해할 수 없습니다.

어떤 사람은 말하기를 책봉을 허락하면 또한 장차 조공하려 할 것이며 반드시 우리 중국을 침범할 터인데 중국이 어떻게 지탱할 수 있겠느냐고 합니다. 신이야 평범하기가 비길 데가 없습니다만 그래도 오합지졸의 군사를 이끌고 멀고 먼 변경 밖에서 강력한 왜군을 격파할 수 있었습니다. 영웅호걸로서 신보다 훨씬 뛰어난 자들이 어찌 이 왜노들을 안마당에서 막아낼 수 없다고 하는 것입니까. 신으로서는 더욱 이해할 수 없는 일입니다.

3~5년 후에는 우리나라의 병력이 강성해져서 육박(六博) 놀이를 하면서 올빼미 말을 가진 것과 같을 것이니,[69] 편하면 먹고 편하지 않으면 그치면 될 것입니다. 책봉하든지 왕래를 끊든지, 공격하든지 권유를 하든지는 모두 우리에게 달려 있습니다. 북쪽 오랑캐와 호시(互市)를 하면서 해마다 수백만을 그들에게 넘겨주고 있는데 그들은 동쪽에서는 장사하고 서쪽을 약탈하고 있으니, 뜻이 있는 선비들 가운데 절치부심(切齒腐心)하지 않는 이가 없습니다.

지금 폐하께서 또, "왜와 해시(海市)하는 계책을 허락한다."라고 하셨으니, 이 한 계책이 동쪽을 정벌하는 일에 나섰던 여러 신하의 입에서 나온다고 해도 언관들은 어찌 비난할지 모를 것입니다. 그러나 폐하에 앞서 해시의 편익을 말한 자로 주홍조(周弘祖)[70]가 있었음을 알지 못합니다. 해시를 하면 위로 국가의 재정에 보탬이 될 수 있

........

69  육박(六博) …… 것이니: 일을 관철시킬 수 있는 주도권 또는 수단을 가졌음을 말한다. 육박은 고대 중국의 놀이의 한 가지로, 6개의 막대를 주사위 삼아 던져 나온 숫자만큼 말판에서 말을 움직이는 방식이었다. 특정 위치에 도달한 말은 올빼미[梟]라는 강력한 말로 승진하여 유리한 지위를 차지할 수 있었다고 한다.

70  주홍조(周弘祖): ?~?. 명나라 사람이다. 호광 황주부(黃州府) 임성현(麻城縣) 출신이다. 자는 원효(元孝)이며 가정 38년(1559) 진사로 급제하여 출사하였다.

고 아래로는 동해(東海)의 정벌에 여유 있게 대처할 수 있습니다. 홍무(洪武) 이후부터 가정(嘉靖) 이전까지 대대로 해시로부터 세금을 받아왔으며, 근래에는 팔민(八閩)[71]에서 현재 해시를 행하여 공적으로나 사적으로나 이익을 얻는 것이 셀 수 없습니다. 이것은 국내외의 신민이 모두 다 아는 일입니다. 과거에 병란이 일어난 것[72]은 실로 일본의 군주가 미약하여 두 길로 조공을 다투어서 그랬던 것이지 시박(市舶: 장사하는 배)의 해로움 때문이 아니었습니다.

크도다! 군주의 말씀이여! 밝기가 촛불이 비추는 것과 같아 받들어 행하면 곧 처리할 수 있습니다. 하찮은 신의 한두 가지 계획은 다행히 1000일 전에 결단이 내려져 폐하께서 만 리 밖에서 정책으로 정하셨으니, 신이 물러나 입을 다무는 것이 이미 두 번째입니다. 폐하께서 여러 의논을 막고 이를 행하시어 신은 흔쾌히 위로를 받았고 신이 죽어도 영원히 전해질 것[不朽]이니 다시 무슨 바람이 있겠습니까. 신의 몸을 영광되게 하셨으니 신의 말을 써서 이익을 키우시는 것이 어떻겠습니까. 신의 자손을 등용하셨으니 신의 계책을 써서 비할 데 없는 이익을 얻으시는 것이 어떻겠습니까. 하물며 폐하께서는 신을 특별히 대우해주셨으니 은혜가 진실로 하늘과 맞닿고 땅이 끝날 지경인데, 신이 다시 오늘의 상을 받는다면 분에 넘치는 복이 되어 화와 근심이 장차 이를 것입니다.

옛말에 이르기를, "복장이 걸맞지 않은 것은 몸의 재앙이다."라

---

71 팔민(八閩): 복건성(福建省)을 말한다. 원나라 때 복건행중서성(福建行中書省)에 복주(福州), 건녕(建寧), 천주(泉州), 흥화(興化), 소무(邵武), 연평(延平), 정주(汀州), 장주(漳州) 등 8개의 부(府)를 두었던 데서 생긴 이름이다.

72 과거에 …… 일어난 것: 영파(寧波)의 난을 말한다.

고 하였습니다.[73] 신이 구사일생의 고비를 넘기고도 다시 국가의 은
혜를 받는 것을 꺼리지 않는다면 바로 이런 것일 것입니다. 신은 어
리석지만 일편단심을 밝게 드러내어 구중궁궐을 향해 우러르고 조
아리며 엎드려 성자께서 신의 어리석음을 불쌍히 여기고 신의 충정
을 살펴 명령을 물려서 신과 신의 자손으로 하여금 산과 들에서 노
래나 부르며 수풀 사이에서 삶을 마치도록 해주심으로써 태평성대
를 칭송하게 해주십시오. 성은을 우러러 받듦에 어찌 다함이 있겠습
니까. 신은 격동을 이기지 못하여 명이 이르기를 기도합니다.

.......

73 복장이 …… 재앙이다: 분수에 맞지 않으면 문제가 생긴다는 뜻이다. 『춘추좌씨전』 희공
   (僖公) 24년 조에 정(鄭)나라 자장(子臧)이 송(宋)나라로 도망가서 물총새 깃털로 만든
   관(冠)을 모으기를 좋아하니, 정백(鄭伯)이 이를 듣고 미워하여 자객을 보내 죽였다. 이
   에 대해 군자(君子)가 논평하기를, "의복이 신분에 맞지 않는 것은 몸의 재앙이다[服之
   不衷, 身之災也]."라고 하였다.

# 經略復國要編

## 後附・行狀・墓志銘・跋

# 병부의 상주

**兵部一本** | 後附, 1a-8b

**날짜** 만력 22년 7월 5일(1594. 8. 20.)

**발신** 병부(兵部)

**수신** 만력제(萬曆帝)

**내용** 산동순안(山東巡按) 주유한(周維翰)이 평양성(平壤城) 전투부터 서울 탈환 이전까지 명군이 세운 공적을 조사해서 올린 제본(題本)에 대해 병부에서 그 내용을 검토하여 명군 지휘관들의 공과 죄에 대해 평가하고 적절한 포상과 처벌을 주청하는 상주이다. 다만 왕경(王京) 수복 과정에서 경략(經略) 송응창(宋應昌)과 제독(提督) 이여송(李如松) 등이 세운 공적에 대해서는 재차 계요총독(薊遼總督) 손광(孫鑛)[1]에게 공문을 보내어 조사하도록 할 필요가 있다고 제안하고 있다. 그러나 만력제는 이미 큰 전공을 세웠으니 태묘(太廟)에 고하고 승전(勝戰)을 선포하는 의례를 곧 거행한 뒤 포상을 내려야 하며 재조사할 필요가 없다는 비답(批答)을 내렸다. 명 조정에서 임진왜란 전기의 명군 지휘관들의 공적을 어떻게 평가하고 있었는지를 상세하게 알 수 있는 문서이다.

**관련자료** 이 문서에는 날짜가 기록되어 있지 않으나,『명신종실록』권 275, 만력 22년 7월 5일 기사에 주유한의 공적 조사 내용과 병부의 검토, 만력제의 성지(聖旨)가 요약된 형태로 함께 실려 있다. 이에 따르면 주유한은 평양성 전투에서 승리한 것은 사실이지만 벽제(碧蹄)에서의 패전을 승전으로 보아서는 안 되고, 일본군 병졸의 수급(首級)은 진짜로 볼 수 있으나 일본군 장수의 수급은 거짓이라는 전제하에 명군 지휘관들의 상벌을 정하며, 송응창과 이여송 등의 공적 및 서울 탈환 이후의 공과 죄는 사안이 마무리된 다음에 따로 논의해야 한다고 주장하였다.

동쪽 정벌의 공적을 조사하고 상벌을 참작해서 행하여 국시(國是)를 밝히고 인심을 격려하기를 황상께 우러러 바라는 일.

산동순안 주유한이 위의 일로 제본을 올린 데 대해 성지를 받들었습니다.

병부에서 공정하게 조사하고 의논해서 오면 내가 보겠다.

살피건대 동쪽 정벌의 전역(戰役)은 멀리 떨어진 이역(異域)에서 벌어졌으므로 사체(事體)를 제어하기 어렵고 조정의 논의나 여러 사람의 논의도 또한 어렵게 여겼습니다. 다만 왜가 조선을 침범하여 강토(疆土)가 함몰되자, 황상께서 조선이 급한 소식을 고해오는 것을 불쌍히 여겨 분연히 장수에게 명령을 내리고 군사를 일으켜 가서 구원해주도록 하셨습니다. 이는 멸망할 나라를 일으켜주는 지극한 인자함이요 어지러움을 막는 큰 의리입니다.

천자(天子)의 군대가 아직 집결하여 행군하기 전에 적의 우두머리는 호랑이처럼 평양(平壤)에 걸터앉아 우리의 울타리를 치워버리고 함부로 우리를 엿보고 있었습니다. 신(臣: 석성) 등은 평양이 함락

-------

1　손광(孫鑛): 1543~1613. 명나라 사람으로 절강 소흥부(紹興府) 여요현(餘姚縣) 출신이다. 자는 문융(文融), 호는 월봉(月峯)이다. 임진왜란 발발 초기에는 산동순무(山東巡撫)를 맡아 병참을 지원하였고, 만력 22년(1594)에 고양겸(顧養謙)을 대신하여 경략이 되었다.

되지 않으면 속국(屬國)을 회복할 가망이 없고 포상 규정을 내걸지 않으면 전사들의 사기를 고무시킬 기회가 없을 것을 염려하였습니다. 그러므로 대병(大兵)이 관문(關門)을 나설 때 평양을 수복하면 넉넉히 승진시키고 상을 베풀겠다는 명령을 반포하기를 특별히 청하였고, 황상(皇上)의 윤허를 받아 앞서서 선포하여 무리의 마음을 감격하게 하였습니다.

이에 강을 건너는 시점에 사람마다 용기가 백배하여 기이한 공명(功名)을 세우기를 생각하고 우러러 특별한 포상에 부응하려 하였습니다. 그리하여 평양의 싸움에서는 제독이 무리를 이끌고 먼저 성벽을 오르고 편비(偏裨: 참모)들이 길을 나누어 함께 진격하자 왜가 각자 새처럼 놀라고 물고기처럼 흩어지니, 마침내 하루 저녁에 그 성을 빼앗았습니다. 얼마 뒤 개성(開城)의 왜도 멀리서 바라보고 머리를 내밀었습니다. 두 번의 승전에서 거둔 수급이 합쳐서 천(千)이나 백(百)으로 헤아릴 만합니다. 복건순무(福建巡撫)·복건순안(福建巡按)의 보고[2]에 "여러 왜가 조선을 침입하였다가 본조(本朝: 명)의 관병(官兵)에 죽임을 당한 것이 그 수를 셀 수 없다."라고 한 것은 진

.......

2  복건순무(福建巡撫)·복건순안(福建巡按)의 보고: 복건순무 허부원(許孚遠)과 복건순안 유방예(劉芳譽)가 만력 22년(1594) 5월에 공동으로 올린 상주를 말한다. 허부원은 병부상서(兵部尙書) 석성(石星)의 명령에 따라 일본에 사람을 보내어 정탐 및 공작 활동을 수행하고, 그 결과를 복건순안 유방예와 함께 만력 22년 5월에 「청계처왜추소(請計處倭酋疏)」로 만력제에게 보고하였다. 이에 대한 연구로는 三木聰, 「福建巡撫許孚遠の謀略: 豊臣秀吉の征明をめぐって」, 『人文科學硏究』 4, 1996(三木聰, 『伝統中國と福建社会』, 東京: 汲古書院, 2015에 수록); 차혜원, 「중국 복건지역의 임진전쟁(1592~1598) 대응」, 『東方學志』 174, 2016 등을 참고. 해당 부분의 원문은 다음과 같다. 許孚遠, 『敬和堂集』 (일본 국립공문서관 내각문고 317-0100) 5책, 疏, 「請計處倭酋疏」, 72b, "前歲侵入高麗, 被本朝官兵殺死, 不計其數."

실로 이 싸움이 치열하였음을 증명합니다.

만약 파죽지세(破竹之勢)를 타고 더욱 만전을 기한 계획을 도모하였다면 어찌 흉포한 적들을 죽여서 경관(京觀)[3]을 만드는 일도 가깝지 않았겠습니까. 뜻밖에 벽제에서 복병(伏兵)을 만나 적을 가벼이 보고 계책을 소홀히 하는 잘못을 면하지 못하였지만, 다행히도여러 장사(將士)들이 더욱 힘써 싸워서 포위를 뚫었고 벤 수급이 더욱 많았습니다. 앞뒤로 이기고 진 자취는 순안어사[按臣: 주유한]가대체로 상세하게 말하였으나, 하나의 잘못으로 앞의 공로를 덮을 수는 없습니다. 하물며 의주(義州)에서 개성까지 열흘도 넘기지 않고1000리의 땅을 회복하였으니, 이에 이르러 구원한다는 이름과 실상이 진실로 걸맞게 되었습니다. 여러 장사들이 싸워 이기고 공격하여빼앗은 공도 또한 기이하게 여길 만합니다. 모두 황상의 하늘과 같은 위엄에 힘입어 종묘와 사직의 은총과 영광을 멀리 미치게 하였으므로, 장사들이 목숨을 바쳐 앞의 승리가 있게 되었습니다.

만약 저희 병부에서 앞서 시행한 조례(條例)에 따른다면 수급110과(顆) 이상은 마땅히 태묘에 고하는 전례를 행해야 하지만, 지금 감히 갑자기 청할 수는 없습니다. 다만 편비 이하가 세 전투[4]에서세운 공로에 대해서는 상을 기다리다가 때를 넘겼고, 해당 순안어사가 사실을 조사한 것이 이미 명백하며, 다시 황상의 밝은 성지를 받들어 공정하게 조사하여 의논하였습니다. 지금이 어떠한 때이고 이일이 어떠한 일입니까. 위로는 황상께서 살피시고 아래로는 청의(淸

.......

3    경관(京觀): 전공을 과시하기 위해 전쟁 후에 적의 시체를 쌓아서 흙으로 덮은 큰 무덤을 지칭한다.

4    세 전투[三戰]: 평양(平壤)·개성(開城)·벽제(碧蹄)의 세 전투를 말한다.

議)가 있으며, 이승에는 형벌이 있고 저승에는 귀신이 있습니다. 신등이 공정하지 않게 하려고 해도 어찌 감히 그럴 수 있겠습니까. 삼가 순안어사 주유한의 서훈(敍勳) 상소 등의 전례에 따라 순서를 참작하여 이에 각각 상벌을 정하였습니다.

중영(中營) 부총병(副總兵) 양원(楊元)·좌영(左營) 부총병 이여백(李如栢)·우영(右營) 부총병 장세작(張世爵)은 병력을 나누면서도 군사에 협력하여 힘을 다해 함께 진격하였습니다. 평양에서 여러 차례 싸울 때 소매를 걷어 올리고 매가 날아오르듯 용기를 떨쳐서, 적의 우두머리가 낙담하여 무기를 끌고 쥐처럼 도망치는 꼴이 되었습니다. 비록 명령을 포고하여 무리를 가지런히 정돈하는 일은 주장(主將)의 지휘에 달려 있으나, 견고한 성을 함락시키고 적의 예봉을 꺾는 것은 부대 지휘관의 역량에 달린 것입니다. 양원은 최근 무겁게 탄핵을 받았으므로[5] 공과 죄가 서로 상쇄될지에 관해서 순안어사가 조사하여 따로 의논하도록 하겠습니다. 이여백·장세작은 마땅히 우등으로 서훈해야 합니다.[6] 이여백은 왜를 산 채로 사로잡았으니 또한 마땅히 논의에 따라 상을 더해야 합니다.

유격(遊擊) 등의 관직에 있는 오유충(吳惟忠) 등 12명은 각각 한

.......

5  양원은 …… 받았으므로: 송응창의 후임 고양겸은 만력 22년(1594) 3월 상소를 올려 동쪽 정벌의 시말(始末)을 논하면서 평양성 전투와 벽제관 전투에서 송응창이 양원의 공을 과대평가하였음을 지적하였다. 『명신종실록』 권271, 만력 22년 3월 24일(임인).
6  이여백 …… 합니다: 원문에는 이여백과 장세작을 "우서(優敍)"해야 한다고 하였는데, 이는 일반적 서훈보다 한 등급을 올려 서훈하도록 하는 것이다. 송응창은 이여송(李如松)·유황상(劉黃裳)에게 내린 지시에서 명 조정에 공적을 보고할 때 특별히 서훈할 자[特敍], 으뜸으로 서훈할 자[首敍], 우등으로 서훈할 자[優敍], 통상적으로 서훈할 자[通敍], 상을 주어야 할 자[賞賚]로 등급을 나누도록 지시하였다. 『경략복국요편(經略復國要編)』 「10-15 檄李提督劉贊畫 권10, 13b-15b」 참고.

부대를 이끌고 삼군(三軍)을 도와서 혹은 화살과 돌을 무릅쓰고 먼저 성벽을 올랐고 혹은 좌익·우익이 되었으며 혹은 후방을 굳히고 중영을 견고하게 하였습니다. 무릇 이렇게 정정당당한 위세는 굳세고 씩씩한 무위(武威)에 힘입은 것이니, 모두 마땅히 우등으로 서훈하여 그 승첩(勝捷)을 가상히 여겨야 합니다.

참장(參將) 등의 관직에 있는 시조경(施朝卿)[7] 등 24명은 험한 길로 적에게 달려가면서도 군대를 단속하는 것이 매우 엄하고 분명하였으며, 해를 넘겨 원정하면서도 군사들의 정신을 더욱 고무시켰습니다. 혹은 공격함에 공적이 드러났고 혹은 응전하면서 기이한 효과를 거두었으니, 모두 마땅히 아울러 서훈해서 그 노고를 보상해야 합니다.

이유승(李有昇)[8]이 진중(陣中)에서 죽은 것은 군대가 패하면 장수도 마땅히 죽어야 한다는 뜻[9]을 보여주며, 주홍모(周弘謨)가 객사한 일은 순국(殉國)하는 충성을 보여줍니다. 장정국(莊定國)은 살아서 중상을 입었지만 그 부상이 족히 사인(死因)으로 기록될 만하며, 분함을 품고 죽은 것을 불쌍히 여길 만합니다. 각각 음직(廕職)[10]을 주

後附
등

·······

7  시조경(施朝卿): ?~?. 명나라 사람이다. 흠차산서유격장군(欽差山西遊擊將軍)으로 만력 20년(1592) 12월에 마병 1000명을 이끌고 나왔다가 만력 21년(1593) 6월에 돌아갔다.

8  이유승(李有昇): ?~1593. 명나라 사람으로 요동 철령위(鐵嶺衛) 출신이다. 이여송을 따라 조선에 왔다. 벽제관 전투에서 일본군 하나가 칼을 휘두르며 돌진해와서 하마터면 이여송이 위험할 뻔하였는데, 이때 이유승이 옆에 있다가 뛰쳐나와 적을 막다 죽었다. 『상촌고』에는 "이유승(李有升)"으로 기록되어 있다.

9  군대가 …… 뜻[死綏之志]: 군사가 패하면 지휘관은 마땅히 그 책임을 지고 죽어야 함을 뜻하는 말이다. 『좌전(左傳)』 문공(文公) 20년의 "사마법(司馬法)에 장군은 수레에 오르는 끈을 잡고 죽는다[死綏]."라는 고사에서 유래하였다.

10  음직(廕職): 관원의 공적을 참작하여 그 자손에게 제수하는 관직이다.

어서 저승의 혼령을 위로해야 합니다.

비어(備禦)의 관직에 있는 담국양(詹鞠養) 등 관원 17명은 진격을 독촉하고 명령을 전달하는 일에 힘썼고, 부총병 등의 관직에 있는 동양정(佟養正) 등 관원 10명은 군수품을 운반하고 정돈하는 번거로움에 분주하였습니다. 그 공적과 능력을 감안하여 마땅히 후한 상을 더해야 합니다.

참군(參軍) 후선(候選)[11] 책사(策士) 왕여현(王汝賢)[12] 등 8명은 혹 문서를 작성하는 데 바삐 일하였고, 혹 장막 안에서 승산을 헤아리는 데 분주하였으니, 응당 의논한 바와 같이 모두 상을 주어야 합니다.

천총(千總)·파총(把總)·참군 관직에 있는 장구경(張九經) 등 100명은 수천 리를 달려와 심히 고생하였고, 한 해 동안의 원정에 노고가 많았으니 모두 무겁게 상을 주는 것도 진실로 지나치지 않습니다.

공을 세워 속죄해야 하는 파직된 관원 조지목(趙之牧)[13] 등 39명은 전장에서 목을 벤 수가 서로 다르니, 전례를 조사하여 속죄를 허락하거나 상을 줄 때도 마땅히 차등을 두어야 합니다.

가함(加銜)[14] 부총병 사대수(査大受)[15]·탈영자 호동(胡桐)·지휘(指

........

11 후선(候選): 관직 임용 자격을 가진 자가 결원이 날 때까지 기다리고 있는 상태를 뜻한다.
12 왕여현(王汝賢): ?~?. 명나라 사람으로 강소성(江蘇省) 무석(無錫) 출신이다. 현승(縣丞)을 지냈다.
13 조지목(趙之牧): ?~?. 명나라 사람이다. 임진왜란 때 우협대장 장세작의 통솔을 받았던 사람 중 하나이다.
14 가함(加銜): 관원에게 본래의 관직보다 높은 명예 직위를 따로 주어 그 지위를 격상시키는 일을 말한다.
15 사대수(査大受): ?~?. 명나라 사람으로 요동 철령위(鐵嶺衛) 출신이다. 임진왜란 당시 선봉부총병(先鋒副總兵)으로 임명되어 대군의 선봉대 역할을 수행하였다. 평양성 전투

揮) 왕공(王功) 및 무장국(武壯國)·신자립(辛自立)·조양혜(曹養惠)·장도중(張道中), 아울러 중한 장죄(贓罪: 뇌물죄)를 저지른 정문빈(鄭文彬)·조여매(趙汝梅)·왕승은(王承恩)·양소선(楊紹先)[16]은 혹은 공도 없으면서 외람되고 방자하게 굴었거나 혹은 공이 있었으나 탐욕스럽고 간사하였습니다. 정문빈 등은 이미 양원과 더불어 성지를 받들어 조사해서 다스리게 하였습니다. 사대수에 대해서도 마땅히 속히 각 해당 순안어사에게 공문을 보내어 가까운 곳에서 조사하고 심문하도록 하여 군기를 바로잡아야 합니다.

본디 상과 벌을 함께 쓰면 상을 받은 자는 더욱 격려를 받으며, 공과 죄가 함께 밝혀지면 죄가 있는 자는 더욱 징계됩니다. 이는 진실로 국법이 관계된 것이며 또한 공도(公道)가 걸린 바입니다. 이미 상주가 올라왔으니 응당 검토하여 다시 주청해야 합니다.

마땅히 황상의 명령이 내려오기를 기다려 이여백 등은 도독동지(都督同知)로 승진시키고 장세작은 도독첨사(都督僉事)로 승진시켜 원래대로 사무를 관장하게 하되, 총병(總兵) 자리에 결원이 생기면 옮겨서 임용하고 또한 특별히 후한 상을 주어야 합니다. 오유충·곡수(谷燧)는 각각 참장으로 승진시키고, 이여매(李如梅)[17]·임자강(任

---

에 참여하였고, 선봉대를 지휘하면서 정탐 관련 임무를 수행하는 등 많은 전공을 세웠다. 뛰어난 무예로 유명하였다.

16  양소선(楊紹先): ?~?. 명나라 사람으로 전둔위(前屯衛) 출신이다. 흠차요동총병표하영령이병 원임참장(欽差遼東總兵標下營領夷兵原任參將)으로 마병 800명을 이끌고 제독을 따라 조선에 왔다가 만력 21년(1593)에 명나라로 돌아갔다.

17  이여매(李如梅): ?~1612. 명나라 사람으로 요동 철령위(鐵嶺衛) 출신이다. 자는 자청(子淸), 호는 방성(方城)이다. 이여송의 동생으로, 형을 따라 임진왜란에 참전하였다. 훗날 이여송이 사망하자 형의 관직을 승계하여 요동총병(遼東總兵)이 되어 요동을 방어하였다.

自强)[18] · 낙상지(駱尙志) · 고책(高策)[19]은 이미 참장으로 승진시켰으니 각각 오유충·곡수와 함께 모두 부총병 직함을 더해주고 원래대로 사무를 관장하게 합니다. 이방춘(李芳春)[20] · 이녕(李寧)은 모두 이미 부총병 직함을 더하였으니 각각 서도독첨사(署都督僉事)를 더합니다. 방시휘(方時輝)[21] · 전세정(錢世禎)[22]은 각각 참장 관직으로 승진시킵니다. 척금(戚金)은 원래 관직으로 기용하는 것을 허락하고, 오유충과 마찬가지로 후한 상을 주어야 합니다. 시조경은 부총병 직함을 더하여 사무를 관장하게 합니다. 조문명(趙文明)[23] · 왕문(王問)[24]은 각각 참장으로 승진시켜 사무를 관장하게 합니다. 고승(高昇)[25]은 참장

後附
등

……

18 임자강(任自强): ?~?. 명나라 사람으로 대동(大同) 양화위(陽和衛) 출신이다. 자는 체원(體元), 호는 관산(冠山)이다. 임진왜란이 발발하자 선부(宣府)의 병력 1000명을 이끌고 참전하였다.

19 고책(高策): ?~?. 명나라 사람으로 산서 천성위(天城衛) 출신이다. 호는 대정(對庭)이다. 만력 20년(1592) 12월에 흠차통령대동영병유격장군(欽差統領大同營兵遊擊將軍)의 직함으로 마병 2000명을 거느리고 조선에 왔다가 이듬해 9월에 명나라로 돌아갔다. 만력 25년(1597)에 군문(軍門)의 중군(中軍)으로 재차 왔다.

20 이방춘(李芳春): ?~?. 명나라 사람으로 직례(直隸) 대명부(大名府) 평로위(平虜衛) 출신이다. 자는 응시(應時), 호는 청강(晴岡)이다. 이성량의 가정(家丁)으로, 뛰어난 용맹으로 유명하였다. 특히 평양성 전투에서 크게 활약해서 평양 수복에 중요한 역할을 하였다.

21 방시휘(方時輝): ?~?. 명나라 사람으로 산서 울주위(蔚州衛) 출신이다. 만력 20년(1592)에 마병 1000명을 이끌고 조선에 왔고, 이여백의 표하에 소속되어 평양성을 공격해서 공을 세웠다. 오래도록 상주(尙州)에 주둔하다가 만력 21년(1593)에 명나라로 돌아갔다.

22 전세정(錢世禎): 1561~1644. 명나라 사람으로 남직례 가정현(嘉定縣)의 문인세가 출신이다. 자는 자손(子孫), 호는 삼지(三持)이다. 만력 17년(1589) 무과에 급제하여 여러 관직을 거쳐 강서총병(江西總兵)으로 승진하였다. 임진왜란 때 유격장군(遊擊將軍)으로 임명되어 선봉으로 압록강을 건넜다.

23 조문명(趙文明): ?~?. 명나라 사람이다. 만력 20년(1592) 흠차진정유격장군(欽差眞定遊擊將軍)으로 마병 1000명을 이끌고 조선에 왔다가 만력 21년(1593)에 명나라로 돌아갔다.

24 왕문(王問): ?~?. 명나라 사람으로 의용위(義勇衛) 출신이다. 호는 의재(義齋)이다. 만력 14년(1586)에 무진사(武進士)가 되었다. 만력 20년(1592)에 흠차건창유격장군(欽差建昌遊擊將軍)으로 마병 1000명을 이끌고 조선에 왔다. 만력 21년(1593) 명나라로 돌아갔다.

을 증직(贈職)합니다. 조승훈(祖承訓)[26]은 실직(實職)을 제수하는 것
을 허락하고 유격에 준하여 사무를 관장하게 합니다. 양심(梁心)[27]은
유격 실직을 제수하여 사무를 관장하도록 허락합니다.

장접(章接)·곽몽징(郭夢徵)[28]·장응과(張應科)·장기공(張奇功)[29]은
각각 실직 1급씩 승진시킵니다. 이여오(李如梧)[30]·갈봉하(葛逢夏)[31]·
섭방영(葉邦榮)[32]·왕유익(王有翼)[33]·오희한(吳希漢)·소국부(蘇國賦)·
주역(周易)·곽구고(霍九皐)·진방락(陳邦洛)·호란(胡鸞)·왕필적(王必

........

25  고승(高昇): ?~?. 명나라 사람이다. 만력 20년(1592) 흠차양하유격장군(欽差陽河遊擊將
    軍)으로 마병 1000명을 이끌고 조선에 왔다가 만력 21년(1593)에 명나라로 돌아갔다.

26  조승훈(祖承訓): ?~?. 명나라 사람으로 영원위(寧遠衛) 출신이다. 호는 쌍천(雙泉)이다.
    이성량의 가정으로 만력 20년(1592) 7월에 조선으로 파견되었으나 평양성 전투에서 패
    하여 물러났다. 같은 해 12월에 이여송의 표하관(標下官)으로 다시 참전하였다. 이듬해
    정월의 평양성 전투에 참전하여 공을 세웠다.

27  양심(梁心): ?~?. 명나라 사람이다. 만력 20년(1592) 마병 1000명을 이끌고 조선에 왔다
    가 만력 21년(1593)에 명나라로 돌아갔다.

28  곽몽징(郭夢徵) ?~?. 명나라 사람으로 광녕전위(廣寧前衛) 출신이다. 호는 사재(思齋)
    이다. 만력 20년(1592) 흠차통령계요조병참장(欽差統領薊遼調兵參將)으로 마병 500명
    을 이끌고 조승훈을 따라 조선에 왔다가 같은 해 명나라로 돌아갔다.

29  장기공(張奇功): ?~?. 명나라 사람으로 요동(遼東) 출신이다. 만력 20년(1592) 진무(鎭
    撫)로 차출되어 양오전(楊五典)과 함께 조선의 사정을 자세히 탐지하고 돌아갔다. 돌아
    간 지 얼마 되지 않아 원임 참장으로 대녕영(大寧營)의 병마 1000명을 이끌고 이여송을
    따라 재차 조선에 왔다가 만력 21년(1593)에 돌아갔다.

30  이여오(李如梧): ?~?. 명나라 사람으로 요동 철령위(鐵嶺衛) 출신이다. 이성량의 아들이
    자 이여송의 동생이다.

31  갈봉하(葛逢夏): ?~?. 명나라 사람으로 자는 섭명(爕明)이다. 무장으로 평양성 전투에
    참여하였다. 이여송 휘하에서 통령보진건준조병유격장군(統領保眞建遵調兵遊擊將軍)
    으로 선봉우영(選鋒右營) 마병 1300명을 통솔하였다.

32  섭방영(葉邦榮): ?~?. 명나라 사람이다. 만력 21년(1593) 마병 1500명을 통솔하였다. 만
    력 25년(1597)에 절강 군사 1500명을 이끌고 조선에 다시 왔다가 명나라로 돌아갔다.

33  왕유익(王有翼): ?~?. 명나라 사람으로 하남 언릉(鄢陵) 출신의 철령위 사람이다. 호는
    심헌(心軒)이다. 만력 20년(1592)에 흠차통령요병 원임부총병(欽差統領遼兵原任副總
    兵)으로 마병 1200명을 이끌고 조선에 왔다가 만력 21년(1593)에 명나라로 돌아갔다.

迪)[34]·서휘(徐輝)·이도(李都)·누대유(樓大有)[35]는 천거를 받은 적이 있을 경우 원래 관직으로 기용하고, 천거받은 관원 명부에 기록되지 않은 경우 전례에 따라 기용하며,[36] 또한 각각 상을 주어야 합니다. 이유승은 원래대로 직급을 더해주고 친아들에게 음직 한자리를 줍니다. 장정국은 부하가 세운 공 1급에 준하여[37] 상을 주는 것을 허락하고 또한 부천호(副千戶)를 증직합니다.

담국양 등 17명에게는 각각 중한 상을 줍니다. 동양정 등 10명에게도 마찬가지로 중한 상을 줍니다.

왕여현(王汝賢)·오종도(吳宗道)·여영명(呂永明)·왕춘(王春)·도양

........

34 왕필적(王必廸): ?~?. 명나라 사람이다. 만력 20년(1592) 통령남병유격장군(統領南兵遊擊將軍)으로 압록강을 건너 조선에 왔다. 제독 이여송이 지휘한 평양성 전투에서 보병 1500명을 통솔하였다.

35 누대유(樓大有): ?~?. 명나라 사람으로 절강 의오(義烏)의 하연촌(夏演村) 출신이다. 자는 유풍(惟豊), 호는 남호(南湖)이다. 척계광에게 발탁되어 무관이 되었으며 임진왜란 때 세운 공으로 훗날 절강도지휘사(浙江都指揮使)가 되었다.

36 천거를 …… 기용하며: 만력 연간에는 4품 이상의 경관(京官) 및 과도관(科道官)과 외방의 총독(總督)·총병(總兵)·순무(巡撫) 등이 각각 등용할 만할 무관을 현임이나 파직 여부에 관계없이 천거하여 상주하면 병부에서 그 명단을 천거한 사람의 이름과 함께 명부에 기록해두었다가 필요할 때마다 등용하였다. 공을 세웠을 경우에는 천거한 사람에게도 상을 내렸지만, 사사로이 잘못 천거하여 일을 망치면 천거한 사람에게도 함께 벌을 논의하도록 하였다. 『大明會典』卷135, 兵部 18,「擧用將材 11a-11b」, "萬曆元年議准, 在京四品以上, 及科道官, 在外總督, 鎭, 巡等官, 各延訪, 不拘見任, 隱逸, 及被論, 聽勘, 革棄等項人員, 上自總兵, 下至卒伍民庶, 某可爲大將, 某可爲偏裨, 某可備先鋒, 及遠使外夷, 據實開注, 每人或擧一二員名, 或三五員名具奏, 兵部再加品隲, 並將擧主職名, 題覆附簿, 聽備緩急推用, 如樹有功績, 賞及擧主, 或徇私濫擧, 以致僨事, 擧主一體議罰."

37 부하 …… 준하여[照部功一級]: 명대 무관이 죄로 인해 충군(充軍)되어 공을 세워 속죄하고자 할 경우 자신이 직접 획득한 수급(首級)과 자기 통솔하의 부하가 획득한 수급의 전공을 다르게 계산하였다. 구체적으로는 자신이 거느린 부하가 수급 5과(顆)를 획득할 때마다 전공 1급을 세운 것으로 간주하였다. 『大明會典』卷123, 兵部 6,「功次, 功次通例 18b」, "若係領兵部下獲功, 每五名顆, 亦准一級, 本身不許報功."

성(陶良性)[38]·조렴(祖廉)·왕종성(王宗聖)·김상(金相)에게는 모두 중한 상을 줍니다.

장구경·왕희로(王希魯)·허국충(許國忠)·오대적(吳大績)·왕개(王玠)[39]·한종공(韓宗功)[40]·당요신(唐堯臣)·숙진화(宿振化)·담종인(譚宗仁)·시국충(施國忠)·장보관(章甫冠)·대주(戴柱)·주경(周京)[41]·종명고(鍾鳴高)[42]·이응원(李應元)[43]·조종주(曹宗周)·장승은(張承恩)·섭정국(葉靖國)·웅정동(熊正東)[44]·진신(陳申)[45]·오응렴(伍應廉)·호승헌(胡承憲)·장사충(張思忠)[46]·왕헌(王憲)·소응충(邵應忠)·팽명학(彭鳴鶴)·범호(范瑚)·주구공(周九功)·주방경(周邦卿)·공도행(龔道行)·모승조(毛

.......

38 도양성(陶良性): ?~?. 명나라 사람으로 절강 처주부(處州府) 진운현(縉雲縣) 출신이다. 호는 양오(養吾)이다. 태학생(太學生)으로 송응창을 따라 조선에 왔고, 만력 25년(1597)에 또 형개(邢玠)의 군문을 따라 재차 왔다.

39 왕개(王玠): 1561~?. 명나라 사람이다. 『선조실록』에 따르면 선조 26년(1593) 정월 1일에 보병 2700명을 거느리고 강을 건넜다. 만력 20년(1592) 조선에 왔던 것으로 보이며, 『선조실록』에 이듬해 2월 말까지 조선에 있었다는 기록이 보인다.

40 한종공(韓宗功): ?~?. 명나라 사람으로 요동 철령위(鐵嶺衛) 출신이다. 제독 이여송의 자부(姊夫)라고 일컬어지기도 하였다. 원임(原任) 비어(備禦)로 이여송을 따라 조선에 왔다.

41 주경(周京): ?~?. 명나라 사람으로 직례 광평부(廣平府) 영년현(永年縣) 출신이다. 자는 자의(子依)이다. 가정 32년(1553)에 진사가 되었다.

42 종명고(鍾鳴高): ?~?. 명나라 사람으로 남직례 단양(丹陽) 출신이다. 자는 함정(咸亭)이다. 만력 10년(1582) 거인이 되었고, 만력 20년(1592) 진사가 되었다.

43 이응원(李應元): 1525~?. 명나라 사람으로 하남 개봉부(開封府) 상부현(祥符縣) 출신이다. 자는 문징(文徵)이다. 가정 32년(1553) 진사가 되었다.

44 웅정동(熊正東): ?~?. 명나라 사람이다. 이여송의 표하관이었으며, 만력 20년(1592) 수비(守備)로 조선에 와서 부산의 일본군 진영을 왕래하다가 명나라로 돌아갔다.

45 진신(陳申): ?~?. 명나라 사람으로 복건 동안현(同安縣) 출신의 상인이다. 유구에 체류하던 중 도요토미 히데요시의 명 공격 계획을 듣고는 만력 19년(1591) 윤3월에 복주로 귀국해서 자신이 들은 정보를 보고하였다.

46 장사충(張思忠): ?~?. 명나라 사람으로 직례 광평부 비향현(肥鄕縣) 출신이다. 자는 자정(子貞)이다. 가정 44년(1565) 진사가 되었다.

承祖)·곽대림(郭大林)·호대승(胡大勝)·호천준(胡天俊)·이종(李宗)·왕종례(王宗禮)·왕석복(王錫福)·섭자고(葉子高)·종신(宗臣)·이응세(李應世)·진운학(陳雲鶴)·안무(晏武)·예소(倪炤)·모승선(母承宣)·황응갑(黃應甲)·방여귀(方汝貴)·송숭린(宋崇藺)·성이배(成李培)·송여결(宋汝潔)·서대장(徐大章)·왕조장(王祚長)·화우춘(和遇春)·양등운(楊登雲)·이거(李擧)·손상문(孫尙文)·축국태(祝國泰)·왕일룡(王一龍)·유조보(劉朝輔)·뇌종의(賂宗義)·서룡(徐龍)·방시신(方時新)·학포(郝浦)·방예(方銳)·유시(劉時)·도훈(陶勳)·담문례(談文禮)·채원상(蔡元相)·유계■(劉繼■)·조계원(趙啓元)·왕중(王仲)·사응소(謝應召)·단기훈(段奇勳)·장문륜(張文倫)·고운(高雲)·관란(關鑾)·송재(宋才)·조한(趙漢)·노희옥(盧希玉)·왕자선(王子先)·고가앙(高可仰)·마■(馬■)·왕신경(王愼慶)·고세작(高世爵)·학유복(郝有福)·송금(宋金)·유진선(劉進選)·이고질(李高質)·곡대동(谷大同)·맹일웅(孟一雄)·왕여량(王汝良)·조방한(曹邦漢)·이문룡(李文龍)·왕금(王金)·이유귀(李有貴)에게는 각각 헤아려 상을 줍니다. 이상 138명은[47] 인원이 많고 직급은 가벼우니 한 번 상을 주는 것으로 이미 충분하지만, 그중에서도 전투를 감독하였거나 군기(軍器)를 만들었거나 위험을 무릅쓰고 명령을 받들었음에도 그 노고를 다 보상하지 못한 경우에는 전례에 따라 상을 더해서 의논하였습니다.

신 등이 살펴건대, 과연 성과와 실제 쓰임이 있었던 자로서 문직(文職)이 있는 경우에는 이부(吏部)에 자문(咨文)을 보내어 우등으로

.......

47　이상 138명은: 본문에서 담국양(詹鞫養)부터 이유귀(李有貴)까지 중한 상을 주거나 헤아려 상을 주어야 한다고 언급된 인원은 실제 총 139명이다.

서훈하도록 하고, 무직(武職)이 있는 경우는 저희 병부에서 우등으로 기록하였다가 응당 자문을 보내어 임명하도록 해야 하는 경우에는 각 성(省)·진(鎭)의 군문(軍門)에 자문을 보내서 알맞은 곳에 임명하게 하여 그들의 쓰임을 다하고 그들의 마음을 평안히 해야 합니다.

조지목은 충군(充軍)을 풀어주고[開伍][48] 속죄시켜 부천호로 복직시켜야 합니다. 시등과(柴登科)[49]는 3급을 승진하여 제수하고 또한 적당한 요동(遼東)의 위소(衛所)로 옮겨서 소속시키는 것을 허락하되 원적(原籍)으로 돌아가겠다고 신고하지 못하도록 해야 합니다.[50] 왕유정(王維貞)[51]·범거(范擧)는 모두 충군을 풀어주고 다시 시백호(試百戶)[52]로 삼아야 합니다.[53] 동양정은 앞서 탄핵을 받아 직임에서

.......

48  충군(充軍)을 풀어주고[開伍]: 개오(開伍)란 해오(解伍)와 같은 말로, 위소(衛所)의 군호(軍戶)에서 제외하는 것을 뜻한다. 여기서는 죄를 지어 일반 군호로 충군된 상태를 풀어준다는 의미이다. 『大明會典』卷123, 兵部 6, 「功次, 功次通例 18a-19a」, "凡立功贖罪, 軍職爲事問擬充軍, 已到衛所收伍, 奉文立功贖罪者 … 其旗合餘丁民兵人等, 爲事問擬充軍, 立功徒罪, 不拘已未發遣, 奉文立功贖罪者 … 立功徒罪, 一名顆, 俱准贖罪開伍, 餘功, 照例加陞."

49  시등과(柴登科): ?~?. 명나라 사람이다. 자는 앙원(仰元), 호는 급천(汲泉)이다. 흠차밀운전영유격장군(欽差密雲前營遊擊將軍) 도지휘동지로 마병 1350명을 이끌고 만력 25년(1597) 9월 조선에 왔다가 만력 27년(1599) 4월 명나라로 돌아갔다.

50  원적(原籍)으로 …… 합니다: 군직(軍職)으로서 영원히 군졸로 충군(充軍)되는 형벌을 받은 자는 큰 공을 세워 속죄해도 원적으로 복귀할 수 없었고 충군된 위소로 이속되어야 하였다. 『大明會典』卷123, 兵部 6, 「功次, 功次通例 19b-20a」, "萬曆十二年題准, 軍職問擬 … 永遠充軍, 不拘已未發遣, 一槪不准贖罪, 若果有勇力超衆, 眞能臨陣破敵, 擒斬有功者, 候巡按御史核實, 照軍人斬首例, 以次加陞, 卽注充發衛所, 不許援引終身軍例, 告回原籍."

51  왕유정(王維貞) ?~?. 명나라 사람으로 삼만위(三萬衛) 출신이다. 만력 20년(1592) 흠차통령계진조병 원임부총병(欽差統領薊鎭調兵原任副總兵)으로 마병 1000명을 이끌고 조선에 왔다가 만력 21년(1593) 명나라로 돌아갔다.

52  시백호(試百戶): 명대 군직(軍職) 중 하나이다. 백호(百戶)의 시직(試職: 수습)으로, 백호

갈렸으나 아직 해당하는 죄목을 정하지 않았는데, 이번에 수급 3과
를 얻는 공을 세웠으니 원직으로 복직시켜야 합니다. 왕승(王升)·하
감(何鑑)은 모두 충군을 풀어주되 관대(冠帶)는 지급하지 않고 원래
속한 위소로 돌아가 직책 없이 한가롭게 있는 것을 허락해야 합니다.

왕상문(王尙文)·손수렴(孫守廉)·서호(徐虎)는 모두 전례에 따라
상을 주되 속죄는 허락하지 말고 예전처럼 충군을 풀어주어야 합
니다. 장백근(張伯芹)·동영길(董永吉)은 원직을 예전에 갈았으니 전
례에 따라 속죄하여 복직시키기는 어려우므로 실직 2급을 제수하
고 서직(署職: 임시직) 1급을 더합니다.[54] 왕응소(汪應召)·가지언(賈
志言)·일원(一元)·호국신(胡國臣)은 각각 원직에 복직하도록 허락하
되 다만 봉록의 절반만 받도록 합니다. 이동(李棟)·한국충(韓國忠)·
이식(李植)[55]·장룡(張龍)·장중문(張仲文)·우시창(虞時昌)·장국경(張
國卿)·하동성(夏東星)·안구사(安九思)·반명(潘名)·왕어화(汪魚化)·이

.......

의 봉록 절반을 지급하였다.『大明會典』卷118, 兵部 1,「官制 2b」, "百戶, 所鎭撫, 各有試
職, 試職起永樂十五年, 作一級, 支半俸."

53  충군을 …… 합니다: 군직으로서 충군된 자가 일정한 공을 세우면 원직으로 복직되지만,
그에 미달하는 공을 세우면 한 단계씩 아래 지위로 복직되었고, 가장 적은 공을 세운 경
우에는 원래 위소로 돌려보내 직책 없이 지내도록 하였다.『大明會典』卷123, 兵部 6,「功
次, 功次通例 18a-18b」, "凡立功贖罪, 軍職爲事問擬充軍, 已到衛所收伍, 奉文立功贖罪者,
指揮親自擒斬四名顆, 千戶三名顆, 百戶二名顆, 俱准贖罪, 仍復本職, 若指揮獲功三名顆, 止
得復副千戶, 獲功二名顆, 止得復試百戶, 指揮, 千, 百戶, 各獲功一名顆, 俱准開贖, 不給冠帶,
聽回原衛所閒住, 若係永遠軍, 照前擬, 各遞加一名顆, 方准開贖復職, 回衛閒住."

54  실직 …… 더합니다: 명대 무관의 서직(署職)은 본래 가지고 있던 실직에 1급씩 올려서
제수하였다.『大明會典』卷118, 兵部 1,「官制 2b-3a」, "都督同知, 都督僉事, 都指揮使, 同
知, 僉事, 指揮使, 同知, 僉事, 正副千戶, 試百戶, 試所鎭撫, 各有署職 (凡署職, 遞加本職一
級, 署副千戶, 以實授百戶, 署試百戶, 試所鎭撫, 俱以冠帶總旗) 署職起景泰元年, 作半級, 不
支俸."

55  이식(李植): ?~?. 명나라 사람이다. 자는 여배(汝培)이다. 만력 5년(1577) 진사가 되었다.

재(李在)·상조영(尙朝榮)·장계무(張繼武)·오동번(吳東藩)·왕승습(王承襲)·황가현(黃可賢)·왕신(王臣)·엄여경(嚴汝慶)·고상■(高尙■)·곽대신(郭大臣)·정치(鄭豸)는 각각 일단 복직을 허락하되 봉록은 받지 못하게 해야 합니다.

호동은 운남(雲南)에, 장도중은 산동(山東)에 공문을 보내 그곳의 순안어사가 심문하여 다스리도록 해야 합니다. 양원·정문빈·조여매·왕승은·양소선에 대해서는 공과 죄를 자세하게 조사해서 신속히 주청하여 결정을 내려야 합니다.

다시 살피건대 오늘 서훈한 것은 모두 왕경 이전의 일로, 순안어사가 "헐뜯는 자가 1000명이나 100명이 되더라도 순안어사인 저로서는 반드시 공을 세운 자들이라고 여깁니다."라고 말한 바가 이것입니다. 그러나 이는 편비들의 공일 뿐입니다. 경략과 제독을 여태 서훈하지 못한 것은 대개 당시 부산의 왜가 아직 돌아가지 않았고 책봉하는 일이 아직 중지되지 않았으며 조정의 논의가 한창 들끓어 짐짓 천천히 서훈하고자 하였기 때문입니다.

또한 누차 황상의 밝은 성지를 받들었는데, 그 내용은 다음과 같았습니다.

경략 송응창·제독 이여송은 공이 있는지 죄가 있는지 이부·병부에서 회의하여 갖추어 아뢰어라.

얼마 뒤 이부의 자문을 받았는데, 그 내용은 다음과 같았습니다.

동쪽을 정벌한 일의 공과 죄는 저희 이부가 관장하는 일이니, 순안어사의 조사 보고가 도착하기를 기다려 회의하려고 하였습니다. 지금 순안어사의 상소를 받았는데, 그 내용은 다음과 같았습니다.

경략·제독과 찬획(贊畫) 등의 관원이 왕경 등지에서 세운 공과 죄는 모두 일이 마무리되기를 기다려 서훈하고 조사할 일을 별도로 의논해야 합니다. 각각의 해당 총독(總督)·부(部)·사(司)·도원(道員)·통판(通判)[56] 등의 관원은 전례에 따라 승진시켜야 합니다. 경략과 제독은 모두 서훈해야 합니다.

이는 순안어사가 마땅히 서훈해서는 안 된다고 여긴 것이 아니고, 다만 일이 마무리되기를 기다렸을 따름입니다. 지금 조선의 임금과 신하, 왕자가 도읍으로 돌아간 지 이미 1년이 넘었습니다. 우리가 남겨서 지키게 한 병력과 장수도 이미 철수시키기로 논의하였습니다. 봄철 물이 불어날 시기가 이미 끝났고 책봉하는 일도 이미 중지하였으니,[57] 앞으로의 국면을 수습하는 것은 이렇게 하지 않을 수 없습니다. 이후 조선에서 싸우거나 지키는 일은 마땅히 조선에 넘기고 다시 견제해서는 안 되니, 앞에 언급한 경략·제독·찬획과 총독·순무(巡撫)·부·사·통판 및 일에 관여하여 노고를 다한 관리, 머물러 지키고 있는 병사와 장병들은 모두 마땅히 일괄적으로 조사

.......

56  통판(通判): 명대 각 부(府)의 장관인 지부(知府)를 보좌하는 정6품 관직이다. 정원은 정해져 있지 않았다.

57  책봉하는 …… 중지하였으니: 명 조정은 만력 22년(1594) 5월 반대론으로 인해 일단 일본에 대한 책봉 논의를 중지하였다가 10월에 논의를 재개하였다. 따라서 이 문서가 작성된 7월 하순에는 책봉 논의가 중단된 상태였다. 三木聰, 앞의 책, 314-322쪽(원 게재처: 「万曆封倭考(その一): 万曆二十二年五月の「封貢」中止をめぐって」, 『北海道大学文学研究科紀要』 109, 2003) 참고.

하여 서훈해야 합니다.

다만 왕경을 수복한 연유에 대해 왜가 우리 군대의 위세에 눌렸기 때문이라고 하는 자가 있고 왜의 계획이 좌절되었기 때문에 가능하였다고 하는 자도 있어 논의가 일치하지 않으며, 각자가 속죄하기 위하여 수급을 획득하였다고 시끄럽게 보고하고 있지만 진위가 확실하지 않습니다. 만약 지금 조사하여 명백하게 결론을 짓지 않다가 만일 공과 죄를 정하는 데 마땅함을 잃으면 여론이 만족하지 못할 뿐만 아니라 혹여 앞으로 다시 급박한 일이 벌어지더라도 실로 사람을 쓰기 어려워집니다.

간절히 바라건대 칙서를 내려서 요동총독(遼東總督) 시랑(侍郎) 손광[58]에게 공문을 보내, 순안어사의 상소 내용에 따라 왕경을 수복한 것이 어떠한 공이고 거짓으로 공적이 있다고 자칭한 것은 어떠한 죄인지, 경략 송응창과 제독 이여송에게 공이 있는지 죄가 있는지를 즉시 조사하여 성지에 따라 공정하게 사실에 의거해서 서훈하기를 주청하도록 해주십시오. 찬획 원외랑(員外郎) 유황상(劉黃裳)·관량주사(管餉主事) 애유신(艾維新)·통판 왕군영(王君榮) 및 각 해당 총독·순무·사·도원, 그리고 왕경에서 노고를 다한 이름 있는 관리들이 아울러 뒤이어 참획(斬獲)하였다고 여러 차례 보고한 수급이[59] 진짜 수급인지에 대해서는 모두 송응창이 고양겸과 교대하였을 때

.......

58  요동총독(遼東總督) …… 손광: 손광은 병부좌시랑으로 있다가 만력 22년 7월 4일부터 고양겸이 맡고 있던 계요총독(薊遼總督) 및 경략으로서의 임무를 대신하게 되었다. 『명신종실록』 권273, 만력 22년 5월 22일(기해); 권275, 만력 22년 7월 4일(경진).

59  아울러 …… 수급이: 해당 부분의 원문은 "倂節次塘報續奏"인데, 아래의 「15-1-3 兵部一本 後附, 8b-11b」에는 "뒤이어 참획하였다고 여러 차례 보고한 수급이[節次塘報續獲]"로 다르게 적혀 있다. 따라서 "續奏"를 "續獲"의 잘못으로 간주하고 번역하였다.

의 장부[揭冊]를 살펴야 합니다. 더불어 유정(劉綎)이 오랫동안 머물러 수비한 공로는 어떻게 논의하여 서훈할 것인지도 아울러 신속히 주본(奏本)을 올려서 저희 병부가 심사하고 논의하여 황상의 결정을 청할 수 있도록 하는 근거로 삼아야 합니다. 신 등이 맡은 직무가 있어 감히 저희의 생각을 다 말씀드리지 않을 수 없었으나, 은혜와 위엄은 조정에서 나오는 것이니 모두 오직 황상께서 결정하시는 데 달렸습니다.

성지를 받들었습니다.

조정에서 섬 오랑캐가 조선을 함몰시킨 일 때문에 장수에게 명령을 내리고 군사를 일으켰는데, 세 번 싸움에 공이 이루어져 우호를 맺은 나라를 온전히 회복하고 우리의 울타리를 세웠으며 앞뒤로 벤 수급이 1600여 과이니 공이 가상하다. 너희 부에서는 마땅히 태묘에 고하고 승리를 선포하여 조종(祖宗)의 혼령을 위안하기를 청해야 하니, 택일해서 오면 내가 보겠다. 태묘에 고한 뒤에 모두 서훈하고 기록하며 승진시키고 상을 줄 것이며, 다시 조사할 필요는 없다.

15-1-2

# 문서방에서 내각에 전한 상유

文書房傳諭內閣 | 後附, 8b

날짜 만력 22년 7월 5일(1594. 8. 20.) 이후
발신 만력제
수신 내각(內閣)
내용 송응창·이여송 등의 공적에 대한 평가에 소극적인 병부를 질타하고, 앞서 내린 성지의 내용을 실행할 것을 내각에 촉구하는 만력제의 성지이다.

後附
등

    병부는 조정의 신의를 중히 여기지 않고 여러 소인배들을 두려워하여 마음으로 양단(兩端)을 잡고 있다. 하물며 앞서 내린 성지에 우선 태묘에 고하고 승리를 선포한 뒤 공이 있는 자들을 한꺼번에 서훈하고 기록하라고 하지 않았는가.[60] 또한 공이 있으면 당연히 지시를 내린 사람이 있을 터인데, 지금 으뜸가는 공을 세운 사람은 서훈하지 않고 먼저 편비를 서훈하면 어찌 사람들에게 신망을 잃고 장수의 마음을 실망시키지 않겠는가. 경들이 다시 앞의 성지에 따라

.......
60  하물며 …… 않았는가: 「15-1-1 兵部一本 後附, 1a-8b」 말미에 실린 성지를 지칭한다.

의표(擬票)[61]해서 오면 내가 보겠다.

.......

61  의표(擬票): 명·청대 각 관서에서 황제에게 상주문을 올리면 내각에서 황제의 비답(批
    答)을 미리 기초하여 별지에 써서 상주문과 함께 올리는 행위를 가리킨다. 내각에서 올
    린 의표의 내용이 곧바로 황제의 최종 결정이 되지는 않았으나, 황제의 결정을 좌우하는
    데 중요한 역할을 하였다. 표의(票擬)라고도 한다.

## 15-1-3

# 병부의 상주

兵部一本 | 後附, 8b-11b

> **날짜** 만력 22년 8월 1일(1594. 9. 14.)
>
> **발신** 병부
>
> **수신** 만력제
>
> **내용** 병과도급사중(兵科都給事中) 오문재(吳文梓)가 송응창·이여송 등의 공적을 다시 회의를 통해 결정하거나 순안어사로 하여금 사실에 근거하여 상주하도록 할 것을 상주하자, 병부에서도 기존 규정에 따라 총독의 상주와 순안어사의 조사를 기다려 송응창·이여송 등의 공적 및 명군의 서울 탈환 이후 공적을 평가할 것을 재차 주장하였다. 이에 대해 만력제는 서울 탈환 이전의 공적은 하루속히 평가 및 포상을 마무리하고, 서울 탈환 이후의 공적에 대해서만 순안어사가 조사할 것을 명령하였다.
>
> **관련자료** 본문에 인용된 병과도급사중 오문재의 제본 및 이에 대한 이부·병부의 회의 결과와 만력제의 성지는 『명신종실록』 만력 22년 8월 1일 기사에도 실려 있으나, 본문의 서술이 훨씬 자세하다. 본문에는 날짜가 실려 있지 않으나, 『명신종실록』을 통해 날짜를 확인할 수 있다.

동쪽 정벌의 공적을 조사하고 상벌을 참작해서 행하여 국시를 밝히고 인심을 격려하기를 황상께 우러러 바라는 일.

직방사(職方司)에서 안정(案呈)을 올렸는데, 그 내용은 다음과 같았습니다.

산동순안 주유한이 위의 일로 주본을 올린 데 대해 다음과 같은 성지를 받들었습니다.

병부에서 공정하게 조사하고 의논해서 오면 내가 보겠다.

저희 병부에서 검토하여 제본을 올린 뒤 다음과 같은 성지를 받들었습니다.

조정에서 섬 오랑캐가 조선을 함몰시킨 일 때문에 장수에게 명령을 내리고 군사를 일으켰는데, 세 번 싸움에 공이 이루어져 우호를 맺은 나라를 모두 회복하고 우리의 울타리를 세웠으며 앞뒤로 벤 수급이 1600여 과이니 공이 가상하다. 너희 부에서는 마땅히 우선 태묘에 고하고 승리를 선포하여 조종의 혼령을 위안하기를 청해야 하니, 택일해서 오면 내가 보겠다. 태묘에 고한 뒤에 모두 서훈하고 기록하여 승진시키고 상을 줄 것이며, 다시 조사할 필요는 없다.[62]

또 병과도급사중 오문재 등이 동쪽 정벌의 공적에 대해 서훈하고 기록하는 것을 마땅히 논의해야 한다는 등의 일로 제본을 올린 데 대해 다음과 같은 성지를 받들었습니다.

이번 동쪽 정벌의 공적은 이부·병부로 하여금 속히 공정하게 조사하고 의논해서 상주하도록 하라.

살피건대 동쪽 정벌의 일에 대해서는 왜가 부산으로 도망친 이래 책봉하는 일에 대한 문서가 날마다 책상과 전각을 가득 채우고

.......
62  직방사(職方司)에서 …… 없다: 「15-1-1 兵部一本 後附, 1a-8b」의 내용을 요약한 것이다.

있으나, 그 대략은 공과 죄를 밝혀서 사람들의 마음을 납득시키고 상과 벌을 신중히 내려서 나라의 법을 무겁게 하는 것입니다. 여러 차례 밝은 성지를 내려서 혹은 이부·병부로 하여금 공정하게 회의하도록 하셨고, 혹은 요동순안에게 공문을 보내 신속히 조사하도록 하셨습니다. 신 등이 앞서 올린 제본에서 경략 등 여러 신하들의 서훈을 우선 정지하고 먼저 편비와 전사들의 상을 논의한 것은 또한 완급(緩急)을 감안하고 사람들의 마음을 따른 것으로, 이미 밝은 성지를 받들어 윤허를 받았습니다.

근래 해당 순안어사가 세 전투의 공적을 조사하여 보고한 것이 매우 분명하기에 신 등이 사실에 의거하여 논의하고 검토해서 황상께 청하였습니다. 황상께서 참수한 수급의 수가 많으니 공이 가상하므로 특별히 태묘에 고하여 승리를 선포하고 한꺼번에 서훈하고 상을 주도록 하셨으며 다시 조사할 필요는 없다는 말씀을 내리셨으니, 여러 신하들이 멀리 이역으로 넘어가 돌아다니며 해를 넘기면서 고생을 많이 하였음을 불쌍히 여기시는 성심(聖心)을 우러러보게 됩니다. 서훈하고 기록하는 것이 유독 포상보다 늦어진 까닭은 다만 상을 주는 가운데 여러 신하들을 고무시키는 방법을 담아내려는 생각 때문이었습니다. 이미 두루 자문을 보내어 임명하도록 하였으며, 예부(禮部)에서 택일해서 제본을 올려 청하였습니다.

그런 뒤에 지금 병과도급사중 오문재[63] 등의 제본을 받았는데, 그 내용은 다음과 같았습니다.

........
63  오문재(吳文梓): ?~?. 명나라 사람으로 남직례 지주부(池州府) 청양현(靑陽縣) 출신이다. 자는 자교(子喬)이다. 만력 5년(1577) 진사로 급제하여 출사하였다.

장수는 편비와 더불어 함께 논해서는 안 됩니다. 경략·제독에 대해서는 아직 회의에서 검토하지 않았으며 공과 죄가 아직 밝혀지지 않았습니다. 바라건대 다시 칙서를 내려 회의하도록 하시거나 순안어사로 하여금 사실에 근거하여 상주하도록 하십시오.[64]

진실로 공에 대해 서훈하는 확고한 논의이며, 신 등의 원래 제본 내용과도 부합합니다. 이에 대해 다시 다음과 같은 성유(聖諭)를 받들었습니다.

그대로 이부·병부로 하여금 속히 회의하여 상주하도록 하라.

신 등이 현재 행해지는 사례를 조사해보니, 무릇 각 변경에서의 모든 공적은 일률적으로 순안어사가 사실을 조사한 것을 근거로 삼아서 서훈하고 기록하며 승진시키고 상을 주게 되어 있습니다.[65] 대개 일이 중대한 전례에 관계되니 반드시 지극한 공정함을 밝게 내보여야 하며, 법령에 실어서 준행한 것이 이미 오래되었습니다. 근

........

64  장수는 …… 하십시오:『명신종실록』권276, 만력 22년 8월 1일(병오) 기사를 참고. 다만 오문재의 제본에서 실록과 본문에 인용된 문장이 서로 다르다.

65  무릇 …… 있습니다:『대명회전』에 따르면 가정·융경(隆慶) 연간에는 변경에서의 전공에 대해 순안어사가 공적을 조사하고 병부가 이에 근거하여 포상을 청하는 관행이 명문화되었다.『大明會典』卷123, 兵部 6,「功次, 功次通例 23b-24a」, "○嘉靖十四年議准, 今後凡遇各邊獲功, 巡撫官務卽委該道官, 親詣戰陣地方査勘, 轉送巡按衙門, 體勘是實, 卽便如式造冊 … 隆慶五年題准, 如遇大擧官軍交戰, 巡按御史移住近地, 督並稽查 … 造冊, 一留備照, 一繳部, 兵部查核明實, 覆請陞賞." 명대 변진(邊鎭)의 전공 평가에서 순안어사의 조사 보고가 차지하는 역할과 그 문제점에 대해서는 谷井陽子,「邊境と朝廷: 一六世紀中國の北邊問題と中央政界」,『空間と移動の社會史』, 京都: ミネルヴァ書房, 2009, 47-50쪽을 참고.

래 영하(寧夏)의 일[66]이 증험이 될 만합니다.[67]

지금 두 신하의 공과 죄를 총독[손광]이 아직 상주하지 않았고 순안어사가 아직 조사하지 않았습니다. 신 등이 만약 조사 결과를 기다리지 않고 갑자기 서훈하여 기록한다면, 공이 의심스러울 경우 가볍게 포상하게 되고 서훈할 때도 박한 쪽을 따르게 될 것이며 조사를 거치지 않았으니 끝내 전례를 그르치게 됩니다. 경략 등 여러 신하들 입장에서도 필시 마음에 불안함이 있을 것입니다. 또한 구변(九邊)은 한 몸이니, 이러한 풍조가 한 번 생기게 되면 각 변진(邊鎭)에서 잘못을 본받아 앞으로 공을 조사하는 전례가 반드시 폐해지게 될 것입니다. 이는 변경을 맡은 신하를 조사하여 결과를 천하에 널리 보이는 방법이 아닙니다. 하물며 왕경 이후의 전공과 수급은 아직 정확한 수를 점검하지 않았으므로 신 등 또한 멀리서 단정 짓기 어렵습니다. 마땅히 그대로 총독이 상주하고 순안어사가 보고하기를 기다려 한꺼번에 조사하고 의논해야만 실로 노고에 대해서는 족히 서훈할 수 있게 되고 죄가 공을 덮지 못하게 될 터이니, 논의하여 정한 뒤에 서훈해도 늦지 않으며 또한 큰 전례도 빛이 날 것입니다.

........

66 영하(寧夏)의 일: 만력 20년(1592) 2월 영하에서 몽골인 장군 보바이(哱拜)가 일으킨 반란이다. 영하진의 부총병(副總兵) 보바이는 순무 당형(黨馨)과 불화하자 군사를 일으켜 영하를 점거하였다. 반란 세력은 오르도스에 있던 몽골 세력과도 통하여 기세가 왕성하였기 때문에 당초 토벌에 나선 명 군대도 쉽게 제압하지 못하고 오히려 여러 차례 패배를 당하였다. 이에 어쩔 수 없이 동북 방면을 지키고 있던 최정예 부대를 멀리 요동(遼東)으로부터 증원군으로 파견하였으며, 지휘관 이여송의 활약에 힘입어 같은 해 9월 겨우 성을 탈환하고 반란을 제압하였다.

67 근래 …… 만합니다: 영하의 난을 진압한 데 대한 명 조정의 공적 평가 및 포상 내역은 王鳴鶴, 『登壇必究』(북경대학 도서관 소장본) 卷40, 奏疏 4, 「兵部議覆寧夏功賞疏 16a-47b」를 참고.

엎드려 바라건대, 황상께서는 공을 조사하는 일이 원래 법령임을 생각하고 공론을 굽어살펴 채택해주셔서 속히 밝은 성지를 반포하여 세 전투에서 공을 세운 편비·장령(將領)·관리 이여백 등을 신등이 원래 논의한 등급에 따라 우선 승진시키고 상을 주십시오. 경략 송응창·제독 이여송에게 공이 있는지 죄가 있는지는 또한 논의한 바에 따라 요동총독 시랑 손광에게 공문을 보내어 성지를 준행하여 공정하게 상주하도록 하십시오. 찬획 원외랑 유황상·관량주사 애유신·통판 왕군영 및 각 해당 총독·순무·사·도원과 왕경에서 노고를 다한 이름 있는 관리들이 뒤이어 참획하였다고 여러 차례 보고한 수급이 진짜 수급이 맞는지, 유정이 오랫동안 머물러 수비한 공로는 어떻게 서훈하여 기록할 것인지도 아울러 신속히 상주하도록 하십시오.

성지를 받들었습니다.

이번 동쪽 정벌의 공적은 평양 등 세 차례 전투에서 참획한 수급이 1000여 개나 되고, 강토를 수복하였음이 매우 명백하다. 또한 석성은 매번 말하기를, '전례에 따르자면 마땅히 무겁게 서훈해야 하나 다만 조정이 포상을 잘못해 믿음을 잃으면 뒤에 사람을 쓰기 어렵다.'라고 한다. 지금 분명한 성지를 받들어 조사해서 명백히 보고하도록 하였는데, 왜 또 모호하게 반복하는가. 분명한 성지를 터럭만큼이라도 따르지 않는다면 이런 자가 무슨 대신(大臣)인가. 다시 전의 성지를 따라 태묘에 고하고 승리를 선포한 뒤에 모두 서훈하여 기록하고 승진시키고 상을 주도록 하

라. 왕경 이후는 또한 순안어사에게 공문을 보내어 명백히 조사
해서 상주하여 보고하도록 하라.

# 병부의 상주

兵部一本 | 後附, 11b-12a

---

**날짜** 만력 22년 8월 20일(1594. 10. 3.) 이후

**발신** 병부

**수신** 만력제

**내용** 평양성 전투 등의 승전을 태묘에 고하고 승리를 선포하며 공을 세운 인원들에게 포상하기 위해 예부에는 의례를 거행할 날짜를 택일하도록 하고 병부에는 공적 평가 및 포상 내용을 보고하도록 하였음에도 오랫동안 회보가 없는 데 대하여 만력제가 성유를 내려 질책하자, 병부에서 택일은 예부의 소관이며 공적 평가 및 포상 내용은 의례가 거행되는 날에 제본으로 올리겠다고 변명하는 상주이다.

**관련자료** 본문에 인용된 만력제의 성유는 『만력기거주(萬曆起居注)』 만력 22년 8월 20일 기사에 약간의 자구만 다를 뿐 동일하게 실려 있다.

---

삼가 성유를 받드는 일.

직방사에서 안정을 올렸는데, 그 내용은 다음과 같았습니다.

올해 8월 20일에 사례감 태감 장성이 회극문에서 성유를 받들어 전하였습니다.

저번에 성지를 내리기를, 동쪽을 정벌하여 왕경을 수복

하고 세 차례 싸움에서 승리를 거둔 것에 대해 너희 병부
및 예부로 하여금 곧바로 택일하여 태묘에 고하고 승리를
선포하며 공을 세운 인원들을 논의하여 서훈하도록 하였는
데, 어찌하여 오랫동안 상주해오지 않고 있는 것인가. 매우
기만하고 나태하여 성지를 따르지 않으니, 업신여기고 불
경스러운 뜻이 분명하다. 속히 택일하고 포상을 정해서 오
면 내가 보겠다.[68]

살피건대 공을 세운 인원들을 논의하여 서훈하는 일은 저희 부
가 관장하는 직무에 속하지만, 반드시 태묘에 고하고 승리를 선포하
는 날이 되어야 제본을 올리는 것이 정례입니다. 택일하는 일은 예
부에 속하므로, 신 등이 분명한 성지를 받아 7월 7일에 자문을 보냈
습니다.

그런 뒤 이제 엄한 성지로 절실히 책망하심을 받드니, 황상께서
멀리 정벌하러 가는 고생과 노고를 불쌍히 여기고 변경을 맡은 신
하들을 격려하시려는 지극한 뜻을 우러러보게 됩니다. 신 등은 성
지를 여러 차례 엄숙하게 소리 내어 읽고서 송구함을 견디지 못하
였으니, 황상께서 은혜를 내려 관대하게 용서해주시기를 엎드려
빕니다.

즉시 예부에 자문을 보내어 속히 택일하여 상주하도록 하고, 신
등은 한편으로 서훈할 내용을 결정하여 제본으로 올릴 시기를 기다

.......

68  저번에 …… 보겠다: 『만력기거주(萬曆起居注)』(明抄本萬曆起居注編輯委員會, 『明抄本
萬曆起居注』, 北京: 中華全國圖書館文獻縮微復制中心, 2001) 7책, 만력 22년 8월 20일
(을축), 662쪽.

리면서 보본(補本)[69]을 병과(兵科)에 보내 살펴보도록 하는 외에, 이
에 더하여 원래 받들어두었던 성유 1도(道)를 도로 바칩니다.

.......

69  보본(補本): 원래 올린 주본에 대해 황제의 성지를 받은 후 그에 대한 내용을 보충하여
    붙여서 다시 올리는 상주문을 말한다. 『吏文輯覽』(구범진 역주, 『이문 역주』下, 세창출
    판사, 2012) 卷4, 136쪽, "補本覆奏: 謂補粘於奏本而再奏也"; 『大明會典』卷213, 六科,
    1b-2a, "凡內官內使傳旨, 各該衙門補本覆奏, 再得旨, 然後施行."

15-1-5

# 예부의 상주

禮部一本 | 後附, 12b-13b

날짜 만력 22년 8월 29일(1594. 10. 12.)

발신 예부

수신 만력제

내용 병부로부터 참획한 수급의 실제 수를 전달받은 예부가 흠천감(欽天監)에 공문을 보내 평양성 전투 등의 승리를 태묘에 고하고 승전을 선포할 날짜를 택일한 뒤 관련 의례의 내용을 정하여 보고하는 상주이다.

관련자료 본문에는 날짜가 나와 있지 않으나, 본문 말미의 남교(南郊)·북교(北郊)와 태묘에 파견할 인원을 정하는 성지가 『명신종실록』 및 『만력기거주』의 만력 22년 8월 29일 기사로 실려 있다.

동쪽을 정벌한 일의 공을 조사하여 보고하는 일이 끝나지 않았으니, 성대한 전례를 참작해 정해서 여러 사람의 마음을 만족시킬 것을 황상께 간절히 바라는 일.

의제사(儀制司)의 안정을 받았는데, 그 내용은 다음과 같았습니다.

예부에서 제본을 올렸는데, 그 내용은 다음과 같았습니다.

병부의 자문을 받았는데, 동쪽을 정벌한 일의 공적을 조사하는 등의 일이었습니다. 신 등이 병부에 공문을 보내어 참획한 수급의 실제 수를 조사해 전달받은 연후에 한림원(翰林院)에 공문을 보내 글을 짓도록 하고 흠천감에 공문을 보내 택일하도록 해서 해내(海內)로 하여금 승리한 사실을 밝게 알도록 해야 합니다. 지금 승리를 선포하는 것은 평양에서의 대첩을 중시하기 때문입니다. 아직 명백히 조사하지 않은 왕경 이후의 공적은 모두 일괄적으로 언급하지 않겠습니다.

성지를 받들었습니다.

알겠다. 이미 성지를 내려 택일하도록 하였으니 속히 준행하도록 하라.

이어서 7월 28일에 병부 직방사에 공문을 보내어 수본(手本)을 받았는데, 그 내용은 다음과 같았습니다.

평양에서 참수한 수급은 1647과이고, 생포한 적은 6명입니다. 개성에서 참수한 수급은 178과이고, 생포한 적은 1명입니다. 벽제에서 참수한 수급은 167과입니다.[70]

또 7월 29일에 흠천감의 수본을 받았는데, 그 내용은 다음과 같았습니다.

택일한 결과 8월 29일 인시(寅時: 오전 3~5시)에 남교·북교와 태묘에 제사를 올려 고하고 진시(辰時: 오전 7~9시)에 승리를 선포해야 합니다.

그날이 되면 문무 백관은 각자 길복(吉服)을 갖춰 입고 황상

.......

70 평양에서 …… 167과입니다: 이 수치는 「7-7 敍恢復平壤開城戰功疏 권7, 7a-21b」에 근거한 것으로 보이나, 개성에서 얻은 수급의 수가 165과에서 178과로 늘어나 있다.

께서 친히 조정에 나오시기를 기다려 어전(御前)에서 승리하였
다는 소식을 선포하여 아룁니다. 홍려시(鴻臚寺)에서 글을 올리
면 백관은 오배(五拜) 삼고두(三叩頭) 경하례(慶賀禮)를 행합니다.
이날 인시에 먼저 관원을 보내 남교·북교와 태묘에 제사를 올리
고자 합니다. 세 차례 의례를 거행할 대신 3명은 황상께서 삼가
정해주시기를 엎드려 청합니다. 예부에서는 또한 한림원에 공문
을 보내어 고문(古文)을 짓도록 하고 태상시(太常寺)에 공문을 보
내어 제품(祭品) 일체를 마련하도록 하여 황상의 명령에 따라 시
행하도록 합니다."[71]

성지를 받들었습니다.

알겠다. 남교에 제사를 지내 고하는 데에는 공(公) 서문벽(徐
文璧)[72]을 보내고 북교에는 후(侯) 오계작(吳繼爵)[73]을 보내며 태묘
에는 부마(駙馬) 후공진(侯拱辰)[74]을 보내어 각각 예를 행하도록
하라.[75]

.......

71 그날이 …… 합니다: 당시 승전을 선포하는 의례는『大明會典』卷53, 禮部 11,「宣捷,
 26a-26b」를 참고.

72 서문벽(徐文璧): ?~1602. 명나라 사람이다. 융경 2년(1568)에 정국공(定國公)에 습봉
 되었고 만력제 즉위 후에 후군도독부(後軍都督府)의 일을 관장하였다. 만력제의 신임을
 받은 인물이었다.

73 오계작(吳繼爵): ?~1599. 명나라 사람으로 직례(直隷) 순천부(順天府) 출신이다. 가정
 27년(1548) 공순후(恭順侯)에 봉작되었다. 만력 27년(1599) 6월 7일 사망하였다.

74 후공진(侯拱辰): ?~? 명나라 사람으로 대흥(大興) 출신이다. 종인부(宗人府)를 50여 년
 맡았다. 만력 9년(1581) 목종(穆宗)의 딸이자 신종(神宗)의 이모인 수양공주(壽陽公主)
 주요아(朱堯娥)와 혼인하였다. 시호는 영강(榮康)이다.

75 알겠다 …… 하라:『명신종실록』권276, 만력 22년 8월 29일(갑술);『만력기거주』7책,
 같은 날, 669-670쪽.

# 병부의 상주

### 兵部一本 | 後附, 13b-17b

> **날짜** 만력 22년 9월 1일(1594. 10. 14.)
>
> **발신** 병부
>
> **수신** 만력제
>
> **내용** 송응창·이여송의 공적을 포함하여 한양 수복 이전의 공적 평가를 올리라는 만력제의 명령에 따라 병부에서 송응창·이여송·유황상·애유신·왕군영 등의 공적을 평가해서 올린 상주이다. 이에 대해 만력제는 송응창 이하에 대한 포상 내용을 구체적으로 결정하여 성지를 내렸는데, 그 내용은 대체로「15-1-1 兵部一本 後附, 1a-8b」및 본문에 나온 병부의 건의 내용을 따르고 있다. 만력제의 성지에는 병부상서(兵部尚書) 석성(石星) 등에 대한 포상도 포함되어 있다.
>
> **관련자료** 병부의 제본과 만력제의 성지를 포함한 본문의 요지는 『명신종실록』 만력 22년 9월 1일에 실려 있으며,[76] 아래의「15-1-7 兵部尚書石星一本 後附, 17b-24b」에는 병부에서 해당 제본을 올린 날짜를 8월 29일로 기록하고 있다. 만력제의 성지는 『만력저초(萬曆邸鈔)』 만력 22년 9월에도 간략히 수록되어 있다.[77]

.......

76  병부의 …… 있으며; 『명신종실록』 권277, 만력 22년 9월 1일(병자).

77  만력제의 …… 있다: 『만력저초(萬曆邸鈔)』(揚州: 江蘇廣陵古籍刻印社, 1991) 만력 22년 9월, 857쪽.

동쪽 정벌의 공적을 조사하고 상벌을 참작해서 행하여 국시를 밝히고 인심을 격려하기를 황상께 우러러 바라는 일.

살피건대 이번에 왜노(倭奴)가 조선을 함몰시키자 황상께서 군사를 일으켜 구원해주셨습니다. 당시 신은 우선 평양을 회복해야 점차 왕경을 회복할 수 있을 것으로 여겼습니다. 그러므로 특별히 청하여 포상 규정을 반포해서 안팎에 밝게 포고하기를 능히 평양성을 회복할 수 있다면 문무 여러 신하를 넉넉히 승진시키고 상을 주겠다고 하였으니, 이는 장사들의 용감히 싸우려는 마음을 고무시키고 훗날 공을 논의할 바탕으로 삼고자 하기 위함이었습니다.[78]

그러나 평양이 수복되었음에도 서훈하고 상을 내리는 일을 아직 행하지 못하여 사졸(士卒)들이 실망하였습니다. 그러므로 신이 다시 경략 등 여러 신하들의 서훈을 일단 정지시키고 편비·장사들에 대한 상을 먼저 베풀 것을 청한 것은, 대개 경략 등 여러 신하들은 그 일을 총괄한 이들이므로 반드시 일이 완결되어야만 비로소 서훈을 의논할 수 있지만 편비·장사들은 그 임무를 나누어 맡은 자들이므로 자그마한 공이라도 때를 놓쳐서는 안 되기 때문입니다.

순안어사의 논의로 평양·개성·벽제에서 참수한 공적을 조사하여 보고함에 이르러 신이 논의에 따라 황상께 청해서 명령을 받들었는데, "모두 서훈하여 기록하라."라는 내용이었습니다.[79] 또한 삼가 앞뒤로 엄한 성지를 내려 절실히 책망하셨고 간곡하게 성유를 내리셨습니다.[80] 다시 생각건대 여러 신하들이 원정한 수고에 대하여 공에 보답하는 상전(賞典)을 한꺼번에 베푸는 것은 기왕의 일에 보답하기 위해서만이 아니라 장래의 신하들을 권장하기 위해서입니다. 성상(聖上)의 뜻이 이와 같음을 우러러 받들었으니, 신이 감히 밝은 성지를 우러러 받들어 포상 규정에 따라 서훈하여 열거하지 않을 수 있겠습니까.

원임 경략 병부시랑으로 지금은 원적지에 돌아가 요양하고 있는 송응창·총병 이여송·관향주사 애유신·유황상 네 신하는 모두 특별하게 파견하시는 명령을 받들어 노고를 다한 것이 가장 드러났으니, 마땅히 으뜸으로 서훈해야 합니다. 하간통판 왕군영도 책무를 받들어 힘을 다한 것이 많으니, 마땅히 함께 서훈해야 합니다.

대개 왜가 평양을 점거하고 조선의 칠도(七道)가 모두 함몰되었을 때 저 나라의 임금과 신하는 소문만 듣고도 먼저 도망쳐 장차 강동(江東: 요동)으로 건너와서 요좌(遼左)에 기거하고자 하였으나 왜는 오히려 조공하기를 구한다고 명분을 내세웠으니, 싸우든 화의를 맺든 아직 양쪽 모두 가능하였습니다만 송응창·이여송은 개연히 싸우기를 주장하였습니다. 일을 알맞게 계획하는 것과 병마를 동원하고 군수(軍需)를 독촉하며 화기(火器)를 마련하고 상벌을 밝히는 일 일체는 모두 송응창이 주관하였습니다. 당시 경략이라는 빈 직함은 원래 해안의 방어를 담당하기 위해 설치한 것으로 조선의 일을 경략하도록 한 것은 아니었으며, 각 총독·순무·사·도원은 모두 오랑캐에 대비하는 데 전력하느라 왜를 방비할 겨를이 없었습니다. 송응창은 그 사이에서 통솔하면서 바쁘게 일하였으니 일의 형세가 어

........

後附, 8b-11b」, 「15-1-4 兵部一本 後附, 11b-12a」에 수록된 성지를 참고.

려웠음을 가히 알 수 있으나, 이러한 대첩을 순식간에 이룩하여 동쪽을 돌아보는 근심을 조금 풀어주었습니다. 그 공로가 매우 현저하므로 가장 먼저 후하게 승진시키고 상을 주어야 합니다. 이여송은 관군을 통솔하여 용기를 북돋고 떨쳐 힘써서 길을 나누어 성을 올라가 죽기를 맹세하고 승리를 결정하였으며 말이 탄환에 맞아 쓰러지자 말을 바꾸어 타고 다시 싸워 하룻저녁에 성을 빼앗았으니, 왜가 넋을 잃고 놀라 도망친 것은 실로 이여송으로 말미암은 것입니다. 그 공로가 가장 드러났으니 더불어 후하게 승진시키고 상을 주어야 합니다.

유황상은 원래 장막 안에서의 논의에만 참여하고 직접 전투하는 임무에는 참여하지 않았지만, 능히 기미를 살펴서 방책을 결정하여 이여송과 함께 평양에서 싸워 이겼습니다. 그 공로가 또한 드러났으므로 마땅히 함께 승진시키고 상을 주어야 합니다. 애유신은 군량 수송을 신속하게 하여 삼군이 술을 개울물에 부어 함께 마신 것[81]과 마찬가지로 감격하였으며, 계산을 주밀하고 상세하게 하여 만 필의 비단도 불을 보듯 분명하게 처리하였습니다. 통판 왕군영은 재물을 출납하면서 털끝만치도 축내지 않았으며 관리하면서 고생을 두루 맛보았습니다. 모두 마땅히 헤아려 승진시키고 상을 주어서 그 노고를 보상해야 합니다. 부총병 이여백 등을 승진시키고 상을 주어야 하며, 조지목 등을 응당 속죄하도록 하고, 사대수 등을 조사하고 심

.......

81 술을 …… 것[投醪]:『여씨춘추(呂氏春秋)』「순민(順民)」에 실린 월왕(越王) 구천(句踐)의 일화에서 유래된 말이다. 월왕 구천은 "술이 있으면 강에 부어 백성과 함께 마셨다[有酒流之江 與民同之]."라고 하였는데, 이후 "군사들과 고락을 함께 한다"는 뜻으로 변화하였다.

문해야 함은 이미 신 등이 전에 올린 상소에서 의논하였으므로 지금 의논할 필요가 없습니다.[82]

마땅히 삼가 명령이 내려오기를 기다려 송응창을 후하게 승진시키고 상을 주고, 이여송도 마찬가지로 후하게 승진시키고 상을 주며, 유황상 또한 승진시키고 상을 주고, 애유신·왕군영은 각각 헤아려 승진시키고 상을 주어야 합니다. 이여백 등의 공과 사대수 등의 죄는 또한 바라건대 신이 원래 논의한 등급에 따라 한꺼번에 승진시키고 상을 주며 조사하여 처리하도록 해주십시오. 승전보를 보고한 사인(舍人) 고가교(顧可敎)·유학시(劉學詩)는 각각 전례에 따라 승진시켜 직급을 제수해야 합니다.

아울러 바라건대 요동총독 손광에게 칙서를 내려서 앞서와 지금 제본을 올려 논의한 내용을 살펴서 즉시 왕경에서 노고를 다한 관리들이 이어서 획득한 수급에 대한 전공과 각 총독·순무·사·도원 및 유정이 오랫동안 머물러 수비한 공로를 어떻게 논의하여 처리할 것인지를 함께 상주하도록 해주십시오. 그리하여 성지에 따라 검토한 공문을 순안어사에게 보낼 근거로 삼아서 그가 조사하고 의논하도록 하여 황상께 결정을 청하도록 하겠습니다.

다시 살피건대 지금 의논한 평양에서의 공적은 순안어사가 이른바 "헐뜯어 의논하는 자가 1000명이나 100명이 되더라도 신이 반드시 공적으로 여기는 바가 이것입니다."라고 한 것입니다. 왕경이 비록 수복되었다고는 하나 실은 봉공(封貢)을 허락하여 그렇게 된 것

<hr />

82 부총병 …… 없습니다: 이여백 등의 상벌에 대해서는 앞의 「15-1-1 兵部一本 後附, 1a-8b」를 참고.

이지 전공을 펴지 못하였고, 왜노가 비록 물러났다고는 하나 아직도 부산에 머무르고 있으며, 하물며 총독이 서훈하기를 주청하지 않았고 순안어사가 조사하지 않아 공과 죄가 밝혀지지 않았으니, 멀리서 판단하기 어렵습니다. 신이 평양을 정벌할 때 제본을 올려 허락을 받은 포상 규정을 가지고 평양을 수복할 때 공을 세운 장수와 관리들에 대해서 의논하는 까닭이 이러합니다. 진실로 감히 서훈하지 않아서 여러 신하들의 노고가 묻혀버리게 할 수 없으며, 감히 함부로 서훈하여 공을 세운 자에게 상을 주는 전례를 남용할 수도 없습니다. 다만 은혜와 위엄은 조정에서 나오는 것이므로 신이 감히 마음대로 할 수 없으니, 엎드려 성상의 결정을 바랍니다.

성지를 받들었습니다.

동쪽을 정벌하여 연이어 싸워 승전보를 올리고 조선을 회복하였으며 왜노가 멀리 도망쳤으니, 문무 장수와 관리들의 공적과 노고가 가상하다. 이번에 서훈하도록 열거한 평양에서의 공적은 이미 순안어사가 명백히 조사하였으니 마땅히 승진시키고 상을 주어 격려하고 권장하는 뜻을 내보여야 한다.

송응창은 계책을 세우는 데 노고를 다하여 큰 공을 세웠으니, 응당 으뜸으로 서훈해야 한다. 도찰원우도어사(都察院右都御史)로 승진시키고 자리가 나는 대로 옮겨서 임용하도록 하며, 또한 상으로 은 100냥·대홍저사(大紅紵絲) 4표리(表裏)를 주어라. 이여송은 힘써 싸워 승리를 거두었으며 충성과 용기가 무리보다 뛰어나므로, 세습 백작(伯爵)에 태자태보(太子太保)를 더하고 녹미

(祿米: 봉록으로 주는 쌀) 100석을 추가하며 상으로 은 100냥·대홍저사 4표리를 주어라. 또한 동쪽의 일이 완결되기를 기다려 별도로 서훈하라.

유황상은 변방의 병비부사(兵備副使)[83]로 승진시키도록 하고, 상으로 은 30냥·저사 2필을 주어라. 애유신은 병비첨사(兵備僉事)로 승진시키고 상으로 은 20냥을 주어라. 왕군영은 변방의 동지(同知)[84]로 승진시키고 상으로 은 10냥을 주어라. 이여백은 도독동지로 승진시키고 장세작은 도독첨사로 승진시키되 모두 예전대로 일을 맡아 보도록 하였다가 총병 자리가 비면 옮겨서 임용하고, 각각 상으로 은 80냥·저사 2표리를 주어라. 이여백은 왜를 산 채로 사로잡았으니 또한 상으로 은 30냥·저사 2필을 더하라.

오유충·곡수는 참장으로 승진시켜라. 이여매·임자강·낙상지·고책은 오유충 등과 함께 각각 부총병 직함을 더하고 예전대로 일을 맡아 보게 하라. 이방춘·이녕에게는 서도독첨사를 더하라. 방시휘(方時輝)·전세정은 참장으로 승진시켜라. 척금은 원래 관직으로 기용하고, 오유충 등과 함께 각각 상으로 은 60냥을 주어라.

시조경에게는 부총병 직함을 더해라. 왕문은 참장으로 승진시켜라. 고승에게는 참장을 증직하라. 조승훈에게는 실제 직급으

........

83 병비부사(兵備副使): 병비도(兵備道)를 말한다. 안찰사(按察司)의 부사(副使) 또는 첨사(僉事)가 맡아보는 경우가 많았으므로 병비부사·병비첨사(兵備僉事)라고도 불렸다.
84 동지(同知): 명대 각 부(府)의 장관인 지부(知府)를 보좌하여 염정(鹽政) 등을 맡아보는 정5품 관직이었다. 정원은 정해져 있지 않았다.

로 복귀하는 것을 허락한다. 양심에게는 참장을 더해라. 장접·곽
몽징·장응충·방시춘·장기공은 각각 실직 1급을 승진시켜라. 이
여오·갈봉하·섭방영·왕유익·오희한·소국부·주역·곽구고·진
방철·호란·왕필적·서휘·이도·누대유는 모두 명부에 기록하여
서용(敍用)하고 시조경 등과 함께 각각 상으로 은 50냥을 주어라.

이유승에게는 참장을 증직하라. 주홍모는 실직 2급을 승진시
키고 서직 1급을 더하며 친아들에게 음직 한자리를 주어라. 장정
국에게는 부천호를 증직하라.

담국양 등 17명에게는 각각 상으로 은 20냥을 주어라. 동양정
등 10명에게는 각각 상으로 은 12냥을 주어라. 왕여현 등 8명에
게는 각각 상으로 은 10냥을 주어라. 장구경 등 103명에게는 각
각 상으로 은 8냥을 주어라. 나머지는 논의한 대로 하라.

승전보를 보고한 자들에게는 각각 전례에 따라 직급을 승진
시켜 제수하라. 왕경 이후의 공적 및 노고를 다한 관리와 각각
해당 총독·순무·사·도원 등의 관원 및 유정이 오래도록 머물러
지킨 공적은 총독·순안어사에게 공문을 보내 조사하고 논의해
서 결정하도록 하라. 석성은 중간에서 안배하면서 수고하여 공
이 높으니, 상으로 은 80냥·대홍망의(大紅蟒衣)[85] 1습(襲)을 주어
라. 해사(該司)[86]의 낭중(郎中)에게는 상으로 은 20냥을 주어라. 양

.......

85 대홍망의(大紅蟒衣): 망의(蟒衣)는 이무기를 수놓은 관복으로서, 모양은 용과 비슷하지
만 발톱의 수가 적다. 명초에는 황제 측근의 환관이나 1품의 고관이어야만 망의를 입을
수 있었으나, 후기로 가면서 금령이 점차 이완되어 육부(六部)의 대신 등에게도 나누어
주게 되었다. 沈德符, 『萬曆野獲編』補遺 卷2, 內閣, 「閣臣賜蟒之始」. 대홍망의는 큰 붉은
비단으로 만든 망의를 말한다.

86 해사(該司): 담당 관청을 말한다. 여기서는 병부에 속한 직방청리사(職方淸吏司) 등의

준민(楊俊民)[87]에게는 상으로 은 30냥·저사 2표리를 주어라.

.......

사(司)를 지칭한다.

87 양준민(楊俊民): ?~1599. 명나라 사람으로 산서 포주(蒲州) 출신이다. 자는 백장(伯章)
이다. 만력 17년(1589)에 호부상서 총독창장(戶部尙書總督倉場)에 임명되어 임진왜란
때 재정을 담당하여 군량 운송을 총괄하였다.

## 15-1-7

# 병부상서 석성의 상주

兵部尚書石星一本 | 後附, 17b-24b

**날짜** 만력 22년 9월 15일(1594. 10. 28.) 이전

**발신** 병부상서 석성

**수신** 만력제

**내용** 병부상서 석성이 송응창·이여송의 공에 대한 포상이 부족한 것을 지적하면서 아울러 이전에 외침(外侵)이나 반란을 제압하는 데 공을 세운 정락(鄭洛)[88]·위학증(魏學曾)[89]이 공적에 비해 충분한 포상을 받지 못한 사실을 지적하고, 송응창·정락·위학증에게 상당하는 음직을 내려줄 것을 요청하는 상주이다. 또한 석성은 강화 교섭으로 인해 비난을 받고 있는 심유경(沈惟敬)을 변호하고 자신에게 내린 상을 사양하면서 사직을 요청하였다. 만력제는 송응창·정락에 대한 음직 수여는 석성의 의견을 따랐지만 위학증에 대한 요청은 거부하였고, 석성의 사직을 윤허하지 않았다.

**관련자료** 본문에는 날짜가 기록되어 있지 않으나 『명신종실록』에 따르면 만력 22년 9월 15일 병과급사중 오문재가 위학증에게는 상을 아끼면서 병부의 요청에 따라 송응창에게 음직을 허락하는 것을 비판하고 있으므로,[90] 석성이 상주를 올리고 만력제가 결정을 내린 시점은 그 이전으로 판단된다. 또한 앞의 「14-5 辭免恩廕幷陳一得疏 권14, 11a-16b」에 따르면 송응창에게 음직을 내린다는 성지가 병부의 자문으로 전달된 시점은 만력 22년 10월 18일이다.

안팎으로 우환이 많아 격려하고 권장하는 일이 가장 시급하니, 황상께 간절히 바라건대 공이 없는 자에게 내리는 상을 면해주셔서 신하로서의 절개를 밝히고 미진한 포상을 아울러 논의하여 인심을 격려하며 또한 직책을 제대로 수행하지 못하는 자를 파직해주셔서 동쪽 정벌을 완료하도록 하는 일.

제왕이 호걸(豪傑)을 격려하여 외침을 막는 데 분주하도록 하는 방법은 상벌을 마땅하게 하는 것일 따름입니다. 상벌을 논의하여 권장하고 징계하는 바를 드러내는 방법은 공과 죄를 밝히는 것일 따름입니다. 주고 빼앗는 권한은 조정에서 나오고 가부(可否)를 결정하는 일은 보신(輔臣)[91]에게 자문을 구하며 시비(是非)는 공론에 의해 정해지고 논의하는 내용은 병부에서 나오는 것이니, 이는 전쟁과 정벌이 있었던 이래로 바뀐 적이 없습니다. 그러므로 공이 없는 자에게 내리는 상은 해진 바지 한 벌도 마땅히 아까워해야 하며,[92] 공

88 정락(鄭洛): 1530~1600. 명나라 사람으로 보정부(保定府) 안숙현(安肅縣) 출신이다. 자는 우수(禹秀), 호는 범계(範溪), 시호는 양민(襄敏)이다. 융경 연간부터 북변 방어에 관여하여 공을 세웠다. 명과 몽골의 화의가 순조롭게 지속되는 데 큰 공헌을 하였다. 만력 17년(1589) 선부(宣府)·대동(大同)·산서(山西)·섬서(陝西)·연수(延綏)·영하(寧夏)의 변무(邊務)를 경략하였다.

89 위학증(魏學曾): 1525~1596. 명나라 사람으로 섬서 경양현(涇陽縣) 출신이다. 자는 유관(惟貫)이다. 호부주사(戶部主事)·이부우시랑(吏部右侍郎) 등을 역임하였으나 당시 집권자였던 내각대학사(內閣大學士) 장거정의 비위를 거슬러 파직당하였다. 장거정 사후에 다시 남경호부우시랑(南京戶部右侍郎)에 임명되었고 남경호부상서(南京戶部尚書)를 거쳐 섬서총독(陝西總督)으로 부임하였다. 만력 20년(1592) 보바이(哱拜)의 난이 일어나자 반란 진압을 총괄하였으나, 연달아 진압에 실패한 후 탄핵당해 관직을 삭탈당하였다. 하지만 그가 파직된 지 한 달이 지나지 않아 보바이의 난이 진압되었고, 그 결과 본래 관직이 회복되었다.

90 만력 …… 있으므로:『명신종실록』권277, 만력 22년 9월 15일(경인).

91 보신(輔臣): 임금을 보좌하는 신하, 곧 재상을 뜻한다. 명 후기에는 내각대학사를 지칭하였고 수석 내각대학사를 수보(首輔)라고 하였다.

이 있는데도 상을 내리지 않는다면 요순(堯舜)이라도 천하를 교화할
수 없습니다. 옛날에도 명확한 증거가 있으며 지금은 더욱 긴요한
일입니다.

  신은 지극히 불초하여 물의를 일으킨 적이 많았으니, 어찌 시끄
럽게 논란을 벌여 다시 남의 입에 오르내려서 위기에 빠지려 하겠
습니까. 다만 황상의 크나큰 부탁을 받았으니 마땅히 몸을 바쳐서
라도 보답해야만 합니다. 또한 서쪽에는 침입해오는 오르도스[河套]
지역의 오랑캐가 있고[93] 동쪽에는 틈을 엿보는 왜가 있으며 사천(四
川)·귀주(貴州)에는 논의하여 처리해야 할 파주(播州)의 오랑캐 우두
머리가 있고[94] 계주(薊州)·요동에는 내분을 일으키는 여러 도적들이

-------

92  그러므로 …… 하며: 『한비자(韓非子)』 「내저설 상(內儲說上)」에 나오는 고사를 인용한
   것이다. 전국시대 한 소후(韓昭侯)에게 해진 바지[敝袴]가 있었는데 갈무리해두라고 명
   하면서, "후일에 공이 있는 사람을 기다렸다가 하사하겠다."라고 하였다는 일화를 가리
   킨다. 임금이 신하에게 포상을 내릴 때는 아무리 사소한 것이라도 공을 세운 자에게만
   신중하게 주어야 한다는 의미이다.

93  서쪽에는 …… 있고: 오르도스 지역의 몽골 세력은 알탄 칸이 명과 화의를 맺은 이후 명
   과 비교적 평화로운 관계를 유지하였으나 만력 18년(1590) 무렵부터 청해(靑海) 지역의
   몽골 세력과 연계하여 명의 변경을 침입하기 시작하였다. 만력 19년 밍간(明安)이 명군
   과 싸우다 전사한 이후 명과의 대립이 심화되었다. 만력 22년(1594) 7월에는 오르도스
   지농(晉王) 보속투(卜失兎)가 고원(固原)에 침입하여 유격 사견(史見)이 전사하였고 연
   수총병(延綏總兵) 마귀(麻貴)가 응전하여 1개월 만에 격퇴하였으나 섬서(陝西) 전체가
   크게 동요하였다. 『명신종실록』 권277, 만력 22년 9월 3일(무인), 10일(을유); 『明史』 卷
   327, 列傳 215, 外國 8, 「韃靼」, 8489쪽.

94  사천(四川) …… 있고: 파주(播州)의 토사(土司) 양응룡(楊應龍: 1551~1600)이 일으
   킨 반란을 지칭한다. 양응룡은 당나라 때부터 대대로 파주 지역의 묘족(苗族) 유력자였
   던 집안 출신으로, 그 역시 선위사(宣慰使) 지위를 계승한 뒤 명 조정에 조공을 바치고
   명의 군사 활동에 휘하 세력을 동원하여 협력하였다. 그러나 다른 묘족 집단으로 세력
   을 확장하려는 움직임을 보여 명 지방관들과 갈등을 빚었고, 만력 22년(1594)에는 명군
   을 대파하기도 하였다. 이후 일시적으로 귀순하려는 의사를 보였으나, 재차 다른 묘족
   집단 및 명 지방관들과 충돌을 일으켰다. 결국 명은 대대적 토벌로 전환하였고, 만력 28
   년(1600) 양응룡이 자결함으로써 반란은 종결되었다. 영하의 반란 및 임진왜란과 함께

있어서[95] 여러 사람의 눈이 모두 조정의 거동을 보고 듣고 있습니다. 이런 상황에서 직책에 걸맞지 않은 자가 외람되이 상을 받고 공이 있는 자에게는 상을 베풀기를 아끼니, 권장하고 징계하는 기틀이 막혀서 큰 공을 세우도록 책임을 지우지 못하게 될까 두렵습니다.

감히 동쪽의 일에 대한 상을 실마리로 삼아 이에 대한 말을 다 하고자 합니다. 신이 8월 29일에 제본과 주본을 총 2건 올렸는데, 그 중 동쪽 정벌의 공적을 조사하는 등의 일로 올린 제본에 대해 다음과 같은 성지를 받들었습니다.

> 송응창은 도찰원우도어사로 승진시키고 자리가 나는 대로 옮겨서 임용하도록 하며 또한 상으로 은 100냥·대홍저사 4표리를 주어라. 이여송에게는 세습 백작에 태자태보를 더하고 녹미 100석을 더하며 상으로 은 100냥·대홍저사 4표리를 주어라. 또한 동쪽의 일이 완결되기를 기다려 별도로 서훈하라. 석성은 중간에서 안배하면서 수고하여 공이 높으니, 상으로 은 80냥·대홍망의 1습을 주어라.[96]

........
"만력삼대정(萬曆三大征)"의 하나로 꼽힌다.

95  계주(薊州) …… 있어서: 당시 계주(薊州)·요동 지역은 몽골족·여진족의 여러 세력의 침입을 받고 있었는데, 그중에서도 투먼 칸(1539~1592)·부얀 칸(1556~1604)이 이끄는 차하르 세력 및 타안위(朶顏衛)의 종논(長昻) 등이 만력 연간에 빈번히 침입하였다. 특히 종논은 만력 20년을 전후하여 계주·요동에 대한 위협으로 주목받고 있었으며, 만력 22년(1594)에는 7000명을 이끌고 중후소(中後所)를 공격하였다가 패퇴하기도 하였다. 『명신종실록』 권238, 만력 19년 7월 1일(갑자); 권256, 만력 21년 정월 18일(계유); 권278, 만력 22년 10월 22일(병인); 『明史』 卷327, 列傳 215, 外國 8, 「韃靼」, 8488쪽; 『明史』 卷328, 列傳 216, 外國 9, 「朶顏·福餘·泰寧」, 8508쪽.

96  송응창은 …… 주어라: 앞의 「15-1-6 兵部一本 後附, 13b-17b」를 참고.

또 임무가 무거운데 재주는 부족하여 오랫동안 물의를 일으켰다는 등의 일로 올린 주본에 대해서는 다음과 같은 성지를 받들었습니다.

경은 군국(軍國)의 무거운 임무를 맡았고 지금 동쪽 왜의 일이 아직 완결되지 못하였는데 어찌 자기 편한 대로 떠나기를 청하여 부탁한 바를 저버릴 수 있는가. 마땅히 즉시 나와서 변경의 계책을 처리하여야 할 것이다. 사직을 윤허하지 않는다. 이부는 알아두어라.

신이 병상에 엎드려 머리를 조아리는 외에, 삼가 생각건대 동쪽 정벌의 전역(戰役)의 일체 안배는 오직 신에게 위임되었으나 문무 신료들을 감독하고 독촉하여 요사스러운 기운을 깨끗이 쓸어버리지 못하였습니다. 아직도 부산의 남은 왜를 그대로 머무르게 하고 있어 군부(君父)에게 근심을 끼쳤고 궁궐 뜰에 가득한 신료들의 무거운 논의를 일으켜 성상을 번거롭게 하였으니, 이렇게 직분을 제대로 수행하지 못한 데 대해서는 견책을 면한 것만으로도 다행입니다.

이번에 망의(蟒衣)를 내려주신 것은 일품(一品)의 지극한 영광입니다. 좋은 황금을 베푸시는 것을 어떻게 해진 바지 따위와 비교할 수 있겠습니까. 하물며 신은 전에 이미 성지를 받들어 서훈하는 대상에 들어가는 것을 면하도록 허락받았고 이를 안팎으로 전하여 보였으므로 진실로 변경할 수 없습니다. 또한 이 전역은 내각의 여러 신하들이 비밀리에 계책을 세우고 병과의 여러 신하들이 기밀을 결정하는 데 참여하였으며 저희 병부의 시랑이 도와서 힘을 다하였으니, 그 노고가 신에 비해 몇 곱절을 넘습니다. 동쪽의 일이 아직 완결되지 않았으니 감히 일괄적으로 서훈해서도 안 되는데 지금 규정에서 벗어난 상이 유독 신에게만 사사로이 주어졌으니, 마음으로 부끄럽고 송구하여 절대 감당할 수가 없습니다.

송응창·이여송의 공과 상에 대해서는 진실로 마땅히 논의해야 할 것이 있으며, 심유경 등의 억울한 정상은 마땅히 밝혀져야 할 것이 있습니다. 아울러 이전에 정벌을 담당한 신하로 상서(尚書) 정락·위학증과 같은 이들은 뚜렷한 공적을 세웠고 일에 대해 논의가 정해진 지 오래이며 또한 신이 일을 맡아본 기간 내에 모두 경험한 바이지만, 당시 신이 힘써 지론(持論)을 견지하지 못하여 지금까지도 여론이 못마땅하게 여기고 있습니다. 신이 만약 지금 한 번 논의하지 않으면 지난 공에 보답하고 장래의 사람들을 권장하지 못하여 실로 나라를 저버리게 될까 두렵습니다.

대저 왜노가 66도(島)<sup>97</sup>의 무리를 일으킨 것은 마침 보바이[哱賊]<sup>98</sup>가 난을 일으키고 있던 때로, 조선을 함락시키고 근거지로 삼아 기세가 심히 성하였습니다. 우리는 서쪽의 토벌에 전력을 다하느라 오랫동안 동쪽으로 원정할 겨를이 없었습니다. 송응창·이여송이 각 진의 잔약한 병졸을 처음 통솔하였을 때 그 수가 겨우 3만을 채웠는

.......

97  66도(島): 일본 고대에서 근세까지의 행정구역인 66국(國) 혹은 66주(州)를 의미한다. 일본은 헤이안(平安) 시대에 율령제(律令制)의 시행과 함께 전국 각지의 지방행정단위로 국(國)-군(郡)을 두었으며, 율령제가 무너진 이후에도 이는 지역을 구분하는 단위로 에도(江戸) 시대까지 지속되었다. 실제로 국의 수는 총 68개지만, 쓰시마(對馬)·잇키(壹岐)를 도(島)로 취급하여 일본 전체를 66국이나 66주라고 호칭하는 경우가 많았다.

98  보바이[哱賊]: 1526~1592. 명나라 사람이다. 원래 몽고 달단부(韃靼部)의 추장이었다가 명에 투항하여 영하 지역에서 많은 전공을 쌓았다. 만력 20년(1592) 2월에 영하 순무와 불화가 생기자 반란을 일으켰다. 연이어 승리하다가 이여송의 활약으로 제압되었다.

데, 우러러 황상의 신위(神威)에 힘입어 한 번 싸워 평양을 함락시키고 두 번 싸워 개성을 떨어뜨렸습니다. 비록 벽제에서의 싸움에 득실이 서로 비슷합니다만, 왜노가 우리의 위세를 두려워하여 조공하기를 청한 것은 실로 여기에서 시작된 것입니다.

그러나 말하는 이들은 평양의 싸움에서 얻은 수급에 가짜가 많다고 하면서 그 죄를 다스리고자 하였습니다. 동쪽으로 원정한 군사들이 이를 듣고 각자 마음이 동요하였습니다. 또 2~3월 이후 조선에는 큰비가 불시에 내려 활과 화살이 모두 풀어졌고 군사들은 많이들 굶주렸고 말도 많이 굶어서 죽었습니다. 이러한 때를 당하여 왜노를 모두 전멸시키기를 바라는 것은 형세상 진실로 할 수 없는 일입니다. 이는 안팎에서 잘 알지 못하는 바이나, 신 석성은 잘 알고 있는 내용입니다.

그러므로 당시 송응창 등은 다시 심유경을 주홍모와 함께 보내어 고니시 유키나가(小西行長)와 함께 가서 이전의 약속을 정하도록 하였습니다. 송응창이 이어서 편의에 따라 다시 사용재(謝用梓)[99]·서일관(徐一貫)[100]을 파견하여 가서 관백(關白)을 만나보게 하니, 관백이 마침내 왕경을 도로 넘겨주고 왕자와 배신(陪臣)을 돌려보냈습

.......

99　사용재(謝用梓): ?~?. 명나라 사람으로 절강(浙江) 출신이다. 만력 21년(1593) 심유경(沈惟敬)이 고니시 유키나가(小西行長)와 강화 협상을 진행할 때 서일관(徐一貫)과 함께 일본에 사신으로 파견되었다. 나고야(名護屋)에서 도요토미 히데요시에게 융숭한 대접을 받고 일본에 잡혀 있던 임해군(臨海君), 순화군(順和君)과 함께 조선에 들어왔다. 후에 강화 협상에서 공문을 위조한 사실이 발각되어 서일관과 함께 유배되었다.

100　서일관(徐一貫): ?~?. 명나라 사람이다. 만력 20년(1592) 황응양(黃應陽), 하시(夏時)와 함께 조선에 사신으로 파견되었다. 윤근수(尹根壽)를 만나 조선과 일본이 서로 짜고 명나라를 침략하려 한다는 의심을 풀었다. 이듬해(1593) 일본과 강화 협상이 진행될 때 사용재와 함께 일본에 사신으로 파견되었다.

니다.[101] 조선 왕은 이로 인하여 그 신하들을 이끌고 다시 왕경에 거주하면서 조공을 닦을 수 있게 되었으니, 그에게 나라가 없었다가 나라가 있게 된 것은 여러 신하들의 공이 아니고서는 불가능하였습니다. 또한 왕경이 수복된 뒤로 천진(天津)에 모집해둔 남병(南兵)[102] 7000여 명에 대해 모두 파견을 정지하도록 헤아려 처리함으로써 은 20여만 냥을 절감하였습니다. 하물며 2000여 급을 참수하였고 항왜(降倭) 200여 명을 모두 각 변경에 분산시켜둔 것은 전공 수에 포함되지 않았으니, 이는 유강(劉江)이 망해과(望海堝)에서 수차례 싸운 이후로 없었던 일입니다.[103]

그러나 송응창·이여송이 여러 사람의 논의를 면하지 못한 까닭은, 송응창이 산동순무(山東巡撫)를 역임하였을 때 거동을 자기 마음대로 하였고[104] 이여송은 가문이 매우 번성하였기에 자기 기세를 믿

후附 등

.......

101 송응창이 …… 돌려보냈습니다: 벽제관 전투 이후 심유경의 파견 및 사용재·서일관의 도요토미 히데요시 접견에 이르는 과정에 대해서는 中村榮孝, 『日鮮關係史の硏究』 中, 東京: 吉川弘文館, 1969, 173-182쪽; 김경태, 「임진전쟁 초기의 군량 문제와 강화교섭 논의」, 『역사와 담론』 70, 2014, 46-54쪽 등을 참고.

102 남병(南兵): 남직례(南直隸) 및 절강(浙江) 일대의 병사를 말한다.

103 유강(劉江)이 …… 일입니다: 영락(永樂) 17년(1419) 대마도(對馬島)에서 출발한 일본군 수천 명이 조선의 충청도 비인현(庇仁縣) 및 황해도 해주(海州) 등지를 습격하고 요동의 금주위(金州衛) 방면으로 향하자, 조선으로부터 사전에 일본군의 침입 정보를 전달받은 명은 요동총병 유강에게 방어 준비를 지시하였다. 유강은 망해과(望海堝) 일대에 성을 쌓고 군대를 주둔시켰다가 일본군이 상륙해오자 군사를 매복시킨 뒤 포위 공격을 감행해 1000여 명을 참수하고 113명을 생포하는 대첩을 거두었다.

104 송응창이 …… 하였고: 송응창은 산동순무로 재임할 당시 안찰부사(按察副使) 양시형(楊時馨)에게 유학이 아닌 이단을 따른다고 탄핵당한 바 있으며, 만력 19년(1591) 덕평지현(德平知縣) 최사계(崔士榮)가 가뭄과 메뚜기로 인한 재해를 보고하였을 때 실상을 의심하여 현승(縣丞) 동용빈(董用賓)을 불러 대질시켰다가 현의 백성 5000여 명이 송응창을 찾아와 소요에 가까운 사태를 초래한 바 있다. 송응창은 이로 인해 사직을 요청하면서 참정(參政) 형주준(荊州俊)도 백성들의 소동과 관련이 있다며 비판하기도 하였다.

고 남의 아래에 있지 않으려 하였던 일이 많았기 때문입니다.[105] 또한 봉공의 논의는 당시 아직 받아들여지지 못하였으며, 책봉해주는 맹약은 사람들이 가장 꺼리는 일입니다. 이러한 까닭으로 반대하는 이들이 궁궐 뜰에 가득하여 두 신하는 벌벌 떨며 스스로를 보존하지 못할 지경이었으니, 어떻게 다시 다른 희망을 품겠습니까. 그러므로 신이 지난번에 전공에 관한 검토 제본을 올렸을 때 다만 평양을 함락시키면 후하게 승진시키고 상을 주겠다고 한 포상 규정에 의거하여 단지 대략을 논의하고 실로 분명하게 말하지 못한 까닭은, 하나는 은혜를 베푸는 전례는 조정에서 나오는 것이므로 감히 마음대로 논의할 수 없었기 때문이고, 하나는 여러 사람의 논의가 한참 서로 대치하고 있으므로 지나치게 상을 줄 수 없었기 때문입니다.

황상께서는 작은 과실을 생략하고 미미한 공까지 기록해주시어 송응창은 직함을 올려 기용하고 이여송은 봉록을 더하고 직함을 승진시키셨으니, 천자로부터 내려온 융숭한 은혜가 이미 과분합니다. 그러나 신이 생각건대, 이여송은 동쪽과 서쪽에서 힘써 싸워 공은 진실로 높다고 할 만하나 누차 은음(恩廕)을[106] 받았고 그에게 내려

......

『(雍正)河南通志』(사고전서 수록본) 卷57, 人物 1, 明, 105b-106a; 『명신종실록』 권242, 만력 19년 11월 24일(병술); 권243, 만력 19년 12월 1일(계사), 16일(무신); 瞿九思, 『萬曆武功錄』(북경대학 소장본) 卷1, 山東, 「德平判民列傳 5a-6b」.

105 이여송은 …… 때문입니다: 이여송의 부친 이성량(李成梁)은 20여 년간 요동에서 많은 무훈(武勳)을 세웠고 만력 7년(1579)에는 영원백(寧遠伯)으로 봉해지는 영예를 누렸다. 또한 장기간 요동의 군권을 장악하고 대규모의 가정(家丁)을 수하로 두었으며, 부하·가정·일족을 요동 곳곳의 요직에 두고 위로는 북경 조정의 관원들과도 밀접한 유착 관계를 맺어 세력을 굳혔다. 거기에 이여송을 비롯한 아들 5명과 일족들도 무장(武將)으로 이름을 떨쳐 당시 사람들에게 "이씨 가문의 호랑이 같은 아홉 장수[李家九虎將]"라고 불릴 정도로 가문이 크게 번성하였고, 이여송 자신도 만력 20년(1592) 영하의 변을 평정하는 등 성세(聲勢)를 올렸다.

진 상 역시 박하지 않았습니다. 그리고 그가 지금 영예가 지나치게 넘치는 것을 두려워하고 있으니, 어찌 편안해하지 못할 상을 더해야 겠습니까. 다만 송응창은 계획을 세우는 데 비록 미진하다고는 하지만 수고하고 고생한 것은 불쌍히 여길 만합니다.

생각건대 근래 만력 19년(1591) 연수(延綏)에서 오랑캐의 소굴을 쳐서 500여 급을 참수하였을 때, 당시의 총독은 금의위(錦衣衛)[107] 천호(千戶)의 음직을 받아 세습하도록 하였습니다.[108] 멀리 한(漢) 무제(武帝) 때 해서(海西)의 싸움에서 이광리(李廣利)의 죄가 크고 공이 작았음에도 죄를 용서하고 공을 기록하였음이 사책(史冊)에 실려 있습니다.[109] 그러므로 송응창과 같은 경우는 마땅히 문무의 음직 한자

106 은음(恩蔭): 공적을 세운 신하에 대해 그 자손에게 음직(蔭職)을 받는 은혜를 내려주는 것을 말한다.

107 금의위(錦衣衛): 금의위지휘사사(錦衣衛指揮使司)의 준말로, 홍무(洪武) 15년(1382)에 설치된 명대 황제 직속 친위대이다. 황제 곁에서 시위를 담당하였으며, 비밀경찰로 기능하기도 하였다.

108 연수(延綏)에서 …… 하였습니다: 당시의 총독은 위학증(魏學曾)을 지칭한다. 만력 19년(1591) 연수총병(延綏總兵) 두동(杜桐)은 유림(楡林)·보령(保寧) 등지를 침입한 몽골족을 요격하여 그 우두머리 밍간(明安) 등 450여 급을 베고 20여 명을 사로잡는 전과를 올렸다. 이에 대해 병과도급사중(兵科都給事中) 장동(張棟)은 일을 일으켜 외람되이 공을 인정받으려 하였다는 이유로 두동 및 삼변총독(三邊總督) 위학증을 탄핵하였고, 병부에서는 일단 강등하여 그대로 일을 보도록 하였다. 이후 만력 20년(1592) 5월 연수순무(延綏巡撫) 가인원(賈仁元)이 다시 침입한 몽골족 27명의 목을 베었다고 보고하자, 만력제는 지난해의 전공과 합쳐서 공적 평가를 빨리 진행하여 보고하도록 하였다. 『명신종실록』권243, 만력 19년 12월 22일(갑인); 권244, 만력 20년 정월 16일(정축), 25일(병술); 권248, 만력 20년 5월 26일(을유).

109 한(漢) 무제(武帝) 때 …… 있습니다: 『사기(史記)』「대완열전(大宛列傳)」에 나오는 일화이다. 한 무제는 태초(太初) 원년(기원전 104) 이광리를 이사장군(貳師將軍)으로 삼아 대완(大宛)을 정벌하도록 하였으나, 이광리는 원거리 보급의 문제로 인해 돈황(燉煌)으로 회군하는 등 고전하다가 재차 대규모 지원을 받아 겨우 대완의 항복을 받았다. 한 무제는 원정으로 인해 많은 손해를 입었음에도 만 리를 원정한 것을 감안하여 과실은 기록하지 않고 이광리를 해서후(海西侯)로 봉하는 등 포상하였다.

리를 주어서 그 노고를 보상해야 비로소 공이 의심스러우면 무겁게 포상한다는 원칙을[110] 믿을 수 있게 되리라 여겨집니다. 신은 송응창을 위해서가 아니라 전공을 위해서 헤아리는 것입니다.

정락이 이전에 콜로치(火落赤)[111]를 정벌하였을 때에도 그를 섬멸하지 못하였다는 것을 비판하는 논의가 있었고, 신도 그때는 그 공을 박하게 생각하여 기이하게 여길 만한 것이 못 된다고 하였습니다. 그러나 전쟁을 끝낸 뒤로 감숙(甘肅)은 지금 평안한 땅이 되었습니다. 한편 동쪽 오랑캐 순의왕(順義王)[112]은 콜로치를 앙화사(仰華寺)[113]의 후원자로 삼고 까닭 없이 부처를 맞이한다는 평계를 대었

後附
등

.......

110 공이 …… 원칙[功擬惟重]을: 『서경(書經)』 「대우모(大禹謨)」 편에 나오는 관용구로, 임금은 백성과 신하들에 대해 죄가 의심스러울 경우 가볍게 처벌해야 하고[罪疑惟輕] 공이 의심스러울 경우에는 무겁게 포상하여야 한다는 말이다. 이렇게 해야만 애매한 죄로 인해 무거운 처벌을 받는 사람이 없게 되고 공을 세웠는데 애매하다는 이유로 포상에서 배제되는 사람이 없어지므로 백성이 불만을 품지 않게 되기 때문이다. 원문에는 "疑" 대신 "擬"라고 쓰여 있으나 의미는 같다.

111 콜로치(火落赤): ?~?. 몽골 돌론 투메드(多羅土蠻) 부의 유력자였다. 만력 12년(1584) 이전에 청해 지역으로 이주하여 앙화사(仰華寺)를 수호하였고, 이후 청해 몽골 가운데 최대의 세력을 거느렸다. 주위의 티베트계 토착민을 복속시키고 명과 잦은 충돌을 일으켰으며, 만력 18년(1590)에는 임조(臨洮)·하주(河州) 등을 공격하여 부총병 이연방(李聯芳)을 비롯한 다수의 명군을 살상하는 "조하(洮河)의 변"을 일으켰다. 이후 정락이 이끄는 명군의 반격을 받아 철수하기도 하였으나 지속적으로 명 변경의 위협이 되었으며, 겔룩파를 군사적으로 지원하는 등 티베트 내부의 정치적 사안에도 깊게 관여하였다. 그의 출자 및 활동에 대해서는 江國眞美, 「靑海モンゴル史の一考察」, 『東方學報』 67(3·4), 1986; 若松寬, 「明末內蒙古土黙特人の靑海地區進出: ホロチ__ノヤンの事跡」, 『京都府立大學學術報告(人文)』37, 1985; 李文君, 『明代西海蒙古史研究』, 北京: 中央民族大學出版社, 2008, 113-121쪽을 참고.

112 순의왕(順義王): 본문의 순의왕은 제3대 순의왕이자 알탄 칸의 손자인 출루게(扯力克, 撦力克: ?~1607)를 말한다. 명은 만력 15년(1587) 그의 순의왕 책봉을 승인하였다.

113 앙화사(仰華寺): 알탄 칸이 소남 갸초(달라이 라마 3세)와 회견하기 위해 만력 2년(1574)에서 만력 5년(1577)에 걸쳐 청해 인근에 건립한 사찰이다. 알탄 칸은 만력 5년(1577)에 명에 사액(賜額)을 요청하였고, 명은 이 절에 앙화사라는 이름을 내려주었다.

고,[114] 오르도스의 오랑캐 보속투(卜失兎)[115]도 수천(水泉)에서의 싸움에서 그의 짐을 많이 잃어버린 것을 원한으로 여겼습니다.[116] 또한 영하에서 보바이가 변란을 일으켰을 때 일찍이 재물을 순의왕에게 뇌물로 주고 영하를 넘겨주겠다고 하면서 자신의 반역을 도와주기를 요청하였으나, 순의왕은 앞서 정락이 상소로 올린 계책에 따라 화의를 회복하였으므로 이전의 약속이 마침내 정해져 끝내 반역을

.......

만력 6년(1578) 알탄 칸은 이곳에서 소남 갸초와 회견하여 "달라이 라마(Dalai Lama)"라는 존호를 바쳤고, 소남 갸초는 알탄 칸을 쿠빌라이 칸의 환생으로 인정하였다. 이후 앙화사는 청해 몽골의 종교적 중심지가 되었으며, 투메드·오르도스 몽골 역시 빈번히 앙화사를 참배하였다. 그러나 콜로치 등이 변경을 침입하여 명과의 관계가 악화되자 만력 19년(1591) 청해 몽골 공략을 담당한 경략 정락은 앙화사를 화근으로 지목하여 불태워버렸다.

114 순의왕(順義王)은 …… 대었고: 만력 16년(1588) 제2대 순의왕 셍게(黃台吉)의 초청을 받아 귀화성(歸化城)에 머물고 있던 소남 갸초가 입적하자, 제3대 순의왕 출루게는 그의 유해를 티베트로 전송하기 위해 만력 17년(1589) 5월 청해를 향하여 서쪽으로 원정을 떠났다. 그의 청해 체류는 콜로치 등의 청해 몽골이 명의 변경을 더욱 거세게 공략하는 배경이 되었기 때문에, 명은 청해 몽골을 군사적으로 공격하는 한편 그가 귀화성으로 돌아가도록 하기 위해 많은 노력을 기울였다. 결국 출루게는 만력 19년(1591) 귀화성으로 돌아갔다. 출루게가 콜로치를 앙화사의 후원자로 삼았다[以火酋爲仰華寺]는 말의 의미는 불분명하나, 출루게는 청해에 머무르는 동안 콜로치와 밀접한 관계를 맺었으며, 동쪽으로 돌아갈 때 명과의 충돌을 콜로치 등 청해 몽골의 탓으로 돌렸다고 한다. 출루게의 청해 원정에 대해서는 萩原淳平, 『明代蒙古史硏究』, 京都: 同朋舍, 1980, 371-388쪽; 李文君, 앞의 책, 171-175쪽; 曉克, 「扯力克汗西行靑海芻議」, 『西部蒙古論壇』 2010-2 참고.

115 보속투(卜失兎): 1565~1624. 오르도스(Ordos) 몽골의 수장으로, 13세 때인 만력 4년(1576) 지농(晉王)의 자리에 올랐다. 만력 17년(1589) 순의왕 출루게의 청해 원정을 계기로 때때로 명에 침입하였다. 만력 20년(1592)에는 영하에서 일어난 보바이의 반란에 편승하여 명의 변경을 침입하였으며, 만력 22년(1594)에는 고원에 침입하여 유격 사건을 전사하게 하였다. 연수총병 마귀가 이에 응전하여 1개월 만에 격퇴하였으나 당시 섬서 전체가 충격을 받았다.

116 오르도스의 …… 여겼습니다: 보속투는 만력 19년(1591) 무리를 이끌고 청해로 가던 길에 정락의 명령을 받은 명군에 의해 양주(涼州) 부근에서 차단당하였고, 수천(水泉)에서 명군의 매복에 걸려 큰 피해를 입었다. 田野, 「鄭洛及其在明蒙關係中的作用」, 內蒙古大學 碩士學位論文, 2008, 20쪽.

돕지 않았으니,[117] 보바이의 무리가 끝내 고립되어 영하의 변란이 조기에 평정될 수 있었습니다. 이는 모두 간발의 차이도 용납되지 않는 일이자 사직에 드러나는 공으로, 신과 총독 소대형(蕭大亨)[118]만이 알고 있는 바입니다. 그러므로 정락과 같은 경우는 그가 이전에 음직으로 받은 금의위백호(錦衣衛百戶)에 더하여 이를 세습하도록 허락해야만 비로소 그의 노고에 보답할 수 있을 것입니다.[119]

⋯⋯⋯

117 순의왕은 …… 않았으니: 순의왕 출루게가 청해로 간 뒤 "조하의 변"이 일어나는 등 몽골의 침입이 심해지자, 명은 만력 18년(1590) 8월 그가 명에 조공을 바치고 무역하는 것과 그에게 상을 내리는 것을 정지하였다. 하지만 만력 20년(1592) 그가 귀화성으로 돌아간 이후 경략 정락과 선대총독(宣大總督) 소대형(蕭大亨)은 출루게에 대한 공시와 상사를 회복하고 그로 하여금 휘하의 세력을 단속하여 변경에서 문제를 일으키지 못하도록 할 것을 요청하였다. 이에 만력 20년 4월 출루게에 대한 공시와 상사는 복구되었다. 비록 영하에서 보바이가 난을 일으켰을 때 일부 몽골 세력이 그에게 가담하기는 하였으나, 명은 출루게에 대한 공시와 상사를 막 복구하였으므로 그가 반란에 가담하지 않을 것이라 판단하고 반란 진압에 전념할 수 있었다. 실제로 출루게는 영하의 반란 세력에 끝까지 힘을 보태주지 않았다. 陳子龍 編, 『皇明經世文編』 卷404, 鄭經略奏疏二[鄭洛], 「虜王遣使謝罪乞恩復賞疏(虜賞)」; 『명신종실록』 권226, 만력 18년 8월 4일(계유); 권247, 만력 20년 4월 25일(갑인); 권248, 만력 20년 5월 13일(임신); 瞿九思, 『萬曆武功錄』 卷8, 中三邊, 「扯力克列傳 47b」.

118 소대형(蕭大亨): 1532~1612. 명나라 사람으로 산동 태안주(泰安州) 출신이다. 자는 하경(夏卿), 호는 악봉(岳峰)이다. 가정 41년(1562)에 진사로 관직 생활을 시작하였으며, 변경에서 몽골족의 침입을 막아내고 화의를 통해 몽골과의 관계를 안정시키는 데 공헌하였다. 만력 17년(1589)에는 선대총독으로 임명되어 조하의 변과 출루게의 청해 원정 등에 대처하는 데 주력하였으며, 만력 20년(1592) 영하에서 보바이가 난을 일으켰을 때도 진압에 기여하였다. 이후 형부상서·병부상서를 장기간 역임하였으며, 몽골에 대처하는 실무 경험을 토대로 『북로풍속(北虜風俗)』을 저술하였다.

119 정락과 …… 것입니다: 정락은 만력 13년(1585) 변경을 순시한 공로로 태자소보(太子少保) 직함과 함께 아들 1명에게 금의위백호(錦衣衛百戶)를 음직으로 계승시킬 것을 허락받았고, 만력 15년(1587)에는 출루게의 책봉을 마무리한 공로로 음직을 1등급 올렸으며, 만력 20년(1592)에는 조하의 변 이후 몽골 세력의 침입을 수습한 공로로 아들 1명에 대해 국자감생(國子監生)의 음직을 받았다. 그러나 정락은 콜로치 등을 철저히 토벌하지 못하고 회유책을 병용하였다는 이유로 열변급사중(閱邊給事中) 장동·태복시승(太僕寺丞) 서염(徐琰)·급사중(給事中) 장상학(章尙學) 등의 탄핵을 받아 만력 20년 병을

위학증의 경우에는 변란이 처음 일어났을 때 논의하는 자들이 빨리 가서 처리하면 걷잡을 수 없는 데 이르지는 않을 것이라고 여겼으며, 당시 신도 그렇다고 생각하였습니다. 하지만 오랫동안 전쟁을 치르지 않은 상황에서 속히 군사를 집결시키기는 쉽지 않았습니다. 지연시킨 죄는 진실로 용서하기 어렵지만, 그가 소집한 병력과 임용한 장수, 세운 계책을 가지고 끝내 보바이를 섬멸하고 서하(西夏)를 회복하는 데 성공하였습니다. 논의하는 자들은 위학증을 만약 교체하지 않고 한 달 남짓 여유를 주었다면 승전보를 올릴 수 있었을 것이라고 여깁니다. 당시 신은 주장을 견지하지 못하여 지금까지 매번 돌이킬 수 없는 후회를 하고 있습니다. 그러므로 위학증과 같은 자는 마땅히 원래 음직으로 받은 금의위 부천호에 더하여 음직의 등급을 올려서 세습시켜 섭몽웅(葉夢熊)[120] 등과 상을 같게 해서 논의해 보고해야 사람들의 마음을 평안하게 할 수 있고 황상의 사심 없는 헤아림을 널리 보일 수 있을 것입니다.[121]

.......

칭탁하고 귀향하였다. 이에 병부상서 석성은 그가 적에게 아첨한 사실이 없고 위망이 있으니 오래 버려두어서는 안 된다고 변호하였다. 『명신종실록』 권166, 만력 13년 윤9월 1일(무술); 권189, 만력 15년 8월 23일(경진); 권145, 만력 20년 2월 1일(임진); 『明史』 卷222, 列傳 110, 「鄭洛傳」, 5853쪽.

120 섭몽웅(葉夢熊): 1531~1597. 명나라 사람으로 광동 혜주부(惠州府) 출신이다. 자는 남조(南兆), 호는 용당(龍塘)·용담(龍潭)·화운(華雲)이다. 가정 44년(1565)에 진사가 되었다. 호부주사(戶部主事)·산서도감찰어사(山西道監察御史)를 역임하였다가 융경화의(隆慶和議)에 반대하여 좌천되었던 바 있다. 이후 섬서순무(陝西巡撫)를 거쳐 감숙순무(甘肅巡撫)가 되었으며, 만력 20년(1592) 영하에서 보바이의 난이 일어났을 때는 진압에 참여하였다가 위학증이 경질되자 그를 대신하여 섬서총독(陝西總督)이 되어 진압을 마무리지었다. 이후 위학증의 전공을 강조하여 그의 복귀를 지원하였다.

121 위학증과 …… 것입니다: 위학증은 만력 19년(1591) 연수에서 장성 밖으로 출진하여 몽골족을 친 공적에 따라 아들 1명에게 음직으로 금의위 부천호(錦衣衛副千戶)를 세습할 수 있는 혜택을 받은 바 있다. 그러나 영하의 반란을 진압한 데 대한 공적으로 섭몽웅이

심유경과 같은 자는 시정(市井)의 무리로 직함을 더하여 사신의 임무를 맡게 되었으니 이미 세상에서 허락하지 않는 바입니다만, 논의하는 자들은 또한 왜와 화친한다는 말이 반드시 존재한다고 여기고 장차 심유경을 국법으로 다스리려 하니, 그렇게 되면 또 누구와 더불어 공을 의논하겠습니까. 말하는 자들은 또한 심유경을 제가 파견한 자라고 여기는데, 아울러 ……[122] 그를 위하여 억울함을 밝혀주겠습니까. 다만 신은 마음으로 그 억울함을 알고 그 공을 알고 있으며, 또한 양심은 가릴 수 없는 것입니다. 신이 만약 말 한마디도 해주지 않았다가 혹여라도 그가 죄를 입어 주살(誅殺)되기라도 한다면 신의 화는 마땅히 저 자신의 몸과 집에 미치게 될 것이며, 재앙은 자손에게까지 유전될 것입니다.

대개 왜가 평양을 점거하고 서쪽으로 침범하고자 할 때 심유경이 실제로 이를 늦추었습니다. 왜가 왕경을 넘겨주고 왕자와 배신을 보낸 것은 그가 실제로 설득한 때문입니다. 화친하자는 말에는 그가 실제로 관여한 바가 없습니다. 이는 한때 일을 함께한 자가 그 공을 몰래 시기하였거나 그 일을 망치고자 하고, 조선의 군신(君臣) 또한 우리가 저들을 위해 왜적을 모두 죽여버리기를 바라며 우리가 봉공을 허락하기를 바라지 않기 때문에 이러한 말을 빌려서 일을 무너뜨리려고 한 것입니다.[123] 이는 모두 신이 이미 앞의 세 차례 상소에

........

아들 1명에게 금의위 정천호(錦衣衛正千戶)를 세습할 수 있게 된 데 비해, 위학증은 원래의 관직을 회복하여 은퇴하도록 허락하는 데 그쳤다.『명신종실록』권251, 만력 20년 8월 1일(무자); 권259, 만력 21년 4월 3일(정해); 王鳴鶴,『登壇必究』(북경대학 도서관 소장본) 卷40, 奏疏 4,「兵部議覆寧夏功賞疏 43b, 47a」를 참고.

122 ……: 원문에 일곱 글자가 마멸되어 정확한 해석이 어렵다.

123 화친하자는 …… 것입니다: 명일 강화 교섭 초기에 도요토미 히데요시는「대명일본화

서 변론한 바로, 조금도 황상을 거짓으로 속이고 일부러 여러 사람의 논의를 배척하고자 하는 것이 아닙니다. 바라건대 황상께서는 시종일관 불쌍히 여기고 살펴서 갑자기 상을 주지도 말고 갑자기 죄를 가하지도 말며 총독·순안어사로 하여금 허심탄회하게 조사해서 서훈하도록 하여 미력한 노고를 바친 자가 원망을 품고 성스러운 조정이 불미스러운 논의의 대상이 되지 않도록 하소서.

신은 지금 이미 물의를 배척하여 모두가 절치부심하고 있으니, 어찌 다시 전의 논의를 반복하겠습니까. 다만 신의 직책이 원래 공과 죄를 논의하고 상벌을 밝히는 것이니, 만약 공과 죄가 정해지고 상벌이 밝혀진다면 어찌 동쪽의 왜를 근심하고 서쪽의 오랑캐를 염려하겠습니까. 파주의 오랑캐 우두머리는 처리하기에 부족하고 계주·요동의 오랑캐는 구축하여 멸망시키기에 부족하게 될 것입니다. 그러므로 차라리 여러 사람의 논의를 달게 받더라도 결코 감히 공이 있는 자를 공이 없다고 할 수 없으며, 차라리 파직과 배척을 달게 받더라도 결코 감히 죄가 없는 자를 죄가 있다고 할 수 없습니다. 그렇지 않다면 옛날에 눈물을 훔치며 오랜 친구의 목을 벤 고사[124]가

.......

평조건(大明日本和平條件)」에서 명의 황녀(皇女)를 일본 천황의 후비(后妃)로 들일 것을 요구하였다. 이는 교섭 현장에서 은폐되어 명 조정에 전달되지 않았지만, 만력 22년(1594) 조선 및 복건으로부터 유입된 정보로 인해 일본이 명에 "화친(和親)", 즉 혼인을 요구하였고, 병부상서 석성 및 송응창·이여송·심유경 등이 이 사실을 은폐하고 강화 교섭을 진행하였음이 폭로되었다. 이로 인한 논란은 병부상서 석성의 적극적 변명으로 인해 유야무야되었으나, 만력 22년 5월 일본에 대한 봉공을 중지한다는 결정에 일정 정도 영향을 미쳤다. 당시 "화친"을 둘러싸고 명 조정에서 벌어진 논란에 대해서는 三木聰, 앞의 책, 42-44쪽(원 게재처: 「福建巡撫許孚遠の謀略: 豊臣秀吉の征明をめぐって」, 『人文科學研究』4, 1996) 및 283-294쪽, 305-322쪽(원 게재처: 「万曆封倭考(その一): 万曆二十二年五月の「封貢」中止をめぐって」, 『北海道大学文学研究科紀要』109, 2003)을 참고.
124 눈물을 …… 벤 고사[揮淚斬故人]: 『삼국지(三國志)』에 나오는 제갈량의 읍참마속(泣斬

있었으니, 신도 또한 이렇게 할 수 있고, 한다면 또 어찌 그 정도에 그치겠습니까. 신을 알고 신에게 죄를 주는 일은 오직 여기에 달려 있을 뿐입니다.

신은 병이 이미 깊고 위망(威望)이 이미 손상되었습니다. 밝은 성지로써 신에게 동쪽의 일을 완결하도록 굳게 책임지우셨으나, 신처럼 범용하고 나약한 자가 어찌 부탁하기에 족하겠습니까. 자리에 하루 있으면 필시 하루의 일을 그르칠 것입니다. 그러므로 오직 신의 말을 실행하여 공과 죄를 정하고 상벌을 밝히신 연후에야 동쪽의 일은 가히 완결될 것이니, 이것이 곧 황상께 보답하는 방법입니다.

엎드려 바라건대 황상께서는 신의 말을 받아들여 만약 가하다고 생각하신다면 곧 송응창에게는 문무의 음직 한자리를 헤아려 주시고, 정락에게는 헤아려 원래의 음직 백호(百戶)를 세습하도록 하소서. 심유경의 사정은 총독·순안어사로 하여금 허심탄회하게 조사해서 서훈하도록 하소서. 신에게 망의·은량(銀兩)을 상으로 내려주신 것을 사양하도록 굽어살펴 허락해주고 또한 저의 은퇴를 허가해주어 장래에 공이 있는 자를 권장하고 직책을 잘 수행하지 못하는 자를 징계해주신다면 변경에서의 공적을 진작시킬 수 있고 신의 분수도 편안할 수 있을 것입니다. 신은 지극히 두려워하며 크게 바랄 따름입니다.

........

馬謖) 고사를 지칭한다. 제갈량이 북벌을 단행할 때 자신이 신임하는 마속에게 가정(街亭)에서 위군(魏軍)을 방어하라는 명령을 내렸으나, 마속은 제갈량이 지시한 내용을 어겨 대패하였다. 이에 제갈량은 눈물을 흘리며 마속을 처형하였다. 아끼는 사람이라도 잘못을 저지르면 대의를 위해 처단한다는 내용의 고사이다.

성지를 받들었습니다.

　송응창의 아들 1명에게 음직을 허락하여 정천호(正千戶)로 삼고 세습하도록 하라. 정락에게는 원래의 음직 백호를 세습하도록 허락하라. 위학증은 이미 원래 관직에 복귀시켰으니 그것으로 되었다. 그 나머지는 일이 마무리되는 때를 기다려 다시 논의하라. 경(卿)은 스스로 공이 있다고 여기지 않으니, 일단 하사품을 조금만 내리고 사직은 윤허하지 않는다. 병부는 알아두어라.

後附
등

## 15-1-8

# 조선국왕 이연의 상주

朝鮮國王李昖一本 | 後附, 24b-29a

**날짜** 만력 22년 9월 12일(1594. 10. 25.)

**발신** 선조(宣祖)

**수신** 만력제

**내용** 본문은 만력 22년 6월 25일에 조선에서 참장 호택(胡澤)·진주사(陳奏使) 허욱(許頊)[125] 편에 올린 상주를 축약한 문서이다. 이 글에서 조선은 만력 22년 2월 이래 일본군의 형세를 보고하면서, 지난해의 진주성(晉州城) 전투 이래 일본군은 비교적 조용히 명과의 강화 및 봉공의 성립을 기다리고 있지만 강화가 실패할 경우 언제든 다시 출병할 기세를 보이고 있어 불안한 형세임을 알리고 있다. 말미에는 명에서 무력으로 일본군을 정벌하거나 화의로써 일본군을 회유하는 두 가지 방책을 제시하고 명에서 조선의 상황을 살펴 좋은 쪽으로 결정해줄 것을 요청하였다. 이 상주는 송응창을 대신하여 경략의 임무를 담당한 고양겸의 압박으로 작성되었는데, 조선에서 봉공을 명시적으로 요청하는 표현을 피하였음에도 명 조정에서는 이를 조선이 일본을 대신하여 봉공을 요청한 상주로 간주하고 일본국왕 책봉을 밀어붙이는 근거로 삼았다.[126]

**관련자료** 원래 조선에서 보낸 상주의 실물은 남아 있지 않다. 상주의 초고는 최립(崔岦)의 『간이집(簡易集)』과 류성룡(柳成龍)[127]의 『서애집(西厓集)』에 실려 있는데, 전자에는 "고치기로 논의하여 쓰지 않았다[議改不用]"라는 주석이 달려 있다.[128] 그러므로 최립이 우선 초고를 작성하였으나 류성룡이 내용을 수정하여 만력 22년 6월에 최종 원고를 만든 것으로 보인다. 또한『선조실록』과『이문등록(吏文謄錄)』에는 본문과 관련하여 요동도사(遼東都司)에서 조선에 보낸 자문이 실려 있다. 해당 자문은 조선에서 올린 상주를 병부에서 검토한 뒤 다시 요동도사에 보낸 것으로, '일본국왕을 책봉하는 결정을 하기 위해 조선이 일본군의 상황을 다시 조사해서 보고해줄 것'을 조선에 전달하도록 하는 내용이다. 따라서 해당 자문에는 원래 상주의 내용 대부분이 전재되어 있다.[129]

이를 비교해보면『경략복국요편』에 실린 본문에는 문장이 빠지거나 자구가 달라진 부분이 적지 않고, 그 결과 원래의 내용을 파악하기 어려워졌다. 여기서는 이해를 돕기 위해『서애집』·『선조실록』·『이문등록』을 참고하여 필요한 경우 역주를 달고 명백한 오류로 보이는 경우 조선 측 사료를 따랐으나, 해석에 무리가 없는 경우 본문에 빠진 부분을 별도로 추가하거나 다른 부분을 일일이 지적하지는 않았다.

본문에는 날짜가 없으나,『선조실록』·『사대문궤(事大文軌)』등의 조선 측 자료와[130]『사륜록(絲綸錄)』등 명 측 자료에는 만력제가 해당 상주를 읽고 만력 22년 9월 12일에「15-1-11 兵部接出聖諭 後附, 31a-31b」를 내렸다는 사실을 기록하고 있다.[131] 따라서 본문이 명 조정에 도착한 시점도 그 직전일 것으로 보인다.

.......

125 허욱(許頊): 1548~1618. 조선 사람으로 본관은 양천(陽川)이다. 자는 공신(公愼), 호는 부훤(負暄)이다. 공주목사(公州牧使)로 재직하다 임진왜란이 일어나자 호남, 호서 지방을 방어하는 데 공을 세웠다.

126 이 상주는 …… 삼았다: 조선이 이 상주를 올리게 된 배경과 그 파장에 대해서는 김경태,「임진전쟁 강화교섭 전반기(1593.6~1594.12), 조선과 명의 갈등에 관한 연구」,『韓國史研究』166, 2014, 79-82쪽 및 93-95쪽을 참고.

127 류성룡(柳成龍): 1542~1607. 조선 사람으로 본관은 풍산(豐山)이다. 호는 서애(西厓)이다. 임진왜란이 발발한 후 영의정이 되어 조선의 군무를 총 지휘하였다. 선조 31년 (1598) 정응태(丁應泰)의 무고 사건으로 탄핵을 받아 삭탈관직되었다.

적정(賊情)에 관한 일.

올해 3월 8일,[132] 해개도부사(海蓋道副使)[133] 백사림(白土霖)이 급히 보고하였는데, 그 내용은 다음과 같았습니다.

　　소무부리(所撫府吏)[134] 김변호(金變虎)[135]가 공술(供述)하였는데, 그 내용은 다음과 같았습니다.

　　　　본부에 주둔한 적들은 여러 곳에 나뉘어 웅거하고 있으며 때때로 병선(兵船)을 보내는데, 가는 배는 적고 오는 배는 많아 병력을 증강하는 모습을 보이고 있습니다. 큰 소리

.......

128 상주의 …… 있다: 崔岦, 『簡易集』 卷5, 槐院文錄, 「奏賊情(議改不用○甲午)」; 柳成龍, 『西厓集』 卷3, 奏文, 「陳賊情奏文(甲午六月)」

129 또한 …… 있다: 『선조실록』 권56, 선조 27년 10월 10일(갑인); 『吏文謄錄』 4책, 「요동도사가 조선국왕에게 보낸 자문」, "爲賊情事", 만력 22년 10월 10일, 6b-14b.

130 『선조실록』 …… 자료와: 『선조실록』 권56, 선조 27년 10월 10일(갑인); 『吏文謄錄』 4책, 「요동도사가 조선국왕에게 보낸 자문」, "爲賊情事", 만력 22년 10월 10일, 10b-11a; 『事大文軌』 卷12, 「요동도사가 조선국왕에게 보낸 자문(都司欽奉聖旨先許倭封)」, "爲賊情事", 만력 22년 11월 27일, 1a-1b.

131 『사륜록(絲綸錄)』 …… 있다: 周永春, 『絲綸錄』 兵, 「兵部接出聖諭」, 만력 22년 9월 12일, 65b-66a.

132 3월 8일: 본문에는 이 문단의 보고가 백사림(白土霖)에 의해 이루어진 것으로 되어 있으나, 『서애집』·『선조실록』·『이문등록』에 따르면 실제로는 원임(原任) 경상우도병마절도사(慶尙右道兵馬節度使) 성윤문(成允文)의 장계(狀啓)에 백사림의 보고가 인용되어 있다.

133 해개도부사(海蓋道副使): 원문에는 해개도부사라고 적혀 있으나, 『서애집』·『선조실록』·『이문등록』에는 김해부사(金海府使)로 되어 있다. 실제 백사림은 당시 김해부사였다. 『선조실록』 권57, 선조 27년 11월 18일(임진).

134 소무부리(所撫府吏): 원문과는 달리 『서애집』·『선조실록』·『이문등록』에는 "청무부리(聽撫府吏)"로 되어 있다.

135 김변호(金變虎): 『선조실록』·『이문등록』은 본문과 같으며, 『서애집』에는 김경호(金慶虎)로 되어 있다. 『서애집』·『선조실록』·『이문등록』에 따르면 그의 공술은 2월 19일에 이루어졌다.

로 떠들기를 참장 심유경이 돌아와 이야기하기를 기다려서
나아갈지 물러날지를 결정하겠다고 합니다.

4월 15일,[136] 배신 경상우도수군절도사(慶尙右道水軍節度使) 원균
(元均)[137]이 급히 장계(狀啓)를 올렸는데, 그 내용은 다음과 같았습니
다.

여러 적들이 말하는 것을 들어보니,
　　명의 사신[天使]이 온다면 우리는 마땅히 무리를 거두어
　　바다를 건너갈 것이고, 오지 않는다면 마땅히 대규모로 병
　　력을 증강하여 수륙(水陸)으로 순서대로 노략질할 것이다.
라고 하였습니다.

4월 15일, 포로로 붙잡힌 군인 송창세(宋昌洗)[138]가 보고하였는데,

136 4월 15일: 원문에는 3월 8일 백사림의 보고 뒤에 바로 "本月十五日"이 있어 3월 15일로
　　판단할 수도 있으나, 『서애집』·『선조실록』·『이문등록』에는 그 사이에 "本月十一日" 전
　　라도방어사(全羅道防禦使) 이시언(李時彦)의 장계와 "四月十三日" 경상좌도병마절도사
　　(慶尙左道兵馬節度使) 고언백(高彦伯)의 장계가 연이어 인용되어 있어 4월로 시점이 넘
　　어갔음을 알 수 있다.
137 원균(元均): 1540~1597. 조선 사람으로 본관은 원주(原州)이다. 자는 평중(平仲)이다.
　　선조 25년(1592) 경상우도수군절도사에 임명된 지 3개월 만에 임진왜란이 일어났다. 5
　　월 7일 옥포해전에서 이순신과 합세하여 적선 26척을 격침하였다. 이후 합포해전·적진
　　포해전·사천포해전·당포해전·당항포해전·율포해전·한산도대첩·안골포해전·부산포
　　해전 등에 참전하여 이순신과 함께 일본의 수군을 무찔렀다. 선조 30년(1597) 정유재란
　　때 수군 출병을 거부한 이순신이 투옥되자 원균은 이순신의 후임으로 수군통제사(水軍
　　統制使)가 되었다. 기문포 해전에서 승리하였으나 안골포와 가덕도의 일본군 본진을 공
　　격하는 작전을 두고 육군이 먼저 출병해야 수군이 출병하겠다는 건의를 하였다가 권율
　　에게 곤장형을 받고 출병하였다. 그해 6월 가덕도해전에서 패하였으며, 7월 칠천량해전
　　에서 일본군의 교란작전에 말려 참패하고 전라우도수군절도사(全羅右道水軍節度使) 이
　　억기(李億祺) 등과 함께 전사하였다.
138 송창세(宋昌洗): ?~?. 조선 사람이다. 일본군이 경상도 지역에 주둔하고 있을 때 일본군

그 내용은 다음과 같았습니다.

　　주둔한 적들이 성을 쌓고 지붕을 올리면서 조금도 쉬지 않습
니다. 모두 말하기를,

　　　　대명(大明)의 참장이 황명을 받들고 오면 우리는 일시에
　　　　파하고 돌아갈 것이다.

　　라고 하였습니다.

5월 10일,[139] 배신 제도도순찰사(諸道都巡察使)[140] 권율(權慄)이 급
히 장계를 올렸는데, 그 내용은 다음과 같았습니다.

　　우도(右道)[141]의 여러 적들이 김해(金海)·거제(巨濟)·웅천(熊
川) 등지에 여전히 나뉘어 웅거하고 있으나, 노략질하는 근심은
전보다 드물어졌습니다. 웅천에 주둔한 적은 밀양부(密陽府) 삼
랑강(三郎江) 가에 집을 짓고 말하기를,

　　　　명나라 장수[天將]가 나올 때를 기다려 생선·술·쌀·콩
　　　　을 파발꾼에게 대접할 것이다.

의 포로가 되었다.

139 5월 10일: 원문에는 "本月初十日"이지만, 『서애집』·『선조실록』·『이문등록』에는 바로 앞
　　에 나오는 송창세의 보고가 "五月初二日" 고언백의 장계의 일부로 인용되어 있으므로,
　　시점이 5월로 넘어갔음을 알 수 있다.

140 제도도순찰사(諸道都巡察使): 권율은 만력 21년(1593) 6월 이래로 도원수(都元帥)였으
　　나, 본문을 비롯하여 명에 보낸 문서에는 제도도순찰사로 기록된 사례가 있다. 『선조실
　　록』 권45, 선조 26년 윤11월 14일(갑오), 18일(무술). 아울러 김명원(金命元)이 도원수
　　일 때도 명에 보낸 공문에서 제도도순찰사로 지칭한 사례가 있다. 『선조수정실록』 권27,
　　선조 26년 정월 1일(병진).

141 우도(右道): 원문은 "각도(各道)"이지만, 『서애집』·『선조실록』·『이문등록』에는 "우도"
　　로 나와 있다. 뒤에 "좌도(左道)"가 있음을 볼 때 "우도"가 맞다.

라고 하였습니다. 좌도(左道)의 여러 적들은 경주(慶州)에서 패하고 돌아온 뒤로 또한 모두 각 영채(營寨)를 지키면서 무리를 거두어 움직이지 않습니다.

6월 8일,[142] 배신 제도도순찰사[143] 권율이 급히 장계를 올렸는데, 그 내용은 다음과 같았습니다.

항왜 시고(時古)·송약(松若) 등이 말하기를,

저희는 모두 관백의 친동생 하시바(葉柴)[144] 휘하의 군인으로 임랑포(林郞浦) 주둔지에 머무르고 있었는데, 들기로 관백이 여러 우두머리들에게 분부하기를,

봉공이 이루어지지 않으면 너희는 결코 돌아올 수 없다.

라고 하였다 합니다. 이 때문에 각 주둔지의 상관(上官)들이 모두 번민하고 있습니다.

.......

142 6월 8일: 원문은 "本月初八日"이지만, 『서애집』·『선조실록』·『이문등록』에는 앞에 유정(劉綎)의 사후배신(伺候陪臣) 김찬(金瓚)의 "六月初七日" 보고가 인용되어 있으므로, 시점이 6월로 넘어갔음을 알 수 있다.

143 제도도순찰사: 본문에는 "제도(諸道)"로만 되어 있으나, 『서애집』·『선조실록』·『이문등록』에는 "제도" 뒤에 "도순찰사(都巡察使)"가 있고 본문 앞 문단에도 "제도도순찰사"로 되어 있으므로 고쳐서 번역하였다.

144 하시바(葉柴): 『서애집』에는 "業柴", 『선조실록』에는 "乘柴"로 되어 있고, 『이문등록』에는 본문과 같이 되어 있다. 도요토미 히데요시의 친동생 도요토미 히데나가(豊臣秀長, 1540~1591)는 임진왜란이 발발하기 전에 이미 사망하였으므로 본문 및 『이문등록』의 "葉柴"가 누구를 지칭하는지는 불명확하다. 그러나 "葉柴"의 일본어 음가는 도요토미 히데요시가 이전에 성씨로 쓴 "하시바(羽柴, はしば)"와 같으므로, 도요토미 히데요시로부터 "羽柴"를 성씨로 하사받은 일본인 무장을 지칭하는 것으로 추측된다. 당시 임랑포(林浪浦)에 성을 쌓고 주둔하던 일본군 무장 중 가장 지위가 높은 인물은 모리 요시나리(毛利吉成)였다.

5월 28일,[145] 도망쳐 돌아온 군인 황필금(黃必金)이 공술하였는데, 그 내용은 다음과 같았습니다.

만력 21년(1593) 2월에 적에게 잡혀가서 일본국 무응구(無應仇) 땅에 도착하였습니다. 그해 3월에는 도로 낭고야(郞古耶)[146] 지방에 도착하였습니다. 듣기로 대고사마(大告司馬)[147]라고 부르는 대상관(大上官)이 있는데, 그 섬을 왕래하면서 군사에 대한 모든 일을 오로지 주관한다고 하였습니다. 그는 각 우두머리들이 평양·전라에서 앞뒤로 패한 것에 대해 매우 괴이하게 여기고 한을 품고 있어서, 배를 모아 군량을 운반하고 강한 병사들을 더 징발하여 올해 7월 사이에 두 무리로 나누어 한 무리는 제주(濟州)[148]에서 곧바로 전라를 침범하고 한 무리는 경상에서 곧바로 경기에 도달하여 동서로 분탕질하고 약탈하다가 합세하여 서쪽

......

145 5월 28일: 『서애집』·『선조실록』·『이문등록』에 따르면 황필금(黃必金)의 공술(供述)과 박의장(朴毅長)의 보고 내용은 6월 21일 경상도방어사(慶尙道防禦使) 김응서(金應瑞)가 언양현감(彦陽縣監) 위득화(魏得和)의 보고를 인용하여 올린 치계(馳啓)에 포함된 것이다. 원래 조선에서 올린 상주에는 보고서가 작성된 날짜순으로 정보를 나열하고 있으나, 본문에서는 김응서가 보고를 올렸다는 서술을 생략하고 거기에 포함된 정보만 기술하여 순서가 뒤바뀌어 보인다.

146 낭고야(郞古耶): 도요토미 히데요시가 임진왜란 당시 사령부로 활용하던 히젠(肥前) 나고야(名護屋) 성을 지칭한다. 임진왜란에 참가한 일본군 다수의 출발지이기도 하였으며, 도요토미 히데요시가 머무르는 동안에는 대규모의 군대가 함께 주둔하였다. 정유재란 기간에도 보급과 연락의 중계지로서 중요한 역할을 수행하였으며, 도요토미 히데요시 사후에 해체되었다.

147 대고사마(大告司馬): 일본어로 도요토미 히데요시를 지칭하는 "다이코사마(太閤樣, たいこうさま)"를 조선 한자음으로 음사한 것으로 보인다. 본문에는 생략되었으나 『서애집』·『선조실록』·『이문등록』에는 낭고야가 "賊酋平秀吉", 즉 도요토미 히데요시가 머무르는 곳이라는 증언도 함께 실려 있다.

148 제주(濟州): 원문은 "濟析"이지만, 『서애집』·『선조실록』·『이문등록』에는 "濟州"이므로 고쳐서 번역하였다.

으로 노략질하려 한다고 합니다.

또 경주부윤(慶州府尹) 박의장(朴毅長)[149]이 긴급히 보고하였는데, 그 내용은 다음과 같았습니다.

5월 30일, 항왜 산지지(山只之) 등이 공술하기를, "임랑포에 주둔하던 왜인(倭人)입니다. 그곳 주둔지에 있을 때 듣기로 큰 무리가 갈지 머무를지는 대명국(大明國)에서 화의를 허락할지에 따라 결정된다고 하였습니다. 각 주둔지에서는 날마다 참장 심유경이 돌아와 이야기하기를 기다리고 있습니다."라고 하였습니다.

신이 삼가 살피건대 적병이 아직 신의 땅에 있으니, 그 형세의 긴급함과 완만함의 여부는 소식을 얻기만 하면 바로 마땅히 계속하여 신속히 상주해야 합니다. 이미 작년 6월 이후의 적정을 주본으로 작성해서 작년 11월 사은배신(謝恩陪臣: 사은사) 김수(金睟)[150] 등에게 부쳐 상주한 외에,[151] 지금 앞서 인용한 문서들은 올해 정월 이후 각

.......

149 박의장(朴毅長): 1555~1615. 조선 사람으로 본관은 무안(務安)이다. 자는 사강(士剛)이다. 선조 25년(1592년) 4월 임진왜란 때에는 경주판관(慶州判官)이 되었다. 7월에 박진(朴晉)이 병마절도사로 임명되자 장기현감(長鬐縣監) 이수일(李守一)과 함께 박진을 도와 적에게 빼앗긴 경주성(慶州城)을 탈환하였다. 선조 26년(1593) 4월 대구(大丘) 파잠(巴岑)에서 일본군을 상대로 31명의 수급과 말 123필을 빼앗는 등 큰 전공을 세웠다. 그해 5월에는 울산군수(蔚山郡守) 김태허(金太虛) 등과 함께 울산(蔚山)에 있는 일본군과 며칠 동안 싸워 일본군을 격퇴하였다. 그러한 공으로 당상관으로 승진하고 경주부윤(慶州府尹)이 되었다.

150 김수(金睟): 1547~1615. 조선 사람으로 서울에 거주하였다. 자는 자앙(子盎)이고, 호는 몽촌(夢村)이다. 경상도관찰사에 재직 중일 때 임진왜란이 발발하자 전라도관찰사, 충청도관찰사와 함께 근왕병을 일으켰다. 이후 전라도와 충청도에서 군량미를 징수하여 명나라 군사에게 공급하였다.

151 이미 …… 외에: 만력 21년(1593) 11월에 사은사(謝恩使)로 파견된 김수 일행이 명 조정

각의 변경을 지키는 배신들이 보고한 바입니다. 도망쳐 돌아온 사람의 공술과 정탐꾼의 보고는 비록 자세하고 간략함이 서로 다르며 거짓인지 진실인지 확인하기 어렵지만, 이미 각각 적정을 보고한 것이므로 황상께 상주하여 조정에서 처치하는 데 갖추지 않을 수 없습니다.

신이 삼가 살피건대 작년 11월에 선유(宣諭)하신 칙지(勅旨)를 받들었는데, 그 내용은 다음과 같았습니다.

대병(大兵)이 장차 철수할 것이니 왕은 지금부터 국도(國都)로 돌아가 다스려라. 갑자기 다른 변란이 생겨도 짐은 왕을 위해 도모해줄 수 없다. 이미 이렇게 미리 경계해주었으니, 옛사람이 와신상담(臥薪嘗膽)[152]하던 뜻으로 힘쓰라.[153]

········

에 전달한 주본의 원문은 남아 있지 않지만,『사대문궤』권8,「요동도사가 조선국왕에게 보낸 자문(都司恭報倭情咨)」, "爲恭報倭情, 以慰聖懷事", 만력 22년 3월 17일, 86b-92b에 주요 부분이 요약된 형태로 실려 있다. 김수 일행은 명목상 명에서 사헌(司憲)을 칙사로 파견하여 일본군이 철수하였으니 명군도 곧 철수할 것이므로 조선 스스로 방어를 강화할 것을 촉구하는 칙서를 내린 데 대한 사은을 목적으로 파견되었으나, 실제로는 일본군의 실상을 알려 명 내부의 강화 논의를 중지시키기 위한 목적으로 파견되었다. 이에 대해서는 김경태, 앞의 글, 87-94쪽을 참고.

152 와신상담(臥薪嘗膽): 섶에 눕고 쓸개를 씹는다는 뜻으로, 원수를 갚기 위해 온갖 괴로움을 참고 견딤을 이르는 말이다. 춘추시대 오왕(吳王) 부차(夫差)는 자기 아버지의 원수 월왕(越王) 구천(句踐)을 치기 위해 원수를 한시라도 잊지 않으려고 섶 위에서 잠을 자며 노력하였고, 그 결과 회계산(會稽山)에서 구천에게 승리하여 항복을 받았다. 이후 구천은 부차에게 항복한 원수를 갚기 위해 항상 곁에 쓸개를 놔두고 그 쓴맛을 보며 치욕을 상기하였고, 결과적으로 부차를 굴복시키고 회계산에서의 치욕을 갚을 수 있었다.

153 대병이 …… 힘쓰라: 해당 칙서는 만력 21년(1593) 9월에 발급되었으며, 윤11월에 행인사행인(行人司行人) 사헌(司憲)이 조선에 전달한 것이다. 본문에는 그중 일부만 인용되어 있다. 칙서의 전문은『명신종실록』권264, 만력 21년 9월 25일(병자) 및『선조실록』권45, 선조 26년 윤11월 12일(임진)에 실려 있다.

은혜로운 조서(詔書)로써 정성스럽게도 신에게 다시 살아날 방도를 가르쳐주셨습니다. 신은 감격함을 이기지 못하며 마음과 뼈에 새기고 받들어 처리할 것입니다.

엎드려 생각건대 신이 다스리는 지역이 비록 쇠잔하고 파괴되었다고는 하지만, 만일 병란(兵亂)이 잠시 멈추어 변경이 조금 안정되면 신은 내려진 명령을 받들어 노둔한 힘이나마 다 쏟아서 남은 잔해를 수습하여 옛 고향을 회복하기를 도모하고 성천자(聖天子)의 큰 은혜의 만분의 일이라도 우러러 보답하기를 바랄 것입니다. 그러나 이 적이 아직도 나라 안에 머무르면서 서로 지키며 해를 넘겨서도 여전히 그치지 않으니, 우리나라의 인심이 밤낮으로 두려워 술렁거리며 짐을 지고 서서 언제든 도망갈 준비를 하고 있습니다. 분주하게 명령에 따르느라 겨를이 없어 어깨를 쉴 기약이 없는데다 재력은 이미 고갈되었고 힘도 이미 다하였습니다. 못난 신으로서는 비록 애를 쓰고 노력하여 조금이라도 보답하려 하여도 그럴 길이 없습니다.

또한 신이 근심하는 바가 있습니다. 왜적이 지난해에 진주(晉州)를 함락시킨 이후로 영채를 나누어 주둔하면서[154] 중국[天朝]에서 화의를 허락하기를 기다리고 있다고 큰 소리로 떠들어대고 있습니다. 신은 저들이 화의를 허락한다는 말을 빙자하여 물때가 올 때까지 질질 끌다가 필시 재차 난리를 일으킬까 두렵습니다. 지금 반년이나 지났는데 움직임을 보지 못하였으니, 이러한 상황은 진실로 헤아리기 어렵습니다. 혹자는 생각하기를, 왜노가 화의를 요구하니 참장 심유

154 영채를 …… 주둔하면서: 본문에는 "영채를 나누어 돌아보면서[分巡營寨]"로 되어 있으나, 『서애집』·『선조실록』·『이문등록』에는 "영채를 나누어 주둔하면서[分屯營寨]"로 되어 있다. 문맥상 후자로 옮겼다.

경이 왕래하면서 허락하여 약속하고 항복하는 표문(表文)[155]을 접수해서 장차 기일을 정하여 떠났고 도사 담종인이 영채에 머물면서 약탈하지 못하도록 경계하며 소식이 이르기를 기다리도록 하여 적이 이로 인해 흉한 칼날을 조금 거두었다고 합니다. 또한 변경의 적들에게 전해 들은 이야기에 근거해보아도 대체로 이와 같은데, 지금 이미 기한도 지나버렸습니다. 적이 도모하던 바를 이루지 못하였으므로 혹여라도 유감을 더 깊게 쌓았을까 두려우며, 담판이 결렬되는 화가 아침저녁으로 더욱 급히 닥칠 것이므로 신은 매우 두렵습니다.

　재작년에 적이 경상도로부터 충청 좌도(左道)[156]를 거쳐 곧바로 신의 도성을 침범하자, 지나간 연로(沿路)의 천 수백 리가 쓸쓸하게 텅 비어버리고 수풀만 우거졌습니다. 전화(戰禍)를 널리 입은 것은 다른 지역도 모두 마찬가지지만, 전라 일대의 수십 고을[157]만은 분탕질당하는 화를 조금이나마 면하여 우리나라의 경비와 군수를 모

<hr />

155 항복하는 표문(表文): 심유경은 만력 22년 정월 20일에 도요토미 히데요시 명의의 항복 표문을 가지고 웅천(熊川)의 일본군 진영을 나와서 3월 4일에는 요양(遼陽)에 도착하였다. 『사대문궤』 권8, 「조선국왕의 주문[倭情奏文]」, "爲兇賊留邊, 禍迫呑噬, 懇乞聖明, 特垂矜愍, 終始拯濟事", 26b-27a; 「14-2 辯明心迹疏 권14, 1b-7b」. 심유경에게 전달된 표문의 내용은 『선조실록』 권48, 선조 27년 2월 11일(경신); 권51, 선조 27년 5월 24일(신축); 趙慶男, 『亂中雜錄』(民族文化推進會, 1997) 2, 癸巳(1593) 5월, 67a-67b에 실려 있으며 자구에 조금씩 차이가 있다. 北島万次 편, 『豊臣秀吉朝鮮侵略關係史料集成』 2, 東京: 平凡社, 2017, 464-470쪽을 참고. 해당 표문은 도요토미 히데요시를 일본국왕으로 책봉하는 데 중요한 명분이 되었으나, 도요토미 히데요시 자신이 그 내용에 대해 어느 정도 알고 있었는지는 불분명하다. 해당 표문이 작성되어 전달된 배경은 김경태, 앞의 글, 65-67쪽 및 76-77쪽에 상세하다.

156 좌도(左道): 본문은 "고도(古道)"이지만, 『서애집』·『선조실록』·『이문등록』에는 "좌도"로 되어 있다. 맥락상 "좌도"가 맞다.

157 전라 일대의 수십 고을: 본문에는 "전라 일대의 수십 도[全羅一帶數十道]"로 되어 있으나, 『서애집』·『선조실록』·『이문등록』에는 "오직 전라 일대의 수십 고을[獨全羅一帶數十邑]"로 되어 있다. 문맥상 후자에 따라 번역하였다.

두 여기에 의지하여 마련하고 있으니, 적병이 침을 흘리는 곳이 여기입니다. 지금 적이 움직이지 않을 뿐이지 움직이면 반드시 전라를 침범하고 충청의 오른쪽으로 나와 유린하고 죽이며 약탈하면서 공사(公私)의 남은 저축을 식량으로 삼고 바닷배를 거두어들여 수륙으로 함께 진격할 것이니, 전라·충청은 말할 것도 없고 황해·평안도 장차 차례대로 와해될 것입니다. 이것이 또한 오늘의 위태롭고 급박한 형세입니다. 지금 신은 적에게 심하게 핍박받고 있습니다. 전란이 일어난 이래로 마음을 쓰고 생각을 짜내며 나라 안의 신하와 백성과 더불어 백방으로 스스로 보전할 방법을 계획하느라 이미 다른 생각을 할 여지가 없습니다만, 싸우는 것이든 지키는 것이든 하나도 믿을 만한 것이 없어 망설이며 사방을 돌아보아도 어찌해야 할지 모르겠으니, 신의 계책도 다하였습니다.

엎드려 생각건대 중국[天朝]의 은혜가 지극합니다. 신이 중국으로부터 받은 은혜 또한 지극합니다. 신의 칠도를 수복하고 신의 도읍을 회복하였으며 신이 옛 나라로 살아서 돌아가도록 해주셨으니, 크게 생성(生成)해주신 은혜는 더할 바가 없습니다. 바닷가에서 떠도는 혼령과 같은 왜적은 신이 마땅히 자력으로 토벌해야 하고 매번 중국을 번거롭게 해서는 안 되지만, 피폐하고 용렬하여 떨치지 못해 오로지 천자가 계신 궁궐을 향해 부르짖으며 은혜를 바라 마지않음으로써 황상께서 정사를 돌보는 중에도 동쪽을 돌아보는 근심을 한시도 늦추시지 못하게 하였으니, 신의 죄가 진실로 큽니다. 그러나 어린아이가 무지하여 물이나 불에 떨어져 아파 구르게 되면 오직 부모를 부를 뿐입니다. 벗어날 방법은 어린아이가 스스로 말할 수 없으며, 부모가 처리하는 데 달려 있습니다. 지금 신은 무지하기가 어린아이와 다를 것이 없으며, 중국에서 신을 사랑하는 것은 부모보다 더합니다. 신이 어떻게 감히 번거롭다는 이유로 아프다는 호소를 그만두어[158] 건져주시는 인자함을 스스로 막겠습니까.

무릇 위세로 두렵게 하여 그 완악함을 징계하는 것과 화의로써 붙들어놓아[159] 그 화를 막는 것, 이 두 가지는 옛날 제왕이 오랑캐를 제어하는 큰 방편이며 둘 다 흉포함을 금지하고 백성의 생명을 보전하기 위한 것입니다. 때와 형세를 살펴 오직 중국에서 택할 따름이니, 어리석은 신이 언급할 바가 아닙니다. 엎드려 바라건대, 중국에서는 적정의 실상을 통찰하고 신의 국세(國勢)가 이미 위급하게 된 것을 불쌍히 여겨 계책을 세우는 신하에게 명을 내려서 속히 지금 좋은 쪽으로 논의하여 흉포한 적이 제멋대로 날뛰는 근심을 면하게 해주시고 아침저녁으로 끊어지려는 신의 명맥을 잇게 해주십시오. 그런다면 다행함을 이기지 못하겠습니다.

성지를 받들었습니다. "병부에서 살펴보고 논의한 뒤 와서 말하라."

.......

158 아프다는 …… 그만두어: 본문에는 "매번 아프다고 호소하여[而輒其疾痛之呼]"라고 되어 있으나, 앞뒤 맥락상 의미가 통하지 않는다. 반면 『서애집』·『선조실록』·『이문등록』에는 "아프다는 호소를 그만두어[而輟其痛哭之呼]"라고 되어 있고 이후 문장의 맥락과도 상통한다. 따라서 "輒"은 "輟"의 오자로 판단하고 번역하였다.

159 화의로써 붙들어놓아[縻之以款]: 『서애선생연보(西厓先生年譜)』에는 원래 류성룡이 이 부분을 "계책으로써 붙들어놓아[縻之以計]"라고 썼으나, 당시 조선에 일본국왕에 대한 책봉 주문을 올리도록 압박을 가하기 위해 파견된 참장 호택이 이를 보고 불쾌하게 여겨 "계책[計]"을 "화의[款]"로 바꿔써서 가져갔다고 한다. 『西厓先生年譜』卷2, 만력 22년 4월. 『선조실록』에도 호택은 주문의 초고를 지우고 고친 것을 조선 조정에서 그대로 명에 올리도록 하였다고 기록되어 있다. 『선조실록』권52, 선조 27년 6월 25일(임신). 다만 현재 『서애집』에는 "화의"로 적혀 있다.

# 조선국왕 이연의 상주

一本 │ 後附, 29a-30b

---

**날짜** 만력 22년 9월 12일(1594. 10. 25.)

**발신** 선조

**수신** 만력제

**내용** 임진왜란의 사후 처리가 완료되지 않았기 때문에 전쟁에서 활약한 명 장수들의 공적이 확정되지 않았다고 들었으므로, 조선에서 자체적으로 사당을 건립하는 한편 명 장수들의 전공을 매몰시키지 말 것을 만력제에게 요청하는 상주이다.

**관련자료** 아래의 「15-1-10 傳內閣聖諭 後附, 30b」에 따르면, 이 문서는 위의 「15-1-8 朝鮮國王李昖一本 後附, 24b-29a」와 동시에 명 조정에 도착한 것으로 보인다. 실제로 고양겸은 일본에 대한 봉공을 요청하는 주문을 작성할 것을 조선에 강요하면서 전공을 세운 명 장수들이 포상은커녕 비방만 받고 있는 상황임을 지적하였고, 이에 조선에서는 이여송을 비롯한 장수들의 공적을 상기시키는 상주를 함께 올리도록 하는 논의가 나와 있었다.[160] 이 문서는 최립의 『간이집』 권5에 「주전공(奏戰功)」이라는 이름으로 실려 있으나, 자구에 약간의 차이가 있다.[161]

---

⋯⋯⋯

160 조선에서는 ⋯⋯ 있었다:『선조실록』권51, 선조 27년 5월 17일(갑오). 단 선조는 이여송에 대해서는 공적을 인정하는 상주를 올릴 수 있지만 송응창에 대해서는 결코 그렇게 할 수 없다고 거부하였다.

161 이 문서는 ⋯⋯ 있다: 崔岦,『簡易集』卷5, 槐院文錄,「奏戰功」.

동쪽을 정벌한 장관(將官)들의 공적에 관한 일.

만력 22년 6월 18일, 사은배신 김수 등이 돌아와서 다음과 같이 아뢰었습니다.

전에 경사(京師)에 있을 때 듣기로 왜를 정벌한 여러 장관들은 동쪽의 일이 완료되지 못하였기 때문에 모두 아직 공적을 게시하지 않았다고 합니다.

살피건대 앞서 올해 4월에 의정부(議政府)에서 장계를 올렸는데, 그 내용은 다음과 같았습니다.

한성부판윤(漢城府判尹) 홍진(洪進)[162]·평안도관찰사(平安道觀察使) 이원익(李元翼)[163] 등이 각각 정문(呈文)을 올렸는데, 그 내용은 다음과 같았습니다.

한성(漢城)[164]·평양 등지의 부로(父老)·군민(軍民) 등이 명나라 장수들이 흉악한 적을 제거하고 죽을 목숨을 구해준 공에 감격하여, 서로 권하고 앞장서서 다투어 재력을 출자해 비석을 세우고 각각 화상(畫像)을 그려 사당을 세워서

.......

162 홍진(洪進): 1541~1616. 조선 사람으로 본관은 남양(南陽)이다. 자는 희고(希古)이다. 선조 25년(1592) 임진왜란이 일어나자 임금의 어가를 호종하였다. 그후 좌부승지(左副承旨)에 오른 뒤, 우승지(右承旨), 좌승지(左承旨)를 역임하였다. 이듬해(1593) 9월 환도(還都)하기에 앞서 한성판윤(漢城判尹)에 임명되었다. 임진왜란 때 호종한 공으로 호성공신(扈聖功臣) 2등에 책록되었으며, 당흥부원군(唐興府院君)에 봉해졌다.

163 이원익(李元翼): 1547~1634. 조선 사람으로 본관은 전주(全州)이며 한성부 출신이다. 자는 공려(公勵), 호는 오리(梧里)이다. 임진왜란이 발발하자 평안도 관찰사 겸 순찰사가 되어 평양성 탈환 등에 참전하여 일본군 토벌에 공을 세웠다. 선조가 환도한 뒤에도 평양에 남아서 군병을 관리하였다.

164 한성(漢城): 원문에는 "한성"으로, 『간이집』에는 "도성(都城)"으로 되어 있다.

경건하게 제사를 받들며 영원토록 잊지 않기를 바라고 있습니다.

살피건대 우리나라가 지금에 이를 수 있었던 것은 실로 황상의 영험함에 힘입은 것이지만 또한 여러 대인(大人)들이 각각 힘쓴 결과이기도 합니다. 보고받은 바 한성·평양 등지의 부로·군민 등의 소원을 들어주어야 하니, 마땅히 예관(禮官: 예조)에게 명령하고 사신(詞臣)[165]으로 하여금 비석에 새길 문장을 지어내도록 하여 각 지역에 나누어주는 것이 좋겠습니다.[166]

이미 거행하도록 허락한 뒤, 지금 김수 등이 보고한 앞의 내용을 받았습니다. 신이 절실히 생각건대 나라를 갖고서 지키지 못하고 적을 만나서 막아내지 못하여 성상께 동쪽을 돌아보시는 근심을 끼쳐드리고 말았습니다. 그러나 성상께서는 신을 버리고 끊어버리지 않으셨을 뿐만 아니라 수천 리 밖으로 대병을 보내어 신을 물과 불 속에서 구해주시고 신의 종묘와 사직을 폐허의 나머지에서 존속시켜주셨습니다. 신이 우러러 생각건대 천지와 부모에 대해서는 어떤 말로 은혜를 표현할 수 있겠으며 어떤 방법으로 보답하기를 도모할 수 있겠습니까.

다만 구구한 심정으로 절실히 감격하는 바는 각 관원들이 위로

.......

165 사신(詞臣): 문장 작성을 담당한 관원을 말한다.
166 살피건대 …… 좋겠습니다: 조선에서는 평양성 전투 직후부터 이여송 등 공을 세운 명 관원들의 사당을 세우고 화상을 그려 봉안하고자 하는 의도를 가지고 있었다. 다만 당시 진행되던 논의에서는 병부상서 석성의 사당을 세울 계획은 거론되고 있었으나 송응창은 애초부터 논의 대상에 들어가지 않았다. 『선조실록』 권35, 선조 26년 2월 2일(정해); 권48, 선조 27년 2월 27일(병자); 권50, 선조 27년 4월 17일(을축); 권52, 선조 27년 6월 3일(경술); 권59, 선조 28년 정월 6일(기묘).

는 만 리를 밝게 보시는 성상의 신령스러운 지시를 받들고 아래로
는 성문 밖을 전적으로 통제하는 장수의 정해진 계획에 따라 비바
람을 무릅쓰기를 사양하지 않고 칼날을 맞닥뜨리면서도 피하지 않
은 것입니다. 평양의 대첩은 전에 들어보지 못한 것이었으니, 남은
위세가 진동하여 여러 곳에 주둔하던 적이 바닷가로 몸을 숨기게
되었고, 신은 옛 서울에 돌아올 수 있었으며 신의 두 자식도 범의 아
가리를 벗어났습니다. 그 드러난 공이 이렇게 성대하니, 가령 도망
친 적들이 아직 우리나라에 남아 있어서 그들이 침범할 형세를 드
러낼지 보장할 수는 없다 하더라도, 관군(官軍: 명나라 군대)이 이르
러 이미 세운 공적은 매몰시켜서는 안 될 것입니다.

　신이 헤아리건대 경략 대신이 이미 공의 실상을 갖추어 상주하
였을 것이니 신이 내용을 설명할 수 있는 바는 아니나, 걱정하는 바
는 공적이 묻혀버리는 것이고 바라는 바는 공적을 드러내 밝히는
것입니다. 대개 신과 나라 사람들이 마음에 새긴 정성에서 나오는
것이라 그만둘 수 없기 때문입니다. 그렇지 않을 경우 우리나라에서
비석을 세우고 초상을 그리는 사업을 벌인다면 그들이 우리나라를
다시 살려준 은혜는 남길 수 있겠으나, 각 관원들이 이역(異域)에서
공을 세운 아름다움을 천하 후세에 밝게 보일 수 없게 될 것이 삼가
두렵습니다.

　성지를 받들었습니다. "병부는 알아두어라."

# 내각에 전하는 성유

**傳內閣聖諭** | 後附, 30b

---

**날짜** 만력 22년 9월 12일(1594. 10. 25.)

**발신** 만력제

**수신** 내각

**내용** 만력제가 조선에서 올린 상주 2건을 읽은 뒤 일본에 대한 봉공 반대론자들을 비난하고 내각에 상주에 대한 빠른 처리를 당부하면서, 조선이 구태여 상주를 올릴 때까지 봉공에 관한 주장을 제대로 세우지 않은 병부를 꾸짖는 성유를 내리도록 지시하는 성유이다.

**관련자료** 이 문서는 『만력기거주』 만력 22년 9월 12일 기사에 실려 있다.[167] 또한 만력 22년 10월 24일에는 참군 심무시(沈懋時)가 선조에게 게첩(揭帖)을 보내면서 명 조정의 논의를 알리기 위해 저보(邸報)에서 만력제의 성유를 베껴서 함께 전달하였는데, 이것이 『선조실록』 및 『이문등록』에 수록되어 있다.[168] 다만 『이문등록』에는 성유가 나온 날짜를 9월 13일로 기록하고 있는데, 이것은 이 성유가 명의 저보에 실린 날짜를 가리키는 것으로 추측된다. 각각의 문서에는 자구의 차이가 약간 있으나 의미는 거의 차이가 없다.

---

.......

167 이 문서는 ······ 있다: 『만력기거주』 7책, 만력 22년 9월 12일(정해), 692쪽.

168 이것이 ······ 있다: 『선조실록』 권56, 선조 27년 10월 24일(무진); 『이문등록』 4책, 「沈懋時揭帖」 및 「上同(內閣接出 九月十三日)」, 1b-2a. 『이문등록』에는 이어서 9월 14일 날짜의 성유 1건이 더 실려 있다.

짐이 문서를 열람하다가 조선국왕의 상주 2건을 보았는데, 1건은 동쪽을 정벌한 장사와 관리들의 노고와 공적에 관한 것이었고,[169] 1건은 화의와 조공을 허락하도록 결정해서 그 나라의 사직을 보전하기를 바라는 것이었다.[170] 전에 동쪽의 일을 막고 방해하던 자들이 오로지 자신의 사사로움을 위하여 국가의 큰일을 무너뜨리고 어지럽혔음이 드러났으니 매우 불충하다. 경들이 이 상주에 표의(票擬)해서 오면 내가 보겠다. 또한 성유 1건을 작성해서 병부를 절실히 꾸짖도록 하라. 병부가 여러 소인들을 두려워하고 어려워하여 전혀 주장하는 바가 없었으므로, 왜가 중국의 위세를 두려워해 멀리서 찾아오는 뜻을 잃고 조선이 왜의 포악함을 두려워하는 주청을 하게 되었다. 이는 중국이 오랑캐를 위세와 덕으로 제어하는 계책을 손상시킨 것이다. 경들에게 성유를 내리니 알아두어라.

.......

169 1건은 …… 것이었고: 앞의 「15-1-9 一本 後附, 29a-30b」를 지칭한다.
170 1건은 …… 것이었다: 앞의 「15-1-8 朝鮮國王李昖一本 後附, 24b-29a」를 지칭한다.

15-1-11

# 병부가 받은 성유

兵部接出聖諭 後附, 31a-31b

**날짜** 만력 22년 9월 12일(1594. 10. 25.)

**발신** 만력제

**수신** 병부

**내용** 조선에서 일본에 대한 방책을 결정해줄 것을 청한 상주를 일본에 대한 봉공을 허락해달라는 상주로 간주하고 봉공을 허락할 뜻을 시사하면서, 병부에 봉공에 관한 방책을 계획하여 명확하게 상주하되 반대론에 개의치 말고 입장을 분명히 할 것을 명령하는 성유이다.

**관련자료** 이 문서는 앞의 「15-1-10 傳內閣聖諭 後附, 30b」에 따라 작성된 것으로 보이며, 『사류록』에 만력 22년 9월 12일자로 실려 있다.[171] 또한 『선조실록』·『이문등록』에 실린 10월 10일자 요동도사 자문 및 『사대문궤』에 실린 11월 27일자 요동도사 자문에도 9월 12일에 내린 성유로 인용되어 있다.[172]

만력제의 성유에 대해 병부는 9월 15일에 검토 제본을 올려 기존의 봉공 논의를 정리하고 일본국왕 책봉의 필요성을 확인한 뒤, 책봉을 위한 사전 정비 작업으로 경략 계요총독 손광·요동순무 이화룡(李化龍)이 일본군 진영에 관원을 파견해서 일본군의 철수 의사를 재확인하여 보고한 다음에 최종 결정을 내릴 것을 요청해 9월 17일에 윤허를 받았다. 『선조실록』·『이문등록』에 실린 10월 10일자 요동도사 자문은 9월 17일의 결정 사항을 조선에 통보하고 일본군의 현황을 보고해줄 것을 요청하는 문서이므로, 병부의 9월 15일 검토 제본이 전문에 가깝게 실려 있다. 반면 『사대문궤』에 실린 11월 27일자 요동도사 자문은 훨씬 논의 가 진전된 이후에 작성된 문서이므로, 9월 15일 병부의 검토 제본 내용 은 결론부만을 싣고 있다. 또한 병부의 검토 제본 내용의 후반부는 이화 룡의 『무요소고(撫遼疏稿)』에 실린 이화룡의 상주에도 인용되어 있으나, 일부 내용이 다르고 전반부는 결락되어 있다.[173]

짐이 문서를 열람하다가 조선국왕의 상주를 보니 왜이(倭夷)에 게 화의와 조공을 허락하도록 결정하여 그 나라의 사직을 보전하기 를 바라는 것으로 그 정상이 매우 위급하고 박절하였다. 짐이 생각 건대 자고로 중국이 바깥 오랑캐를 제어함에 그들로 하여금 중국의 위세를 두려워하고 중국의 덕을 마음에 품도록 하였으니, 싸워서 지 키는 계책과 회유하는 계책은 넘나들면서 써도 방해될 것이 없다. 지금 왜가 이미 사신을 보내 화의를 구하였으니 국가(명나라)의 체 통은 절로 높아졌다. 우리가 이로 인하여 저들을 어루만지면 속국 을 보전하고 멀리 군사들이 변경을 지키는 번거로움이 없어질 터이 니, 잠시 회유책을 써서 방비를 갖추기를 기다리는 데 무슨 불가함 이 있는가. 병부는 군국(軍國)의 중요한 위임을 받았으니 다만 마땅

171 『사륜록』에 …… 있다: 周永春, 『絲綸錄』 兵, 「兵部接出聖諭」, 만력 22년 9월 12일, 65b-66a.

172 또한 …… 있다: 『선조실록』 권56, 선조 27년 10월 10일(갑인); 『吏文謄錄』 4책, 「요동도 사가 조선국왕에게 보낸 자문」, "爲賊情事", 만력 22년 10월 10일, 10b-11a; 『事大文軌』 卷12, 「요동도사가 조선국왕에게 보낸 자문[都司欽奉聖旨先許倭封]」, 만력 22년 11월 27 일, "爲賊情事", 1a-1b.

173 또한 …… 있다: 李化龍, 『撫遼疏稿』(四庫禁燬書叢刊 史部69) 卷1, 24a-30b. 22b 이전이 결락되어 있어 문서의 제목은 나오지 않는다.

히 국가의 이해만을 생각해야 하는데, 어찌하여 단지 일신의 비방과 칭찬만 헤아릴 뿐 결정을 지연하고 미루면서 태만하여 주장함이 없는가. 만약 천하의 큰일을 그르치게 된다면 책임 또한 미루기 어려울 것이다. 방침을 계획하여 속히 명백하게 상주하도록 하되 다시 모호하게 이럴 수도 있고 저럴 수도 있다고 해서는 안 되며, 중국이 오랑캐를 제어하는 체통을 온전히 하기에 힘쓰고 조선이 바라는 뜻을 실망시키지 말라. 삼가 받들라. 이에 성유를 내린다.

# 병부가 받은 성유

又接出聖諭 | 後附, 31b

---

**날짜** 만력 22년 9월 13일(1594. 10. 26.)

**발신** 만력제

**수신** 병부

**내용** 만력제가 봉공 반대론의 근원을 만력 20년(1592)에 송응창의 경략 임명을 반대하였던 하남도어사(河南道御史) 곽실(郭實)[174]로부터 나온 것 이라고 간주하고, 그를 파직하여 평민으로 삼음과 동시에 병부에 봉공 반대론자들을 색출할 것을 명령하는 성유이다.

**관련자료** 『만력기거주』에는 만력 22년 9월 14일자에 대학사(大學士) 조지고(趙志皐) 등이 올린 제본에 전날 병부에서 받은 성유로 인용되어 있으며, 자구에 약간의 차이가 있으나 내용은 거의 같다. 『명신종실록』의 같은 날 기사에도 본문의 내용이 요약된 형태로 실려 있다.[175]

---

　짐이 생각건대 동쪽의 일을 막고 방해하며 무너뜨리고 어지럽힌 것은 모두 여러 소인들이 붕당을 지어 음모를 꾸미고 지시하고

---

174 곽실(郭實): 1552~?. 명나라 사람으로 직례(直隸) 고읍현(高邑縣) 출신이다. 자는 화백(華伯)이다. 만력 연간에 진사에 합격하여 출사하였다. 전쟁 초기에는 송응창의 경략 임명을 반대하였으며, 만력 22년(1594)에는 일본에 대한 봉공을 반대해서 축출되었다.

175 『만력기거주』에는 …… 있다: 『만력기거주』 7책, 만력 22년 9월 14일(기축), 693-694쪽; 『명신종실록』 권277, 같은 날.

붙좇음으로써 고의로 계책을 그르친 것이다. 이는 모두 하남도어사
였다가 지금은 형부산서사주사(刑部山西司主事)로 있는 곽실이 처음
주장하고 차차 큰일을 막고 방해하자[176] 여러 소인들이 붕당을 지어
붙좇으며 망령된 논의를 번거롭게 일으켜서 말을 만들어 무리를 현
혹시킨 것이니, 매우 불충하고 미워할 만하다. 본래 마땅히 잡아들
여 심문하고 무겁게 다스려야 하겠으나 일단 파직하여 평민으로 삼
으니, 유야무야 다른 관직에 임용하는 것을 불허한다. 그 나머지 양
경[兩京: 북경(北京)과 남경(南京)]에서 동쪽 왜의 사정을 항목별로 논
의한 자들은 병부에서 두루 조사하여 직함과 이름을 써가지고 와서
의논하라. 그 가운데 봉공을 막고 말을 만들어 무리를 현혹시킨 자
들은 적어와서 말하라. 병부는 알아두어라.

.......

176 이는 …… 방해하자: 곽실은 하남도어사(河南道御史)로 있던 만력 20년(1592) 9월 송응
창이 경략의 임무를 처음 맡았을 무렵 송응창이 적합하지 않은 이유 일곱 가지를 들어
그의 임명에 반대하였고, 그 결과 만력제의 분노를 사서 회인현(懷仁縣)의 전사(典史)로
쫓겨났다. 『고읍현지(高邑縣志)』에 따르면 이어서 형부주사(刑部主事)로 발탁되고 얼
마 뒤 이부(吏部)로 옮겼다가 임명되기 전에 취소되어 귀향하였다고 한다. 본문에서 만
력제가 곽실 등을 파직하고 다른 관직에 임용하지 못하게 한 시점이 바로 이때에 해당
하는 것으로 보인다. 「1-2 辭經略疏 권1, 3a-5a」; 「1-3 論救郭御史疏 권1, 5a-6b」; 『명
신종실록』 卷251, 만력 20년 8월 26일(계축); 卷252, 만력 20년 9월 9일(을축), 15일(신
미); 『高邑縣志』[가경 16년(1811) 간행, 하버드 옌칭도서관 소장본] 卷6, 人物, 明, 19b.

# 병부의 상주

兵部一本 | 後附, 32a-35b

**날짜** 만력 22년 10월 22일(1594. 12. 3.)

**발신** 병부

**수신** 만력제

**내용** 병부상서 석성이 입장을 결정하라는 만력제의 독촉에 따라 일본 사신 나이토 조안[小西飛]을 북경으로 상경시켜 책봉을 허락한다는 뜻을 보여주고, 한편으로 일본군의 철수를 독촉하되 무리해서 철수시킬 것은 없다는 방책을 제시하는 상주이다. 석성은 오랫동안 질질 끌고 있는 일본과의 전쟁과 여러 방면에서 변경이 위협받는 명 국내의 상황을 감안하면 책봉을 허락하지 않을 수 없음을 강조하였다. 이에 대해 만력제는 책봉을 허락하고 나이토 조안을 상경시키되 책봉 이후에도 물러나지 않으면 토벌할 것임을 밝혔다.

**관련자료** 본문 중간에 제시된 계요총독 손광 등의 제본은 9월 17일 만력제의 명령에 따라 작성된 것으로『명신종실록』만력 22년 10월 16일 기사에 요약이 실려 있고, 요동순무 이화룡의『무요소고』에는 전문이 실려 있다.[177] 말미에 있는 만력제의 성지는『사륜록』에 만력 22년 10월 22일 날짜로 실려 있고『사대문궤』에 실린 11월 27일자 요동도사 자문에도 날짜 없이 인용되어 있는데, 각각 약간의 자구 차이가 있다.[178] 또한 제본 및 성지를 포함한 본문 전체의 대략은『명신종실록』만력 22년 10월 23일 기사에 수록되어 있다.[179]

삼가 성유를 받드는 일.

제왕이 이적을 제어하는 것은 오직 위엄과 신뢰 양쪽을 온전히 하는 데 달려 있고, 신하가 일을 도모하고 계책을 가늠할 때는 마땅히 안팎의 완급을 헤아려야 합니다. 일을 맡은 자를 논할 때는 이것을 잘하였는지 저울질할 따름입니다. 바야흐로 왜가 조선을 함락시켰을 때는 그 형세가 분수 밖의 것을 탐내는 것이었으므로, 마땅히 위엄을 이용해야 할 때였습니다. 우리 황상께서 의분(義憤)으로 발끈하여 군사를 일으켜 승리하게 하시니, 큰 위엄이 이미 먼 나라에 진동하였습니다. 왜가 물러나 왕경을 반환하고 왕자를 송환함에 이르러서는 마땅히 믿음을 이용해야 할 때였습니다. 우리 황상께서 흔쾌히 책봉을 허락하여 여러 차례 조서를 반포하시니, 큰 믿음이 이미 먼 지역에 드러났습니다. 그러므로 지금의 계책은 책봉을 통해 왜노를 물러가게 하고 조선도 보존하며 외환(外患)을 종식시키고 안의 방비도 강화하는 것이니, 이는 말 한마디로 풀 수 있는 것입니다.

신 석성은 엄한 성지를 통해 다시 모호하게 이럴 수도 있고 저럴 수도 있다고 하지 말라는 절실한 책망을 받들었습니다.[180] 그러나 여전히 스스로 결단하지 못하고 제본을 올려서 공문을 총독·순무에게 보내 조사해서 보고하도록 하는 것은 진실로 일이 저들[일본]

........

177 본문 …… 있다: 『명신종실록』 권278, 만력 22년 10월 16일(경신); 李化龍, 『撫遼疏稿』 卷1, 22b-37b. 『무요소고』의 앞부분이 결락되어 문서의 제목은 알 수 없다. 『무요소고』 에 따르면 해당 상주는 10월 3일에 만력제의 명령에 따라 병부로 이첩되었다.

178 말미에 …… 있다: 周永春, 『絲綸錄』兵, 만력 22년 10월 22일, 「兵部一本, 欽奉聖諭事, 奉 聖旨」, 66b-67a; 『事大文軌』 卷12, 「요동도사가 조선국왕에게 보낸 자문[都司欽奉聖旨先 許倭封]」, 만력 22년 11월 27일, "爲賊情事", 3b.

179 또한 …… 있다: 『명신종실록』 권278, 만력 22년 10월 23일(정묘).

180 신 …… 받들었습니다: 앞의 「15-1-11 兵部接出聖諭 後附, 31a-31b」를 가리킨다.

에게 달려 있으므로 멀리서 판단하기 어려우며 책임이 바깥에 나가 있는 관원들에게 있으므로 권한을 넘어서 결정하기 어렵기 때문입니다.[181]

지금 총독·순무 손광 등이 올린 제본에 "왜가 배를 만들고 군량을 운반하여 장차 난리를 일으키려고 도모하는 것처럼 보이지만, 성을 쌓고 참호를 파니 다만 형세가 궁하여 지키려는 계책을 행하는 것 같기도 합니다."[182]라고 하였는데, 이것을 통해 왜가 이미 자신들의 책봉을 기다리고 있음을 알 수 있습니다. 책봉을 기다린다면 또한 이미 다른 의도는 없는 것입니다.[183]

또한 "만약 잠시 회유하는 뜻을 보인다고 해도 역시 마땅히 미리 방비를 정돈하고 단속해야 할 것입니다. 따라서 병부에 칙서를 내려서 논의하여 시행해주기를 청합니다."[184]라고 한 것은 역시 이미 마

........

181 여전히 …… 때문입니다: 「15-1-11 兵部接出聖諭 後附, 31a-31b」를 통해 만력제의 독촉을 받은 병부상서 석성은 책봉만을 허락하되 조공은 허락하지 않는다는 기존의 논의를 재확인한 뒤, 경략 계요총독 손광·요동순무 이화룡에게 공문을 보내 일본군의 정세를 정탐하게 한 뒤 일본군의 철수가 확인되면 책봉을 거행하자는 취지의 검토 제본을 9월 15일에 올렸다. 이에 대해 만력제는 9월 17일에 손광·이화룡에게 공문을 보내 속히 살펴 보고하도록 하라는 성지를 내렸다.

182 왜가 …… 합니다: 이 문장은 손광·이화룡의 상주의 일부분이다. 『명신종실록』 권278, 만력 22년 10월 16일(경신); 李化龍, 『撫遼疏稿』卷1, 31b-32a. 해당 상주에서 손광과 이화룡은 축성을 하고 있는 일본군의 형세상 변란이 생기면 전라도와 경상도 사이를 어지럽힐 수는 있어도 대거 침범하려면 추가 병력의 집결이 필요할 것이라는 판단을 내리고 있다.

183 이것을 …… 것입니다: 일본군이 책봉을 기다리고 있다는 석성의 판단과는 달리, 손광·이화룡은 일본군이 오랫동안 부산에 머무르며 봉공을 기다린다는 것을 명분으로 삼고 있지만 실제는 강요하려는 뜻도 함께 가지고 있으며 만약 봉공이 불허된다면 즉시 변란을 일으킬 것이라고 보았다. 『명신종실록』 권278, 만력 22년 10월 16일(경신); 李化龍, 『撫遼疏稿』卷1, 31b.

184 만약 …… 청합니다: 손광·이화룡의 상주의 일부분이다. 李化龍, 『撫遼疏稿』卷1,

땅히 책봉을 허락해주어야 할 것을 알지만 장차 사람을 보내 정탐하고 조사하겠다는 것입니다.[185]

무릇 전에 책봉을 허락하는 밝은 성지가 나왔으니 신 석성은 진실로 마땅히 우러러 받들겠으며, 일을 담당하는 신하의 조사 보고를 근래 받았으니 신 석성은 더욱 마땅히 함께 실행하겠습니다. 지금 헤아리기로는 마땅히 한편으로 즉시 나이토 조안이 경사로 오는 것을 허락하여 책봉해준다는 믿음을 확실히 보여주고,[186] 한편으로는 고니시 유키나가를 타일러 속히 물러나 약속대로 책봉사(冊封使)가 오는 것을 공손히 기다리도록 하는 것이 진실로 좋을 듯합니다. 만약 고니시 유키나가가 감히 갑자기 돌아가지 않으려고 한다면 책봉사를 기다린 연후에 돌아가도록 허락하는 것도 불가할 것이 없습니다.

대개 우리가 책봉하고자 하면서도 책봉하지 않은 것이 오래되었으니 이미 믿음을 잃었으며, 저들이 책봉을 청하였으나 책봉을 받지 못한 것이 오래되었으니 이미 의심을 품었습니다. 그러므로 생각건대 책봉한 뒤에 모두 돌아가도록 하는 것도 응당 못할 것 없으며, 책

........

34a-34b.

185 역시 …… 것입니다: 석성의 해석과는 달리, 손광과 이화룡은 봉공에 대해 최소한 겉으로는 유보적인 견해를 보이면서 만력제의 성지에 따라 일본군의 정세를 정탐하여 상주하겠다고 하는 한편, 회유책을 쓰더라도 방어를 강화해야 한다는 전제하에 병력의 동원 등 방어 관련 사안들을 함께 상주하였다. 李化龍, 『撫遼疏稿』卷1, 33a-37b; 『명신종실록』 권278, 만력 22년 10월 16일(경신).

186 나이토 …… 보여주고: 고니시 유키나가가 파견한 일본 사절 나이토 조안[小西飛]은 이때 명 조정에서 봉공 논의가 결착을 짓지 못해 요동에 머무르며 상경을 허락받지 못하고 있었다. 『명신종실록』 권271, 만력 22년 3월 6일(갑신), 15일(계사), 24일(임인); 권272, 만력 22년 4월 1일(기유); 권277, 만력 22년 9월 14일(기축).

봉을 받기 전에 여러 차례 물러갈 준비를 갖추라고 책망하는 것도 꼭 실행하기는 어려울 듯합니다. 그 까닭은 무엇이겠습니까. 부산에서 기다리는 것은 원래 성하지맹(城下之盟)[187]이 아닌데도 총독 고양겸이 이르기를 "1명의 왜도 남아 있지 않은 이후에 책봉해야 합니다."라고 하였는데,[188] 신도 처음에는 반드시 그러해야 한다고 믿었으나 지금은 꼭 그렇지 않음을 알게 되었기 때문입니다. 구차하게 일을 마무리하려는 것이 아니라 형세가 진실로 그러하기 때문입니다. 나이토 조안을 접대하는 사안에 대해서는 저희 병부에서 전에 이미 제본을 올렸으며, 책봉에 관한 의전은 예부에서 관장하여 행할 일에 속할 따름입니다.

혹자는 이르기를, "왜는 원래 교활하고 속임수가 많으니 책봉을 받은 뒤에도 계속 조선을 도모할지 알 수 없다."라고 합니다. 신이 생각하기에는 일이 바깥 오랑캐에 관계된 것이므로 진실로 끝까지 변하지 않으리라고 보장하기는 어렵습니다. 하지만 책봉을 허락한다고 해도 반드시 조선을 침범하지 않은 이후에야 맹약을 정할 수

......

187 성하지맹(城下之盟): 적에게 수도의 성 밑까지 침공을 당하고 맺는 굴욕적인 강화 맹약을 말한다.

188 총독 …… 하였는데: 송응창을 대신하여 경략의 임무를 맡은 계요총독 고양겸은 만력 22년(1594) 2월에 일본군이 공손하게 책봉을 기다리고 있으니 병력을 번거롭게 할 필요가 없다는 요지의 상주를 올렸다. 『명신종실록』 권271, 만력 22년 3월 1일(기묘); 『선조실록』 권56, 선조 27년 10월 10일(갑인). 상주의 원문은 남아 있지 않으나 『만력소초(萬曆疏鈔)』에 실린 공과급사중(工科給事中) 왕덕완(王德完)의 상주에 따르면 고양겸의 글에는 "왜호(倭戶)를 모두 쫓아내야 비로소 책봉을 논의할 수 있다[倭戶盡逐 始可議封]."라는 구절이 있었다고 한다. 조선에서도 고양겸이 비록 봉공을 주장하기는 하였으나 한 사람의 일본군도 부산에 머무르게 해서는 안 된다고 상주하였다고 한다. 『萬曆疏鈔』卷43, 東倭類, 「目擊東倭釁隙, 專備禦疏」(王德完 工科給事中, 萬曆二十二年三月), 36a; 『선조실록』 권61, 선조 28년 3월 4일(정축). 고양겸의 상주 및 당시 석성의 검토 상주를 포함한 당시 봉공 논의 및 반대론에 대해서는 三木聰, 앞의 책, 283-294쪽을 참고.

있고 또한 맹약이 정해진 이후에야 책봉사가 갈 수 있으니, 이는 일을 맡은 자가 결정하는 데 달려 있을 따름입니다. 하물며 저들이 지금 오랫동안 조선에 얽매여 있으므로 이 기회를 빌려 돌아갈 계책으로 삼고자 하며 우리도 오랫동안 정벌하는 전역(戰役)에 수고롭기에 이 기회를 빌려 결말을 짓고자 합니다. 일이 양쪽 모두 편한 것이니 해야 할지 말아야 할지는 분명하지 않겠습니까. 만약 책봉한다면 마땅히 3~5년은 편안할 것이고, 조선이 이 기회를 틈타 스스로 싸우거나 지킬 수 있으며 우리도 이를 이용해 스스로 방비할 수 있습니다. 또 이후에 혹여라도 다른 근심이 생기더라도 지금처럼 결렬되는 데 이르지는 않을 것 또한 분명하지 않겠습니까. 이는 다만 바깥 오랑캐에 대해 말하였을 뿐입니다.

동쪽을 정벌하는 일로 인해 요동 지역의 백성은 군수품을 수송하느라 빈곤해지고 군사와 군마는 적의 칼과 화살에 쓰러지니, 오랑캐가 허실(虛實)을 파악하고 침범하지 않는 때가 없습니다. 근래에는 다시 수만 명의 무리를 이끌고 광녕(廣寧)까지 깊이 침략하니,[189] 산해관(山海關) 바깥에는 백골이 들에 널려 있고 1000리에 연기가 없습니다. 입술이 없으면 이가 시리다는 교훈이 바로 경각에 달려 있습니다. 만약 다시 성취하기 어려운 약속을 세워 책봉하는 전례를 지체한다면, 고니시 유키나가는 필시 감히 관백을 보지 못할 것이고 관백은 필시 고니시 유키나가가 귀국하도록 하지 않을 것입니다. 봄

........

189 근래에는 …… 침략하니: 석성이 이 상주를 올리기 직전에 타안위의 종논은 7000명을 이끌고 중후소(中後所)를 공격하였다가 패퇴하였다. 『명신종실록』 권278, 만력 22년 10월 22일(병인); 『明史』 卷328, 列傳 216, 外國 9, 朶顔·福餘·泰寧, 8508쪽; 李化龍, 『撫遼疏稿』 卷1, 「西協禦虜功罪疏」, 「鎭武大捷疏」, 38a-46a, 49a-72a.

에 물이 불어날 때가 곧 다가오면 전라를 반드시 잃게 될 것이고, 피폐해진 요동에서는 오랑캐가 안을 공격하고 왜가 밖을 공격하게 될 것입니다. 조선이 없으면 요동이 없고 요동이 없으면 계주진(薊州鎮)이 없게 될 것이니, 그렇게 되면 신경(神京: 북경)은 장차 어디에 의지하며 종묘와 사직은 장차 어떻게 보존하겠습니까. 이렇게 되면 황상께서 마땅히 필시 신을 책망하시기를, "이전에 칙서를 내려 '만약 천하의 대계를 그르친다면 책임을 또한 면하기 어려울 것이다.'라고 하였는데,[190] 지금 과연 어떠한가?"라고 하실 것이고, 논의하는 자들도 필시 법으로써 얽어맬 것입니다. 그런 다음에 신의 머리를 베어도 나라를 그르친 죄를 갚기에는 부족할 것입니다. 그러나 이는 다만 한 방면에 대해 말하였을 뿐입니다.

지금 하늘의 형상이 견책하는 뜻을 보이고 병란의 단서가 누차 일어납니다. 오르도스[河套]의 오랑캐가 고원(固原)에 침입하여 남녀를 몰아 죽인 것이 그 수를 알 수 없고, 콜로치가 바야흐로 연계하여 감숙을 침범하였습니다. 계주진에서는 종논이 수차 영전(寧前)을 침략하였다가 몰래 능침(陵寢)과 북경에서 달아났고, 파주의 오랑캐 우두머리는 험한 지세에 기대어 있어 토벌이 아직 끝나지 않았으며, 운남(雲南)의 미얀마 도적[緬賊]들은 매년 진을 치고 모여드니,[191] 천

190 이전에 …… 하였는데: 만력제는 만력 22년(1594) 구경과도회의(九卿科道會議)를 통해 표출된 다수의 봉공 반대론을 무릅쓰고 석성의 일본국왕 책봉 논의를 승인하면서, 그가 주장하였으니 성사되면 공이 그에게 돌아가겠지만 성사되지 못하면 책임 또한 피할 수 없을 것이라고 단언한 바 있다. 『명신종실록』권271, 만력 22년 3월 6일(갑신); 三木聰, 앞의 책, 283-294쪽.

191 운남(雲南)의 …… 모여드니: 미얀마[緬甸]와 명은 만력 연간에 여러 차례 운남 변경에서 충돌하였다. 만력 10~11년(1582~1583)에는 유정(劉綎)과 등자룡(鄧子龍)이 이끄는 명군이 침입해온 미얀마군을 격파하여 만여 명을 참수하고 미얀마 경내로 진입하는

하에 근심이 없는 곳이 한 곳도 없어서 곳곳마다 병사들은 지치고 군수는 고갈되며 감당해낼 만한 장수 1명도 없습니다. 아, 이는 바로 이른바 살아남느냐 망하느냐 하는 위급한 때이니,[192] 근심이 바깥에 있는 것이 아니라 나라 안에 있는 것입니다.[193]

지금은 중국을 위하지 않고 속국을 위하고, 안의 오랑캐를 근심하지 않고 바깥의 오랑캐를 근심하며, 배와 심장을 구하지 않고 팔다리를 구하고 있습니다. 신 또한 전날에 잘못한 일을 후회하면서도 오히려 위임받은 바를 감당하며 재차 파직해주기를 요청하지 않는 것은 전에 밝은 성지를 받들어 동쪽의 일이 완료되지 못한 데 대한 책망을 받았기 때문입니다. 그러므로 신이 도랑이나 구렁텅이에 빠져 죽기 전에 조정의 계책을 따르고 조사하여 논의한 결과에 근거하며 신의 어리석은 생각을 다 펴면, 황상의 은혜와 신뢰로써 동쪽의 일이 완료되지 않을 리 없습니다. 혹시 책봉한 뒤에 저들이 번복하고 변란을 일으키면 신 석성이 병부의 일을 그만두고 몸소 조선으로 가기를 청할 것이며, 해결하지 못하면 신의 죄를 다스리는 것을 신이 마음으로 달게 받겠습니다.

-------

대승을 거두었으며, 만력 19년(1591) 및 만력 22년(1594)에도 침입해온 미얀마 세력을 운남의 지방관들이 패퇴시켰다. 『明史』卷315, 列傳 203, 雲南土司 3, 緬甸(二宣慰司), 8134-8136쪽.

192 살아남느냐 …… 때이니[危急存亡之秋]: 나라의 존망이 달려 있는 아주 중요하고 위태로운 때를 뜻한다. 삼국시대 제갈량의 「출사표」에 나오는 말이다.

193 근심이 …… 것입니다[憂不在顓臾 在簫牆之內也]: 『논어(論語)』「계씨(季氏)」에 나오는 말이다. 노(魯)의 실권자 계손씨(季孫氏)가 자기의 세력을 강화하기 위해 노나라의 부용국(附庸國)인 전유(顓臾)를 침공하려 하자, 공자는 계손씨를 섬기고 있던 제자 염유(冉有)에게 그 부당함을 비판하면서 계손씨의 근심이 바깥에 있는 전유가 아니라 자기 집안 안에 있을까 두렵다고 지적하였다.

만약 동쪽의 일이 완결되면 그대로 신에게 은퇴를 허락하여 시작과 끝을 온전히 할 수 있도록 해주시기를 바라며, 손광 또한 책봉하는 일이 조금 정해지면 본진으로 돌아와 오랑캐를 방비하도록 하여, 이쪽을 돌아보다가 저쪽을 잃는 일이 없게 하시고 요동 지방도 어깨를 쉴 수 있도록 해주십시오. 신이 몸소 책임을 맡아 기밀을 숙고해보니 이보다 편리한 방책은 없는 듯합니다. 다만 일이 관계되는 바가 중대하니 신 석성이 감히 마음대로 할 수 없습니다. 엎드려 황상께 청하오니 결정하여 시행해주십시오.

성지를 받들었습니다.

왜가 오랫동안 부산에 머물면서 책봉을 요청한 것이 심히 절실하며, 오랑캐의 사신이 오래전에 도착하였는데도 처분을 받지 못하였으니 제어하는 마땅함을 크게 잃었다. 짐이 전에 누차 유지(諭旨)를 내렸고, 또한 지연하여 일을 그르칠까 걱정하였다. 너희 부에서 이미 이렇게 말하였으니 곧바로 나이토 조안으로 하여금 들어오게 하고 그 책봉을 허락하되, 조선에서 떠나지 않으면 군사를 일으켜 그 죄를 밝게 바로잡고 한뜻으로 토벌할 것이다. 또한 총독·순무에게 공문을 보내 알게 하고 때에 맞춰 방어를 강화하여 해이하고 나태하지 않도록 하라.

# 병부 등의 아문에서 올린 상주

兵部等衛門題 | 後附, 35b-38a

**날짜** 만력 22년 12월 13일(1595. 1. 22.)

**발신** 병부 등

**수신** 만력제

**내용** 병부에서 12월 7일 나이토 조안의 입경(入京) 및 12월 13일 조현(朝見)[194] 일정을 보고하였으나, 만력제는 12월 13일 당일에 건강상의 이유로 조현을 연기하였다. 이에 병부를 포함한 여러 관원들이 12월 13일에 나이토 조안을 심문하고 명에서 제시한 세 가지 강화 조건을 준수할 것을 약속받은 뒤 그와의 문답 내용을 만력제에게 보고하면서 책봉을 허가해줄 것을 촉구하는 상주이다.

**관련자료** 나이토 조안의 조현 및 1차 심문에 관해서는 『명신종실록』 만력 22년 12월 11일 기사에 기록되어 있으나 내용이 뭉뚱그려져 있고 매우 소략하다. 『만력기거주』에는 같은 날 내각대학사 조지고 등이 석성의 제본을 간략히 인용하면서 나이토 조안의 조현 및 심문을 요청하는 제본이 실려 있으나, 만력제가 조현을 취소하면서 내린 성유 및 나이토 조안의 1차 심문 내용은 실려 있지 않다.[195] 또한 『양조평양록(兩朝平攘錄)』에도 나이토 조안의 북경 도착 및 조현, 세 가지 강화 조건을 약속하는 과정 등이 간략히 서술되어 있으나, 조현이 취소된 사실이나 여러 신하들의 논의 등이 빠져 있다.[196] 따라서 나이토 조안의 1차 심문에 관해서는 본문의 내용이 가장 정확하고 상세하다.

우러러 밝은 성지를 받들어 동쪽의 책봉하는 일을 정하는 일.

직방청리사(職方淸吏司)에서 안정을 올렸는데, 그 내용은 다음과 같았습니다.

이번 달 7일,[197] 병부에서 위의 일로 제본을 올렸는데, 그 내용은 다음과 같았습니다.

왜의 사신 나이토 조안 등이 경사에 도착하였습니다. 예부에서 제본을 올리고 황상께서 윤허하신 내용에 따라 마땅히 홍려시(鴻臚寺)에 나아가서 3일 동안 의례를 연습하도록 하고 13일에 궁궐로 가서 조현하게 해야 합니다. 엎드려 바라건대 황상께서는 이날 궐문에 거둥하셔서 조현을 허락하소서. 여러 신하들은 모두 길복을 입고 반열에 시립(侍立)합니다. 예가 끝나면 신 등이 회의하는 사례에 따라[198] 오군

.......

194 조현(朝見): 임금을 뵈는 일을 말한다.

195 나이토 …… 않다: 『명신종실록』 권280, 만력 22년 12월 11일(갑인); 『만력기거주』 7책, 같은 날, 787-789쪽.

196 또한 …… 있다: 諸葛元聲, 『兩朝平攘錄』(북경대학 도서관 소장본) 卷4, 日本 上, 20b-21a. 『경략복국요편』을 이용하여 나이토 조안의 조현이 실제로는 이루어지지 않았음을 논증한 연구로는 三木聰, 앞의 책, 325-328쪽을 참고.

197 이번 달 7일: 본문에는 "本月初七日"이라고만 되어 있으나, 『명신종실록』 및 『만력기거주』를 통해 12월 13일에 나이토 조안의 조현과 심문이 예정되어 있었음을 알 수 있다. 따라서 본문의 "이번 달[本月]"은 12월이다.

198 신 …… 따라: 명대 국정의 주요 안건을 논의하였던 구경과도회의를 가리킨다. 구경과도회의는 정의(廷議)라고도 불렸으며, 명 후기에는 해당 의제와 직접적으로 관련된 육부(六部)의 상서(尙書)가 회의를 주재하고 구경(九卿) 및 과도관(科道官)이 기본적으로 참여하였다. 이에 더해 많은 중앙 관료가 참여하여 많은 경우에는 100여 명, 회의를 참관하는 이들까지 포함하면 그 이상이 참석하기도 하였다. 일반적으로 자금성(紫禁城) 오문(午門)의 동남쪽에 위치한 궐좌문(闕左門), 즉 동각(東閣) 또는 동궐(東闕) 주변에서 열렸다. 본문에서 지칭한 13일의 1차 심문이 구경과도회의의 형식으로 개최되었음은 三木聰, 앞의 책, 328쪽을, 구경과도회의의 실상과 그 정치적 결정권의 한계에 대해서는

도독부(五軍都督府)·육부(六部)·구경(九卿)[199]·과도관(科道
官)[200] 및 병부의 사관(司官)[201]을 동궐(東闕)에 집합시켜 왜
의 사신을 면담하여 황상의 위엄과 덕을 밝히고, 이어서 더
불어 약속을 맹세하고 통역을 통해 알려주겠습니다. 회의가
끝나면 왜의 사신은 공소(公所)에서 각신(閣臣)이 참석하여
만나보고 타이르면서 심문하기를 기다리도록 하겠습니다.
성지를 받들었습니다.

알겠다.

이어서 이번 달 13일, 내각에서 성지를 받들어 전하였습니다.

경들과 병부가 책봉을 요청하는 왜의 사신 때문에 짐
이 궐문에 거둥하기를 청하였기에 짐이 윤허하였다. 그러
나 또 신경을 썼더니 답답하게 열이 나고 목이 쉬었기에 경
들에게 유시(諭示)하여 알아두도록 하였다. 어제 성모(聖母:
황태후)께 문안하였다가 또다시 찬바람을 맞아 머리와 눈
이 어지럽고 아프며 몸에서 열이 나고 몸이 느른하니, 궐문

위의 책, 346-357쪽을 참고.

199 구경(九卿): 고대 중국의 9개 고위 관직을 뜻하는 것으로, 그 명칭과 편제는 시기에 따라
달랐다. 명대의 구경은 육부의 상서와 도찰원도어사(都察院都御史)·대리시경(大理寺
卿)·통정사(通政使)를 가리킨다.

200 과도관(科道官): 명·청시대 육과(六科)의 급사중(給事中)과 도찰원(都察院) 산하의 각
도의 감찰어사(監察御史)를 통칭하여 부르는 말이다. 감찰과 간언을 함께 담당하는 명
대 특유의 언관으로, 『명사(明史)』의 기록에 따르면 "어사(御史)는 조정의 이목(耳目)이
요 급사중은 장주(章奏)를 담당하여 조정과 황제 앞에서 시비를 다투니 모두 언로(言路)
라 부른다."라고 하였다.

201 사관(司官): 각 부(部)에 속한 속관(屬官)의 통칭이다. 즉, 육부(六部) 아래의 각 사(司)
의 실무를 담당하는 낭중(郎中)·원외랑(員外郎)·주사(主事) 및 그 이하의 경관(京官)을
가리킨다.

에 거둥하는 것도 잠시 그만두겠다. 왜의 사신 나이토 조안에 대해서는 병부에서 제본을 올려 청한 바에 따라 경과 병부상서 및 문무 관원들이 면담하고 통역을 통해 그 상황의 진위를 살펴서 자세히 논의하고 와서 말하도록 하라. 조현은 따로 날을 잡아서 행할 것이니 경들은 안심해도 좋으며, 스스로 의혹을 갖지 말라. 짐은 거짓으로 병이 났다고 하는 것이 아니다. 만약 이를 핑계로 멋대로 말하는 자가 있으면 짐이 반드시 무겁게 다스려 용서하지 않을 것이다. 경들은 병부와 병과(兵科)에 전하여 알게 하라. 경들에게 유시하니 알아두어라.

삼가 황상의 명령에 따라 신 등이 왜의 사신이 조회 참석을 마치고 나서 후군도독부(後軍都督府) 국공(國公) 서문벽 등·이부상서(吏部尙書) 손비양(孫丕揚)[202] 등·이과좌급사중(吏科左給事中) 경수룡(耿隨龍)[203] 등·절강도어사(浙江都御史) 최경영(崔景榮)[204] 등과 회동하여 함께 동궐로 나아가서 왜의 사신 나이토 조안에게 선유하고 더불어 황상의 은혜와 위엄을 보이며 책봉을 허락하는 약속을 정하였습니다. 왜이가 말을 알아듣지 못할까 염려되어 세 가지 일[三事][205]을 간

.......

202 손비양(孫丕揚): 1531~1614. 명나라 사람이다. 가정 35년(1556) 과거에 합격하였고 대리시(大理寺) 우승(右丞), 우첨도어사(右僉都御史) 등을 거쳤고 만력 23년(1595)에는 이부상서(吏部尙書)에 임명되었다.
203 경수룡(耿隨龍): ?~?. 명나라 사람이다. 만력 14년(1586) 과거에 합격하여 출사하였다.
204 최경영(崔景榮): ?~1631. 명나라 사람이다. 만력 11년(1583) 진사가 되어 출사하였고 감숙(甘肅), 호광(湖廣), 하남(河南), 사천(四川) 등지를 18년 동안 순안(巡按)하였다. 양응룡의 반란을 진압하였고 영하를 순무(巡撫)하였다.
205 세 가지 일[三事]: 명이 도요토미 히데요시의 일본국왕 책봉을 위해 최종 조건으로 내건 세 가지 조항을 지칭한다. 첫 번째는 일본군이 부산을 포함한 조선 땅에서 모두 철수할

명하게 조목별로 정리하여 쓰고, 붓과 종이를 주어서 그로 하여금 항목별로 대답하도록 하였습니다.

1건,

부산에 있는 왜의 무리는 모두 돌려보낸다.

나이토 조안이 친필로 써서 이르기를,

삼가 답합니다. 만약 책봉을 허락받게 된다면 한 사람도 감히 조선에 머무르지 않고 대마도(對馬島)에도 머무르지 않고 속히 본국으로 돌아가겠습니다.

1건,

한 번 책봉하는 이외에 별도로 공시(貢市)[206]를 요구하지 않는다.

나이토 조안이 써서 이르기를,

분부에 따라 절대로 다른 요구를 하지 않겠습니다.

1건,

조선과 우호를 닦아 함께 명의 속국이 되어야 하고, 함부로 조선을 침범해서는 안 된다.

.......
것, 두 번째는 책봉 이외에 조공 및 무역을 요구하지 않을 것, 세 번째는 책봉 이후 다시 조선을 침범하지 않을 것이다.
206 공시(貢市): 중국에 대한 조공과 중국과의 교역을 의미한다.

나이토 조안이 써서 이르기를,

조선이 우리 일본을 대신하여 책봉을 요청하였는데,[207] 왜 다시 다른 나라를 침범하려 하겠습니까.

또 1건,

너희 나라에 원래 국왕이 있었는가.

나이토 조안이 써서 이르기를,

16년 전에 관백 오다 노부나가[信長][208]가 일본국왕을 죽였습니다.[209]

.......

207 조선이 …… 요청하였는데: 앞의 「15-1-8 朝鮮國王李昖一本 後附, 24b-29a」를 가리킨다. 해당 상주에서 조선은 일본에 대한 책봉을 명시적으로 요청하지 않았으나 만력제는 「15-1-10 傳內閣聖諭 後附, 30b」 및 「15-1-11 兵部接出聖諭 後附, 31a-31b」에서 볼 수 있듯이, 이를 조선의 일본국왕 책봉 요청으로 간주하였고 일본의 협상 담당자들도 이러한 해석을 받아들였다.

208 오다 노부나가[信長]: 오다 노부나가(織田信長, 1534~1582). 일본 사람이다. 주변국을 복속시키며 세력을 키워가다 아시카가 요시아키(足利義昭)와의 대립에서 승리하여 센고쿠(戰國) 시대의 실질적인 패자가 되었으나 혼노지(本能寺)에서 심복의 배신으로 사망하였다.

209 16년 …… 죽였습니다: 만력 22년(1594~1595)의 16년 전은 일본 연호로 덴쇼(天正) 6년(1578-1579)에 해당한다. 그러나 오다 노부나가는 관백이었던 적이 없고, 덴쇼 6년은 물론 그 이전에도 오다 노부나가가 "일본국왕", 즉 무로마치(室町) 막부(幕府)의 쇼군(將軍)을 살해한 적도 없다. 오다 노부나가가 무로마치 막부의 마지막 쇼군 아시카가 요시아키(足利義昭: 1537~1597)를 추방한 것은 겐키(元龜) 4년(1573)의 일로 만력 22년보다 21년 앞선 시점의 사건이며, 나이토 조안이 북경에서 문답을 나누던 시점에도 아시카가 요시아키는 쇼군직에서는 사퇴하였으나 생존한 상태로 도요토미 히데요시에게 일정한 대우를 받고 있었다. 나이토 조안은 아시카가 요시아키가 오다 노부나가와 대립할 때 몸소 군사적으로 지원하였고 교토(京都)를 떠난 아시카가 요시아키를 일시적으로 수행한 적도 있으므로, 사실을 오인하였을 가능성은 없다. "일본국왕"에 관한 나이토 조안의 설명에 대해서는 아래의 「15-1-15 兵部等衙門一本 後附, 38a-43a」의 열 번째 문

세 가지 일을 모두 따르겠다고 하였고, 말이 매우 공순하였습니다. 이어서 내각이 공소에서 다시 타이르기를,

네가 이번에 와서 책봉을 청하였을 때 우리 조정의 모든 문무 관원이 논의하기를, 모두 허락해서는 안 되며 다시 군사를 일으켜 정벌해야 한다고 하였다. 이렇게 허락한 것은 황상께서 천지의 살리기를 좋아하는 마음으로 네가 간절히 귀순하기를 청하는 것을 보고 특별한 은혜로 허락하신 것이니, 너희들은 알겠는가.

나이토 조안이 써서 이르기를,

천자의 은혜에 만만세를 외칩니다.

내각의 신하들이 병부에 답장을 보내기를,

세 가지 일을 요약하여 하나하나 타일러서 모두 준수하도록 하라.

나이토 조안이 써서 이르기를,

분부에 따라 책봉을 허락받으면 절대 다른 요구를 하지 않겠습니다.

그가 정성을 바치고 충순함을 다하는 것이 전에 심문하였을 때와 다름이 없었습니다.

전에 해당 총독·순무 손광이 사람을 보내 고니시 유키나가를 힐

.......
답을 참고.

문하고 그가 보내온 회답을 받았는데, 그 내용에 '모두 이미 명령대로 하겠습니다.'라고 하였으나 신 등이 감히 다 말하지 못하였습니다.[210] 지금 다시 여러 관원들을 궐정(闕廷)에 모아 조회하는 사이에 여러 사람의 눈이 환히 보는 곳에서 조목별로 써서 통역을 통해 심문한 내용과 나이토 조안의 친필 대답에 모두 터럭만큼도 거짓이 없습니다. 진위가 모두 이미 드러났으니 책봉을 허락하는 일은 의심할 여지가 없습니다. 나이토 조안의 필적은 이미 봉하여 사례감(司禮監)에 보내 조사하고 점검하게 하였습니다. 조현하는 날짜는 칙서를 받들어 따로 택하고, 표문은 왜의 사신으로 하여금 예부에 받들어 보내도록 하여 예부에서 공손히 올리기를 기다리도록 하는 외에, 이에 더하여 삼가 앞의 통역을 통해 심문한 내용을 사실대로 상주합니다. 책봉 및 관원을 보내는 데 대한 일체의 사안은 마땅히 예부 및 신 등으로 하여금 자세히 논의하여 제본을 올려 청해서 차례대로 거행하도록 하소서.

성지를 받들었습니다. "이미 성지를 내렸다."

........

210 전에 …… 못하였습니다: 고니시 유키나가는 계요총독 손광에게 보낸 서신에서 명의 세 가지 요구사항에 대해 "이는 모두 명령대로 할 수 있는 일입니다[此皆可以聽命者也]."라 고 명언하였다. 이에 손광 역시 고니시 유키나가가 세 가지 일에 대해 모두 명령대로 하 겠다고 말하였다는 사실을 조정에 보고하였다. 鄭潔西, 『跨境人員, 情報網絡, 封貢危機: 萬曆朝鮮戰爭與16世紀末의東亞』, 上海: 上海交通大学出版社, 2017, 233-234쪽. 고니시 유키나가의 서신은 신무상(愼茂賞)의 『사이광기(四夷廣記)』에 수록되어 있다. 愼茂賞, 『四夷廣記』, 日本藝文, 「答薊遼孫總督(萬曆十二月初六日, 倭將平行長)」, 臺北: 廣文書局, 1969, 737-738쪽.

# 병부 등의 아문에서 올린 상주

兵部等衙門一本 | 後附, 38a-43a

**날짜** 만력 22년 12월 20일(1595. 1. 29.)

**발신** 병부 등

**수신** 만력제

**내용** 12월 13일에 이루어진 나이토 조안의 1차 심문 결과가 불충분하다고 판단한 만력제가 12월 17일에 더 자세한 심문을 요구하는 성유를 내리자, 12월 20일 병부상서 석성 및 여러 관원들이 모여 통역을 통해 나이토 조안에게 16조의 질문을 전달하고 그에 대한 답변을 만력제에게 올린 상주이다. 질문의 내용은 도요토미 히데요시[平秀吉]가 조선을 침략한 이유, 진주성 전투 등 강화 협상 과정에서 보인 일본의 태도 번복, 명에서 내세운 강화 조건 세 가지를 지킬 것인지에 대한 확답 여부, 도요토미 히데요시가 일본국왕 책봉을 요청한 동기 및 이전의 일본국왕과의 관계 등 다방면에 걸쳐 있다. 병부상서 석성 등은 나이토 조안의 답변을 올리면서 책봉의 필요성을 재차 강조하였고, 만력제가 이를 받아들여 책봉에 관한 제반 사항을 논의하게 하는 한편 고니시 유키나가에게 사람을 보내 일본군을 철수시키고 조선국왕이 철수 확인 보고를 올리기를 기다려 책봉사를 명 국경 밖으로 보내도록 명령하였다.

**관련자료** 만력 22년 12월 17일에 만력제가 내린 성유는 『양조평양록』・『만력기거주』에도 실려 있으며, 자구에 약간의 차이가 있다.[211] 『양조평양록』에서는 성유가 나온 날짜를 본문과 마찬가지로 12월 17일로 적고 있다. 한편『만력기거주』에서는 성유를 12월 11일 기사에 적고 있으나 12월 18일 기사에 내각에서 성유를 받았다고 기록하고 있으므로, 실제로는 12월 17일에 나온 성유를 앞 날짜에 편집해 넣은 것으로 보인다. 본문에는 빠져 있으나,『만력기거주』의 12월 18일 기사에는 성유에 대해 내각대학사 조지고 등이 올린 제본도 수록되어 있다.[212]

명의 관원들과 나이토 조안이 나눈 문답은『양조평양록』에도 실려 있는데, 본문에 16조가 실려 있는 데 반해『양조평양록』에는 11조만이 수록되어 있다. 본문에서 나이토 조안이 대답하지 않은 질문은 모두 빠져 있으며, 자구와 문장의 차이가 일부 있고, 일부 문답은 내용이 다르다.[213] 이하 번역문에서는 자구의 차이는 일일이 검토하지 않았으나, 해석에 문제가 되는 중대한 차이에 대해서는 역주를 달았다.

한편『명신종실록』에는 만력 22년 12월 25일 기사에 석성 등의 보고 내용의 간략한 요약과 책봉사 파견을 준비하라는 만력제의 명령을 함께 수록하였다.[214]

삼가 성유를 받드는 일.

만력 22년 12월 17일, 사례감 태감 장성 등이 회극문에서 성유를 받들어 전하였습니다.

.......

211 만력 …… 있다: 諸葛元聲,『兩朝平攘錄』卷4, 日本 上, 22a-22b;『만력기거주』7책, 만력 22년 12월 11일(갑인), 789-790쪽.

212『만력기거주』의 …… 있다:『만력기거주』7책, 만력 22년 12월 18일(신유), 798-804쪽.

213 명의 …… 다르다: 諸葛元聲,『兩朝平攘錄』卷4, 日本 上, 23a-26a.『경략복국요편』·『양조평양록』에 실린 나이토 조안과 명 관원들의 문답의 일본어 번역과 일본 측 입장에서의 해설은 德富猪一郎[德富蘇峰],『近世日本国民史』8, 豊臣氏時代 戊篇·朝鮮役 中卷, 東京: 民友社, 1922, 695-712쪽을 참고.

214 한편 …… 수록하였다:『명신종실록』권280, 만력 22년 12월 25일(병인).

짐이 경 등이 작성한 조항들과 왜의 사신을 통역을 통해 심문한 말 및 왜의 사신이 대답한 내용을 살펴보았으나, 아직 상세하고 확실하지 않다. 먼 곳의 오랑캐가 책봉을 요청하였으니 반드시 그 실정을 모두 알아야 한다. 도요토미 히데요시는 무엇 때문에 군사를 일으켜 조선을 침략하였는가. 싸워서 패하기에 이르러서도 여전히 부산에서 항거하여 물러나지 않으면서 지금 또 사신을 보내어 표문을 올리고 책봉을 요청하니, 어떻게 경솔하게도 더욱 상세하게 진실인지 거짓인지 살펴보지 않을 수 있겠는가. 예부로 하여금 책봉할 명호(名號)를 상세히 논의하게 하되, 우선 관원 2명을 보내 한편으로 저 고니시 유키나가에게 유시하여 부산에 남아 있지 못하게 하고, 왜이도 모두 본국으로 돌아가서 한 사람도 남아 있지 못하게 하며, 소굴과 가옥은 모두 태워 버리도록 하라. 한편으로 조선에 유시하여 저들이 돌아가면 상주해오도록 하라. 경 등은 내각과 더불어 나이토 조안을 데리고 다시²¹⁵ 좌궐문(左闕門)에서 문무 관원 및 과도관 등과 함께 오랑캐 말을 잘 아는 통사(通事)로 하여금 얼굴을 맞대고 엄히 힐문하도록 해서, 실상을 통역을 통해 심문하고 맹세를 결정하여 영원토록 다른 변이 없도록 한 뒤 와서 말하라.

원래 받든 성유는 이미 도로 바친 외에, 이에 더하여 신 등은 삼가 명령에 따라 이번 달 20일 내각대학사 조지고 등·후군도독부장부사(後軍都督府掌府事) 국공 서문벽 등·이부상서 손비양 등·이과좌

⋯⋯⋯
215 다시: 원문에는 "둘러싸고[環]"로 되어 있으나 의미가 부자연스러우며, 『양조평양록』 및 『만력기거주』에 "다시[還]"로 되어 있어 수정하여 번역하였다.

급사중 경수룡 등·절강도어사 최경영 등을 좌궐에 집합시키고 왜의 사신 나이토 조안을 데리고 와 책봉을 요청한 시말(始末)과 사유를 자세하게 조목별로 적어서 상세하게 심문하고 그로 하여금 하나하나 대답하게 하였습니다.

첫 번째 질문,

조선은 중국[天朝]의 속국인데 너희 관백은 재작년에 무슨 까닭으로 침범하였는가.

답하기를,

일본이 책봉을 요구함에 일찍이 조선으로 하여금 대신 청하도록 하였으나, 조선이 실정을 숨기고 3년 동안 속였으며 또한 일본인을 속여서 죽였습니다. 이 때문에 군사를 일으켰습니다.[216]

두 번째 질문,

이미 이렇게 책봉을 요청하려는 뜻이 있었으면 다만 마땅히 조선과 통호하여 그로 하여금 상주를 전달하게 하였어야지 왜 군사를 일으켜 서로 침범하였는가.

<hr>

216 일본이 …… 일으켰습니다: 도요토미 히데요시는 1587년부터 대마도에 조선의 복속을 주선할 것을 명령하였으며, 대마도의 교섭 끝에 조선은 선조 23년(1590)에 통신사로 황윤길(黃允吉)·김성일(金誠一)을 파견하였다. 도요토미 히데요시는 이를 조선의 입조(入朝)로 해석하고, 명을 공격할 때 조선이 군사를 동원하여 선봉에서 협조할 것을 국서로 요구하였다. 이후 대마도는 이를 명으로 쳐들어갈 때 길을 빌려달라는 요구로 변조하여 전달하였으나, 조선은 이를 거부하였다. 기타지마 만지(北島万次) 지음, 김유성·이민웅 옮김, 『도요토미 히데요시의 조선 침략』, 경인문화사, 2008, 5-32쪽. 임진왜란 이전에 일본이 명에 대한 조공 의사를 조선에 전달한 바가 없음에도 불구하고, 나이토 조안을 비롯한 일본 측은 강화 교섭 과정에서 전쟁 발발의 책임을 일방적으로 조선에 전가하였다.

답하지 않았습니다.

세 번째 질문,

조선이 급박함을 고해오자 천자의 군대가 구원하였으니 다만 마땅히 귀순하였어야지 왜 항거하여 평양·개성·벽제에서 패전하게 되었는가.

답하기를,

일본군이 원래 평양에 있을 때 중국과 접촉이 없다가[217] 8월 29일에 이르러 고니시 유키나가와 유격 심유경이 건록산(乾麓山)[218]에서 만나서 평양을 넘겨주고 물러나기로 약속하였습니다.[219] 뜻하지 않게도 중국의 노야(老爺: 이여송)가 믿지 않고 작년 정월 9일에 군사를 진격시켜 성을 공격해서 고니시 유키나가의 군사를 매우 많이 살상하였습니다. 벽제에서도 천자의 군대가

........

217 일본군이 …… 없다가: 원문에는 "일본군이 원래 평양에 있을 때 접촉이 없다가[日本原住平壤, 無有接應]"라고만 되어 있으나, 『양조평양록』을 참조하면 문장에 상당한 결락이 있는 것으로 보인다. 『양조평양록』의 해당 부분은 다음과 같다. "일본군이 평양에 머무를 때 책봉을 요구하여 중국에 귀순하고자 하였으며 감히 침범하려는 뜻이 조금도 없었습니다. (만력) 20년 7월 15일 밤 중국의 병마가 평양에서 살상하는 것을 보았으나 접대할 방법이 없었습니다[日本兵住平壤, 要求封, 納款天朝, 並無敢犯之意. 二十年七月十五夜, 見兵馬殺平壤, 無奈接應]."

218 건록산(乾麓山): 정지에시(鄭潔西)는 심유경과 고니시 유키나가가 처음 만나 회담한 장소가 『징비록(懲毖錄)』에 기록된 대로 평양성 밖의 강복산(降福山)이며, 본문의 건록산은 이를 잘못 기록한 것임을 논증하였다. 鄭潔西, 앞의 책, 174-175쪽.

219 8월 …… 약속하였습니다: 심유경은 8월 29일 평양성 밖에서 고니시 유키나가와 만나 조공을 요구하는 그의 입장을 들은 뒤 자신이 북경에 가서 보고하여 결정을 받아올 것이니 50일 동안 휴전하도록 설득하였다. 이는 명일 강화 협상의 시초이자, 일본군의 진격을 지체시키고 시간을 버는 역할을 하였다. 中村榮孝, 앞의 책, 164-165쪽.

추격해 일본 군사를 죽이거나 상처 입힌 것이 또 많았으므로 물러나 왕경을 넘겨주었습니다.

네 번째 질문,

뒤에 왜 왕경을 넘겨주고 물러났으며 왕자·배신을 송환하였는가.

답하기를,

이는 유격 심유경이 책봉을 허락한다고 말하였고, 또 말하기를 천자의 군대 70만이 도착하였다고 하였기에 밤새 군사를 물리고 왕자·배신을 송환하였으며 아울러 칠도를 돌려준 것입니다.

다섯 번째 질문,

왕경을 넘겨주고 물러나고 왕자·배신을 송환함으로써 책봉을 요구한다고 말해놓고 왜 또다시 진주를 침범하였는가.

답하기를,

애초에 조선인이 일본 쪽으로 갔다가[220] 가토 기요마사(加藤清正)·요시나가(吉長)[221]의 병마와 마주쳐 죽였었으므로, 이 일로

.......

220 애초에 …… 갔다가: 원문은 "原是朝鮮人去日本"이나, 앞뒤 맥락상 의미가 잘 통하지 않는다. 『양조평양록』 역시 "晉州原係朝鮮人去日本"으로 되어 있어 큰 차이가 없다.

221 요시나가(吉長): 본문의 "요시나가"가 누구인지는 알 수 없으나, 도쿠토미 소호(德富蘇峰)는 고니시 유키나가나 구로다 나가마사(黑田長政)가 아닐까 추측하였다. 德富猪一郎[德富蘇峰], 앞의 책, 700쪽. 이름의 유사성을 감안하면 모리 요시나리[吉成]의 오류일 가능성도 있다. 다만 도쿠토미 소호가 지적하듯이 이 답변은 진주성 전투의 실제 원인과

인해 서로 비긴 것입니다. 뒤에 중국의 군사를 보고 즉시 곧바로 물러갔습니다.

여섯 번째 질문,

원래 약속한 세 가지 일을 모두 따르면 비로소 너희의 책봉을 허락할 것이다. 너는 마땅히 고니시 유키나가 등에게 전하여 즉시 왜호(倭戶)를 모두 철거하고 가옥을 모두 태워버리도록 할 것이며 다시는 조선을 침범하지 말고 별도로 공시를 요구하지 말아야 한다. 너는 능히 고니시 유키나가[222]가 모두 따를지 보장할 수 있겠는가.

답하기를,

전날 고니시 유키나가가 품첩(禀帖)을 손 노야(孫 老爺: 손광)에게 올리기를, "하나하나 명령대로 할 것이며 감히 천명(天命)을 어기지 않겠습니다."라고 하였습니다.[223] 이는 큰일이며, 도요토미 히데요시가 고니시 유키나가에게 명령하였고 고니시 유키나가가 저에게 글을 주었기에 비로소 감히 이렇게 대답하는 것입니다.[224] 결단코 번복하지 않을 것입니다.

........

는 거리가 먼 나이토 조안의 임기응변성 대답이므로, 실제로 "요시나가"가 누구인지를 확정하는 것은 큰 의미가 없다.

222 고니시 유키나가: 『양조평양록』에는 "관백과 고니시 유키나가[關白, 行長]"로 되어 있다.

223 전날 …… 하였습니다: 『사이광기』에 수록된 고니시 유키나가의 서신에는 "이는 모두 명령대로 할 수 있는 일입니다[此皆可以聽命者也]."라고 쓰여 있다. 또한 "하늘이 위에 있으니 번복한다면 번창하지 못할 것입니다[蒼蒼在上, 反覆不昌]."라고 하여 대의는 본문과 비슷하지만 문장이 다르다. 愼茂賞, 『四夷廣記』, 日本藝文, 「答薊遼孫總督(萬曆十二月初六日 倭將平行長)」, 737-738쪽. 『양조평양록』에는 "天命"이 빠져 있다.

일곱 번째 질문,

　　원래 온 군사 두 갈래 중 하나는 고니시 유키나가가 통솔하고 하나는 가토 기요마사가 통솔하였는데, 지금 유독 고니시 유키나가만 책봉을 청하고 있다. 만약 가토 기요마사가 승복하려 하지 않는다면 어떻게 할 것인가.

답하지 않았습니다.

여덟 번째 질문,

　　너희들이 비록 일시적으로 약속을 준수하더라도 세월이 오래 지나도 능히 영구히 다른 변이 없다고 보장할 수 있겠는가. 네가 마땅히 이에 대해 맹세를 정하고 서약을 세워야만 비로소 책봉을 청하는 일을 허락할 것이다.

답하기를,

　　중국의 노야께서 물으신 말에 고니시 히다노카미 후지와라 조안(小西飛彈守藤原如俺)²²⁵이 답하는 말. 책봉한 뒤에 감히 조공

......

224 도요토미 …… 것입니다: 정지에서는 고니시 유키나가와 나이토 조안이 정기적으로 서신을 주고받고 있었으므로 나이토 조안의 대답이 도요토미 히데요시 및 고니시 유키나가의 명령을 반영하고 있다는 말은 사실일 것으로 추정하고 있다. 鄭潔西, 앞의 책, 233쪽.

225 고니시 히다노카미 후지와라 조안(小西飛彈守藤原如俺): 나이토 조안이 스스로를 공식적으로 지칭한 명칭이다. 고니시(小西)는 주군 고니시 유키나가 가문의 이름[名子]이고, 히다노카미(飛彈守)는 당시 스스로 관칭(冠稱)하였던 관명(官名)이다. 후지와라(藤原)는 그의 본성(本姓)이며, 조안(如俺=如安)은 그의 가톨릭 세례명 주앙(Joǎn)이다. 다만 『경략복국요편』은 이 문서와 「5-1-18 小西飛稟帖 後附, 47b-49b」에서 히다노카미를 원래의 "飛驒守" 대신 "飛彈守"로 표기하고 있다.

하기를 요구하지 않겠으며, 조선을 감히 다시 침범하지 않을 것이고, 철병하여 모두 귀국할 것입니다. 만약 한 글자라도 거짓말이 있다면 관백 도요토미 히데요시와 더불어 고니시 유키나가·나이토 조안은 모두 각각 천수를 다하지 못할 것이고 자손도 번성할 수 없을 것입니다. 푸른 하늘이 위에 있으니 살피소서, 살피소서.

아홉 번째 질문,

　　네가 이미 영구히 다른 변이 없으리라고 보장하였지만, 네가 마땅히 이에 대해 맹세를 정하고 서약을 세워야만 비로소 책봉을 청하는 일을 허락할 것이다.[226]

답하지 않았습니다.

열 번째 질문,[227]

　　너희 나라는 우리 성조(成祖) 문황제(文皇帝: 영락제) 때에 일찍이 옥대(玉帶)·금인(金印)을 하사하고 아시카가 요시미쓰[源道義][228]를 일본국왕으로 책봉하였다.[229] 지금 그 자손이 있는가. 그

.......

226 네가 …… 것이다: 여덟 번째 질문의 내용이 거의 그대로 반복되고 있다. 원문의 오류일 가능성도 있다. 『양조평양록』에는 해당 질문이 없다.
227 열 번째 질문: 『양조평양록』에는 나이토 조안이 대답하지 않은 질문들 외에 이 질문도 빠져 있다.
228 아시카가 요시미쓰[源道義]: 원문에는 "源進義道"라고 되어 있는데, 이는 아시카가 요시미쓰가 외교문서에서 사용한 이름인 "道義"의 잘못으로 보인다.
229 너희 …… 책봉하였다: 명은 건문(建文) 4년(1402) 일본에 사신을 보내어 아시카가 요시미쓰를 일본국왕으로 책봉하는 조서를 전달하였으며, 영락제(永樂帝)가 정난(靖難)의

금인은 어디에 있는가.

답하기를,

일본에는 왕을 칭하는 자가 매우 많은데, 그 성(姓)에 미나모토(源)·다치바나(橘)·다이라(平)·하타(秦)가 있습니다. 16년 전 오다 노부나가에게 죽임을 당한 국왕은 성이 하타입니다. 자손·금인은 모두 들은 바가 없습니다.[230]

열한 번째 질문,

네가 전에 말하기를, "조선이 이미 일본을 위해 책봉을 요청하였으니 왜 다른 나라를 침범하려 하겠습니까."라고 하였다.[231]

.......

변으로 건문 정권을 무너뜨리고 즉위한 뒤인 영락 2년(1404)에 다시 아시카가 요시미쓰를 일본국왕으로 책봉하면서 고명(誥命)·관복(冠服)·금인(金印)과 영락감합(永樂勘合)을 보내주었다. 村井章介·橋本雄, 「遣明船の歴史: 日明關係史概說」, 『日明關係史研究入門: アジアのなかの遣明船』, 東京: 勉誠出版, 2015, 6쪽.

230 16년 …… 없습니다: 나이토 조안은 「15-1-14 兵部等衙門題 後附, 35b-38a」에서도 16년 전 오다 노부나가가 일본국왕을 죽였다고 하였으며, 여기서는 살해당한 일본국왕의 성이 하타(秦)라고 부연하고 있다. 그러나 오다 노부나가가 이전의 "일본국왕", 즉 무로마치 막부의 쇼군을 살해한 적은 없으며, 그에게 추방당한 아시카가 요시아키 역시 당시 생존해 있었다. 또한 아시카가 요시아키가 명에게 일본국왕으로 책봉받은 아시카가 요시미쓰의 직계 후손이며, 무로마치 쇼군의 본성이 미나모토(源)임을 감안하면 일본국왕의 성이 하타라든가 그 자손에 대해 들은 바가 없다는 나이토 조안의 언급은 사실과 부합하지 않는다. 다만 영락제가 아시카가 요시미쓰에게 하사한 금인(金印)은 전란으로 분실되어 이미 가정 9년(1530)에 재차 하사해줄 것을 요청한 바 있으므로(村井章介·橋本雄, 앞의 글, 17쪽), 이 점에 대해서는 나이토 조안의 언급이 실상에 부합한다. 나이토 조안의 대답은 어디까지나 도요토미 히데요시의 일본국왕 책봉을 가능케 하기 위한 목적에서 이루어졌으며, 그를 위해서는 사실과 무관한 주장을 하는 것도 서슴지 않았음을 확인할 수 있다.

231 네가 …… 하였다: 원문에는 "네가 전에 조선에 가서 이미 책봉을 청하였으니 왜 다른 나라를 침범하려 하겠느냐[爾前去朝鮮既爲請封 豈肯侵犯他國]."라고 되어 있는데, 문장

다만 도요토미 히데요시는 오다 노부나가에게 후한 대우를 받았는데도 오히려 찬탈하였으니, 조선이 한때 대신 주청해주었다고 해서 그가 왜 다시 침범하지 않겠는가.

답하기를,

오다 노부나가는 국왕을 찬탈한 나쁜 자였기 때문에 부장(部將) 아케치 미쓰히데(明智光秀)[232]에게 죽임을 당하였습니다. 지금의 관백 도요토미 히데요시는 오다 노부나가의 여러 장수들을 이끌고 의로운 군사를 일으켜 아케치 미쓰히데를 주살하고 66주(州)를 통합하였습니다. 만약 도요토미 히데요시가 여러 주를 평정하지 않았다면 일본의 백성은 지금까지도 평안하지 못하였을 것입니다. 오다 노부나가가 국왕을 죽이고, 오다 노부나가가 아케치 미쓰히데에게 죽임을 당하며, 도요토미 히데요시가 이번에는 아케치 미쓰히데를 죽인 것은 모두 16년 전의 일입니다.[233]

열두 번째 질문,

의 의미나 문맥상 해석이 매우 부자연스럽다. 『양조평양록』에는 "네가 전에 이르기를, '조선이 이미 일본을 위해 책봉을 요청하였으니 왜 다시 침범하려 하겠습니까.'[爾前云 朝鮮旣爲請封 豈肯復犯]"라고 되어 있으므로 원래의 문장은 이에 가까웠을 것으로 보인다. 따라서 원문의 "去"를 "云"의 오자로 간주하고 번역하였다.

232 아케치 미쓰히데(明智光秀): ?~1582. 일본 사람이다. 오다 노부나가의 가신이 되어 신임을 받았으나 만력 10년(1582) 배신하여 노부나가를 자결하게 하였다.

233 오다 …… 일입니다: 오다 노부나가가 마지막 쇼군 아시카가 요시아키를 추방한 때는 겐키 4년(1573)이고 오다 노부나가 및 아케치 미쓰히데의 죽음은 모두 덴쇼 10년(1582)의 일이므로, 두 일 사이에 10년 정도의 차이가 날 뿐만 아니라 문답 당시와의 시차도 전자는 21년 전, 후자는 12년 전이다. 따라서 "16년 전"에 두 사건이 일어났다는 나이토 조안의 언설은 사실과 맞지 않다.

도요토미 히데요시는 66주를 평정하였으니 그대로 자립하여 왕이 될 수 있는데, 왜 또 중국에 와서 책봉을 요구하는가.

답하기를,

도요토미 히데요시는 아케치 미쓰히데를 죽이고 이어서 또 조선에 중국의 봉호(封號)가 있어 인심이 편안하게 복종하는 것을 보았기 때문에 특별히 와서 책봉을 요청한 것입니다.

열세 번째 질문,

너희 나라는 이미 천황(天皇)을 칭하였는데 왜 또 국왕을 칭하는가. 알지 못하겠으나 천황은 곧 국왕인가.

답하기를,

천황은 곧 국왕이며, 오다 노부나가에게 죽임을 당하였습니다.[234]

열네 번째 질문,

--------

234 천황은 …… 당하였습니다: 오다 노부나가는 무로마치 쇼군이었던 아시카가 요시아키에 대해서도 추방 이상의 행위를 하지 않았으며, 그보다 상위의 권위로서 천황(天皇)의 존재 가치를 인정하고 이용하는 면모를 보였다. 따라서 오다 노부나가가 천황을 살해하였다는 나이토 조안의 말은 사실이 아니다. 오다 노부나가의 쇼군 및 천황에 대한 태도에 관한 최근의 연구로는 박수철, 「織田信長의 쇼군 追放 論理와 天皇」, 『東洋史學研究』 147, 2019를 참고. 나이토 조안이 이렇게 실상과 동떨어진 대답을 하게 된 것은 무엇보다 도요토미 히데요시에 대한 일본국왕 책봉의 명분을 보호하고 "무로마치 쇼군=일본국왕"이라는 아시카가 요시미쓰 이후의 도식에서 벗어나 천황의 존재에 대해 묻는 명 관원들의 질문에 대해 얼버무리는 과정에서 발생한 일로 추측된다.

너희 나라에는 이미 천황이 있는데 지금 만약 관백을 왕으로 세우면 국왕을 어디에 둘 것인가.[235]

답하지 않았습니다.

열다섯 번째 질문,

이미 이러하니 마땅히 황상께 상주하여 너희를 책봉하기를 청해야겠다. 너는 마땅히 글을 써서 임무를 받고 온 왜인에게 주어 고니시 유키나가에게 가서 보고하도록 하여 속히 돌아가게 하고, 관백으로 하여금 책봉사의 배와 숙소 및 모든 영접 예의를 정비하도록 하라. 하나라도 제대로 되어 있지 않으면 책봉은 그대로 불허할 것이다.

답하기를,

기다린 지 이미 오래이니 모든 일에 감히 어김이 없을 것입니다. 중국에서 원래 명령을 내린 유격 심유경이 부산에 도착하면 군사들은 곧바로 바다를 건너 집으로 돌아갈 것이고, 고니시 유키나가는 천자의 사신[天使]을 기다렸다가 도착하는 날에 곧 물러갈 것입니다.

.......

235 너희 …… 것인가: 이 사항은 도요토미 히데요시에 대한 일본국왕 책봉 과정에서는 문제가 되지 않았으나 책봉을 실행하는 단계에서 다시 제기되었다. 만력 23년(1595) 2월 경략 계요총독 손광은 일본에는 산성군(山城君: 천황)이 존재함을 분로쿠(文祿)의 연호가 있는 것을 통해 확증할 수 있는데 나이토 조안은 이미 죽었다고 하니 그 말이 갖가지로 의심스럽다고 상주하였다. 『명신종실록』 권282, 만력 23년 2월 12일(을묘).

열여섯 번째 질문,

이미 와서 책봉을 요청해놓고도 왜 부산에 군량을 운반하고 가옥을 지었는가. 필시 다른 뜻이 있을 것이다.[236]

답하기를,

원래 봉공을 요구하였으나 중국에서 허락하지 않아 관백과 고니시 유키나가가 믿지 못하였습니다. 이는 책봉을 요구하는 좋은 일이며, 또한 군량을 운반하고 가옥을 지은 것은 모두 각각 천자의 사신을 기다리기 위함이지 절대 다른 뜻은 없습니다. 천자의 사신이 도착하면 모두 태우고 부술 것입니다.[237]

살피건대 동쪽 왜를 책봉하는 일은 논의를 시작하였을 때부터 지금까지 신 석성이 그 일을 맡아보았으므로 대강의 줄거리를 상세히

---

·······

236 이미 …… 것이다:『양조평양록』에는 이 질문이 본문의 여섯 번째 질문, 즉 세 가지 일을 따르겠다는 서약을 요구하는 질문 앞에 들어가 있으며 내용도 다르다.『양조평양록』에 실린 질문은 다음과 같다. "너희는 원래 조공하기를 원한다고 큰 소리로 말하였으나, 우리 병부에서는 너희가 다시 진주를 침범하고 형세를 번복하였으므로 책봉은 허락하고 조공은 허락하지 않은 것이다. 이미 너희에게 책봉을 허락하였으면 마땅히 귀국하여 명령을 기다려야 할 터인데, 왜 또다시 군량을 운반하고 가옥을 지으며 부산에 오래도록 주둔하면서 떠나지 않는가[爾原是聲言求貢, 本部因爾復犯晉州, 情形反覆, 故許封不許貢. 旣許爾封, 卽當歸國待命, 如何又運糧蓋房, 久屯釜山不去]."

237 원래 …… 것입니다:『양조평양록』에는 이 대답을 다음과 같이 적고 있다. "이전에는 원래 책봉과 조공을 함께 요구하였으나 중국에서 허락하지 않아 관백과 고니시 유키나가가 믿지 못하였으므로 다만 책봉이 잘 끝나기를 요구한 것입니다. 또한 군량을 운반하고 가옥을 지은 것은 모두 각각 천자의 사신을 기다리기 위함이지 절대 다른 요구는 없습니다. 천자의 사신이 한 번 파견되면 모두 태우고 부술 것입니다[已前原封貢並求, 因天朝不肯, 關白, 行長未信, 只是求封好了. 又運糧, 蓋房, 俱各守候天使, 並無他求. 天使一差後, 盡皆燒燬]."

알고 있으나, 조정에 있는 여러 신하들은 보고 들은 것이 아직 상세하지 못합니다. 지금 신 등이 성유를 받들어 군사를 일으킨 원인에서부터 세 차례 싸워서 패해 물러나 책봉을 청하고 맹세한 일과, 저 나라의 국왕이 살았는지 죽었는지 분명하지 않은 것을 힐문한 것까지 총 11조목으로 정리하였고,[238] 그가 조목별로 하나하나 대답한 것이 모두 본말(本末)을 갖추었습니다. 이는 곧 같은 달 같은 날, 같은 일 같은 때에 친필로 곧바로 써서 여러 사람의 눈으로 목격한 것이니, 터럭만큼이라도 얼버무리거나 바꾼 것이 있을 수 없습니다.[239]

사람들은 이르기를 오랑캐의 본성은 교활하여 한 번 책봉한 뒤에 영구히 무사하기를 보장할 수 없다고 합니다. 그러나 이전에 알탄 칸(俺答)[240]이 책봉을 요구하였을 때를 상고해보면, 안팎의 주장은 다만 5~7년의 평안을 기약하여 밖으로는 회유하는 뜻을 보이고 안으

.......

238 지금 …… 정리하였고: 본문에는 총 16조목으로 정리되어 있으며, 대답하지 않은 항목을 제외하면 12조목이 된다. 반면 『양조평양록』에는 11조목이 실려 있으나, 영락제 때 책봉한 일본국왕 아시카가 요시미쓰의 자손 및 금인의 존재 여부에 대해 묻는 본문의 열 번째 질문이 빠져 있다.

239 이는 …… 없습니다: 『양조평양록』에서는 11조목의 문답을 기록한 뒤, 이상의 문답은 모두 병부상서 석성이 묻고 나이토 조안이 대답한 것이지만 병부에서 일마다 꾸며대었으니 미리 나이토 조안에게 이렇게 대답하도록 가르쳐준 것이 아닌지 어떻게 알 수 있겠느냐는 의심을 주석으로 달아두었다.

240 알탄 칸(俺答): 1508-1582. 몽골을 재통일한 다얀 칸의 손자이자 몽골 투메드 만호(萬戶)의 수장이다. 몽골의 6개 만호 중 우익(右翼) 3개 만호를 통솔하였으며, 실질적으로 내몽골 초원의 대부분을 세력하에 두어 1551년 대칸으로서의 지위를 인정받았다. 가정 29년(1550)에 북경을 포위하는 "경술(庚戌)의 변"을 야기하는 등 가정 연간 내내 조공과 호시(互市)를 요구하며 명의 북변을 전방위적으로 괴롭혔다. 그 결과 융경 5년(1571)에는 명과 화의를 체결하여 순의왕으로 책봉되었다. 귀화성을 건설하고 명에서 도망쳐 온 한인들을 흡수하여 정권의 기초를 굳혔으며, 한편으로 티베트 불교의 일파인 겔룩파의 고승 소남 갸초와 회견하여 달라이 라마라는 존호를 바치고 자신은 쿠빌라이 칸의 환생으로 인정받음으로써 몽골에 티베트 불교가 전파되는 데 큰 영향을 미쳤다.

로는 싸우거나 지킬 역량을 갖추자는 것이었습니다. 그런데 지금까지 20여 년 동안 책봉을 세 번 세습하면서 변경의 근심이 조금 평안해졌으니, 이 또한 책봉의 효과에 대한 기왕의 분명한 증거입니다.[241] 지금 왜이는 찬탈의 여파 속에서 관백이 의로운 군사를 일으켜 66주의 무리를 거두어 전국을 통일하였으나 우리 성스러운 조정의 총애와 영험함을 요구하지 않고서는 오랫동안 영역을 지키고 부귀를 누릴 수 없으므로, 봉호를 간절히 요청한 데는 이유가 있습니다.

그가 하는 말에 따르면 조선에서 잘못을 저질렀기 때문에 군사를 일으키게 되었다고 합니다. 평양에서 패배한 이후 왕경에서 물러나고 왕자를 송환하며 또한 해를 넘기도록 기다리게 하였으나 소란을 일으켰다는 말을 듣지 못하였고 세 가지 일을 고개 숙여 따르고 있으니, 책봉을 요구하는 것이 진실하며 책봉을 허락하는 데 명분이 있습니다. 하물며 밝은 성지를 받들어 책봉을 허락하고 또 호송할 사람을 보내서 왜의 사신을 내조(來朝)하게 한 것이 원근(遠近)에 전파되었으니 일을 중지하기 어렵습니다. 진실로 한 번의 책봉을 허락하면 황상께서 먼 곳의 사람을 회유하시는 지극한 인자함을 밝힐 수 있고 중국에서 오랑캐를 제어하는 큰 믿음을 온전히 할 수 있습

....

241 그런데 …… 증거입니다: 융경 5년(1571)에 명과 알탄 칸 사이에 체결된 융경화의와 그 효과를 지칭한다. 융경 5년 명은 알탄 칸을 순의왕으로 책봉하면서 조공과 호시를 허락하고 무상(撫賞)을 지급하기로 하는 화의를 맺고 장성 일대에 21곳의 호시를 열어 몽골과의 교역을 허가하였다. 이를 통해 명과 몽골 간의 군사적 충돌은 크게 감소하였으며, 명은 북변 방위비를 절약하는 효과를 보았다. 융경화의에 이르는 과정 및 그 효과에 대한 간략한 개괄은 閔耕俊, 「明 후기의 對蒙通貢互市와 변경사회: 大同과 豊州灘을 중심으로」, 『역사와 세계』 40, 2011을 참고. 알탄 칸의 사후에는 만력 11년(1583)에 그의 아들 셍게가 제2대 순의왕으로 책봉되었으며, 셍게의 사후에는 만력 15년(1587)에 그의 아들 출루게가 제3대 순의왕으로 책봉되어 본문이 작성된 당시 재위하고 있었다.

니다. 계주·요동은 휴식할 수 있게 되어 정벌하느라 군사를 움직이는 번거로움이 없게 될 것이며 조선은 한숨 돌릴 수 있게 되어 나라가 엎어지는 근심이 없게 될 것이니, 한 번 책봉하여 여러 가지의 효과를 얻을 수 있습니다. 계책으로서 이보다 편리한 것이 없으니 이제 책봉함에 무엇을 의심하겠습니까.

엎드려 바라건대 황상께서는 특별히 결단을 내리셔서 예부에 칙서를 내려 표문을 가져다 올리고 책봉할 명호를 의논하게 하소서. 병부에서는 곧 책봉사를 정하여 나이토 조안과 함께 요양에 가서 잠시 머무르도록 하고, 한편으로 관원을 보내 고니시 유키나가에게 선유하여 책봉을 이미 허락하였으니 즉시 부산의 왜 무리를 모두 철수시켜 돌려보내고 가옥과 울타리를 모두 태우고 없애도록 하며, 조선국왕의 상주가 도착하기를 기다린 연후에 책봉사가 강을 건너가도록 하소서. 이는 빛나는 조정의 성대한 일이며 대성인(大聖人)께서 하시는 일이니 천하가 매우 다행할 것이며 신 등도 매우 다행하겠습니다.

성지를 받들었습니다.

이 왜의 사신은 이미 통역을 통해 심문하기를 확실하게 하였다. 책봉하는 명호와 책봉사 등의 항목은 상세히 논의하여 상주하도록 하라. 너희 병부에서는 우선 관원을 선발하여 보내서 왜장(倭將)에게 선유하여 무리를 이끌고 모두 소굴로 돌아가게 하고, 조선국왕의 상주가 도착하는 날을 기다려 사신을 보내 가서 책봉하도록 하라.

## 15-1-16

# 병부의 상주

兵部一本 | 後附, 43a-46b

**날짜** 만력 22년 12월 30일(1595. 2. 8.)

**발신** 병부

**수신** 만력제

**내용** 일본에 파견할 책봉사로 이종성(李宗城)·양방형(楊方亨)[242]을 추천하고, 교섭을 담당하였던 심유경도 함께 파견하여 일본군의 철수 및 조선과 일본의 관계 회복 등의 실무를 맡아보도록 할 것을 요청하는 병부의 상주이다. 적절한 직함 및 관복·칙서의 수여, 필요한 물자와 인원의 지급, 임무 성공 후의 포상 절차에 대해서도 논의하고 있다. 만력제는 이에 따라 이종성을 정사(正使), 양방형을 부사(副使)로 임명하고 심유경을 함께 파견하며 칙서를 써서 지급하라는 성지를 내렸다.

**관련자료** 『명신종실록』에서는 만력 22년 12월 30일 기사에 병부상서 석성의 주청에 따랐다고 하면서 성지의 내용을 간략히 기록하였다.[243] 한편 『만력저초』에는 이듬해인 만력 23년 12월에 병과(兵科)의 급사중(給事中) 서성초(徐成楚)가 올린 상주에 만력제가 이종성 등을 임명하는 성지가 본문과 흡사한 형태로 인용되어 있다.[244] 만력제가 책봉사 이종성·양방형에게 내린 칙서는 『만력기거주』 만력 23년 2월 9일 기사에, 심유경에게 내린 칙서는 『명신종실록』 만력 23년 2월 3일 기사에 각각 실려 있다.[245]

後附
등

삼가 성유를 받드는 일.

직방사에서 안정을 올렸는데, 그 내용은 다음과 같았습니다.

　살피건대 병부에서 앞의 일로 제본을 올렸는데, 그 내용은 다음과 같았습니다.

　　예부에서 책봉을 논의하고 사신을 파견할 것을 황상께 청해서 나이토 조안 등과 함께 정월 내에 날짜를 정해 출발하도록 할 것입니다. 이 두 가지 일이 끝나고 나면 곧 관원을 보내 왜의 무리에게 선유하여 모두 돌아가도록 하겠습니다. 조선국왕의 상주가 도착하면 책봉사는 요양에서 강을 건너 책봉하러 갈 것입니다.

　　성지를 받들었습니다.

　　그렇게 하라.

　　문서를 조사해보니 올해 11월에 예부의 자문을 받았는데, 그 내용은 다음과 같았습니다.

　　　예부에서 우러러 밝은 성지를 받들고 다시 미진한 사안

242 양방형(楊方亨): ?~?. 명나라 사람이다. 만력 23년(1595) 흠차책봉일본정사(欽差冊封日本正使) 이종성(李宗城)을 따라 부사(副使)로 조선에 들어왔으며, 도중에 이종성이 도망치자 정사(正使)가 되어 일본에 가서 도요토미 히데요시와 협상하였으나 실패하였다.
243 『명신종실록』에서는 …… 기록하였다: 『명신종실록』 권280, 만력 22년 12월 30일(계유).
244 한편 …… 있다: 『만력저초(萬曆邸鈔)』 만력 23년 12월, 981쪽. 단 이종성의 직함을 서도독첨사(署都督僉事)가 아닌 도독첨사(都督僉事)로 잘못 적었다.
245 만력제가 …… 있다: 『만력기거주』 8책, 만력 23년 2월 9일(임자), 89-92쪽; 『명신종실록』 권282, 만력 22년 2월 3일(병오). 이종성 등의 임명과 칙서 발급 일자에 대한 고찰은 大野晃嗣, 「明朝と豊臣政權交渉の一齣: 明朝兵部發給「箚付」が語るもの」, 『東洋史研究』 78-2, 2019, 143-146쪽을 참고.

을 진달하여 동쪽의 책봉하는 일을 정하는 일로 제본을 올렸는데, 그 내용은 다음과 같았습니다.

논의하건대, 국초에 바깥 오랑캐에게 사신을 보낼 때는 원래 정해진 직함이 없었습니다. 그 뒤 바깥 오랑캐들이 책봉을 세습하면 조선에는 행인(行人)을 파견하고[246] 유구(琉球)에는 과도관 및 행인을 파견하였습니다.[247] 대개 속국이 복속한 지 오래되었으므로 사신이 명령을 받들고 믿음을 보여주기 어렵지 않았기 때문입니다. 지금 왜이는 비록 책봉을 요청하였다고는 하지만 오랑캐의 본성이 길들지 않았고 예문(禮文)을 익히지 않았으므로 마땅히 무신(武臣)

······

246 조선에는 …… 파견하고: 이는 사실을 정확하게 반영하지 않는다. 명대에 조선국왕 책봉을 위해 파견되는 사신은 대개 환관이었다. 국왕 교체 때 사제(賜祭) 등의 사유로 행인(行人)이 파견된 경우는 종종 있으나, 조선국왕에게 고명(誥命)을 전달하는 책봉사로 행인이 선발된 경우는 성화(成化) 6년(1470) 성종(成宗)을 책봉할 때 태감(太監) 김흥(金興)과 함께 온 행인 강호(姜浩), 홍치(弘治) 8년(1495) 연산군(燕山君)을 책봉할 때 태감 김보(金輔)·이진(李珍)과 함께 온 행인 왕헌신(王獻臣) 두 사례뿐이다. 성화 4년(1468) 요동순안(遼東巡按) 후영(侯英)이 조선에 보내는 사신은 한림원(翰林院) 관원이나 6과의 급사중(給事中) 중 1명, 행인 1명씩을 뽑아서 보내자고 건의하였고, 성화제(成化帝)는 앞으로 상으로 내리는 물건을 전달할 때는 환관을 보내되 책봉 등의 예에는 조정 신료 중에서 학행(學行)이 있는 자를 보내라고 명령하였으나[『명헌종실록』권61, 성화 4년 12월 26일(임자)] 이후에도 제대로 시행되지는 않았다.

247 유구에는 …… 파견하였습니다: 명 초에 유구에 보내는 책봉사로는 환관이나 행인을 주로 파견하였으나, 정통(正統) 7년(1442) 유구국왕 상충(尙忠)을 책봉하기 위해 급사중 여변(余忭)·행인 유손(劉遜)을 파견한 이후 명대 유구국왕 책봉사에는 정사에 급사중, 부사에 행인이 파견되었다. 『明史』卷323, 列傳 211, 外國 4, 琉球, 8365쪽; 沈德符, 『萬曆野獲編』[北京: 中華書局, 1959(1997 인쇄)] 卷30, 「冊封琉球」, 781쪽, "琉球則給事爲正, 行人副之"; 陳子龍 編, 『皇明經世文編』卷460, 李文節公文集[李廷機], 疏, 「乞罷使琉球疏」, "臣切惟, 琉球繼襲, 必請冊封, 宣德間遣內監, 其遣正使給事中, 副使行人, 定於正統之年."

으로서 위망이 있는 자를 얻어 위세로 굴복시켜야 합니다.

신 등으로 하여금 병부에 자문을 보내어 무신으로서 몸가짐이 씩씩하고 지식이 명석한 자 1명을 골라 칙서를 가지고 가게 하여, 혹은 곧바로 저 나라에 가서 칙서를 선포하고 내려주거나 혹은 그대로 국경에서 영접하도록 하여 때가 되면 성지를 받아서 받들어 행하도록 하소서. 반드시 덕의(德意)를 선포하여 보이고 마땅함을 헤아려 제어하는 좋은 방책이 되기에 족하도록 하고, 명령한 뜻을 그르쳐서 나라의 위세를 손상시키고 임금의 명을 욕되게 하지 않도록 하소서. 그리하여 바깥 오랑캐가 조정에 사람이 있음을 알게 되어 외침을 막는 데 보탬이 되게 하소서.

제본을 올려 황상의 승인을 받들었기에 예부에서 병부에 자문을 보냅니다.

살피건대, 외국에 책봉 칙서를 내릴 때에는 으레 사신이 있어야 하므로 모두 예부에서 제본을 올려 문신(文臣) 2명을 선발합니다. 지금 예부에서 처음 시작하는 책봉이기 때문에 무신으로서 몸가짐이 씩씩하고 지식이 명석한 자를 골라서 가게 하기를 원하고, 또한 그로 하여금 상황을 살펴서 제어하도록 하여 임금의 명을 욕되게 하지 않기를 기약하였으니, 진실로 소견이 있는 바입니다.

신 등이 조사하건대, 임회후(臨淮侯) 훈위(勳衛)[248] 이종성은 풍채와 거동이 단정하고 지식을 두루 갖추었으며 무예는 족히 창을 지고 전장에 나설 수 있고 문예도 능히 시(詩)와 예(禮)에 밝으니[249] 정사로 삼을 만합니다. 마땅히 오군도독부의 직함을 더해야 합니다. 오군영(五軍營)[250] 우부장(右部將) 도독첨사 양방형은 용모와 법도가 당당하고 장수로서의 지략을 평소에 갖추었으며 재주와 식견이 정밀하고 밝아 일의 기미를 곧바로 변별할 수 있으니 부사로 삼을 만합니다. 모두 마땅히 복색(服色)을 헤아려 더해서 사명(使命)을 빛내야 합니다.

왜이가 책봉을 요청하자 왕래하면서 교섭한 자는 유격 심유경입니다. 왜의 상황과 일의 시말을 그가 능히 상세하게 알고 있으니 그대로 마땅히 일을 성사시키도록 책임지워야 합니다. 그를 사신과 함께 가게 해서 그 일을 처음부터 끝까지 마무리하게 해야 합니다. 살피건대 근래 밝은 성지를 받들었는데, 그 내용은 다음과 같았습니다.

248 훈위(勳衛): 명대 공(公)·후(侯)·백(伯) 등 훈신(勳臣)의 자손이 임명되는, 궁중의 시위를 담당한 관직이다. 명 중기 이후 작위를 세습할 자제가 맡는 것이 관례가 되었다. 원래 시위에 참여할 뿐 실권이 없었으나, 가정 연간 이후 점차 군사 통솔 등의 직무를 맡게 되었다. 秦博, 「明代勳衛與散騎舍人的制度特性」, 『史學月刊』 2020-4.

249 시(詩)와 …… 밝으니[教詩悅禮]: 『시경(詩經)』과 예법에 밝다는 말로, 『좌전』에 제시된 장수의 덕목이다. 시서(詩書)는 의(義)의 창고이고 예악(禮樂)은 덕(德)의 모범이며 의와 덕은 이로움의 근본이 되니, 장수가 될 사람은 단순히 싸움만 잘하는 것이 아니라 시서와 예악으로 대표되는 교양에 두루 밝아야 임무를 제대로 수행할 수 있다는 의미를 담고 있다. 『좌전』 희공(僖公) 27년 조에 나오는 고사이다. 『좌전』의 원문에는 "教詩說禮"로 되어 있으나, 의미는 본문과 같다.

250 오군영(五軍營): 명대 수도의 군영인 경영(京營) 중 하나이다. 명대의 경영은 오군영(五軍營)·삼천영(三千營)·신기영(神機營)으로 이루어져 있었으며 삼대영(三大營)이라고 불렸다. 이 중 오군영은 평소 진법을 훈련하는 부대였다.

관원을 선발하여 보내서 왜장에게 선유하여 무리를 이끌고 모두 소굴로 돌아가게 하고, 이어서 조선국왕의 상주가 도착하기를 기다려 사신이 가서 책봉하도록 하라.[251]

또한 마땅히 심유경을 선발하여 칙서 1통을 가지고 부산으로 가서 왜장에게 선유하여 모두 돌아가게 하고 울타리와 가옥을 불태워 없애도록 하며, 한편으로는 곧 가는 길에 글을 가지고 조선국왕에게 유시하여 성지에 따라 상주해서 보고하도록 한 연후에 사신이 가서 책봉하도록 해야겠습니다. 무릇 약속한 세 가지 일 중에 두 나라를 화해시키는 일은 그에게 오로지 책임지고 처리하게 할 것입니다. 일이 마무리되면 이전의 공적까지 한꺼번에 서훈하고, 만약 실수가 있으면 그 죄를 아울러 다스려야 합니다. 또 살펴건대 심유경은 노고를 다한 것이 이미 많은데 한 번도 서훈한 적이 없습니다. 지금 다시 책봉하는 일을 성사시키도록 책임을 지운 것은 관계된 바가 중대하므로 또한 마땅히 직함을 적어넣어서 일을 수행하는 데 편하게 해야 하니, 응당 제본을 올려 청해야 합니다.

마땅히 명령이 내려오기를 기다려 이종성에게는 서도독첨사를 헤아려 제수하고 후군도독부첨사(後軍都督府僉事) 직함을 추가하여 정사로 임명해야 합니다. 양방형은 원래 관함대로 부사로 임명해야 합니다. 각각 무관 1품의 복색을 내리되 내부(內府)에서 나누어주도록 합니다. 심유경은 신기삼영유격장군(神機三營遊擊將軍) 직함을 추가하고 봉록과 땔감, 수행 군사는 현임에 맞게 지급해야 합니다.

.......

251 관원을 …… 하라: 앞의 「15-1-15 兵部等衙門一本 後附, 38a-43a」의 말미에 실린 성지를 지칭한다.

저희 병부에서는 이어서 두 신하가 사신으로 나가서 응당 실행해야 하는 사안 및 심유경이 선유하면서 처리할 각종 사무에 대해 논의하여 목록을 작성하고 편의대로 처리할 수 있는 권한을 부여하고, 칙서 2통을 황상께 청하여 지급해서 삼가 그에 따라 일을 실행하도록 하겠습니다. 마땅히 써야 할 상자와 궤짝, 운반 인원 등의 항목은 각 해당 아문에 공문을 보내 전례에 따라 뽑아내어 지급하며, 각 관원의 수행 인원과 천문(天文)·의생(醫生)·화공(畫工) 등의 항목 일체는 이종성·양방형·심유경이 편의대로 상주하여 데리고 가는 것을 허락해야 합니다. 응당 필요한 포상·의장(衣裝)·부식은 병부에서 헤아려 지급하고 일이 끝나면 책자를 만들어 상주하고 반납하도록 합니다.

또한 살피건대, 문신이 유구에 사신으로 나가면 돌아오는 날에 모두 승진시키고 응당 경당(京堂)[252]에 임명하여 그 노고를 보상하는 규정이 법전에 실려 있으며 준행한 지 이미 오래되었습니다.[253] 다만 무신이 사신으로 나가는 데 대해서는 정해진 예가 없습니다. 지금 왜에 대한 책봉은 처음 시작하는 것이라 유구처럼 오랫동안 속국이라고 칭해온 경우와 비교하면 난이도가 다르며, 조선을 통해서 일본으로 가는 것은 그 수로(水路)의 멀고 험함이 유구보다 더욱 심

.......

252 경당(京堂): 명·청대 경사(京師) 소재의 각 아문의 당상관·장관을 지칭한다. 청대에는 도찰원·통정사·첨사부(詹事府)·대리시(大理寺)·태상시(太常寺)·태복시(太僕寺)·광록시(光祿寺)·홍려시(鴻臚寺) 및 국자감(國子監)의 당상관을 경당이라고 칭하였다.

253 문신이 …… 오래되었습니다: 해당하는 명문은 『대명회전』 등에서는 발견되지 않는다. 다만 심덕부(沈德符)의 『만력야획편(萬曆野獲編)』에 따르면 만력 연간 당시 제도적으로 정착되어 있었던 관례였다고 한다. 沈德符, 『萬曆野獲編』 卷30, 「兩使外國不賞」, 778쪽, "今制, 使琉球者每報命, 正使給事, 轉四品京堂. 副使行人, 轉六品京堂, 如取諸寄, 無一爽者, 皆謂舊例固然, 而先朝不爾也."

합니다.[254]

    황상의 위엄과 덕을 우러러 본받아 먼 곳으로 선포하러 가는 길에는 복택(福澤)이 멀리까지 미칠 것이니, 필시 능히 일을 마무리하고 빨리 돌아올 수 있을 것입니다. 여러 신하들이 어떻게 감히 하늘의 공을 탐내어 자기의 공으로 삼아[255] 따로 바라는 것이 있겠습니까. 다만 문무는 한 몸이며, 사신으로 나가는 것은 같은 일입니다. 만약 사명을 띠고 가서 충직한 장사가 능히 섬 오랑캐를 복종시키고 속번(屬藩: 조선)이 안정되도록 하여 위로는 황상께서 동쪽을 돌아보는 근심을 덜고 아래로는 안팎이 시끄러운 고생을 풀 수 있다면, 한 장의 글이 진실로 10만의 군사보다 현명한 것이며 1명의 사신이 족히 육사(六師)의 무리를 당해낼 만합니다. 노고에 보답하는 일체의 전례는 신 등이 각각 후하게 논의하여 청해서 그 나머지 사람들을 격려하는 뜻을 보일 수 있도록 하소서. 이종성이 사신으로 떠난 뒤의 빈자리는 따로 추천하여 보임하도록 하소서.

--------

254 조선을 …… 심합니다: 실상 조선을 통해 일본으로 가는 경로는 육로가 대부분을 차지하며, 유구에 이르는 해로가 멀고 험하였던 것에 비해 부산에서 일본까지의 해로(海路)는 훨씬 짧고 평이하였다. 원래 절강(浙江)을 통하였던 일본의 공로(貢路)와 비교해도 해로의 길이는 현격한 차이가 났다. 沈德符,『萬曆野獲編』卷17, 兵部,「日本」, 436쪽, "日本貢道, 本從浙, 福二省. 自朝鮮之役, 我往彼來, 俱從朝鮮之釜山徑渡, 海面旣無多, 亦無湍險."

255 하늘의 …… 삼아[貪天爲功]: 남의 공적이나 당연한 귀결을 훔쳐서 자신의 공적으로 삼는다는 말이다. 춘추시대 진(晉)나라 문공(文公)은 19년 동안 타국을 유랑하다가 천신만고 끝에 귀국하여 군주가 되었는데, 이때 자신에게 공을 세운 사람들에게 포상하면서 개자추(介子推)를 누락하였다. 그는 문공의 즉위를 다투어 자신의 공이라고 하는 세태를 하늘의 공을 훔치는 행위에 비유하며 도둑질과 같이 보고 자신의 공을 아뢰지 않고 은둔하여 살다가 죽었다.『춘추좌씨전』희공(僖公) 24년 조에 나오는 고사이다.

성지를 받들었습니다.

이종성에게 서도독첨사를 제수하고 정사로 임명한다. 양방형은 원래 관함을 유지하게 하고 부사로 임명한다. 각각 1품 무관의 복색을 내린다. 심유경도 가도록 하고, 모두 칙서를 써서 그들에게 주어라.

# 예부의 상주

**禮部一本** | 後附, 46b-47b

**날짜** 만력 23년 정월 7일(1595. 2. 15.)

**발신** 예부

**수신** 만력제

**내용** 예부에서 도요토미 히데요시를 책봉하면서 내릴 봉호를 종래 논의대로 일본국왕으로 할지, 아니면 알탄 칸을 순의왕으로 봉하였던 전례에 따라 순화왕(順化王)으로 봉해야 할지, 아울러 도요토미 히데요시의 처를 왕비로 함께 책봉해야 할지에 대해 만력제의 결정을 요청하는 상주이다. 만력제는 도요토미 히데요시를 일본국왕으로 책봉하는 것으로 결정하고, 다른 제안은 모두 반려하였다.

**관련자료** 본문에는 날짜가 없지만, 『명신종실록』에는 만력 23년 정월 7일 기사에 본문의 내용이 간략하게 요약되어 있다. 본문에는 다른 문서에서 다루겠다고 한 관(冠)·복(服)·인(印)·고명(誥命)의 제조와 지급에 관한 결정도 『명신종실록』의 해당 기사에 실려 있다.[256]

삼가 성유를 받드는 일.

의제사의 안정을 받았는데, 그 내용은 다음과 같았습니다.

.......

256 본문에는 …… 있다: 『명신종실록』 권281, 만력 23년 정월 7일(경진).

예부에서 송달한 문건을 받았는데, 그 내용은 다음과 같았습니다.

병부에서 위의 일로 보낸 자문을 받았는데, 그 내용은 다음과 같았다.

성지를 받들었습니다.

논의대로 시행하라.

삼가 명령에 따라 문건을 보관하고 대기하라.

지금 앞의 내용을 두루 조사하였습니다.

살피건대, 왜이가 책봉을 요구한 일로 병부에서 제본을 올려 청한 것이 매우 상세합니다. 이미 그 군주[도요토미 히데요시]를 책봉하기로 논의하였고 아울러 그 처도 책봉하기를 논의하였으며, 또한 서둘러 사신을 보내어 정월 내로 기한을 정해 출발시키고자 하였으니, 이는 오랑캐가 속히 귀국하도록 하여 멀리 있는 사람[조선]의 바람을 위안하고자 하는 의도에서 나온 것입니다. 관원을 파견하는 일은 이미 저희 예부에서 제본을 올려서 황상의 윤허를 받아 무신을 뽑아서 보내도록 병부에 자문을 보내 곧바로 병부에서 제본을 올려 청한 외에,[257] 이에 더하여 도요토미 히데요시에 대한 일체의 사안은 마땅히 논의하여 상주해서 청해야 합니다.

또 살피건대 병부에서 제본을 올려서 "나이토 조안이 말하기를 일본에는 이미 국왕이 없다고 합니다."라고 하였으니, 마땅히 일본 국왕의 명호로 책봉해야 할 것 같습니다. 다만 도요토미 히데요시가 이미 은혜를 갈구하여 책봉을 요청한 것이 과연 병부에서 말하듯

........

257 관원을 …… 외에: 앞의 「15-1-16 兵部一本 後附, 43a-46b」를 지칭한다.

성심으로 귀화한 결과라면 그의 귀순도 또한 가상히 여길 만합니다. 앞서 저희 예부에서 순의와 유사하게 두 글자의 명호를 별도로 논의하여 책봉하기를 제본을 올려 요청한 바 있습니다.[258] 지금 만약 도요토미 히데요시를 순화왕으로 책봉하면 명호가 추가되어 외국에 널리 보여주기에도 좋으며, 이름을 보고 뜻을 생각하도록 하는 것은[259] 끌어들여 복속하도록 하는 한 가지 단서가 아니라고 할 수 없습니다.

오랑캐의 남편이 있으면 오랑캐의 부인도 있다는 문제에 있어서는 병부에서 다시 나이토 조안이 올린 문서에 따라 요청하기를,[260] 곧바로 조정에서 봉작(封爵)을 아끼지 않고 귀화하려는 오랑캐에게 주었으므로 또한 왕비의 책봉도 아까워하지 말고 허락하여 오랑캐의 사신이 요청하는 마음을 이루어주자고 한 것입니다. 그러니 요지는 오랑캐의 마음을 굽어살펴 따라주자는 것일 뿐입니다. 살피건대, 도요토미 히데요시의 표문에는 원래 그 처를 책봉해주기를 요구하

.......

258 앞서 …… 있습니다: 융경 5년(1571) 알탄 칸에게 내린 "순의왕"의 선례에 따라 별도의 두 글자 명호를 내리자는 뜻이다. 명과 일본의 강화 교섭에서는 초기부터 알탄 칸의 전례가 인식되고 있었으며(中村榮孝, 앞의 책, 164-165쪽), 도요토미 히데요시의 부하들에 대한 관작 수여에서도 융경화의의 구례(舊例)가 참고되었다. 『명신종실록』 권281, 만력 23년 정월 12일(을유).

259 이름을 …… 것은[顧名思義]: 『삼국지』 「위서(魏書)」 왕창전(王昶傳)에 나오는 고사이다. 왕창(王昶)은 아들과 조카들의 이름을 공들여 지으면서 그들이 자신들의 이름을 보고 그 뜻을 생각하여 잘못된 행동을 하지 않도록 경계하였다. 여기서는 도요토미 히데요시에게 "교화에 순응한다[順化]"는 뜻의 명호를 내려 그가 그 의미를 생각하도록 하자는 뜻으로 사용되었다.

260 병부에서 …… 요청하기를: 나이토 조안이 올린 문서란 아래의 「15-1-18 小西飛稟帖 後附, 47b-49b」를 가리킨다. 나이토 조안은 「15-1-18 小西飛稟帖 後附, 47b-49b」에서 도요토미 히데요시의 일본국왕 책봉과 더불어 그 부인을 왕비로 책봉해줄 것을 함께 요청하였다.

는 내용이 없었습니다. 비록 조선의 왕위를 계승하게 하는 옛 제도에 국왕의 처도 국왕과 함께 책봉하게 되어 있습니다만, 알탄 칸 등의 오랑캐에 대해서는 원래 이러한 전례가 없었습니다. 예과(禮科)에서 살펴보기에도 오래된 전례가 진실로 있으니 흔들기 어렵다고 하였습니다. 다만 도요토미 히데요시에게 봉작을 내려주는 것은 원래 특별한 은전(恩典)이며 명기(名器: 관직 및 작위)는 조정에서 나오는 것이니 신 등이 감히 마음대로 하기 어려우므로, 황상께서 결정해주시기를 공손히 기다립니다. 국왕이 써야 할 관·복·인·고명 등은 신 등이 따로 제본을 올려 청해서 각 아문에 공문을 보내 일체 받들어 시행할 수 있도록 해주십시오.

성지를 받들었습니다. "그렇게 하라. 도요토미 히데요시를 일본 국왕에 책봉하는 것을 허락한다."[261]

-------

261 그렇게 …… 허락한다: 예부의 순화왕 책봉 건의를 반려하고 원래 논의대로 일본국왕에 책봉할 것을 확정한 것이다. 이후 명 조정은 만력 23년 정월 30일에 도요토미 히데요시의 책봉과 책봉사 이종성·양방형 등의 임명을 확정하여 출발 명령을 내렸고, 2월 9일에 도요토미 히데요시를 책봉하는 조서·칙서·고명(誥命) 및 이종성·양방형에게 내리는 칙서를 발급하였다. 관련 논증은 大野晃嗣, 앞의 글, 142-146쪽을 참고. 당시 도요토미 히데요시 앞으로 발급된 칙서는 현재 일본 궁내청 서릉부에, 고명은 오사카 역사박물관에 소장되어 있으나, 조서의 소재는 확인되지 않는다.

# 나이토 조안의 품첩

小西飛稟帖 | 後附, 47b-49b

**날짜** 만력 23년 정월 7일(1595. 2. 15.)

**발신** 나이토 조안(內藤如安)

**수신** 병부상서 석성

**내용** 도요토미 히데요시의 일본국왕 책봉이 확정되어가는 상황에서, 도요토미 히데요시의 가족 및 휘하의 여러 장수들, 북경으로 오는 길에 오랫동안 자신을 수행한 인원들에게도 적당한 봉작을 내려줄 것을 요청하는 나이토 조안의 청원서이다.

**관련자료** 이 문서는 명말 청초(明末淸初)의 역사가 담천(談遷)의 저술 『조림잡조(棗林雜俎)』에도 실려 있으나 문장 및 자구에 적지 않은 차이가 있다.[262] 또한 본문에는 일본 인명 등의 오류가 많은데 『조림잡조』에 실린 문서도 역시 마찬가지이다. 그러므로 한쪽만 봐서는 원래 문서의 모습이 어떠하였는지 고찰하기가 어렵다. 여기에서는 『경략복국요편』에 실려 있는 본문을 바탕으로 번역하되 필요한 경우에 한하여 『조림잡조』를 통해 본문의 오류를 바로잡고 이본(異本) 간의 의미 차이를 드러내고자 노력하였으나, 『조림잡조』와의 차이를 일일이 언급하지는 않았다. 본문에는 날짜가 없으나, 『조림잡조』에는 만력 23년 정월 7일에 작성된 것으로 되어 있다.

이 문서에 따라 일본의 유력자들에게 발급된 차부(箚付) 중 모리 데루모토(毛利輝元)[263] · 마에다 겐이(前田玄以)[264] · 우에스기 가게카쓰(上杉景勝)의 차부는 실물이 현존하고 있으며, 겐소(玄蘇)[265]의 차부는 모본(模

本)이, 고바야카와 다카카게(小早川隆景)[266]의 차부는 사본이 남아 있다. 또한 도쿠가와 이에야스(德川家康)[267]의 차부에 적힌 글의 내용은 우에스기 가게카쓰의 연보(年譜)에 수록되어 있다.[268]

이 문서에 실려 있는 인물들은 고니시 유키나가와의 개인적 관계 및 도요토미 히데요시 정권 내부에서의 위치를 기준으로 봉작 수여 대상에 올라간 것으로 보인다. 그러나 누구인지 확인되지 않거나 명확한 선정 이유를 알기 어려운 경우가 적지 않아 확실한 선정 기준은 알 수 없다. 다만 고니시 유키나가 및 나이토 조안 등의 일본 내 강화 협상 추진 세력이 당시 일본 내부에서 어떤 인물들을 중시하고 있었는지를 보여주는 자료로서 가치가 있다.

.......

262 이 문서는 …… 있다: 談遷, 『棗林雜俎』(속수사고전서 1134) 智集, 逸典, 「日本關白求封」, 35b-36b. 『조림잡조(棗林雜俎)』와 이 문서를 최초로 비교한 연구는 德富猪一郎[德富蘇峰], 앞의 책, 720-728쪽.

263 모리 데루모토(毛利輝元): 1553~1625. 일본 사람으로 모리(毛利) 가문의 당주이다. 임진왜란 때 모리군을 이끌고 직접 조선에 참전하였으며 정유재란 때에는 직접 조선에 가지 않았으나, 양자 히데모토(秀元)가 이끄는 대군을 보내어 참여하였다. 오대로(五大老) 중 한 사람이다. 원문에는 "豊臣輝元"로 되어 있다.

264 마에다 겐이(前田玄以): 1539~1602. 일본 사람이다. 승려였다가 오다 노부나가의 초빙을 받아 신하가 되었고 이후 도요토미 히데요시에게 복속하였다. 오봉행(五奉行) 중 1명이다. 원문에는 "豊臣玄次", 『조림잡조』에는 "豊臣玄以"로 되어 있다.

265 겐소(玄蘇): 게이테쓰 겐소(景轍玄蘇), 1537~1611. 일본 사람으로 가와즈(河津) 가문 출신이다. 승려 생활을 하던 중 도요토미 히데요시의 수하로 들어가 조선을 드나들며 첩보 활동을 하였다. 임진왜란이 발발하자 국사(國使)와 역관 자격으로 종군하여 일본의 전시외교 활동에 종사하였다.

266 고바야카와 다카카게(小早川隆景): 1533~1597. 일본 사람이다. 모리 가문 출신으로 고바야카와(小早川) 가문의 양자로 들어가 당주가 되었다. 임진왜란이 발발하자 1만 명의 병사를 이끌고 직접 전장에 나섰다. 오대로에 임명되었으며, 정유재란 때 병사하였다. 원문에는 "豊臣隆景"로 되어 있다.

267 도쿠가와 이에야스(德川家康): 1543~1616. 일본 사람으로 에도 막부의 초대 쇼군이다. 오다 노부나가에게 협력하였다가 노부나가가 사망한 후에는 도요토미 히데요시의 패권

병부상서 석성 님께 올립니다.

일본국에서 보내온 고니시 히다노카미 후지와라 조안(小西飛彈守
藤原如安)[269]이 삼가 중국[天朝] 병부상서 태보(太保) 석야(石爺: 석성)
대하(臺下)께 아룁니다. 저희 일본에서 책봉을 요청함에 노야의 하
늘처럼 높고 땅처럼 두터운 은혜를 입었으니 감격함이 마땅히 어떠
하겠습니까.[270] 전에 네 분 각하(閣下) 노야 및 예부상서(禮部尙書) 범
노야[范謙][271]가[272] 보여주신 성심(盛心)을 보았고, 큰일은 이미 이루
어졌습니다. 이제 책봉을 논의하는 때에 특별히 우리나라의 마땅히
봉작을 주어야 할 인원[273]의 성명을 적어서 보고합니다. 엎드려 바라

.......

을 인정하였다. 히데요시로부터 간토(關東) 지방의 지배권을 부여받아 동부 지방을 경
영하는 데 힘썼고 임진왜란 당시에는 동원되지 않았다. 원문에는 "豊臣家康"으로 되어
있다.

268 이 문서에 …… 있다: 도요토미 히데요시의 일본국왕 책봉 당시 일본의 유력자들에게
내려진 차부(箚付)의 현존 상황은 大野晃嗣, 앞의 글, 151-152쪽에 정리되어 있다.

269 고니시 히다노카미 후지와라 조안: 원문에는 본성인 후지와라가 "滕原"으로 잘못 표기
되어 있으나, 『조림잡조』에는 "藤原"으로 올바르게 적혀 있다. 또한 「15-1-15 兵部等衙
門一本 後附, 38a-43a」에는 나이토 조안의 세례명 조안을 "如俺"으로 표기하였으나, 이
문서에서는 『경략복국요편』 및 『조림잡조』 모두 "如安"으로 적었다. 아울러 두 책 모두
히다노카미를 원래의 "飛驒守" 대신 "飛彈守"로 표기하였다.

270 감격함이 …… 어떠하겠습니까[感當何如]: 『조림잡조』에는 "이처럼 담당해주셨습니다
[擔當如此]."로 되어 있다.

271 범 노야[范謙]: 범겸(范謙), 1534~1597. 명나라 사람으로 강서 풍성(豊城) 출신이다. 자
는 여익(汝益), 호는 함허(涵虛)이다. 융경 2년(1568)에 진사가 되어 만력 20년에 예부
시랑(禮部侍郎)을 거쳐 만력 22년에 예부상서(禮部尙書)에 올랐다.

272 예부상서 범 노야[范謙]가: 『조림잡조』에는 "노야와 함께[俱同老爺]", 즉 석성과 함께
성심(盛心)을 보여주었다는 부분이 더 들어 있다.

273 마땅히 …… 인원: 원문에는 "모든 인원[一應人員]"으로 되어 있으나, 『조림잡조』에는
"마땅히 봉작을 주어야 할 인원[應封人員]"으로 되어 있다. 본문의 뒷부분에도 "다만 마
땅히 봉작을 주어야 할 인원을 다 적지 못하였으니[直有未盡應封人員]"라는 표현이 있
음을 감안하여 『조림잡조』에 따라 번역하였다.

건대, 노야께서는 뒤에 적은 연유에 따라 시행하셔서[274] 온 나라가 평안해지고 만대(萬代)에 이르기까지 은혜를 받들도록 해주십시오. 삼가 아룁니다.

첨부

책봉하는 칙서와[275] 각종의 의제(儀制)는 반드시 노야께서 유의하여 좋게 처리해서 조선·유구 등 해외의 여러 나라에게 비웃음을 사지 않도록 해주시기를 바랍니다. 지극히 기원합니다.

하나. 일본국왕이 없었으므로 온 나라의 신민이 관백 도요토미 히데요시를 일본국왕으로 책봉하기를 요청하였습니다. 처 도요토미 씨는 왕비로, 적자(嫡子)는 신동세자(神童世子)로 삼고, 양자 도요토미 히데쓰구[秀政][276]는 도독(都督)으로 삼고 그대로 관백을 겸하게 하소서.

하나.[277] 고니시 유키나가[278]·이시다 미쓰나리(石田三成)[279]·마시

274 뒤에 …… 시행하셔서: 원문에는 "전례에 따라 뒤에 적은 연유대로 시행하셔서[照例開後緣由施行]"로 되어 있으나, 한문 문장이 부자연스럽다. 『조림잡조』에는 "뒤에 적은 연유에 따라 시행하셔서[照依後開緣由施行]"로 되어 있어 원문의 "전례[例]"는 "~에 따라[依]"의 잘못이었던 것으로 보인다. 따라서 『조림잡조』에 따라 번역하였다.
275 책봉하는 칙서와: 『조림잡조』에는 "인신(印信)"이 추가되어 있다.
276 도요토미 히데쓰구(豊臣秀次): 1568~1595. 일본 사람으로 도요토미 히데요시의 조카이다. 1591년 히데요시의 양자로 관백에 취임하였다. 1593년 히데요시에게 아들이 태어나자 갈등 끝에 자살을 명받았다. 한편 원문은 "秀政"이지만 "秀次"의 오기로 판단된다. 『조림잡조』에는 도요토미 히데요시의 처와 적자, 양자의 책봉을 요청하는 문장이 없다.
277 하나: 이하 이 문서의 일본 인명은 사성(賜姓)받은 도요토미(豊臣) 성을 쓰고 있거나, 이름의 한자 표기가 틀렸거나, 원문의 띄어쓰기가 잘못되어 인명을 확인하기 어려운 경우가 다수 있다. 따라서 이 역주에서는 본문에 해당 인물이 일반적으로 불리는 이름을 쓰고 원문의 이름 표기 및 교감은 각주를 통해 처리한다. 원문의 각 인명이 누구를 지칭하는지에 대한 비정은 기본적으로 米谷均, 「豊臣秀吉の「日本國王」冊封の意義」, 『豊臣政權

타 나가모리(增田長盛)[280] · 오타니 요시쓰구(大谷吉繼)[281] · 우키타 히데
이에(宇喜田秀家)[282]

이상 5명은 대도독(大都督)으로 봉해주시기 바랍니다. 오직 고니
시 유키나가에게는 대대로 서해도(西海道)를 더해주어 영원히 중국
과 더불어 바다의 울타리를 다스리고 조선과 더불어 대대로 우호를
닦도록 하소서.

하나. 승려 겐소는 일본선사(日本禪師)로 봉해주십시오.

하나. 도쿠가와 이에야스 · 마에다 도시이에(前田利家)[283] · 도요토
미 히데야스(豊臣秀保)[284] · 고바야카와 히데아키(小早川秀秋)[285] · 가모

........

の正體』, 東京: 柏書房, 2014, 268-269쪽 및 274-275쪽에 따랐다. 비정하기 어려운 인명
의 일본어 발음 표기는 德富猪一郎[德富蘇峰], 앞의 책, 720-728쪽을 참고하였다.

278 고니시 유키나가: 원문에는 "豊臣行長"으로 되어 있다.

279 이시다 미쓰나리(石田三成): 1560~1600. 일본 사람이다. 도요토미 히데요시의 가신으
로 임진왜란이 발발하자 조선에 들어와 한양에서 부대를 감독하는 역할을 하였다. 고니
시 유키나가와 함께 강화 교섭을 진행하였다. 정유재란 때는 히데요시 사망 후 일본군의
철수를 주도하였다. 원문에는 "豊臣三成"으로 되어 있다.

280 마시타 나가모리(增田長盛): 1545~1615. 일본 사람이다. 도요토미 히데요시의 가신으
로 임진왜란 때는 봉행(奉行)으로 한양에 주둔하면서 점령지 통치와 병참의 일을 맡았
다. 원문에는 "豊臣長成"으로 되어 있다.

281 오타니 요시쓰구(大谷吉繼): 1559~1600. 일본 사람이다. 도요토미 히데요시의 가신으
로 임진왜란 때 조선에 건너와 군대를 감독하였고, 1593년에는 명과의 화의 교섭을 진
행하는 데 참여하였다. 원문에는 "豊臣吉繼"으로 되어 있다.

282 우키타 히데이에(宇喜多秀家): 1573~1655. 일본 사람이다. 도요토미 히데요시 신임을
얻어 유시(猶子: 양자)의 연을 맺게 되었으며 히데요시의 양녀를 정실로 맞이하고 오대
로가 되었다. 임진왜란 때는 일본군의 감군(監軍)으로 조선에 침입해왔다. 원문에는 "豊
臣秀嘉", 『조림잡조』에는 "豊臣秀家"로 되어 있다. 『조림잡조』에서는 우키타 히데이에
외의 4명의 이름을 생략하였다.

283 마에다 도시이에(前田利家): 1537~1599. 일본 사람이다. 오다 노부나가의 가신이었으
나 노부나가가 사망한 후 도요토미 히데요시에게 항복하였다. 히데요시에게 신임을 받
아 오대로의 한 사람이 되었다. 원문에는 "豊臣利家"으로 되어 있다.

284 도요토미 히데야스(豊臣秀保); 1579~1595. 일본 사람으로 도요토미 히데요시의 조카이

우지사토(蒲生氏郷)[286]·모리 데루모토(毛利輝元)·다이라노 구니야스
(平國保)[287]·고바야카와 다카카게(小早川隆景)·아리마 하루노부(有馬
晴信)[288]·소 요시토시(宗義智)[289]

이상 10명은 아도독(亞都督)으로 봉해주시기 바랍니다.

하나. 승려 소이쓰(宗逸)는 일본일도선사(日本一道禪師)로 봉해주
십시오.

하나. 마에다 겐이(前田玄以)·모리 요시나리(毛利吉成)[290]·나쓰카
마사이에(長束正家)[291]·데라자와 마사나리(寺澤正成)[292]·야쿠인 젠소

........

다. 임진왜란 시에는 나고야성(名護屋城)에 머무르며 휘하 장수들을 조선에 보내 출진
　하도록 하였다.

285 고바야카와 히데아키(小早川秀秋): 1582~1602. 일본 사람이다. 이 문서가 작성될 당시
　이름은 "秀俊"이었으며, 게이초 2년(1597)에 "秀秋"로 개명하였다. 도요토미 히데요시
　의 정실 고다이인(高台院)의 오빠인 기노시타 이에사다(木下家定)의 아들이다. 정유재
　란 때 조선으로 출병하여 부산에 주둔하였다. 원문에는 "豊臣秀俊"으로 되어 있다.

286 가모 우지사토(蒲生氏郷): 1556~1595. 일본 사람이다. 오다 노부나가의 사위이다. 노부
　나가 사후 도요토미 히데요시를 따랐다. 임진왜란 때 규슈(九州)에서 히데요시를 보필
　하다 사망하였다. 원문에는 "豊臣氏卿", 『조림잡조』에는 "豊臣氏郷"으로 되어 있다.

287 다이라노 구니야스(平國保): 비정이 불가능한 인명이다. 『조림잡조』에는 "平國寶"로 되
　어 있다.

288 아리마 하루노부(有馬晴信): 1567~1612. 일본 사람으로 규슈 히젠국(肥前國)의 다이묘
　(大名)이다. 임진왜란 때 고니시 유키나가 군 소속으로 전쟁에 참여하였다. 원문에는 "豊
　臣晴信"로 되어 있다.

289 소 요시토시(宗義智): 1568~1615. 일본 사람으로 대마도의 도주이다. 임진왜란이 일어
　나자 장인이었던 고니시 유키나가 휘하의 제1진으로 침입해왔으며, 두 차례에 걸쳐 조
　선 조정과의 강화를 요구하였으나 성사시키지 못하였다. 정유재란 때에는 좌군에 소속
　되어 참전하였다. 원문에는 "豊臣義智"로 되어 있다.

290 모리 요시나리(毛利吉成): ?~1611. 일본 사람으로 본명은 모리 카츠노부(毛利勝信)이
　다. 이른 시기부터 도요토미 히데요시를 섬긴 고참 가신이다. 임진왜란 때 4번대의 대장
　으로 2000명의 군사를 이끌고 참전하였다. 정유재란 때에도 출진하여 마지막까지 조선
　에 주둔하였다. 원문에는 "豊臣吉長", 『조림잡조』에는 "豊臣長吉"로 되어 있다.

291 나쓰카 마사이에(長束正家): 1562~1600. 일본 사람으로 도요토미 히데요시를 섬겼다.
　임진왜란 때에는 나고야성에서 군량 공급을 담당하였다. 오봉행 중 1명이다. 원문에는

(施藥院全宗)[293]·야나가와 시게노부(柳川調信)[294]·기노시타 요시타카 (木下吉隆)[295]·이시다 마사즈미(石田正澄)[296]·미나모토 이에쓰구(源家 次)[297]·고니시 도노모노스케(小西主殿介)[298]·고니시 유키시게(小西末 鄕)[299]

이상 11명은 도독지휘(都督指揮)로 봉해주시기 바랍니다.

·······

"豊臣正家"로 되어 있다.

292 데라자와 마사나리(寺澤正成): 데라자와 히로타카(寺澤廣高), 1563~1633. 일본 사람으로 별명은 마사나리(正成)이다. 일찍부터 도요토미 히데요시를 섬겼다. 임진왜란 때에는 보급과 병력 수송 임무를 담당하였다. 원문에는 "豊臣行成", 『조림잡조』에는 "豊臣正成"으로 되어 있다.

293 야쿠인 젠소(施藥院全宗): 1526-1600. 일본 사람으로 일찍부터 도요토미 히데요시를 섬겼다. 어린시절 출가하였다가 환속하여 의학을 익혔다. 이후 도요토미 히데요시의 주치의가 되었으며 칙명으로 시약원사(施藥院使)에 임명되었다. 원문에는 "豊臣全宗"으로 되어 있다.

294 야나가와 시게노부(柳川調信): ?~1605. 일본 사람이다. 대마도 소(宗) 가문의 가신으로 조선의 수직왜인(受職倭人)이기도 하였다. 소 요시토시를 보좌하여 임진왜란 전후의 대조선 교섭에서 중요한 역할을 수행하였으며, 전후 강화 교섭에도 깊게 관여하다가 사망하였다. 원문에는 "豊臣調信"으로 되어 있다.

295 기노시타 요시타카(木下吉隆): ?~1598. 일본 사람으로 도요토미 히데요시의 가신이다. 임진왜란 때 조선에 출정하지 않고 나고야성에 머물렀다. 원문에는 "豊臣吉隆"으로 되어 있다.

296 이시다 마사즈미(石田正澄): ?~1600. 일본 사람이다. 동생 이시다 미쓰나리(石田三成)와 함께 도요토미 히데요시의 가신이 되었다. 임진왜란 때에는 나고야성에서 조선으로 물자를 수송하는 일을 담당하였다. 원문에는 "豊臣正信"으로 되어 있다.

297 미나모토 이에쓰구(源家次): 비정이 불가능한 인명이다.

298 고니시 도노모노스케(小西主殿介): ?~?. 일본 사람이다. 고니시 유키나가의 형제로 그를 보좌하여 군사적·정치적으로 활동한 인물이다. 원문은 "平行親"으로, "다이라노 유키치카"라고 읽을 수 있다(德富猪一郎[德富蘇峰], 앞의 책, 726쪽). 米谷均, 앞의 글, 269쪽 및 275쪽에서는 그를 고니시 도노모노스케로 추정하였으나 의문부호를 달았다.

299 고니시 유키시게(小西末鄕): ?~1602. 일본 사람으로 고니시 유키나가의 가신이다. 임진왜란 때 선발대를 이끌었고 1, 2차 평양성 전투에서 활약하였다. 원문에는 "平末卿", 『조림잡조』에는 "平末鄕"으로 되어 있다. "末鄕"은 그가 고니시 유키나가의 성을 받고 개명하기 이전의 원래 이름인 기도 스에사토(木戶末鄕)를 가리키는 것으로 보인다.

하나. 시마즈 요시히로(島津義弘)[300]·마쓰라 시게노부(松浦鎭
信)[301]·야마나카 나가토시(山中長俊)[302]·고토 스미하루(五島純玄)[303]·
오카모토 요시카쓰(岡本良勝)[304]·다이라노 신(平信)[305]

이상 6명은 아도독지휘(亞都督指揮)로 봉해주시기 바랍니다.

하나. 히라야마 고에몬베에(平山五衛門兵衛)[306]·아타카 신조(安宅
甚藏)·소다 나오히사(早田尙久)[307]·니시야마 규스케(西山久助)·요시

.......

300 시마즈 요시히로(島津義弘): 1535~1619. 일본 사람이다. 도요토미 히데요시가 규슈 정
벌에 나서자 항전하다가 항복하였으며, 임진왜란 당시에는 시마즈씨의 존속을 위해 가문
을 대표해서 임진왜란과 정유재란에 참전하였다. 원문에는 "豊臣義弘"으로 되어 있다.

301 마쓰라 시게노부(松浦鎭信): 1549~1614. 일본 사람이다. 도요토미 히데요시에게 복속
한 후 적극 협력하였다. 임진왜란 때 소 가문과 함께 향도(嚮導) 역할을 맡았으며, 고니
시 유키나가 부대 소속으로 7년간 전쟁에 참여하였다. 원문에는 "豊臣鎭信"으로 되어
있다.

302 야마나카 나가토시(山中長俊): 1547~1607. 일본 사람으로 도요토미 히데요시의 문서를
관장하였다. 임진왜란 때에는 히젠 나고야성에 머물렀다. 원문에는 "金平豊長"으로 되
어 있다.

303 고토 스미하루(五島純玄): 1562~1594. 일본 사람이다. 히젠국의 다이묘로 기독교 신자
였다. 임진왜란 때 고니시 유키나가와 함께 출정하였으나 강화 회담 중 천연두에 걸려
조선 땅에서 사망하였다. 원문에는 "源鈍玄"으로 되어 있다.

304 오카모토 요시카쓰(岡本良勝): 1542~1600. 일본 사람이다. 이름을 시게마사(重政)라고
도 한다. 아쓰타신궁(熱田神宮)의 신관 가문 출신으로 임진왜란 때 선봉행(船奉行)을 맡
아 조선에 출병하였다가 2차 진주성 전투까지 참여하고 귀국하였다. 원문에는 "源重政"
으로 되어 있다.

305 다이라노 신(平信): 비정이 불가능한 인명이다.

306 히라야마 고에몬베에(平山五衛門兵衛): 원문에는 "平山五衛門" 뒤에 빈칸을 띄우고 "兵
衛安宅甚藏"이 나오지만, 中村榮孝, 앞의 책, 205쪽에서는 "兵衛"가 앞의 "平山五衛門"
에 붙어야 한다고 보았다. 또한 『조림잡조』에는 "平山五衛門"으로 되어 있다. 따라서 원
래의 형태는 "平山五衛門兵衛"이었다고 보고, 그에 따라 인명을 표기하였다.

307 소다 나오히사(早田尙久): ?~?. 일본 사람이다. 소 요시토시의 가신으로, 나이토 조안을
수행하여 북경까지 왕래하였다. 원문에는 "平田四都", 『조림잡조』에는 "早田四郎兵衛"
로 되어 있다. 『조림잡조』의 표기가 그의 전체 이름인 "소다 시로베에 나오히사(早田四
郎兵衛尙久)"에 가깝다. "早田"의 발음은 민덕기, 「임진왜란기 대마도의 조선 교섭」, 『동
북아역사논총』 41, 2013, 116쪽을 따랐다.

시타 신조(吉下申藏)·요시다 젠에몬(吉田善右衛門)[308]·니시카와 시치로(西川七郎)[309]·후루타 규지(古田九次)[310]·오세 쇼키치(大瀨少吉)[311]·마쓰이 규다유(松井久大夫)[312]

이상 10명은 3년 동안 수고하였으므로 모두 봉작을 내려주시기 바랍니다.

다만 마땅히 봉해야 할 인원을 다 쓰지 못하였으니, 노야께 바라건대 대도독 차부(箚付)[313] 15장·아도독 차부 20장·도독지휘 차부 30장·아지휘(亞指揮) 차부 50장을 내려주십시오. 임시로 상을 나눠

.......

308 요시시타 신조(吉下申藏)·요시다 젠에몬(吉田善右衛門): 원문은 "吉下申我 吉田善 右衙門"이며, 『조림잡조』의 원문은 "吉田善吉下甲石衛門"이다. 본문에서는 요시다 젠에몬의 이름을 분리시켰고 "右衛門"을 "右衙門"으로 오기하였으며, "申藏"을 "申我"로 오기한 것으로 보인다. 한편 『조림잡조』에서는 두 사람의 이름을 섞어놓은 것으로 판단된다. 德富猪一郎[德富蘇峰], 앞의 책, 727쪽에서는 『조림잡조』의 표기를 대폭 반영하여 요시다 젠키치(吉田善吉)·요시시타 고에몬(吉下甲右衛門)으로 추정하고 독음을 달아두었다. 여기서는 위의 독음을 참조하면서 米谷均, 앞의 글, 275쪽에 따라 인명을 표기하였다.

309 니시카와 시치로(西川七郎): 원문에는 "西川興節", 『조림잡조』에는 "西川興郎"으로 되어 있다. 德富猪一郎[德富蘇峰], 앞의 책, 727쪽에서는 "니시카와 요로(西川興郎)", 中村榮孝, 앞의 책, 205쪽에서는 "니시카와 시치로(西川七郎)", 米谷均, 앞의 글, 275쪽에서는 "니시카와 요시치로(西川興七郎)"로 추정하였다. 여기서는 나카무라 히데타카(中村榮孝)의 추정을 따랐다.

310 후루타 규지(古田九次): 원문에는 "十昌九次", 『조림잡조』에는 "小昌久次"이다. 여기서는 中村榮孝, 앞의 책, 205쪽 및 米谷均, 앞의 글, 275쪽의 추정을 따랐다.

311 오세 쇼키치(大瀨少吉): 원문에는 "十瀨少吉", 『조림잡조』에는 "大瀨少吉"이다. 中村榮孝, 앞의 책, 205쪽 및 米谷均, 앞의 글, 275쪽에서는 원문의 표기를 그대로 쓰고 있고, 德富猪一郎[德富蘇峰], 앞의 책, 727쪽에서는 『조림잡조』의 표기를 따랐으나 "少吉"을 "小吉"로 잘못 표기하였다. 여기서는 『조림잡조』의 표기를 따랐다.

312 마쓰이 규다유(松井久大夫): 원문 및 『조림잡조』에 모두 "松井久丈夫"로 오기되어 있으나, 中村榮孝, 앞의 책, 205쪽 및 『선조실록』 권40, 선조 26년 7월 16일(무진)에 따라 수정하여 표기하였다.

313 차부(箚付): 명대의 차부는 기본적으로 상급 관청에서 하급자에게 보내는 하행문서였으나 임명장으로도 사용되었다. 임진왜란 당시 일본 유력자들에게 주어진 차부가 제도적으로 어떤 위상을 갖고 있었는지에 대해서는 大野晃嗣, 앞의 글, 134-139쪽을 참고.

주어 일본의 대소 신료들이 모두 중국의 관직을 받고 중국의 명령
에 따르도록 하겠습니다.[314]

314 다만 ······ 하겠습니다: 본문에서 나이토 조안이 구체적으로 거명하면서 봉작을 내려줄
　　것을 요청한 인물들 중 실제로 명으로부터 관직이 수여된 것은 고니시 유키나가·우키
　　타 히데이에·마시타 나가모리·이시다 미쓰나리·오타니 요시쓰구·도쿠가와 이에야스·
　　모리 데루모토·도요토미 히데야스 8명과 겐소·나이토 조안뿐이었다. 『명신종실록』 권
　　281, 만력 23년 정월 12일(을유). 다만 원래 도독첨사(都督僉事)로 임명된 모리 모토나
　　리의 차부는 도독동지(都督同知)로 변조되었으며, 명의 관작 수여 대상에서 빠진 우에
　　스기 가게카쓰에 대한 차부는 명에서 지급한 공명(空名) 도지휘사(都指揮使) 차부를 도
　　독동지 차부로 변조하고 거기에 우에스기 가게카쓰의 이름을 써서 발급하였음이 확인
　　된다. 이에 대해서는 大野晃嗣, 앞의 글 및 須田牧子, 「原本調査から見る豊臣秀吉の冊封
　　と陪臣への授職」, 『琉球史料學の船出: いま, 歴史情報の海へ』, 東京: 勉誠出版, 2017에
　　차부 원본의 조사 및 상세한 고찰이 이루어져 있다.

# 병부의 상주

兵部一本 | 後附, 50a

---

**날짜** 만력 23년 정월 12일(1595. 2. 20.)

**발신** 병부

**수신** 만력제

**내용** 병부의 제본에 따라 고니시 유키나가 및 나이토 조안에게 도독지휘사(都督指揮使)를 제수하고 상을 내리도록 명령하는 만력제의 성지를 받들었다는 상주이다.

**관련자료** 원래 병부의 제본에서는 「15-1-18 小西飛稟帖 後附, 47b-49b」의 내용을 검토하여 고니시 유키나가를 비롯한 일본의 유력자들에게 어떤 관작과 상을 내릴 것인지 논의하였을 것으로 보이나, 본문에는 모두 생략되고 성지만 남아 있다. 생략된 병부의 제본 내용은『명신종실록』만력 23년 정월 12일 기사를 통해 확인할 수 있다. 이에 따르면 병부상서 석성은 알탄 칸을 순의왕으로 책봉할 때 그 휘하의 유력자들에게도 관작을 내렸던 융경화의(隆慶和議)의 전례에 따라 고니시 유키나가를 비롯한 일본의 무장들과 겐소·나이토 조안에게 관작과 상을 내리기를 제본으로 요청하였고, 만력제는 그의 논의대로 시행하도록 하였다.[316]

다만『명신종실록』에는 고니시 유키나가를 다른 유력자들과 마찬가지로 도독첨사(都督僉事)로 임명한다고 되어 있으나, 본문에 인용된 만력제의 성지에서는 그에게 도독지휘사를 제수하라고 명령하고 있다. 명대 관제에 도독지휘사라는 관직은 존재하지 않으며『명신종실록』에 고니시 유키나가와 같은 관직에 제수되었다고 기록된 모리 데루모토에게 원래 도독첨사의 차부가 내려진 것으로 보인다는 점을 감안하면,[316] 고니시 유키나가 및 나이토 조안에게 도독지휘사를 제수한다는 본문의 기록은 오기일 가능성이 높다. 실제로는 고니시 유키나가에게 도독첨사, 나이토 조안에게 도지휘사(都指揮使)를 제수하였을 것으로 보인다.[317]

삼가 성유를 받드는 일.
성지를 받들었습니다.

고니시 유키나가에게 도독지휘사를 제수하는 것을 허락하고 홍록저사(紅綠紵絲) 4필을 상으로 주어라. 나이토 조안[藤原如安][318]에게는 도독지휘사를 제수하고 홍록저사 2필과 은 20냥을 상으로 주어라. 각각 관대·의복을 지급하라. 나머지는 모두 논의한 대로 하라.

.......

315 생략된 …… 하였다:『명신종실록』권281, 만력 23년 정월 12일(을유).
316 명대 …… 감안하면: 大野晃嗣, 앞의 글.
317 실제로는 …… 보인다: 米谷均, 앞의 글, 270-271쪽 및 274쪽.
318 나이토 조안[藤原如安]: 이 문서에서는 그동안 사용하던 "小西飛" 대신 그의 자칭 중 일부인 "후지와라 조안(藤原如安)"을 사용하였으며, 원문에는 "藤"을 "滕"으로 잘못 표기하였다. 다만『명신종실록』권281, 만력 23년 정월 12일(을유)에서는 나이토 조안을 여전히 "小西飛"라고 지칭하고 있다.

## 15-2

# 경략조선[319]·계주·요동·보정·산동 등처 병부좌시랑 도찰원우도어사 송공 행장[320]

## 經略朝鮮薊遼保定山東等處兵部左侍郎 都察院右都御史宋公行狀

**날짜** 만력 35년(1607) 이후~만력 46년(1618) 이전

**발신** 황여형(黃汝亨)[321]

**내용** 송응창의 사후에 그의 일대기를 정리한 행장(行狀)이다. 송응창

.......

319 경략조선: 원래 송응창에게 내려진 칙서는 "계주·요동·보정·산동 등지로 가서 연해(沿海)를 방어하고 왜를 막는 군무를 경략[前去薊遼、保定、山東等處, 經略防海禦倭軍務]" 할 것을 주된 임무로 규정하였다. 비록 "자그마한 조선이 상국의 비호를 받도록 하라[蕞爾朝鮮 荷帡幪於上國]."라는 구절은 있었으나, 직접적으로 조선을 구원하라는 임무를 부여하거나 송응창의 공식 직함에 "조선"을 임무 범위로 추가하지는 않았다. 「0-1 勅, 1a-2b」참고. 따라서 송응창을 칭할 때 공식 직함으로 "경략조선"을 넣는 것은 원칙적으로 잘못이다. 다만 송응창이 실질적으로 명군을 이끌고 조선을 구원하였으므로, 송응창을 "경략조선(經略朝鮮)"으로 지칭하거나 송응창의 사적을 "조선을 경략하였다[經略朝鮮]"라고 서술하는 경우가 종종 있었다. 예를 들어 朱彝尊, 『朱太復文集』(북경대학 도서관 소장본) 卷20, 詩, 五言排律, 乙未(三首), 「經略朝鮮宋公招宴于孤山影玉堂呈謝(開府山東日子爲門下擧吏)」, 10b; 沈德符, 『萬曆野獲編』補遺 卷4, 諧謔, 「兵法用煙」, 912쪽, "宋相江(應昌)侍郎, 經略朝鮮, 命將士積草發煙, 以禦倭奴." 이로 인해 행장의 제목에도 "경략조선"이 들어간 것으로 보인다. 왕석작(王錫爵)이 지은 송응창의 신도비명(神道碑銘)에도 송응창을 "경략조선"으로 지칭하고 있다. 王錫爵, 『王文肅公文集』文草 卷6, 「經略朝鮮薊遼保定山東等處軍務兵部左侍郎都察院右都御史桐岡宋公神道碑」, 32a-32b, "萬曆丙午, 前經略朝鮮桐岡宋公卒."

320 경략조선 …… 행장: 黃汝亨, 『寓林集』卷17, 行狀, 「經略朝鮮薊遼保定山東等處兵部左侍郎都察院右都御史宋公行狀」, 1a-13b.

의 가계(家系) 및 출생부터 과도관·지방관·포정사(布政使)·안찰사(按察
使)·산동순무 등으로 활동하면서 세운 업적, 임진왜란 때 경략의 임무
를 맡아 전쟁 준비를 총괄하고 평양성 전투 등 조선에서의 승리를 이끈
전공, 철병과 봉공을 둘러싼 논란 끝에 사직하고 고향으로 돌아가 사망
할 때까지의 중요한 사적을 시간 순서대로 기술하고 있다. 행장이라는
자료의 특성상 주인공의 업적을 찬양하는 것은 자연스러운 일이지만,
본문에서는 송응창이 임진왜란에서 세운 전공을 과도하게 부각하고 일
본에 대한 강화 교섭을 추진하였던 사실을 은폐하고 있다는 점에서 주
의가 필요하다.

**관련자료** 본문은 왕석작(王錫爵)이 작성한 송응창의 신도비명(神道碑銘)의
근거 자료가 되었으며,[322] 이후 그에 대한 전기 자료는 대부분 본문을
기초로 작성되었다. 20세기에 들어와 『경략복국요편』을 영인할 때 작
성된 무봉림(繆鳳林)의 제요(提要) 역시 본문을 중요한 자료로 활용하였
다.[323] 본문의 저자인 황여형은 또한 천계(天啓) 3년(1623)에 송응창의
부인 고(顧) 숙인(淑人)의 묘지명(墓誌銘)을 지었는데, 묘지명에도 송응
창과 관련된 사적이 많이 수록되어 있으며 본문의 내용과 대부분 연
관되어 있다.[324]

.......

321 황여형(黃汝亨): 1558-1626. 명나라 사람으로 절강 전당현(錢塘縣) 출신이다. 자는 정
부(貞父), 호는 박현거사(泊玄居士)·우림거사(寓林居士)이다. 만력 26년(1598)에 진사
가 되어 이듬해 강서 진현지현(進賢知縣)으로 벼슬을 시작하였으며, 태창(泰昌) 원년
(1620) 호광포정사사우참의(湖廣布政使司右參議)로 치사(致仕)하였다. 『부매란기(浮梅
欄記)』·『천목기유(天目記遊)』·『염리전(廉吏傳)』·『고주의(古奏議)』·『우용유기(寓庸遊
記)』 등의 저술을 남겼으며, 『우림집(寓林集)』은 그의 문집이다. 서예가, 문장가로서 이
름이 있었다.

322 본문은 …… 되었으며: 王錫爵, 『王文肅公文集』(四庫全書存目叢書 集部136) 文草 卷6,
「經略朝鮮薊遼保定山東等處兵部左侍郎都察院右都御史桐岡宋公神道碑」, 32a-39a.
해당 신도비명에는 심일관(沈一貫)이 송응창을 위해 "志", 즉 묘지명을 지었다고 기록되
어 있지만, 심일관의 문집인 『훼명집(喙鳴集)』 등의 저술에는 수록되어 있지 않다.

## 황여형, 『우림집(寓林集)』 권17

　　좌사마(左司馬: 병부좌시랑) 경략 동강(桐崗) 송공(宋公)은 동쪽의
일을 평정하고 돌아온 지 10년 만인 만력 병오(丙午: 1606) 2월에 졸
(卒: 사망)하였다. 공의 장공자(長公子: 첫째 아들) 수일(守一)은 북경
[長安]으로 달려가 궁궐 앞에 엎드려서 글을 올려 부친의 공을 밝히
고,[325] 상복 차림으로 나의 집에 들러 문인(門人) 나대관(羅大冠)[326]이
연보(年譜)로 정리한 공의 행적을 가지고 바닥에 앉아 울며 말하기

323 20세기에 …… 활용하였다: 무봉림(繆鳳林), 「『경략복국요편』 제요(提要)」, 『명나라의
　　임진전쟁 1: 출정 전야』(송응창의 『경략복국요편』 역주), 사회평론아카데미, 2020.

324 본문의 …… 있다: 黃汝亨, 『寓林集』 卷15, 誌銘, 「明兵部左侍郞經略桐岡宋公配顧淑人墓
　　誌銘」, 40b-46b.

325 공의 …… 밝히고: 송응창의 장자 송수일(宋守一)이 부친의 공을 밝히고 그에 따라 자신
　　의 음직을 고쳐줄 것을 상소한 것은 만력 35년(1607)의 일이다. 『명신종실록』 권432, 만
　　력 35년 4월 7일(기해)에 따르면 만력제는 송수일의 요청에 대답하지 않았다고 되어 있
　　으나, 송응창의 신도비명에는 만력제가 조서를 내려 송응창의 옛 관직을 회복하도록 하
　　였고 이에 송응창의 차자 송수경(宋守敬)이 왕석작에게 신도비명을 써줄 것을 요청하였
　　다고 되어 있다. 王錫爵, 『王文肅公文集』 文草 卷6, 「經略朝鮮薊遼保定山東等處軍務兵部
　　左侍郞都察院右都御史桐岡宋公神道碑」, 32b. 그러나 송응창의 부인 고(顧) 숙인(淑人)
　　의 묘지명(墓誌銘)에 따르면 송응창의 명예 회복은 만력제의 재가까지 얻었으나 결국
　　유야무야되었다고 한다. 黃汝亨, 『寓林集』 卷15, 誌銘, 「明兵部左侍郞經略桐岡宋公配顧淑
　　人墓誌銘」, 44b. 비록 만력 46년(1618) 송응창의 손자 송초망(宋楚望)이 송응창을 통해
　　하사받은 금의위의 음직을 계승하기는 하였으나[『명신종실록』 권575, 만력 46년 10월
　　12일(정묘)], 고 숙인의 묘지명이 작성된 시점, 즉 송응창의 사후 17년인 천계(天啓) 3
　　년(1623)까지도 송응창의 명예 회복은 충분히 이루어지지 않은 것으로 보인다. 孫衛國,
　　「萬曆援朝戰爭初期明經略宋應昌之東征及其對東征歷史的書寫」, 『史學月刊』 2016-2, 48
　　쪽.

326 나대관(羅大冠): ?~?. 명나라 사람으로 인화현(仁和縣) 출신이다. 자는 현부(玄父)이다.
　　만력 19년(1591) 절강 향시(鄉試)에 합격하여 거인(擧人)이 되었다. 이후 남경국자감
　　(南京國子監) 학정(學正) 등을 역임하였다. 『(雍正)浙江通志』(사고전서 수록본) 卷139,
　　選擧, 明, 32a; 徐石麟, 『南雍志』(북경대학 도서관 소장본) 卷6, 職官年表 下, 六堂, 學正,
　　13b.

를, "번거로우시겠으나 그대에게 행장을 써주시기를 청합니다."라고 하였다.

내가 감히 할 수 없다고 사양하자 장공(長公: 송수일)이 눈물을 훔치면서 다음과 같이 말하였다. "제가 곧바로 죽지도 않고 여차(廬次)[327]로 가지도 않으면서 수천 리를 온 까닭은 돌아가신 아버님을 팔아서 제 몸을 영화롭게 하기를 바라고 자손을 위한 계책을 세우려는 것이 아닙니다. 아버님의 공을 묻어버리고 황상의 은혜를 저버리며 충신의 마음을 땅에 떨어뜨린다면 신하와 자식이라 할 수 없고 죽은 자식과 다름이 없을 것이니, 저의 죄는 마땅히 죽어야 하리라고 생각해서입니다. 공을 논의하는 것은 조정의 일이지만 행적을 밝히는 일은 향리에서 하는 것이니, 그대가 행장을 지어주지 않는다면 어떻게 이를 밝히겠습니까."

나는 감히 사양할 수 없었다.

연보를 살펴보건대, 공의 휘(諱)는 응창(應昌)이고 자(字)는 사문(思文)이며, 별호(別號)는 동강이다. 그 선조는 회계군(會稽郡) 사람으로, 시조(始祖) 선원(先元)이 항주(杭州) 인화리(仁和里)[328]에 입적하였

·······

327 여차(廬次): 상중(喪中)에 상주(喪主)가 거처하기 위해 초가집으로 만든 막차(幕次)를 말한다.
328 인화리(仁和里): 인화현(仁和縣)을 가리킨다. 최근 장쯔핑(張子平)은 강희(康熙)『절강통지(浙江通志)』「선거지(選擧志)」에 송응창의 관적(貫籍)을 "杭右衛", 즉 항주우위(杭州右衛)로 기록하였음을 지적하였다. 또한 만력『항주부지(杭州府志)』「병방지(兵防志)」에는 만력 7년 항주부위 좌천호소(左千戶所)에 속한 백호(百戶) 고홍(顧洪)의 가족 정보가 기록되어 있음에 주목하여 고홍과 송응창의 장인 "무략장군(武略將軍) 류당공(柳塘公)"이 동일인이거나 부자 관계일 것으로 추측하고, 송응창의 가문 역시 고씨 집안과 마찬가지로 명대 대대로 위소(衛所)에 소속된 "위적(衛籍)"이었을 것이라고 주장하였다. 張子平, 「文禄役中の「援朝経略」宋応昌出身についての一考察: 文集と方志史料を手掛に」, 『人文研究』(神奈川大学人文学会) 188, 2016, 41-44쪽.

다. 몇 대를 전하여 증조부 의(義)를 낳았다.[329] 의는 부(富)를 낳았고 부는 네 아들을 낳았는데, 큰아들은 유(儒)이며 호를 호산공(虎山公)이라 하였고 하(何) 태숙인(太淑人)을 배필로 삼아 두 아들을 낳았다. 첫째는 응기(應期)이고, 둘째가 곧 공이다.[330]

공은 네모난 얼굴에 수염이 자줏빛이었으며 눈은 번쩍번쩍하여 바위에 번개가 치는 듯하였다. 태어날 때[가정(嘉靖) 15년(1536)] 붉은 광채와 특이한 향기가 나는 상서로움이 있었고, 두 발 아래에는 큰 사마귀 7개가 있었는데 그중 하나는 구슬처럼 생겨서 식자(識者)들은 그 범상하지 않음을 알았다고 한다.

여섯 살[가정 20년(1541)]에 스승에게 나아가 공부를 시작하였고, 열세 살에 마(馬)·옹(翁) 두 선생에게『역(易)』을 배우면서『태극도설(太極圖說)』[331]·『하도(河圖)』·『낙서(洛書)』[332]의 뜻을 연구하였다.

.......

329 몇 대를 …… 낳았다: 본문에 제시된 송응창의 계보는 다른 자료들과 약간의 차이가 있다. 왕석작이 지은 신도비명에는 시조의 이름을 원(元)이라고 하였다. 王錫爵,『王文肅公文集』文草 卷6,「經略朝鮮薊遼保定山東等處軍務兵部左侍郎都察院右都御史桐岡宋公神道碑」, 33a. 반면『가정을축과진사동년향적(嘉靖乙丑科進士同年鄕籍)』및『가정사십사년을축과진사이력편람(嘉靖四十四年乙丑科進士履歷便覽)』에는 시조에 대한 기록이 없지만, 송응창의 증조부를 원(元)이라고 하여 본문 및 신도비명에서 증조부의 이름을 의(義)라고 한 것과 차이를 보인다.『嘉靖乙丑科進士同年鄕籍』(『中國科擧錄彙編』7, 全國圖書館文獻縮微複製中心, 2010) 78b;『嘉靖四十四年乙丑科進士履歷便覽』(『中國科擧錄彙編』7, 全國圖書館文獻縮微複製中心, 2010) 12b.

330 첫째는 …… 공이다: 송응창의 부인 고 숙인의 묘지명에 따르면 형 송응기(宋應期)의 호는 오강(梧崗)이다. 또한『가정을축과진사동년향적』에 따르면 송응창에게는 형 송응기 외에도 동생 송응형(宋應亨)·송응력(宋應曆)이 더 있었다고 한다.『嘉靖乙丑科進士同年鄕籍』78b.

331 『태극도설(太極圖說)』: 송대(宋代)의 주돈이(周敦頤)가 저술한 글로, 태극도(太極圖)의 원리와 내용을 밝혀놓았다. 228자에 지나지 않지만 송학(宋學)의 연원으로 일컬어질 정도의 깊은 내용을 담고 있어 주희(朱熹)가『근사록(近思錄)』을 편찬할 때 태극도와 함께 책의 첫머리에 실었다. 태극(太極)에서 음양(陰陽)이, 음양에서 오행(五行)이, 오행에서

길에서 만난 호승(胡僧)이 "이 아이는 번개 같은 눈에 두루미 같은 걸음걸이이니, 아마도 공을 세워 인각(麟閣)[333]에 들어가는 사람이 될 것이다."라고 하면서 나아가 읍(揖)하고서는 돌아보지도 않고 가 버렸다.

열아홉 살[가정 33년(1554)]에 고 숙인과 혼인하였으며, 하 태숙인이 졸하자 공은 곡하면서 슬픔을 다하였다. 스물세 살[가정 37년(1558)]에는 독학(督學)[334] 송파(松坡) 필공[畢公: 필장(畢鏘)][335]의 눈에 들어 생원(生員)이 되었다.[336] 당시 고을에는 당(唐) 선생이라는

⋯⋯ 건곤남녀(乾坤男女)와 만물(萬物)이 생겨나며 인간이 그중 가장 영묘한 존재임을 압축적으로 설명하였다. 말미에서는 『역(易)』을 인용하면서 자신의 설의 연원을 『역』에서 찾았다.

332 『하도(河圖)』·『낙서(洛書)』: 하도(河圖)는 복희(伏羲)가 황하(黃河)에서 얻은 그림으로, 복희는 이를 근거로 『역』의 팔괘(八卦)를 만들었다고 한다. 낙서(洛書)는 하(夏)나라의 건국자 우(禹)가 낙수(洛水)에서 얻은 글로, 우는 이를 이용하여 천하를 다스리는 대법(大法) 홍범구주(洪範九疇)를 만들었다고 한다. 둘 다 『역』의 기원으로 여겨졌다.

333 인각(麟閣): 기린각(麒麟閣)을 말한다. 한나라 무제가 기린을 잡았을 때 지은 누각으로, 선제(宣帝)가 공신들의 상을 그려서 걸어둔 이후로 공신들의 초상을 모시는 누각이 되었다. 이후 기린각에 들어간다는 말은 나라에 큰 공을 세워 공신이 되는 것을 지칭하게 되었다.

334 독학(督學): 제조학교관(提調學校官)의 별칭이다. 정통(正統) 원년(1436)에 처음 설치되었고, 이후 경태(景泰) 원년(1450)에 폐지되었다가 천순(天順) 6년(1462)에 설치되어 명 말까지 지속되었다. 지방의 학정(學政)을 관할하고 생원(生員)과 교관의 수준을 점검하는 일을 맡았다.

335 필장(畢鏘): 1517-1608. 명나라 사람으로 남경(南京) 지주부(池州府) 석태현(石埭縣) 출신이다. 자는 정명(廷鳴)이다. 가정 23년(1544)에 진사가 되었다. 융경 6년(1572) 형부우시랑(刑部右侍郎)에 부임한 후 본격적으로 중앙 관직에서 활동하였고, 만력 연간 호부시랑(戶部侍郎)·남경호부상서(南京戶部尙書)·북경호부상서(北京戶部尙書) 등을 역임하였다. 관직에 있을 때 공정함을 엄숙히 지켜 중망(衆望)이 있었다고 한다. 80세 때 태자소보를 더하였으며, 93세로 세상을 떠나자 태자태보(太子太保)를 증직하고 공개(恭介)라는 시호를 내렸다.

336 스물세 ⋯⋯ 되었다: 필장은 가정 35년(1556)에 절강안찰사부사(浙江按察司副使)로서 제조학교관을 겸임하고 있었으므로, 송응창이 23세로 생원이 되었던 가정 37년(1558)

사람이 있어서『역』을 잘 설명하였으나, 공에게 콧대가 꺾여 되레 수업을 들었다.[337] 공은『역』을 펼쳐보고『하도』를 완상하면서 밥을 먹는 것과 누워 자는 것도 모두 그만두니, 집이 그 까닭에 가난해져 거친 음식만 먹고 베옷을 입었으나 편안해하였다.

가정 갑자년(1564)에 절강(浙江) 향시(鄕試)에 13등으로 합격하여 거인(擧人)이 되었다.[338] 마침 장공(長公: 형 송응기)이 현의 서리(胥吏)가 되었다가 잘못을 범하여 옥에 갇히게 되었다.[339] 공은 즉시 방금(坊金)을 내어 관아에 갚아 그를 빼냈다.[340]

⋯⋯⋯

에는 항주(杭州)를 포함한 절강 지역의 학정 책임자였다.『명세종실록』권433, 가정 35년 3월 2일(임술).

337 공에게 ⋯⋯ 들었다[爲折角受業]: 원문의 "절각(折角)"이란 뿔을 부러뜨린다는 뜻으로, 상대편의 기세나 콧대를 납작하게 만드는 것을 비유한 말이다. 이 말은『한서(漢書)』「주운전(朱雲傳)」에서 유래하였다. 원제(元帝) 때는『역』의 연구가 활발하였는데, 특히 양구하(梁丘賀)의 양구역(梁丘易)이 유명하였다. 원제는 당시 양구역의 대가로 이름이 높은 오록충종(五鹿充宗)으로 하여금 다른 학파와 공개 논쟁을 하도록 하였다. 다른 학파의 사람들은 이 논쟁에 승산이 없음을 알고 나서지 않으려 하였으나, 주운(朱雲)이라는 사람이 나서서 원제를 비롯한 많은 학자들이 보는 앞에서 오록충종을 논파하였다. 오록충종의 이름 가운데 "사슴 록(鹿)"자가 들어 있는 것을 두고 당시 사람들은 "오록이 드세고 뿔이 길지만, 주운이 그 뿔을 부러뜨렸다[折角]."고 비유하였다.

338 절강(浙江) ⋯⋯ 되었다[薦鄕書十三人]: 명대 성(省) 및 남북 직례(直隸)에서 시행되는 향시(鄕試)에 합격하면 거인(擧人)이 되어 북경에서 치르는 회시(會試)에 응시할 수 있었고, 회시에 합격하면 명목상 황제 앞에서 치르는 전시(殿試)를 통과하여 진사(進士)가 될 수 있었다. 송응창은 이때 치른 향시에서 13명(名), 즉 13등으로 합격하였다.『嘉靖乙丑科進士同年鄕籍』78b.

339 마침 ⋯⋯ 되었다[會長公爲功曹坐侵, 繫于理]: 장쯔핑(張子平)은 고 숙인의 묘지명을 함께 참고하여 당시 송응기가 항주부(杭州府) 관아의 일개 소리(小吏)였을 것으로 보았다. 張子平, 앞의 글, 39-40쪽.

340 공은 ⋯⋯ 빼냈다: 고 숙인의 묘지명에 따르면 이때 송응창의 부친은 송응창에게 부인이 뒷바라지하느라 패물을 이미 다 팔아버렸음을 생각하지 않느냐고 꾸짖었으나, 고 숙인이 형을 구하는 것이 더 중요하다고 말하였다고 한다. 黃汝亨,『寓林集』卷15, 誌銘, 「明兵部左侍郞經略桐岡宋公配顧淑人墓誌銘」, 41b-42a 참고.

을축년(1565), 제2갑(甲) 진사(進士)가 되었다.[341] 부친 호산공을 생각하며 모친 태숙인의 묘에 성묘하기 위해 휴가를 얻어 돌아왔다가 호산공을 모시고 올라와 이부(吏部)에 나아갔다. 혹자는 공이 관직을 헤아려 택하려던 것이 아닌가 의심하였으나, 공은 아랑곳하지 않았다.

강주(絳州)의 지주(知州)로 임명되었다[융경 원년(1567)].[342] 강주는 서쪽의 변경으로 땅은 척박하고 인심이 사나워 다스리기 어려운 곳이었으나, 공은 마음을 다하여 어루만지고 돌보았다. 전례에 네 성문을 지나갈 때 걷는 세금으로 은 300냥이 있었는데 모두 폐지하고 받지 않았다. 큰 집안으로서 백성을 괴롭히는 자는 그 좌우의 한두 사람을 살펴서 다스리니, 무리가 감히 마음대로 하지 못하게 되었다. 강주에 가뭄이 들자 공이 재계(齋戒)하고 마수산(馬首山)의 신에게 절하고 기도하니 비가 뚝뚝 떨어졌고, 따라서 절하고 내려왔다. 이해 가을 크게 원한과 억울함을 살펴서 풀어주고 매번 특이한 치적을 세우니, 순무와 순안이 다투어 상소를 올려 공을 추천해서 특별히 영무관(寧武關)·귀화관(歸化關) 등의 월향(月餉: 월급)을 조사하도록 맡겼다. 공은 이로 인하여 변경의 상황을 꿰뚫어보고 성가퀴에 올라 크게 탄식하기를, "변경의 방비가 이러한데 믿고 두려워하지 않을 수 있겠는가."라고 하였다. 듣는 자는 송연하여 공이 나라를 안정시키고 외침을 물리칠 지략이 있음을 알아보았다.[343]

.......

341 제2갑(甲) …… 되었다: 송응창은 회시에서 399명으로 합격하였고, 전시에서는 2갑(甲) 20명, 전체 23등으로 합격하였다.『嘉靖乙丑科進士同年鄕籍』78b.

342 강주(絳州)의 …… 임명되었다:『가정사십사년을축과진사이력편람』에 따르면 송응창이 강주지주(絳州知州)로 임명된 것은 융경 원년(1567, 정묘년) 6월이었다.『嘉靖四十四年 乙丑科進士履歷便覽』12b.

강주를 다스린 지 3년이 되어 형부원외랑(刑部員外郎)에 발탁되었다[융경 4년(1570)].[344] 산서(山西)의 여러 사람들은 서로 분하여 팔뚝을 잡고 탄식하기를,[345] "송공의 뜻과 지략이 저러한데 냉대하여 형부에 보내다니 무슨 까닭인가."라고 하였다. 얼마 뒤에 호과급사중(戶科給事中)으로 바꾸니, 특별한 대우이다.[346] 고공(高拱)[347]이 알탄 칸과의 호시(互市)를 허락하자는 논의를 제기하였을 때,[348] 공은 상소를 올려 무상(撫賞)[349]의 불편한 점 세 가지를 진달하고 또 방어하

343 강주는 …… 알아보았다: 송응창의 강주(絳州) 지주(知州) 시절에 대하여 해당 지역의 지방지(地方志)는 송응창이 분수(汾水)에 면해 위치한 성을 보호하기 위해 제방을 쌓고 토지를 공정하게 측량하였으며 요역을 공평히 부과하는 등의 선정을 펼쳐 백성이 칭송하였다는 호평을 남겼다. 『直隸絳州志』[건륭(乾隆) 30년(1765) 간행, 하버드대학교 옌칭도서관 소장본] 卷7, 宦績, 明, 21b;『(雍正)山西通志』(사고전서 수록본) 卷100, 名宦 18, 絳州, 明, 21a-21b. 반면 『명목종실록』 권23, 융경 2년 8월 15일(임진)에는 섬서(陝西) 지역의 도적 위태청(魏太淸) 등 500여 명이 산서(山西)의 강주 등지에서 관병을 살상하고 도망친 사건에 대해 관할 관원들을 처벌하면서 강주 지주 송응창을 어사(御史)에게 내려 심문하도록 하였다는 기록이 있다.

344 강주를 …… 발탁되었다: 『가정사십사년을축과진사이력편람』에서는 송응창의 형부원외랑 임명을 융경 4년(1570, 경오년) 5월로 기록하고 있다. 『嘉靖四十四年乙丑科進士履歷便覽』 12b.

345 서로 …… 탄식하기를[相扼腕嘆]: 팔뚝을 잡고 탄식한다는 말은 분기가 가득하여 긴 탄식을 내뱉는 상태를 형용하는 수사이다. 예를 들어 『진서(晉書)』 「유곤전(劉琨傳)」에서 "신이 피눈물을 흘리며 밤에 탄식하고 팔뚝을 잡고 길게 한탄하는 까닭입니다[臣所以泣血宵吟, 扼腕長歎者]."와 같이 쓰인다.

346 얼마 …… 대우이다: 송응창은 당시 여러 다른 관원들과 함께 과도관 인사에 포함되었다. 『명목종실록』 권52, 융경 4년 12월 9일(임인) 기사를 참고.

347 고공(高拱): 1513-1578. 명나라 사람으로 하남 신정(新鄭) 출신이다. 자는 숙경(肅卿), 호는 중현(中玄)이다. 관직은 이부상서(吏部尙書), 중극전대학사(中極殿大學士)에 이르러 내각수보(內閣首輔)가 되었다. 원문에는 "신정(新鄭)"이라고 되어 있는데, 이는 고공이 하남성 신정 사람이기 때문이다.

348 고공(高拱)이 …… 제기하였을 때[會新鄭起互市議]: 명과 알탄 칸 사이에 맺어진 융경 화의를 지칭한다.

349 무상(撫賞): 명에서 변방의 안전을 확보하기 위해 몽골 수장들이 입공(入貢)할 때 변경

여 지키는 데 관한 여섯 가지 일을 진달하였으나, 집권자가 채용하지 못하였다.[350]

얼마 뒤에 형과우급사중(刑科右給事中)으로 전임되었다[융경 5년(1571)].[351] 변신(邊臣)을 오랫동안 유임시켜 인덕(仁德)을 미루어 넓히고 성덕(聖德)을 높여서 하늘의 사랑에 답할 것 등을 상소하였다.[352]

임신년[융경 6년(1572)], 예과좌급사중(禮科左給事中)으로 옮겼다. 호산공이 돌아가시니, 공은 예에 따라 슬픔을 다하기를 태숙인의 상을 치를 때와 마찬가지로 하였다.[353] 상복을 입는 기간이 끝나자 다시 예과좌급사중에 제수되었고[만력 3년(1575)],[354] 칙명을 받들어

......

에서 지급한 은을 지칭한다. 영락(永樂) 연간 올량합(兀良哈) 3위(三衛)를 회유하고자 하는 목적에서 시작되었으며, 융경화의를 계기로 알탄 칸을 포함한 다양한 몽골 세력들을 그 대상으로 포괄하게 되었다.

350 공은 …… 못하였다:『명목종실록』권55, 융경 5년 3월 3일(갑자)에 따르면 송응창은 병과도급사중(兵科都給事中) 장보단(章甫端)·예과도급사중(禮科都給事中) 장국언(張國彦)·형과우급사중(刑科右給事中) 장사충(張思忠)·예과급사중(禮科給事中) 기대강(紀大綱)과 더불어 알탄 칸에 대한 봉공·호시 및 이를 담당한 총독 왕숭고(王崇古)에 대해 각각 조목별로 논의를 올렸다고 한다. 당시 송응창이 올린 논의 내용은 담천(談遷)의『국각(國権)』에 간략히 인용되어 있다. 송응창은 오랑캐에게 조공을 허락한다 해도 믿을 수 없으므로 방어 비용이 이중으로 들 것이고 철병하는 것은 만전의 계책이 아님을 주장하였다. 談遷,『國権』(北京: 中華書局, 1958) 卷67, 융경 5년 3월 3일(갑자), 4157쪽, "宋應昌言, 虜雖通貢, 情或難測, 防邊則有兩費, 撤兵則非萬全." 같은 문장이 陳子龍 編,『皇明經世文編』卷434, 馮元成文集[馮時可], 志,「俺答後志」에도 실려 있다.

351 얼마 …… 전임되었다: 융경 5년(1571) 5월의 일이다.『명목종실록』권57, 융경 5년 5월 29일(경인).

352 변신(邊臣)을 …… 상소하였다:『명목종실록』권63, 융경 5년 11월 13일(신미)에 송응창이 천변(天變)으로 인하여 황제의 수성(修省)을 촉구한 상소의 요지가 간략히 실려 있다.

353 임신년(1572) …… 하였다: 예과좌급사중 전임 기사는『명목종실록』권66, 융경 6년 2월 21일(무신)에 실려 있다.『가정사십사년을축과진사이력편람』에 "壬申五月, 陞禮科左, 丁憂."라고 기록되어 있는 것으로 보아 송응창이 부친상을 당한 것은 융경 6년 5월의 일로 보인다.『嘉靖四十四年乙丑科進士履歷便覽』12b.

경영(京營)을 순시하였다.[355] 당시 장거정(張居正)[356]이 재상으로서 나랏일을 맡아보면서 기세가 눈부셔 남을 압박하였으므로 일을 상주하는 자는 반드시 먼저 부봉(副封: 상주의 사본)을 그에게 올렸으나, 공은 유독 물리치고 그렇게 하지 않았다. 변경의 보고가 하룻저녁에도 열 몇 번이나 이르렀는데도 장거정은 가리고 없다고 대답하니, 공은 가슴을 어루만지며 탄식하기를 "속이는 것이 이 지경에 이르렀는가."라고 하였다. 곧바로 첩보에 의거하여 상주하고 오랑캐를 막는 일곱 가지 일을 곧이곧대로 진달하였다. 장거정이 노하여 이르기를, "이 자가 홀로 나를 물어뜯는구나."라 하고 공을 내보내어 제남(濟南)의 지부(知府)로 삼았다.[357] 공은 태연히 길을 나서서 조금도 불평하는 기색을 보이지 않았다.[358]

.......

354 상복을 …… 제수되었고:『명신종실록』권35, 만력 3년 2월 20일(기축).

355 칙명을 …… 순시하였다:『가정사십사년을축과진사이력편람』에 따르면 만력 3년 4월의 일이다.『嘉靖四十四年乙丑科進士履歷便覽』12b.

356 장거정(張居正): 1525-1582. 명나라 사람으로 호북성(湖北省) 형주부(荊州府) 강릉현(江陵縣) 출신이다. 자는 숙대(叔大), 호는 태악(太岳), 시호는 문충(文忠)이다. 만력 원년(1572) 수보대학사(首輔大學士)가 되어 몽고와의 화평에 성공하였다. 또한 전국적인 호구 조사 및 토지 측량을 실시하여 지주를 누르고 농민 부담의 균형을 꾀하였다. 명나라 제일의 정치가로 손꼽힌다. 본문에는 "강릉(江陵)"이라고 되어 있는데, 이는 그가 호광성 강릉 출신이기 때문이다.

357 장거정이 …… 삼았다:『가정사십사년을축과진사이력편람』에는 만력 3년 7월의 일로 되어 있다.『嘉靖四十四年乙丑科進士履歷便覽』12b. 한편『만력야획편(萬曆野獲編)』에서는 원래 지부(知府)에 결원이 있으면 반드시 대신이 부(部)·시(寺) 소속의 관원 및 과도관으로서 재능과 명망이 있는 자를 천거하여 임명하도록 하였으나 근래에는 그 위상이 많이 떨어졌음을 지적하고, 그 사례 중 하나로 송응창이 제남지부(濟南知府)로 임명된 것을 들었다. 다만『만력야획편』에서는 송응창의 전직을 이과좌급사중(吏科左給事中)으로 잘못 기재하였다. 沈德符,『萬曆野獲編』卷22, 司道,「布按二司官」, 570-571쪽, "祖宗朝最重布按二司官, 知府凡有缺, 必大臣保舉部, 寺, 科道官有才望者居之 … 猶憶今上初年乙亥, 今司馬宋桐江(應昌)以吏科左給事陞濟南府知府".

358 공은 …… 않았다: 본문의 서술과는 달리 송응창의 부인 고 숙인의 묘지명에는 제남 지

제남은 남북으로 큰길이 지나는 곳으로, 매우 복잡한 지역이었다. 공은 간사함을 다스리고 백성을 좀먹는 자들을 도려내는 일에 여력을 남기지 않았다. 백성이 괴로워하는 바를 묻고는 그것을 평안히 하고 조정하는 데 힘썼다. 예를 들어 부세(賦稅)를 거두어 운송해 내보내도록 맡기는 일에서는 요역을 아홉 등급으로 나누었는데, 산동성에서 지금까지 규범으로 삼고 있다. 이 밖에도 관대하고 인자하며 선한 정사를 펼쳐 백성을 오로지하고 살린 바는 다 헤아릴 수 없으니, 백성의 칭송이 지금까지 끊이지 않고 있다.[359] 전후로 최우등 고과를 모두 7번 받았으며, 만력 3년(1575)에는[360] 입근고찰(入覲考察)[361]에서 탁이(卓異) 제1인으로 선정되어 황상께서 동쪽 행랑에서 연회를 열어주셨다.

6년을 보내고[만력 8년(1580)] 산서안찰사부사(山西按察司副使)로 발탁되어 분순하동병비도(分巡河東兵備道)가 되었다.[362] 당시 포주(蒲

.......

부에 임명된 송응창이 분개하며 은퇴하려고 하자 고 숙인이 위로하여 편한 마음으로 길을 떠나게 하였다고 한다. 이후 산동순무로 치적을 올린 뒤에도 고 숙인은 웃으면서 예전에 제남을 얕보았던 것을 지적하였다. 黃汝亨,『寓林集』卷15, 誌銘,「明兵部左侍郎經略桐岡宋公配顧淑人墓誌銘」, 42b-43a.

359 제남은 …… 있다:『제남부지(濟南府志)』에도 송응창이 토지를 측량하고 부역을 편성하여 백성이 40년 동안 혜택을 입었으며, 명환(名宦)으로서 제사 지낸다고 기록되어 있다.『(道光)濟南府志』[道光 20년(1840) 간행, 中國地方志集成 編輯工作委員會 編,『中國地方志集成: 山東府縣志輯』2, 南京: 鳳凰出版社; 上海: 上海書店; 成都: 巴蜀書社, 2004] 卷36, 宦績 4, 明, 知府, 2b.

360 만력 3년(1575)에는: 원문에는 "上三年"으로 되어 있다.

361 입근고찰(入覲考察): 조근고찰(朝覲考察)을 의미한다. 홍무 29년(1396) 이후 명대 지방 관들은 3년 주기로 상경하여 황제를 알현하고 정기 인사평가를 받도록 규정되어 있다. 또한 조근고찰에서 탁이(卓異), 즉 매우 우수한 치적을 거두었다고 평가되는 경우에는 예부에서 연회를 열어주고 옷을 하사하였으며 천거 대상에 들어가는 등 각종 우대를 받았다.

362 6년을 …… 되었다: 제남지부에서 산서안찰사부사(山西按察司副使)로 임명된 기사는

州)의 황하(黃河) 제방이 무너져 물이 넘쳐서 성을 침식하여 성이 무너질 지경이 되었다. 마침 분수하동도(分守河東道)는 공문을 받들고 떠나 있었다.[363] 공은 포주로 달려가서 글을 지어 황하의 신에게 기도하였다. 글이 물속으로 던져지자 수위가 석 자나 내려갔다. 공이 이어서 손발에 굳은살이 박여가며 제방을 쌓으니 석 달 만에 제방이 완성되어 포주에서 오랫동안 의지할 수 있게 되었다. 백성이 환호하며 사당을 지어 공을 모시고, 남해(南海)에서 한유(韓愈)의 사당을 지은 것에 비견하였다.[364] 공은 백성의 고통에 마음을 다하였다. 고된 가뭄을 만나 비가 오지 않자 『춘추번로(春秋繁露)』의 비를 비는 방법을 써서 담당 관청에 명령을 내려 시행하도록 하니 곧 응험이 있었다.[365] 7월 갑자일에[366] 의씨현(猗氏縣)의 단정(壇井) 안에 용이

.......

『명신종실록』 권96, 만력 8년 2월 17일(정해)에 보인다.
363 마침 …… 있었다: 당시 분수하동도(分守河東道)의 관아가 포주(蒲州)에 있었으므로, 원래는 분수하동도가 이 상황에 대처해야 했다. 『명세종실록』 권327, 가정 27년 6월 19일(임술).
364 남해(南海)에서 …… 비견하였다[比于南海之祠昌黎焉]: 당나라 원화(元和) 14년(819) 당 헌종(憲宗)이 불골(佛骨)을 궁중으로 맞아들이려 하였을 때, 한유(韓愈)는 이를 비판하는 「논불골표(論佛骨表)」를 지었다가 남쪽의 조주자사(潮州刺史)로 좌천되었다. 당시 조주(潮州)의 백성은 악어의 출몰로 고통을 겪고 있었는데, 한유가 이를 듣고 계곡에 제문(祭文)을 올리고 악어가 떠나갈 것을 비니 계곡의 물이 서쪽으로 빠져나가 악어의 근심이 사라지게 되었다고 한다. 『신당서(新唐書)』 「한유전(韓愈傳)」에 나오는 고사이다.
365 고된 …… 있었다: 『춘추번로(春秋繁露)』는 전한(前漢) 시대 동중서(董仲舒)가 지었다고 전해지는 『춘추(春秋)』 해석서이다. 『춘추공양전(春秋公羊傳)』에 기반을 두고 천인상관론(天人相關論) 및 음양오행설(陰陽五行說) 등을 통해 역사적 사건의 의미를 논하였다. 이 중 「구우(求雨)」 편에는 계절마다 비를 구하는 제사 방법이 기록되어 있다. 송응창은 『춘추번로』에 나온 비를 구하는 방법에 대해 관심이 많았던 것으로 보이며, 『천경당서목(千頃堂書目)』 등에는 송응창이 지은 1권 1책의 『춘추번로도우법(春秋繁露禱雨法)』이라는 서명이 전하고 있으나 현전하지는 않는 것으로 보인다.
366 7월 갑자일에: 송응창의 산서안찰사부사 재임 중 7월 갑자일은 만력 9년(1581) 7월 3일과 만력 10년(1582) 7월 9일이며, 송응창이 부임한 만력 8년에는 7월에 갑자일이 없다.

나타났는데 기린 뿔이 빽빽하게 달려 있었으며, 용이 승천하니 바람이 일었다. 이날 저녁 비가 오니 백성이 모두 신령스럽게 여겼다.[367]

얼마 뒤에[만력 11년(1583)] 하남포정사좌참정(河南布政司左參政)으로 승진하여 하남독량도(河南督糧道)를 겸임하였다.[368] 하남의 조량(漕糧)은 해마다 대호(大戶)의 명단을 보고하고 그들이 모아들여 운군(運軍: 조운을 담당하는 군대)에게 넘기도록 하였는데, 교활한 자들이 포람(包攬)[369]하면서 간사한 짓을 저질렀다. 공은 아홉 가지 논의를 조목별로 나열하여 간사하게 이익을 탐하는 것을 금하니 군민(軍民)이 편하게 여겼으며, 양하(兩河: 하남성)의 조운(漕運)은 지금까지도 이에 힘입고 있다. 당시에도 고된 가뭄이 들자 6월에 공이 서쪽 교외에 제단을 세우니 오색(五色)의 뱀이 항아리 안에 나타났다가 날이 지나자 어디에 있는지 알 수 없게 되었는데, 비가 곧 내렸다. 7월에 다시 개봉부(開封府)[370] 서쪽 교외에 제단을 쌓았으나 응험

.......

본문에 나온 날짜가 둘 중 어느 쪽인지는 알 수 없다.

367 당시 …… 여겼다:『산서통지(山西通志)』에도 이 일화가 간략히 실려 있다. 또한 구휼에 힘쓰고 호구조사·의창(義倉)·향약(鄉約)·보갑(保甲) 등에도 업적을 세웠다고 기록되어 있다.『(雍正)山西通志』卷86, 名宦 4, 統轄, 明, 4b.

368 얼마…… 겸임하였다:『명신종실록』권133, 만력 11년 2월 2일(을유)에 따르면 송응창은 만력 11년(1583)에 하남산동제학부사(河南山東提學副使)로 승진하였다고 되어 있다. 또한『산서통지』에는 하남좌참정(河南左參政)으로 승진하였다고 하였고,『하남통지(河南通志)』에도 포정사좌참정(布政司左參政) 명단에 송응창이 들어 있다.『(雍正)山西通志』卷86, 名宦 4, 統轄, 明, 4b;『(雍正)河南通志』(사고전서 수록본) 卷31, 職官 2, 明, 布政司左參政, 31a.

369 포람(包攬): 신사(紳士)와 같은 유력한 호가 여러 집의 세금을 맡아서 한꺼번에 같이 관아에 납부하는 것을 말한다. 농민 입장에서는 복잡한 납부 절차를 생략할 수 있어서 편리하였지만, 다른 한편으로는 포람 과정에서 착복이나 과다한 수수료 부담 등의 문제가 생기기도 하였다.

370 개봉부(開封府): 원문에는 개봉부의 옛 이름인 "대량(大梁)"이라고 되어 있다. 하남독량도의 관아는 개봉부 서쪽에 있었다.『(雍正)河南通志』卷40, 公署, 3a.

이 없었다. 조금 북쪽으로 옮기고 모두 『춘추번로』의 비를 비는 방법을 쓰되 조금 변통하니, 날이 마치기 전에 또한 비가 내렸다.

이달에[만력 12년(1584)] 산동안찰사(山東按察使)로 승진하였다.[371] 산동 사람들은 예전에 공의 덕을 입었으므로 공이 도착하였다는 말을 듣자 뛰며 춤추기를 마치 어린아이가 자애로운 어머니를 다시 만난 것처럼 하였다고 한다.

얼마 뒤에[만력 14년(1586)] 강서포정사우포정(江西布政司右布政)으로 옮겨 군적(軍籍)을 정리하는 일을 수행하였다.[372] 공은 군책(軍冊)이 관아에 쌓여 있어 이로 인해 위아래에서 간사한 짓을 저지르고 있음을 꿰뚫어보고, 일의 본말을 책자에 근거하여 서로 맞춰보아 중복해서 적힌 자를 깎아버리고 대가 끊긴 자를 제거해서 관민(官民)이 서로 맞춰볼 수 있게 하여, 이전부터 여러 사람이 연루되던 잘못을 일거에 씻어버렸다. 그리고 남은 여가에는 좌포정사(左布政使) 진문촉(陳文燭)[373]과 더불어 누각에 올라 시를 지었다.[374] 시가 완성

.......

371 이달에 …… 승진하였다:『명신종실록』권151, 만력 12년 7월 15일(기축). 따라서 위의 문단에서 송응창이 하남에서 비를 빈 시점도 만력 12년 6~7월의 일임을 알 수 있다.

372 얼마 …… 수행하였다:『명신종실록』권170, 만력 14년 정월 26일(신유). 또한 당시 강서순무(江西巡撫)였던 진유년(陳有年)이 올린 상주문에는 강서포정사청군우포정(江西布政司淸軍右布政) 송응창이 올린 정문(呈文)이 인용되어 있어, 송응창의 군적(軍籍) 정리에 대한 인식과 대책을 상세하게 살펴볼 수 있다. 陳有年,『陳恭介公文集』(북경대학 도서관 소장) 卷2, 奏疏,「酌議軍餘丁差 利甦疲累事疏」, 14b-21a.

373 진문촉(陳文燭): 1525~?. 명나라 사람으로 호광(湖廣) 승천부(承天府) 면양주(沔陽州) 출신이다. 자는 옥숙(玉叔), 호는 오악산인(五嶽山人)이다. 가정 44년(1565) 진사가 되어 대리시평사(大理寺評事)를 지냈다. 만력 2년(1574) 사천제학부사(四川提學副使), 만력 5년 산동좌참정(山東左參政)을 역임하였다. 관직은 남경 대리시경(南京大理寺卿)에 이르렀다.

374 그리고 …… 지었다: 원문에는 송응창이 더불어 시를 지은 상대가 "진옥숙좌사(陳玉叔左使)"로 되어 있는데, 당시의 강서좌포정사는 진문촉이었다.『명신종실록』권178, 만력

되자 맑고 밝으며 미려하고 상쾌하니, 사람들이 모두 공의 가슴속에 좋은 경치를 좋아하는 마음이 넉넉하게 갖추어져 있으며 단지 널리 세상을 구제하는 그릇에 머무르지 않음을 알고 감복하였다. 그러나 공을 꺼리는 자들은 또한 곧바로 공의 허물을 들추어 헐뜯으니, 공은 마침내 사직하는 상소를 올렸다. 이부상서(吏部尙書) 양외(楊巍)[375]는 공을 깊이 알아주었기 때문에 홀로 상주하여 유임시켰다.

복건포정사좌포정사(福建布政司左布政使)로 옮겨지니, 상소를 올려 사직하였으나 허락받지 못하였다[만력 17년(1589)].[376] 얼마 지나지 않아 도찰원우부도어사(都察院右副都御史)로 승진하여 산동순무[巡撫山東]가 되었다.[377] 산동은 북경과 남경의 삼보(三輔)[378]에 해당하며 남북의 목구멍과 같은 지역이다. 서쪽 3군은 조운과 역참 때문에 시달리며, 동쪽 3군은 요역과 군대 조련 때문에 지쳤다. 사람들은 명령을 수행하느라 피로해하고 굶주림과 추위가 길에 넘치며 떠

.......

14년 9월 21일(임자). 옥숙(玉叔)은 진문촉의 자이다. 그와 송응창은 둘 다 가정 44년 (1565)에 진사가 되었다. 진문촉과 송응창이 주고받은 시는 만력 연간에 편찬된 『남창부지』에 각각 3수, 2수가 실려 있다. 『(萬曆)南昌府志』(日本藏中國罕見地方志叢刊, 北京: 書目文獻出版社, 1990) 卷30, 詩, 26b-27b.

375 양외(楊巍): 1516~1608. 명나라 사람이다. 원문에는 "총재이산양공(冢宰二山楊公)"이라고 되어 있다. 총재(冢宰)는 이부상서의 별칭이고, 이산(二山)은 양외의 호이다.

376 복건포정사좌포정사(福建布政司左布政使)로 …… 못하였다: 『명신종실록』권207, 만력 17년 정월 23일(신미).

377 얼마 …… 되었다: 『명신종실록』권212, 만력 17년 6월 10일(을유). 『가정사십사년을축과진사이력편람』에는 2월의 일로 되어 있으나, 『명신종실록』의 기사가 정확할 것으로 보인다. 『嘉靖四十四年乙丑科進士履歷便覽』12b.

378 삼보(三輔): 전한(前漢) 무제(武帝) 때 장안(長安) 부근 지역을 경조윤(京兆尹)·좌풍익(左馮翊)·우부풍(右扶風)으로 나누어 관할하도록 하였는데, 이 세 지역을 삼보라고 불렀다. 이후 경사 주변, 근기(近畿)의 별칭으로 사용되었다. 수도를 보위하는 중요한 지역이라는 의미이다.

돌아다니는 자들은 돌아오지 않고 간악한 자들이 그치지 않으니, 풍속과 교화가 날로 어그러졌다. 공이 탄식하여 말하기를, "일은 옛것을 본받지 않고 법은 백성에게 마땅하지 않으니, 머리는 젖지 않도록 하더라도 꼬리가 젖을 터인데[379] 어떻게 다스리겠는가."라고 하였다.

이에 상소를 올려 세 가지 일을 진달하였는데, 하나는 옛 향약의 법을 따르는 것이고, 하나는 옛 보갑(保甲)[380]의 법을 따르는 것이며, 하나는 옛날의 상평(常平)[381]·예비(豫備)[382]를 본받자는 것이었는데, 이는 보적창(保赤倉)[383]의 법을 세우려는 의도였다. 담당 관청에 명

......

379 머리는 …… 터인데[救頭濡尾]: 여우는 머리가 가볍고 꼬리가 무거운데 냇물을 건널 때 꼬리를 등에 얹고 건너다가 힘이 빠져 꼬리가 젖으면 더욱 무거워지므로 결국 끝까지 건너지 못하게 된다는 고사를 말한다. 처음에는 쉬워도 끝마무리를 잘하기 어려운 것에 대한 비유, 또는 준비가 부족하면 일을 추진할 수 없다는 비유로 사용된다. 출전은 『주역(周易)』「미제(未濟)」및 『사기』「춘신군열전(春申君列傳)」이다.

380 보갑(保甲): 명 초의 향촌 조직인 이갑법(里甲法)이 붕괴하는 과정에서 16세기 이후 새로이 편성된, 명·청 시대 중국의 전통적 향촌 조직이다. 10가를 1갑, 10갑을 1보로 삼아 향촌 방위 및 연대책임의 단위로 기능하도록 하였으며, 향약과도 연계되어 상호부조를 통해 향촌 질서를 유지하는 역할도 맡았다.

381 상평(常平): 곡식의 가격을 조절하기 위해 국가에서 창고를 지어 곡식을 저축해놓고 곡식이 쌀 때는 값을 올려 수매하고 곡식이 비쌀 때는 값을 내려서 판매하는 제도이다. 중국에서는 한나라 선제(宣帝) 때부터 시행되었다.

382 예비(豫備): 예비창(豫備倉)을 지칭한다. 예비창이란 명대에 곡물을 비축하여 구휼에 사용하기 위해 각지에 설치한 창고이다. 홍무 3년(1370)에 처음 설치되었으며, 각 주현마다 설치되어 봄에 곡식을 빌려주고 가을에 거두었다. 오래 시행하는 과정에서 백성에게 부담을 전가하는 등 폐단이 나타났으며, 비축곡이 점차 줄어들면서 융경 연간에는 이미 유명무실해졌다.

383 보적창(保赤倉): 유명무실해진 예비창을 대신하여 당시 각지에서 새롭게 만들어지던 창고를 지칭한다. 곡물을 대여하고 이자를 붙여 수취하는 방식으로 운영되었던 것으로 보인다. 陳子龍 編, 『皇明經世文編』卷444, 王都諫奏疏[王德完], 「救荒無奇及時講求以延民命疏(平糶)」, "不知豫備一賑而不還, 平糶則常存而不朽, 保赤尙勸借而取息, 平糶則受糴而無追."

령을 내려 마음을 다해 시행하도록 하였다.[384] 당시 호구 조사를 하는 일이 있었는데, 공은 또한 오랜 폐단을 임시로 변통하는 두 가지 법을 정하여 담당관에게 주었다. 이로써 부유한 호의 등급을 올리고 빈곤한 호의 등급을 내려서 요역의 부담이 편중되는 경우가 없게 되었으니, 산동 사람들이 편안해하고 이롭게 여긴 것이 여러 해가 되었다.[385]

하지만 공은 산동 땅에서 미리 준비하는 일을 그치지 않았다. 공이 생각하기를, "산동은 북쪽으로 북경을 보위하고, 청주(青州)·등

........

384 담당 …… 하였다: 보적창을 세우라는 송응창의 명령은 산동의 일부 지역에서 실제로 시행된 것으로 보인다. 황극찬(黃克纘)의 『수마집(數馬集)』에 따르면 만력 38년(1610) 당시 제남부(濟南府) 소속 4개 현과 연주부(兗州府) 소속 2개 주현, 동창부(東昌府) 소속 7개 주현, 청주부(青州府) 소속 5개 현에서 보적창의 존재가 확인된다. 黃克纘, 『數馬集』(四庫禁燬書叢刊 集部180) 卷6, 奏疏, 「擧劾散賑有司官員勳(萬曆三十八年十月)」, 6a-6b.

385 당시 …… 되었다: 본문에는 송응창의 치적만이 기록되어 있으나, 산동순무로서의 송응창에 대해서는 비판 의견도 존재하였다. 당시 산동의 안찰부사(按察副使)로 재직한 양시형(楊時馨)은 순무 송응창이 좌도(左道)를 숭신(崇信)한다고 면전에서 질책하여 그 뜻을 꺾었으며, 마침내 그를 탄핵하는 상소를 올리고 귀향하였다고 한다. 『(雍正)河南通志』 卷57, 人物 1, 明, 105b-106a. 또한 만력 19년(1591) 덕평지현(德平知縣) 최사계(崔士棨)가 가뭄과 메뚜기로 인한 재해를 보고하자, 산동순무 송응창은 그 실상을 의심하여 현승(縣丞) 동용빈(董用賓)을 불러 대질시켰다. 그러자 현의 백성 5천여 명이 송응창을 찾아와 소요를 일으키기 직전의 상황이 벌어졌고 송응창이 이들을 관대하게 처분하여 해산시키는 일이 있었다. 이후 병과급사중 왕덕완(王德完) 등이 이를 비판하자 송응창이 사직을 요청하면서 참정(參政) 형주준(荊州俊)도 사태와 관련이 있다며 비판하는 등 조정에서의 논란으로 비화되었다. 『명신종실록』 권242, 만력 19년 11월 24일(병술); 권243, 만력 19년 12월 1일(계사), 16일(무신); 瞿九思, 『萬曆武功錄』 卷1, 山東, 「德平判民列傳」, 5a-6a. 고 숙인의 묘지명에 따르면 송응창은 대리시경이 된 뒤에도 사직소를 올렸으나 임진왜란이 곧 발발하였다고 하였는데, 산동순무로 있을 때 받은 비난을 의식하여 사직하고자 한 것으로 추정된다. 이후 송응창의 장자 송수일이 송응창의 명예 회복을 요청하였을 때 끝내 실패한 것도 송응창이 산동순무로 재직할 때 속하에 있다가 쫓겨난 관원이 그를 탄핵하였기 때문이다. 黃汝亨, 『寓林集』 卷15, 誌銘, 「明兵部左侍郎經略桐岡宋公配顧淑人墓誌銘」, 43a-43b 및 44b.

주(登州)·내주(萊州)는 동해의 울타리가 된다. 국초에는 연해 지역에 영위순사(營衛巡司)를 설치하여 법과 제도가 매우 상세하였으나, 평화로운 날이 오래되자 담당자가 놓아두고 묻지 않았다. 세종[世宗: 가정제(嘉靖帝)] 때와 같은 일이 벌어지면 등주·해주(海州) 사이에서 왜를 어떻게 대처할 수 있겠는가.”라고 하였다. 이에 청주·등주·내주 세 부(府)를 순시하면서 한뜻으로 정비하고 경계하였고, 이어서 연해 방비에 대한 방책 다섯 가지를 상주하였다. 첫째는 전담 관원을 설치하여 책임지고 성과를 올리게 하는 것이고, 둘째는 직함을 올려서 통솔하기 편하게 하는 것이며, 셋째는 병영을 늘려서 병사들의 근무 여건을 개선하는 것이고, 넷째는 해안을 방어하는 부대를 철수시켜 실제로 쓸 수 있도록 하는 것이며, 다섯째는 바다를 순찰하는 일을 복구하여 간악한 도적을 소멸시키는 것이었다.

또한 해안을 방어하는 긴요한 방략(方略)을 상주하였는데 대의는 “왜노의 정황이 이미 드러났고 봄에 물이 불어날 때가 우려됩니다.”라는 것으로, 장수를 선발하고 병사를 조련하며 군량을 쌓아두는 세 가지 방책을 아뢰었다[만력 20년(1592)].[386] 이어서 직접 항구를 살펴보면서 요해지를 수리하고 군영과 보루를 설치하였으며, 군기(軍器)·화약의 제조를 독촉하고 연해 지역의 관병(官兵)을 나누어 뽑는 등 계획을 세우고 방어를 정비하였다. 그러나 여러 사람들은 오히려 공이 우활하여 실정에 어둡다고 여겼다. 얼마 뒤에 대리시경(大理寺卿)으로 승진하니, 왜노가 조선을 공격하여 함락시켰다는 보고가 이

.......

386 또한 …… 아뢰었다:『명신종실록』 권244, 만력 20년 정월 30일(신묘) 기사에는 송응창 등이 왜노의 정황이 이미 드러났으니 방어를 정비해야 한다는 상소를 올렸다고 짧게 소개되어 있다.

르렀다.[387]

마침 동쪽의 일[임진왜란]이 처음 일어났을 때 우리 군대는 서쪽에서 토벌하는 데 종사하고 있었고,[388] 왜노가 66도의 무리를 일으켜 조선으로 돌입하니 국왕 이연(李昖: 선조)은 의주로 도망쳤다. 왜노는 왕자 임해군(臨海君) 이진(李珒)·순화군(順和君) 이보(李㻐)[389]를 사로잡고 강정(康靖: 성종)·공희(恭僖: 중종) 두 왕의 묘를 파헤쳤다. 팔도(八道)·삼한(三韓)은 파괴되어 거의 없어질 지경이 되었고, 왜노가 내지를 침범하겠다고 큰소리치자 경사가 경계 태세에 들어갔다. 부총병[390] 조승훈이 명을 받들고 조선을 구원하러 갔다가 전군을 모두 잃고 간신히 몸만 살아 돌아오니, 안팎이 흉흉하여 계획을 내놓는 곳이 없었다.

조정에서는 포상 규정을 내걸어 능히 조선을 회복하는 자에게 상으로 은 1만 냥을 주고 백작(伯爵)에 봉하여 세습시킨다고 하였으나, 조정 신료들은 모두 두려워 다리와 혀를 덜덜 떨면서 응하는 자가 없었다. 이에 머리를 숙여 공이 가도록 추천하니, 조서를 내려 공을 병부우시랑(兵部右侍郞)에 제수하고 계주·요동·산동·보정 등지

-------

387 얼마 …… 이르렀다: 송응창이 대리시경으로 승진한 것은 4월 21일이고, 일본이 조선을 침공하였다는 소식이 명 조정에 처음 들어온 것은 5월 10일이었다. 『명신종실록』 권 247, 만력 20년 4월 21일(경술); 권248, 만력 20년 5월 10일(기사).

388 동쪽의 …… 있었고: 영하에서 일어난 보바이의 난을 말한다.

389 순화군(順和君) 이보(李㻐): ?~1607. 조선의 왕자이다. 선조의 6남으로 어머니는 순빈 (順嬪) 김씨이다. 임진왜란이 발발하자 근왕병을 모집하기 위해 강원도로 파견되었다. 임해군과 함께 반적에게 붙잡혀 가토 기요마사에게 포로로 넘겨졌다가 이듬해 석방되었다.

390 부총병: 원문에는 "어떤 관직[某官]"으로 되어 있으나, 조승훈의 당시 관직은 부총병이었다. 『명신종실록』 권251, 만력 20년 8월 5일(임진).

의 연해를 방어하고 왜를 막는 군무를 경략하도록 하였다.[391] 성지를
받들었는데, 그 내용은 다음과 같았다.

송응창의 충성스럽고 용맹함은 일을 감당할 만하며 또한 이
미 특별히 파견하였으니, 이 일의 권한은 모두 전적으로 그에게
책임 지울 것이다. 총독·순무도 방해할 수 없고, 장령 이하는 그
의 지휘를 받는다. 어기는 자는 군법으로 다스릴 것이다.[392]

당시 하남도감찰어사(河南道監察御史) 곽실이 공을 임명해서는
안 되는 이유 일곱 가지를 논하자 황상께서 진노하여 그를 귀양 보
내셨다. 공은 상소를 올려 힘써 그를 구원하고 또한 사직하였으나,
황상께서 공에게 맡기려는 뜻이 더욱 절실하여 부득이하게 명을 받
들었다.[393] 중사(中使: 환관) 몇 무리가 와서 공을 지그시 오랫동안 보

.......

391 조정에서는 …… 하였다: 명 조정에서 포상 규정을 내걸었으나 아무도 나서지 않았기에
송응창에게 임무를 맡겼다는 본문의 서술은 시간적 선후관계가 실제와 거꾸로 되어 있
다. 송응창을 병부우시랑(兵部右侍郞)으로 삼은 날은 만력 20년 8월 13일이고, 송응창에
게 계주·요동·산동·보정 등지에서 일본군을 막는 임무를 경략하라는 임무를 내린 날은
8월 18일이다. 반면 병부에서 조선을 회복하는 자에게 은 1만 냥과 백작 작위를 상으로
제시한 것은 송응창이 경략에 임명된 지 한 달이 넘은 9월 25일의 일이다. 『명신종실록』
권251, 만력 20년 8월 13일(경자), 18일(을사); 『國書草錄』 만력 20년 10월 27일, 「예부
가 조선국왕에게 보낸 자문」, "爲倭情變詐日增, 勢益猖獗, 萬分可虞, 懇乞聖明早賜議處,
以伐狂謀, 以圖治安事", 56a-60b. 또한 「0-5-13 兵部一本 附, 13b-15b」의 내용 및 문서
해설도 참고. 이렇게 사건의 순서를 뒤바꾸어놓은 이유는 송응창의 경략 임명이 갖는 의
의를 과장하기 위한 것으로 판단된다.
392 송응창의 …… 것이다: 해당 성지는 송응창이 올린 「1-1 初奉經略請勅疏 권1, 1a-3a」에
대한 비답으로 『명신종실록』 권251, 만력 20년 8월 25일(임자)에 실려 있다. 본문에 인
용된 성지는 실록과 세부 내용이 약간 다르다. 성지의 내용을 반영하여 송응창의 임무
및 권한을 명시한 칙서(「0-1 勅 勅, 1a-2b」)는 만력 20년 9월 26일에 발급되었다.
393 당시 …… 받들었다: 곽실의 송응창에 대한 임명 반대와 그에 대한 송응창·만력제의 반
응은 『명신종실록』 권252, 만력 20년 9월 9일(을축), 15일(신미) 및 「1-2 辭經略疏 권

다가 갔는데, 조금 뒤에 상방(尙方)<sup>394</sup>의 하사품을 가지고 나와서 다음과 같은 성지를 전달하였다.

경략 송응창에게 은 100냥·대홍저사 4표리를 내린다.

공이 머리를 땅에 조아리고 사은하면서 놀람과 기쁨이 교차하였다. 중사가 귓속말로 말하기를, "황상께서 선생의 복기(福器)가 어떠한가를 보라고 명하셨기에 우리가 돌아가서 선생의 풍채가 씩씩하고 뛰어나며 수염과 눈썹, 얼굴 모양새가 준수하고 아름다워 남을 위압한다고 보고하였습니다. 황상께서 마음으로 기뻐하셔서 특별히 이렇게 하사하게 된 것입니다."라고 하였다. 공이 매우 감격하여 눈물을 흘리며 몸을 바쳐 나라에 보답하겠다고 맹세하고는 곧바로 부월(斧鉞)을 짚고 도성 문을 나서니, 이는 임진년(1592) 9월 말이었다.<sup>395</sup>

그러나 이때 경략을 처음 설치하니 부서(部署)가 아직 정해지지 않았고, 일체의 무기·군량·장비도 창졸간에 갖추어지지 못하였다.

<sub>.......</sub>

1, 3a-5a」와 「1-3 論救郭御史疏 권1, 5a-6b」를 참고할 수 있다. 곽실이 어떤 이유로 송응창의 임명에 반대하였는지는 자료가 없어 구체적으로 알 수 없으나, 『만력야획편』에서는 송응창이 당시 위망이 부족하여 특별히 발탁된 데 대해 논의가 벌떼처럼 일어났고 그에게 맡겨진 권한이 너무 크다는 점을 지적하는 자들도 있었다고 회고하였다. 沈德符, 『萬曆野獲編』 卷22, 督撫, 「經略大臣設罷」, 563쪽, "當倭事起時, 宋素無威望, 物論無以闌外相許者, 一旦特拔, 議者蝟起, 且謂事權過隆." 이 사료를 비롯하여 송응창의 경략 임명에 관한 반대론 및 그 배경에 대해서는 孫衛國, 앞의 글, 40쪽에서 지적하고 있다.

394 상방(尙方): 한대(漢代) 소부(少府)에 딸린 관청으로 황제가 사용하는 기물(器物)이나 의복을 만드는 일을 맡아보았다. 여기서는 황제의 내탕(內帑)에 있는 물건을 내려주는 것을 뜻한다.

395 공이 …… 말이었다: 송응창은 「2-7 經略海防事宜疏 권2, 4b-7b」에서 자신이 9월 26일에 하직하고 칙서를 수령한 뒤 즉시 북경을 출발하였다고 하였다.

공은 아무것도 없는 데서 계획하여 일마다 모두 마련하였다. 상주하여 대장군 이여송을 제독으로 삼도록 하고, 사진(四鎭: 계주·요동·산동·보정)에 명령을 보내어 돈대와 보루를 수리하고 수비병을 늘리며 군화(軍火)·장비를 만들도록 독촉하고 항구에 수비를 나누어 배치하였다. 또한 상주하여 협수부총병(協守副總兵) 2명·유격 몇 명·수비 몇 명을 더 두며, 남·북병 1만 5000명을 모집하고 북병 1만 2000명과 남병 2000명을 더해서 각각 지세와 요해처를 살펴 남북에 나누어 주둔하도록 하였고, 제어하고 통제하는 데 차등을 두었다.[396] 장장 3000리에 연이어 수미(首尾)가 서로 호응하니 몸에 팔이 있어 손가락을 제어하듯 지휘가 원활한 형세를 이루었다.[397]

부서가 이미 정해지자 부총병 양원으로 하여금 중군(中軍)을 지휘하게 하고 이여백으로 하여금 좌군(左軍)을 지휘하게 하며 장세작으로 하여금 우군(右軍)을 지휘하게 하고, 참장·유격 이하는 그들의 휘하로 나누어 배치하였으며,[398] 통솔하여 관문을 나가니 온 군대가 엄숙하였다. 보는 자들은 모두 공경히 손을 모으고 감탄하기를, "송공이 군사를 통솔함에 정연하면서도 여유가 있으며 대군이면서도

後附 등

........

396 또한 …… 두었다: 송응창의 해안 방어 병력의 모집 및 배치 구상에 대해서는 「2-10 議設薊遼保定山東等鎭兵將防守險要疏 권2, 9a-15b」를 참고. 해당 상주에서 송응창은 남·북병 1만 5000명을 모집하고 근래 모집한 병력과 합쳐 총 1만 8000명을 배치할 것을 요청하였으나, 본문에서는 해당 상주에 나온 해방도병비첨사(海防道兵備僉事) 양호(楊鎬)가 건의한 수까지 합쳐서 잘못 계산한 수치를 제시하고 있는 것으로 보인다.

397 몸에 …… 이루었다[有身臂指使之勢]: 원래 『관자(管子)』 「경중을(輕重乙)」편에 나오는 "가슴이 두 팔을 부리는 것과 같고, 두 팔이 손가락을 부리는 것과 같다[如胸之使臂 臂之使指也]."라는 문장에서 유래한 말이다. 자기 몸이 손가락을 부리는 것처럼 자유자재로 지휘할 수 있다는 뜻이다.

398 부서가 …… 배치하였으며: 송응창이 제시한 중군·좌군·우군의 지휘관과 병력의 배치에 대해서는 「4-16 報進兵日期疏 권4, 15a-18a」에 자세하다.

허술하지 않으니, 진정 경략의 자질이다."라고 하였다. 그러나 이때 왜노는 30만의 무리로 조선에 웅거하고 있었으나 우리 군대로 동원된 병력은 겨우 3만 5000명에 지나지 않았고,[399] 대장군은 여전히 영하에 고삐가 묶여 있어 도착하지 못하였다. 병부상서 석성은 또한 군대의 출정을 늦춰서 서쪽의 일이 평정되기를 기다리기를 꾀하여 심유경을 보내 봉공을 논의하러 가도록 하여, 다음과 같은 성지가 내려왔다.

심유경에게 유격 직함을 주어 경략의 군영에서 청용(聽用)[400] 하도록 하라.[401]

.......

399 그러나 …… 않았고: 「4-16 報進兵日期疏 권4, 15a-18a」에 따르면 압록강을 건너기 직전인 만력 20년 12월 12일 시점에서 중군·좌군·우군을 합친 명군 병력은 3만 1897명이었고, 여기에 먼저 압록강을 건넌 오유충 등의 병력 5000명이 더 있었다고 한다. 한편 임진왜란 당시 송응창이 일본군의 병력을 본문과 마찬가지로 대략 30만이라고 인식하였던 것은 사실이나(「8-34 與李提督書 권8, 26a」), 이 수가 과장이라는 것은 송응창 스스로도 알고 있었다[『선조실록』 권39, 선조 26년 6월 5일(무자)]. 임진왜란 발발 당시 동원된 병력의 수는 약 15만 8700명이지만(三鬼淸一郎, 「朝鮮役における軍役体系について」, 藤木久志·北島万次 編, 『織豊政権』, 東京: 有精堂出版, 1974, 310~311쪽의 第1表) 이는 어디까지나 동원 계획상의 수치에 불과하고 실제로 조선에 건너온 병력은 10만이 될지 의심스럽다는 것이 당시 조선에 와 있던 마시타 나가모리(增田長盛)의 평가였다. 三鬼淸一郎, 「朝鮮役における國際条件について」, 『名古屋大学文学部研究論集(史学)』 21, 1974, 179~180쪽.

400 청용(聽用): 명 중기 이후 직위에서 해제된 원임 장령으로서 변경의 총독·순무가 자체적으로 자신의 군영에 받아들여 임용한 경우를 말한다. 이들은 스스로 장비와 가정을 갖추어 변경에 나아가 군무에 임하였으며, 공을 세우면 이전에 직위 해제되었을 때의 잘못을 헤아리지 않고 현직으로 복직할 수도 있었다. 총독·순무는 자율적으로 이들을 중군 등의 직책에 임용하여 자신의 군문에서 활용하는 것이 관행이었고, 이는 명 후기 장령의 중요 임용 방식 중 하나가 되었다.

401 심유경에게 …… 하라: 병부에서 같은 내용으로 올린 제본이 『만력저초』에 간략히 인용되어 있다. 『萬曆邸鈔』 만력 25년 8월, 696쪽, "兵部題, 沈惟敬加遊擊職衛, 經略軍前聽用". 송응창은 심유경을 병부의 제본을 통해 정식으로 유격으로 임명하는 것은 너무 그

이에 이르러 심유경이 길에서 공을 알현하였다. 공은 심유경을 앞으로 불러서 말하기를, "왜가 봉공을 요구한다면 다만 공손한 말로 궁궐을 향해 호소하면서 전군이 부산으로 물러나 명령을 들어야 마땅하다. 어찌 감히 조선을 유린하면서 우리를 협박하여 우리의 군대를 늦추려고 계획할 수 있단 말인가. 나는 명령을 받들어 적을 토벌하니 전투가 있을 뿐이다. 너는 스스로 법을 시험하지 말아라."라고 하니, 심유경이 혀를 내두르며 가버렸다.[402]

당시 우리 군대는 수가 적고 적은 많아 군사들의 마음이 불안하니 공이 자상하게 지시하면서 돌보아주었다. 도중에 여유로울 때 마침 능히 신병(神兵)을 훈련시킬 수 있다는 부적과 술법을 가지고 나아오는 자를 만나자 막객(幕客: 수행원)들이 서로 돌아보고는 망령되게 속이는 짓이라 여기며 비웃었다. 공은 "일단 시험해보고 이를 이용해 우리 군사들을 안정시켜야겠다."라고 말하였다.[403] 공이 비밀리에 제조한 불화살인 명화(明火)·독화(毒火)는 모두 정교함이 입신(入神)의 경지에 이른 것이었다.[404] 장사(壯士)들이 이를 시험해보자

의 존재를 드러내는 역효과를 초래하므로 비밀리에 병부의 차부를 발급하여 임명할 것을 대신 촉구하기도 하였다. 「2-23 報石司馬書 권2, 24a-24b」.

402 이에 …… 가버렸다: 송응창이 석성에게 보낸 편지에 따르면 실제 심유경과의 첫 만남의 분위기는 오히려 우호적이었던 것으로 보인다. 「2-45 報石司馬書 권2, 37a-38a」 참고. 해당 편지의 발신 날짜를 감안하면 송응창과 심유경의 첫 만남은 만력 20년 10월 24일경으로 추측된다.

403 도중에 …… 말하였다: 정확히 일치하지는 않으나 『만력야획편』에 비슷한 일화가 전한다. 임진왜란 당시 술수를 부려 도요토미 히데요시를 물리칠 수 있다는 자들이 북경에 가득하였는데, 그중 장사(壯士) 10명이 병부상서 석성에게 자신들이 외국의 성철(聖鐵)을 갖고 있으므로 어떤 칼도 자기들의 살을 뚫지 못한다고 주장하였고 석성은 이들을 시험해본 뒤 송응창에게 보냈다. 송응창이 시험 삼아 날카로운 무기로 이들을 찌르게 해보니 무기가 부러졌지만 실제 전장에 투입하자 10명 중 9명이 죽고 1명만 살아서 돌아오는 결과로 끝났다고 한다. 沈德符, 『萬曆野獲編』卷28, 鬼怪, 「術士使鬼」, 722쪽.

바로 기이한 효험이 나타나니, 군사들의 마음이 비로소 안정되었다.

12월, 대장군 이여송이 비로소 요양에 도착하여 공을 알현하였다.[405] 공이 말하기를, "왜는 수가 많고 사나우며 우리 중국을 업신여기고 있지만 우리 군대는 군량이 넉넉하고 병기가 정교합니다. 왜를 멸한 다음에 아침 식사를 하는 것은 대장군의 책임입니다."라고 하였다. 이여송은 자리를 피하고 앉았던 자리에서 일어나 "삼가 명령을 받겠습니다."라고 말한 뒤 서로 더불어 군사들 앞에 맹세하고 강을 건넜다. 마침 심유경이 왜의 진영에서 돌아와 처음과 마찬가지로 화의에 집착하였다. 공이 눈을 부릅뜨고 크게 노하여 말하기를, "천자의 군대가 태산(泰山)이 계란을 누르는 기세로 왔으니 적이 금방이라도 망할 터인데 아직도 감히 속이는 말로 나를 업신여기느냐. 너는 겁을 내어 나라를 욕되게 하였으니 죄가 참형에 해당한다." 하고는 역사(力士)에게 명하여 심유경을 진중에 묶어두도록 하고 적을 토벌할 일을 더욱 급하게 의논하였으며[406] 군율(軍律) 32조를 반포하였다.[407] 마침 황상께서 상으로 은 10만 냥을 내리시자 공이 황상의

········

404 공이 …… 것이었다: 송응창은 자신이 제조한 특제 화살인 명화(明火)·독화(毒火)의 위력에 대해 확신을 가지고 있었다. 예를 들어 「5-8 檄李提督幷袁劉二贊畫 권5, 5b-8a」를 참고.

405 12월 …… 알현하였다: 이여송이 요양에 도착한 날은 12월 8일이었다. 「4-13 報趙張二相公書 권4, 12b-13a」; 「4-16 報進兵日期疏 권4, 15a-18a」.

406 마침 …… 의논하였으며: 송응창이 심유경의 구류를 명령한 것은 사실이나, 이는 심유경이 화의를 주장했기 때문이라기보다는 정보 누설의 우려 때문이었다. 송응창은 심유경을 이여송에게 보내면서 기패(旗牌)가 자신을 수행하도록 해달라는 심유경의 요청을 함께 전달하는 등(「4-22 與李提督書 권4, 20b-21a」) 그의 편의를 봐주려는 태도를 보였으나, 평양성 전투 직전 심유경이 평양의 일본군에게 포화(布花)를 팔자 이여송은 그의 가인(家人) 심가왕(沈嘉旺)을 진영에 구류하고 송응창에게 보고하였으며, 송응창은 심유경과 심가왕을 함께 구류하고 심유경이 일본군 진영에 소식을 전달하지 못하도록 하라고 지시하였다. 「5-16 檄李提督 권5, 13a-13b」.

덕의(德意)를 선포하니 군사들이 더욱 감격하고 분발하여 환성이 하늘을 꿰뚫었다.[408]

출정할 시기가 되자 뜰에서 깃발에 제사를 올리고 술잔을 받들어 대장군에게 준 뒤 차례대로 세 부총병에게도 주면서 말하기를, "왜를 격파하고 속국을 회복해서 큰 공을 세워 주군의 은혜에 보답하기에 힘쓰라."라고 하였다. 또한 여러 장사들에게 술잔을 주며 말하기를, "봉작과 상은 앞에 있고 군율은 뒤에 있으니 각자 힘을 다하라."라고 하였다. 모두 머리를 땅에 조아리며 사례하고 떠났다.[409]

계사년(1593) 정월, 특지(特旨)로 공에게 1품의 관복을 더하여 사신이 기린의(麒麟衣) 1벌을 가지고 압록강(鴨綠江) 가에 이르렀다.[410]

.......

407 군율 …… 반포하였다: 송응창이 반포한 군령은 「3-46 軍令三十條 권3, 37b-41b」가 있으나, 본문의 32조와는 조항 수가 다르다. 해당 군령은 만력 20년 11월 30일에 반포된 것으로 되어 있으므로, 실제로는 이여송이 도착하기 전의 사건이지만 본문에서는 뒤에 배치되어 있다.

408 마침 …… 꿰뚫었다: 송응창이 만력제가 하사한 은 10만 냥을 받은 것은 만력 20년 11월 29일의 일이다. 송응창은 바로 다음날인 11월 30일에 이에 사은하는 상소를 올렸다. 「3-45 謝欽賞將士疏 권3, 36b-37b」. 이 역시 이여송이 도착하기 이전의 사건이지만 뒤에 배치되어 있다.

409 출정할 …… 떠났다: 송응창은 12월 13일·16일·19일에 각각 나누어 군대를 출진시키는 의식을 거행하였다. 「4-16 報進兵日期疏 권4, 15a-18a」.

410 계사년(1593) …… 이르렀다: 홍무 24년(1391)에 정한 바에 따르면 원래 기린을 수놓은 옷은 공(公)·후(侯)·부마(駙馬)·백(伯)이 입는 상복(常服)이었으며, 문관 1품이 입는 상복에는 선학(仙鶴)을 수놓게 되어 있었다. 그러나 점차 금의위(錦衣衛) 소속 인원들부터 시작하여 기린을 수놓은 옷을 입는 범위가 넓어졌으며, 정덕(正德) 13년(1518)에는 문신 4품에게까지 기린을 수놓은 옷을 하사하는 특전을 베푼 사례도 있었다. 가정 연간에도 내각대학사 엄숭(嚴嵩)·서계(徐階)에게 기린을 수놓은 옷을 하사하였다. 이를 통해 기린을 수놓은 옷은 공·후 등만 입는 옷이 아니게 되었으나 여전히 특전의 상징으로 여겨지고 있었던 것으로 보인다. 『明史』卷67, 興服志 3, 「文武官常服」, 1637-1640쪽 및 「賜服」, 1640-1641쪽; 沈德符, 『萬曆野獲編』補遺 卷3, 兵部, 「武弁僭服」, 870쪽. 송응창은 만력 21년 정월 5일에 해당 관복을 하사한 데 대해 사은하는 상소를 올렸다. 「5-9 謝加一品服疏 권5, 8a-9a」.

공은 북쪽을 향해 절하고 하사품을 공손히 받은 뒤에 군대를 정비하여 평양에 육박하였다.[411] 왜장 고니시 유키나가는 무리 10만을 거느리고 성 아래에 집결하였으며, 높은 누각을 세우고 담장에는 총을 쏘기 위한 구멍을 뚫어두었다. 모란봉(牡丹峯)을 수비하며 서로 응원하는 형세를 이루면서 작은 구멍을 뚫어 총알이 구멍을 통해 발사되도록 하니 형세가 산을 등진 호랑이와 같아 아무도 감히 올려다보며 다가서지 못하였다. 공은 방략을 지시하기를 그 서·남·북 세 문을 포위하고 밖으로 마름쇠를 몇 겹으로 깔아두며 몰래 호준포(虎蹲砲)[412] 등을 설치한 뒤 군사를 배치해서 지키도록 하였다. 불화살을 일제히 발사하자 독 연기가 하늘을 뒤덮고 왜의 무리들이 어지러워 토하고 쓰러졌다. 우리 군사들이 각자 해독약을 입에 물고 개미처럼 성벽에 붙어서 올라가자 여러 문이 모두 돌파당하여 적이 크게 패해 도주하였다.[413] 참수한 수급이 1647급이었으며, 불에 타

.......

411 공은 …… 육박하였다: 본문은 마치 송응창이 명군과 함께 압록강을 건너 평양에 접근한 것처럼 서술하고 있으나, 평양성 전투 당시 송응창은 아직 압록강을 건너지 않고 후속 부대를 독촉하고 군수물자를 마련하는 일 등에 주력하고 있었다. 송응창이 조선으로 들어온 것은 평양성 전투가 끝난 뒤인 만력 21년 정월 24일의 일이었다. 孫衛國, 앞의 글, 42-43쪽.

412 호준포(虎蹲砲): 대포의 하나로 명나라 장수 척계광(戚繼光)이 사용하였다. 사격에 용이하도록 고정된 위치에 배치하였는데, 그 모습이 호랑이가 앉아 있는 모양과 흡사하다 하여 호준포라 불렀다. 호준포의 위력은 크지 않고 오늘날의 박격포와 비슷하다. 그렇기 때문에 곡사 위주의 화포로 산악과 숲, 논 등 대포가 이동하기 힘든 전투 지역에 비치하였다.

413 공은 …… 도주하였다: 본문에 묘사된 내용은 실제 평양성 전투의 상황보다는 송응창이 지시한 전술의 내용을 반영하고 있다. 송응창의 평양성 전투 전술 계획은 「4-30 與副將李如栢李如梅等書 권4, 25a-26b」 및 「5-8 檄李提督幷袁劉二贊畫 권5, 5b-8a」를, 명군의 평양성 전투 전황에 대한 공식 보고는 「7-7 敍恢復平壤開城戰功疏 권7, 7a-21b」에 수록된 유황상·원황의 정문을 참고.

거나 물에 빠져 죽은 자는 셀 수가 없었다. 개성까지 추격하여 다시 싸워서 또 참수한 수급이 178급이었다.[414] 여러 지역의 적은 소문만 듣고도 무너졌으며 고니시 유키나가는 진영을 철수하여 왕경으로 도망갔다.

이때 왜의 기세는 여전히 왕성하였으며 또한 패배를 겪어 분하게 여기고 있었다. 대장군 이여송은 저들이 여러 차례 패하였다고 가볍게 여겨 겨우 3000명만 스스로 거느리고 지형을 살피러 갔다가 벽제에서 포위되는 일이 벌어졌다. 대장군 이여송이 죽을 각오로 싸우고 우리 군사들이 한 사람으로서 100명을 당하지 않는 자가 없어서 금갑(金甲)을 입은 왜를 베어 말에서 떨어뜨렸고 양원·장세작의 원군도 도착하자 왜가 포위를 허물고 흩어졌다.[415]

그러나 공은 지도를 펼쳐보고 계책을 숙고하여 생각하기를, "북쪽의 산은 높고 왕경에 근접해 있으니 산에 의지하여 아래로 공격하면 한 번의 공격으로 함락시킬 수 있다."라고 여겼다. 또한 헤아리기를, "원래 동원한 세 부대의 병력을 마땅히 때에 맞게 결집해야 한다. 우리 군대는 서둘러 뭍에서 진격하고 조선으로 하여금 수군으로 바다에서 차단하도록 하면 왜가 100만 명이 있다고 해도 할 수 있는 일이 없게 될 것이다."라고 보았다. 하지만 병부상서 석성은
……

414 참수한 …… 178급이었다: 평양 및 개성에서 얻은 전과에 대해 만력 21년(1593) 3월 3일에 송응창이 작성한 보고서인 「7-7 敍恢復平壤開城戰功疏 권7, 7a-21b」에 따르면 평양에서 얻은 수급이 1647급, 개성에서 얻은 수급이 165급이었다. 반면 만력 22년(1594) 8월 말에 작성된 「15-1-5 禮部一本 後附, 12b-13b」에는 평양에서 얻은 수급은 동일하나 개성에서 얻은 수급이 178급으로 늘어 있다. 본문은 후자를 따르고 있다.

415 이때 …… 흩어졌다: 벽제관 전투의 전황에 대한 이여송의 보고는 송응창이 올린 「7-7 敍恢復平壤開城戰功疏 권7, 7a-21b」에 이여송의 게보(揭報)로 인용되어 있다. 이에 따르면 원군을 이끌고 온 것은 양원과 정문빈이었고, 장세작은 이여송과 함께 행군하다가 복병을 만나 분전하였다.

몰래 심유경에게 화의를 의논하게 하고 공이 계속하여 싸우는 것을 꺼렸으며 동원한 병력은 모두 해체하였다. 이승훈(李承勛)[416]의 병력은 산동에 머무르게 되었고, 진린(陳璘)[417]의 병력은 계주진에 빼앗겼으며, 심무(沈茂)의 병력은 중도에 절강으로 도로 보내졌다.[418] 공은 가슴을 치며 "나에게 피로한 병졸들로 정예한 군사들을 당해내라는 것인가, 아니면 맨손으로 적을 죽이라고 하는 것인가."라고 탄식하였다.

공은 또한 생각하기를, "왜가 왕경에서 물러나지 않으면 조선은 필시 회복할 수 없는데 왕경 성 남쪽의 용산창(龍山倉)에는 조선이 200년 동안 쌓아둔 양식이 있으니, 왜가 이에 힘입어 배불리 먹고 있는 상황에서는 결코 물러나지 않을 것이다."라고 여겼다. 이에 밤에 결사대로 하여금 명화전(明火箭)으로 용산창 13좌(座)를 불태우도록 하였다. 양식이 없어지니 왜는 크게 군색해져서 왕경을 버리고 가버렸다.[419]

後附<br>등

.......

416 이승훈(李承勛): ?~?. 명나라 사람이다. 왜구 방어의 필요성이 높아지자 만력 23년 (1595) 북방의 중요 수비지역이었던 산동총병관 겸 도독첨사(山東總兵官兼都督僉事)에 추천되어 수륙의 관병을 제독하였다.

417 진린(陳璘): 1532~1607. 명나라 사람으로 광동 소주부(韶州府) 옹원현(翁源縣) 출신이다. 자는 조작(朝爵), 호는 용애(龍厓)이다. 무장으로 광동(廣東)의 군사를 이끌고 부총병으로 임진왜란에 참전하였으며, 정유재란 때 다시 파견되어 어왜총병관(禦倭總兵官)으로서 조선의 이순신과 함께 노량해전에서 전과를 올렸다.

418 이승훈(李承勛)의 …… 보내졌다: 실제로 송응창은 만력 21년 8월 29일에 올린 「10-41 講明封貢疏 권10, 42b-49a」의 말미에서 원래 조선에 온 3만여 명 중 태반은 쓸 만한 병력이 못 되고, 중간에 사망한 자들도 있으며, 추가로 동원한 진린의 병력은 계주에, 심무의 병력은 절강에, 이승훈의 병력은 산동에 머무르게 되었으니 자신이 동원한 병력은 모두 유명무실하다고 한탄하고 있다. 진린의 병력은 500명이었고(「3-9 議處海防戰守事宜疏 권3, 5a-8a」), 심무의 병력은 3000명이었으며(「7-3 報石司馬書 권7, 2b-4b」), 이승훈의 병력이 얼마인지는 『경략복국요편』에 기록이 없다.

공이 다시 헤아리기를, "남원(南原)은 조선 남쪽의 요해지이니 왜
는 필시 여기로 병력을 통과시킬 것이다."라고 여기고 여러 차례 제
독[이여송]·유정에게 명령을 내려 그곳을 지키게 하였다. 이에 이르
러 군사를 보내 진주까지 추격하게 하여 가토 기요마사와 밤에 전
투를 벌여서 그를 크게 격파하였다. 적이 서로 돌아보고 놀라서 말

419 공은 …… 가버렸다: 일본군이 서울을 버리고 철수한 것은 만력 21년(1593) 4월 19일
의 일이다. 그러나 일본군의 철수에 용산창(龍山倉)에 대한 방화가 어느 정도 영향을 미
쳤는지, 나아가 실제로 용산창에 대한 방화가 실행되었는지에는 논란의 여지가 있다. 송
응창은 2월 16일에 심사현(沈思賢)에게 보낸 유첩(諭帖)에서 용산창을 불태울 수 있을
지 관심을 표하였으며, 이후 3월 3일 내각대학사들에게 보낸 편지 및 3월 7일 조선국왕
에게 보낸 자문에서는 자신이 이여송에게 명령하여 군사를 보내서 "2월 20일에" 용산
창에 명화전 등을 쏘아 모두 불태워버렸다고 하였다. 「6-31 與委官經歷沈思賢諭帖 권
6, 26a-27a」; 「7-4 報王趙張三相公書 권7, 4b-5a」; 『事大文軌』 卷3, 「경략 송응창이 조
선국왕에게 보낸 자문(經略咨會審察倭情商確戰守)」, 만력 21년 3월 7일, 81b-83b. 이
는 8월에 그가 만력제에게 올린 상소에도 반영되어 있다. 「10-41 講明封貢疏 권10,
42b-49a」. 그러나 만력 21년 2월 15일 당시 충청수사(忠淸水使) 정걸(丁傑)이 수군으로
용산창 아래까지 접근하여 일본군과 접전하였으나 강변에 진을 친 일본군이 거의 2만
명에 달하였다고 보고한 점, 도체찰사(都體察使) 류성룡이 3월 5일에 올린 장계에서도
용산창에 화공(火攻)을 가하려고 명군으로부터 불화살을 빌리기까지 하였으나 창고가
강변의 언덕으로 보호받고 있어 아직 시행하지 못하였다고 한 점을 보면 송응창이 말한
것처럼 용산창의 군량을 모두 불태웠다고 보기에는 무리가 있다. 실제 3월 하순에도 용
산창의 군량은 일동(一棟)이 남아 있었다는 보고가 있으며, 4월 20일 한양을 수복한 뒤
조선에서 용산창의 군량을 접수하였고, 6월 기준으로 일본군이 쓰다 남은 군량 2000여
석이 있었다고 한다. 柳成龍, 『辰巳錄』(이재호 번역·감수, 『국역 진사록』 1·2, 서애선생
기념사업회, 2001) 「馳啓京城賊勢速請提督進勦狀(癸巳二月二十一日在東坡)」, 1권 353-
356쪽; 「論京城賊勢, 且節制諸將, 各有統屬, 處處邀截, 仍乞請宋經略, 送南方精卒, 于忠淸
等道, 使先勦滅漢江以南屯聚之賊, 以斷賊歸路狀(癸巳三月初五日)」, 1권 388-397쪽; 「見
賊陣出來王子書仍與査將論賊勢狀(癸巳三月二十四日在東坡)」, 2권 68-71쪽; 「分付諸人收
拾京城狀(癸巳四月二十三日在京城)」, 2권 164-166쪽; 「軍糧形止狀」, 2권 221-224쪽. 정
작 서울에 주둔하고 있던 일본군은 정월 24일부터 이미 서울 주둔 부대에는 2개월치 군
량밖에 남아 있지 않아 대책이 필요하다는 점을 도요토미 히데요시에게 보고하였다. 北
島万次 편, 앞의 책, 2017, 66-70쪽을 참고. 이를 감안하면 송응창의 지시대로 용산창에
대한 방화 작전이 실제로 수행되었는지도 불확실하지만, 실행되었다고 하더라도 그 효
과는 제한적이었던 것으로 보인다.

하기를, "천자의 군대는 얼마나 많기에 여기까지 이르렀으며, 대응하는 것이 어찌 신과 같은가."라고 하였다. 이로부터 모든 무리가 부산의 옛 소굴로 돌아갔다가 다시 멀리 웅천·서생포로 도망갔으며 왕자·배신 및 궁인(宮人) 100여 명을 돌려보냈다.[420]

공은 이때를 틈타 계속 싸워 왜를 몰아내 바다를 건너가도록 하려 하였으나 병력이 이어지지 못하고 군사들이 피로하였다. 이에 국왕에게 자문을 보내 장사 1만 명을 뽑아 의갑(衣甲)을 모두 남병과 똑같게 하고 남병과 똑같이 훈련하여 수비하도록 하였으며 훈련이 완성되기를 기다려 남병을 철수하려 하였다.[421] 그러나 심유경이

.......

420 공이 …… 돌려보냈다: 이 부분의 서술은 송응창의 업적을 부각하기 위해 과장된 측면이 있다. 2차 진주성 전투 당시 이여송은 낙상지·송대빈(宋大斌) 등을 전주(全州)·임실(任實)에서 이동시키고 대구에 있던 유정에게도 진주를 구원하도록 명령하였으나, 이들은 진주 구원에는 나서지 않았다. 이어서 진주성을 함락시킨 일본군이 만력 21년 7월초 남원·구례(求禮) 등지로 접근해오자, 남원으로 와 있던 낙상지·송대빈 등과 서울에서 내려온 사대수의 명군이 숙성령(宿星嶺) 부근에서 일본군을 격파하여 진주로 퇴각시켰다. 이때 대구의 유정 역시 남원을 구원하기 위해 일부 병력을 파견하였다가 일본군의 퇴각 소식을 듣고 도중에 되돌아갔다. 趙慶男, 『亂中雜錄』(民族文化推進會, 1997) 2, 癸巳(1593) 上·下, 6월 21일·27일·29일, 7월 3~9일. 한편 『경략복국요편』에 따르면 송응창은 7월 1일 일본군이 전라도로 이동하고 있을 당시에는 유정을 상주(尙州)에 그대로 주둔시켜 일본군을 견제하도록 한다는 이여송의 방책에 찬성하는 데 그쳤다(「9-16 與李提督書 권9, 12b」). 남원 등지의 전투가 종결된 7월 21일 명 조정에 올린 상주에서는 자신이 남원을 포함한 요해처를 수비하고자 하였으나 여력이 모자라 실행하지 못하였는데 일본군이 다시 쳐들어오자 이여송이 자신의 말을 듣고 병력을 파견하여 구원하여 격퇴하였다면서 자신의 선견지명을 과시하였다(「9-24 議經略提督不必屯駐一處疏 권9, 19a-24a」). 송응창이 이여송·유정에게 남원 등의 요해처를 지명하면서 수비하도록 명시적으로 명령을 내린 것은 전투가 벌어진 지 한 달이 지난 8월 초였다(「10-11 檄李提督 권10, 9a-10a」; 「10-12 移劉綎諭帖 권10, 10a-12a」). 요약하자면 송응창은 남원 부근에서 전투가 일어난 이후에야 병력을 보내 수비를 강화하도록 명령하였으나 본문에서는 순서를 거꾸로 뒤집어 송응창의 전공을 부각하고 있는 것이다. 아울러 일본군의 남해안 철수 및 임해군 등의 송환은 남원 방면에서의 전투 결과와 직접적 인과관계가 없는 사건이었다.

기회를 틈타 왜의 사신을 이끌고 봉공할 것을 청하였다. 공은 이에 「방어하는 것과 사후 대책에 대한 논의[防守善後議]」를 갖추어 황상께 아뢰었으나,[422] 병부상서 석성은 끝내 철병하자는 논의를 주장하였다.

공은 분노하여 구레나룻을 떨며 힘써 다투어 말하기를, "내 관직은 거둘 수 있어도 군대는 결코 철수할 수 없다."라고 하였으며, 이로 인하여 「주둔과 철군을 신중히 하고 경도와 권도를 참작해야 한다는 상주[愼留撤酌經權疏]」를 올렸다. 그 대의는 다음과 같았다.

신이 생각건대, 병력이 피로하였으니 일단 봉공을 허락하는 것은 임시방편입니다. 조선의 전라도와 경상도를 지켜서 왜에 대비하여 감히 우리를 엿볼 마음을 내지 못하게 하는 것은 변하지 않는 도리입니다. 신은 왜를 조선의 영토 내에서 쫓아낼 수는 있으나 부산의 바다 밖으로까지 내몰 수는 없습니다. 왜가 지금 우리의 위세를 두려워하여 도망쳤으나 나중에 반드시 철병한 것을 틈타 올 것입니다. 또한 오랑캐의 마음은 미친 듯이 날뛰고 교활하니 봉공을 허락하였다고 하여 믿을 수 없습니다.[423]

.......

421 이에 …… 하였다: 만력 21년 8월 4일에 작성된 「10-3 移朝鮮國王咨 권10, 1b-3b」을 지칭한다. 단 1만 명이라는 구체적 숫자는 제시되어 있지 않다.

422 공은 …… 아뢰었으나: 만력 21년 8월 12일에 작성된 「10-20 議朝鮮防守要害幷善後事宜疏 권10, 17b-24b」를 지칭하는 것으로 보인다.

423 신이 …… 없습니다: 송응창의 상소는 만력 21년 12월 8일의 「13-2 愼留撤酌經權疏 권13, 1b-11b」를 지칭하지만, 본문은 원문의 내용을 왜곡해서 인용하고 있다. 「13-2 愼留撤酌經權疏 권13, 1b-11b」에서는 현실에서 봉공을 추진하여 일본의 침략을 중지시키는 것을 긍정하는 한편 봉공만 믿고 대비가 없어서는 안 되므로 병력을 조선에 남겨서 방어를 정비하는 일이 더욱 중요하다는 주장을 펴고 있다. 반면 본문에서는 송응창이 봉공을 믿을 수 없다고 하는 부분을 강조함으로써 송응창의 입장을 봉공 반대론에 가까운

상소가 올라갔으나 황상께서는 듣지 않으셨고 철병하라는 논의가 병부를 통해 하달되었다.

공은 군대를 이끌고 이국에 들어가 바람 속에서 식사를 하고 눈 속에 누워가며 고생한 것이 오래되었고 속으로는 분으로 속을 끓여서 스스로 어찌할 수 없었다. 갑자기 중풍으로 쓰러졌다가 반나절이 지나서야 소생하였다. 한숨을 쉬며 "길게 읍하고 시골집으로 돌아가리라고 한 말에는[424] 까닭이 있구나."라고 탄식하고는 마침내 상소를 올려 관직에서 물러나기를 청하였다.[425] 성지를 받들었는데, 그 내용은 다음과 같았다.

> 송응창은 동쪽을 정벌하느라 고생하였고 이미 병이 있으니 조정으로 돌아와 조리하도록 하라.[426]

얼마 뒤 계요총독 고양겸으로 대신하였다.[427]

것으로 비치게 하는 효과를 초래하였다. 실제로 송응창과 석성의 강화 및 명군 주둔에 대한 입장은 기본적으로 같은 선상에 있었다. 김경태, 앞의 글, 2014b, 62-65쪽.

424 길게 …… 말에는[長揖歸田廬]: 서진(西晉) 시대의 시인 좌사(左思)의 시 「영사(詠史)」 8수 중 제1수에 나오는 구절이다. 해당 부분은 "공을 이루어도 관작을 받지 않고 길게 읍하고 돌아가리라[功成不受爵 長揖歸田廬]."라는 구절로, 공을 이룬 뒤 미련 없이 물러난다는 의미로 사용되었다.

425 마침내 …… 청하였다:『경략복국요편』에 따르면 송응창이 사직 의사를 밝힌 날짜는 만력 21년 12월 9일이었다. 「13-3 夙疾擧發乞賜罷免疏 권13, 11b-12b」.

426 송응창은 …… 하라:『명신종실록』 권268, 만력 21년 12월 24일(계유).

427 얼마 …… 대신하였다: 원문에는 고양겸의 관직을 "어떤 관직[某官]"으로 표기하고 있으나, 실제로 그는 계요총독으로 재직 중이었다. 사실 송응창이 사직 상소를 올리기 전부터 명 조정은 이미 철병과 함께 송응창·이여송을 철수시키고 계요총독 고양겸으로 하여금 송응창의 경략 임무를 대신하도록 명령한 상태였다.『명신종실록』 권268, 만력 21년 12월 7일(병진);『事大文軌』卷8, 「요동도사가 조선국왕에게 보낸 자문(都司咨會本國預計防禦轉報經略)」, 만력 22년 정월 28일, 64a-64b. 고양겸에게 내린 칙서는『사대문궤』에 인용되어 있다.『事大文軌』卷8, 「요동도사가 조선국왕에게 보낸 자문(顧軍門咨

이에 공은 광녕에서 교대를 기다리며 인사고과를 받아 조부 및 부친에게 자신의 병부우시랑 관직을 동일하게 추증받게 되었고, 조모 및 모친은 숙인을 추증받았으며, 처는 숙인으로 봉해졌다. 첫째 아들 송수일은 국자감으로 보내어 독서하도록 허락받다.[428] 이달에 병부좌시랑으로 옮겼고, 교대하여 산해관으로 들어갔다.[429] 조선에서는 위로는 국왕부터 아래로는 평범한 부로(父老)에 이르기까지 소리 내어 울며 붙잡는 모습이 앞뒤로 수백 리에 끊이지 않았으며, 사당을 세우고 화상을 그려서 평양에서 제사 지냈다.[430] 아, 이것이

　　......

　　會勅諭事理)」, 만력 22년 2월 4일, 66a-67b.

428 이에 ...... 허락받았다: 왕석작이 지은 송응창의 신도비명에 따르면 이때의 인사고과는 3품관으로서 받은 것이라고 한다. 당시 송응창의 본직(本職)인 병부우시랑은 정3품의 관직이었다. 王錫爵, 『王文肅公文集』 文草 卷6, 「經略朝鮮薊遼保定山東等處軍務兵部左侍郎都察院右都御史桐岡宋公神道碑」, 33a-33b, "以三品考最, 贈祖, 父如其官, 廕一子入監讀書." 이후 송응창의 부인 고 숙인의 묘지명에서는 송응창의 부친을 "병부좌시랑으로 추증된 호산공[贈左司馬虎山公]"으로 칭하고 있으므로, 송응창의 조부와 부친은 송응창이 병부좌시랑이 된 이후 다시 병부좌시랑으로 추증된 것으로 판단된다. 黃汝亨, 『寓林集』 卷15, 誌銘, 「明兵部左侍郎經略桐岡宋公配顧淑人墓誌銘」, 41a. 후대인 건륭(乾隆) 49년(1784)에 편찬된 『항주부지(杭州府志)』에는 송응창의 조부 송부(宋富)와 부친 송유(宋儒)의 묘가 대동오(大桐塢)에 있다고 기록하면서 그들의 관직을 "증시랑(贈侍郎)"이라고 적었는데, 이는 그들이 송응창의 관직인 병부좌시랑을 증직받았음을 보여준다. 『(乾隆)杭州府志』(하버드대학 옌칭도서관 소장본) 卷33, 冢墓 1, 29a.

429 이달에 ...... 들어갔다: 송응창이 병부좌시랑으로 전임된 것은 만력 21년 12월 27일의 일이었다. 반면 송응창이 후임 고양겸과 실제로 교대한 날짜는 해를 넘긴 만력 22년 정월 9일이었다. 『명신종실록』 권268, 만력 21년 12월 27일(병자); 「13-4 恭報交代疏 권13, 12b-14a」. 따라서 본문의 "이달"은 만력 21년 12월 혹은 만력 22년 정월을 가리키는 것으로 보인다.

430 조선에서는 ...... 제사 지냈다: 송응창은 『경략복국요편』에 정주(定州)의 부로(父老)들이 올린 「14-3 朝鮮耆老攀轅軸文 권14, 7b-8b」와 의주(義州)의 부로들이 올린 「14-4 朝鮮老攀轅軸文 권14, 8b-10b」을 실어 자신이 조선 사람들로부터 받은 칭송을 강조하였으며, 「15-1-9 一本 後附, 29a-30b」를 수록하여 조선에서 자신을 포함한 명 지휘관들의 사당 건립을 요청한 사실을 부각하였다. 또한 조선에서 지어준 가요(歌謠)를 금자(金字)로 쓰기까지 하였다고 한다. 『선조실록』 권50, 선조 27년 4월 17일(을축). 그러나 결

빈말로 가능한 것이겠는가. 그러나 물의가 시끄러워 그치지 않았다.

공은 살아서 고향으로 돌아가기를 간청하여 상소를 세 번이나 올렸으나 모두 힘써 만류하는 성지를 받들었다.[431] 공은 마침내 병이 깊어 조정으로 돌아갈 수 없다고 칭하였다. 상소가 네 번째 올라가니 비로소 성지를 받들었는데, 그 내용은 다음과 같았다.

송응창에게 고향으로 돌아가 조리하기를 허락한다. 동쪽 정벌의 공적은 일이 정해지기를 기다려 서훈을 논하도록 하라.[432]

공은 지출하고 남은 마가은 및 흠상은(欽賞銀)의 장부를 상주하여 도로 바쳤다. 헤아려보면 용병(用兵)한 것이 겨우 16개월이고 소비한 비용이 겨우 21만 5000냥인데, 참소하는 자들은 공이 20만 냥으로 왜에게 아첨하였다고 하니 탄식할 만하다.[433]

대개 동쪽 정벌의 전역에 황상께서 공을 특별히 간택하셨고 공

後附
등

.......

으로 전송하면서 보여준 우대와는 달리 실제로 조선의 본심은 결코 호의적이지 않았다. 일례로 선조는 이여송의 공은 작지 않으나 송응창은 조선에 대해 공이 없다고 단언하기까지 하였다. 『선조실록』 권48, 선조 27년 2월 27일(병자). 송응창의 귀국 이후 선조의 그에 대한 태도는 孫衛國, 앞의 글, 47-48쪽에 간략히 소개되어 있다.

431 공은 …… 받들었다: 첫 번째 상소는 만력 21년 12월 9일의 사직소인 「13-3 夙疾擧發乞賜罷免疏 권13, 11b-12b」를 가리키는 것으로 보인다. 두 번째 상소는 「13-5 懇明公道早賜生還疏 권13, 14a-19a」로 만력 22년 정월 4일에 작성된 것으로 되어 있으나 본문에 "本月初九日"에 고양겸과 교대하였다고 되어 있어 날짜가 맞지 않는다. 세 번째 상소는 「13-6 三懇生還疏 권13, 19a-20a」로 만력 22년 2월 5일에 작성되었다고 기록되어 있다.

432 송응창에게 …… 하라: 네 번째 상소는 만력 22년 3월 6일에 올린 것으로 되어 있다. 「13-7 疾篤不能回朝四懇生還疏 권13, 20a-20b」. 그의 요청이 수리된 것은 3월 17일의 일이었다. 『명신종실록』 권271, 만력 22년 3월 17일(을미).

433 공은 …… 만하다: 이에 대해서는 「13-8 奏繳支存馬價冊籍疏 권13, 21a-33a」 및 「13-9 奏繳欽賞冊籍疏 권13, 33a-36b」를 참고. 전자는 만력 22년 3월 12일, 후자는 3월 11일에 작성된 것으로 되어 있다.

이 하직하려 할 때 중사가 오랫동안 보고 돌아가 보고하여 곧바로 상방의 하사품을 받게 되었다. 동쪽으로 간 뒤에도 은상(恩賞)이 여러 번 이르렀으니, 황상께서 공을 돌보지 않았다고 할 수 없다. 공은 이번 전역에서 왕자·배신을 귀환시켰고 참수한 왜의 수급이 2030급이었으며 평양·개성·왕경을 수복하여 조선의 옛 땅 총 2500리를 돌려주었다.[434] 노고는 고되고 공은 높았으며, 또한 황상의 은혜를 저버리지 않았다고 할 만하다.

공적에 대해 서훈하는 데 관한 검토 상소가 올라가니 또렷하게 성지가 있었다. 만력 22년(1594) 8월, 태묘에 고하고 승리를 선포하면서 성지를 받들었는데, 그 내용은 다음과 같았다.

> 송응창은 계책을 세우는 데 노고를 다하여 큰 공을 세웠으니 응당 으뜸으로 서훈해야 한다. 도찰원우도어사로 승진시키고 자리가 나는 대로 옮겨서 임용하도록 하며, 또한 상으로 은 100냥·대홍저사 4표리를 주어라.[435]

.......

434 공은 …… 돌려주었다: 「7-7 敍恢復平壤開城戰功疏 권7, 7a-21b」에 따르면 평양에서 얻은 수급이 1647급, 개성에서 얻은 수급이 165급, 벽제에서 얻은 수급이 167급으로, 도합 1979급이다. 「13-5 懇明公道早賜生還疏 권13, 14a-19a」에서는 여기에 더해 한양 수복 이후 "성령(星嶺)" 전투에서 35급을 추가로 참수하였다고 보고하였고, 「15-1-5 禮部一本 後附, 12b-13b」에서는 개성에서 얻은 수급이 178급으로 늘어나 있다. 이를 합하면 총 2027급이 된다. 따라서『경략복국요편』의 기록만으로는 2030급이 어떻게 나온 숫자인지 불분명하다. "성령" 전투는 만력 21년 7월 초 남원 부근의 숙성령에서 사대수·낙상지 등의 명군이 진주성 함락 이후 남원을 향해 오는 일본군을 격퇴한 것을 가리키는 것으로 보인다.『선조실록』에는 이때 벤 수급이 20여 급으로 기록되어 있다.『선조실록』권41, 선조 26년 8월 9일(경인).

435 송응창은 …… 주어라: 해당 성지는 「15-1-6 兵部一本 後附, 13b-17b」에 실려 있다.『명신종실록』권276, 만력 22년 8월 29일(갑술)에 보이듯 태묘에 고하고 승리를 선포하는 의례는 8월 29일에 실행되었으나,『명신종실록』권277, 만력 22년 9월 1일(병자)에

또한 병부에서 만력 19년(1591) 연수에서 오랑캐의 소굴을 쳐서 500급을 참수하였을 때 총독이 금의위천호(錦衣衛千戶)를 음직으로 세습할 수 있게 된 사례를 인용하니, 다음과 같은 성지를 받들었다.

송응창의 아들 1명에게 음직을 허락하여 정천호로 삼고 세습하도록 하라.[436]

공은 표문을 올려 간절히 사양하였으나 허락받지 못하였다.[437] 신하와 주군 사이에 양쪽 모두 서로를 저버리지 않았다고 할 만하다.

그러나 의논하는 자들은 오히려 책봉을 청하고 방비를 철수한 것을 공의 죄로 여겼다. 이는 공이 경략하라는 명령을 받은 것은 만력 20년 9월이지만 심유경을 파견하여 처음으로 책봉에 관한 논의가 왜로 들어간 것이 만력 20년 7월이고 이어서 책봉이 결정된 것이 만력 23년 가을의 일인데 공이 고향으로 돌아간 것이 만력 22년 봄이니, 공이 책봉의 일에 대해서는 처음부터 끝까지 관여한 바가 없었고 병부에서 방비를 철수하라는 논의를 내린 것이 공이 교대한 뒤임을 알지 못하는 것이다.[438] 공이 남겨둔 유정의 군사 1만 6000

<hr />

해당 성지의 요지가 기록되어 있으므로 성지가 내려온 날짜는 9월 1일로 보인다.

436 또한 …… 하라: 병부의 제본과 만력제의 성지는 「15-1-7 兵部尚書石星一本 後附, 17b-24b」에 수록되어 있다. 『명신종실록』 권277, 만력 22년 9월 15일(경인)에 따르면 병부상서 석성이 제본을 올리고 만력제가 성지를 내린 시점은 만력 22년 9월 15일 이전이며, 「14-5 辭免恩廕幷陳一得疏 권14, 11a-16b」에 따르면 이 문서의 처리 결과를 담은 병부 자문을 송응창이 수령한 날짜는 만력 22년 10월 18일이다.

437 공은 …… 못하였다: 만력 22년 10월 21일의 「14-5 辭免恩廕幷陳一得疏 권14, 11a-16b」를 지칭한다.

438 그러나 …… 것이다: 본문은 송응창이 시간적으로 봉공 및 철병 논의와 철저히 무관하였던 것처럼 서술하고 있다. 하지만 송응창은 일본과의 강화 교섭 및 봉공을 통한 전쟁 종결을 위해 노력하였으며, 그 과정에서 조선의 의견을 묵살하기도 하였다. 비록 그가

명은 전라도와 경상도를 수비하였으며 군대를 철수해서는 안 된다
고 다투어 말한 내용은 상소에 모두 남아 있으니, 어떻게 책임을 옮
겨 공을 헐뜯을 수 있겠는가. 아, 중산(中山)·교지(交阯)의 비방[439]은
예나 지금이나 마찬가지로 개탄할 일이지만, 어찌하여 영명한 군주
의 시기에도 오히려 분분한 것인가.

가령 이승훈·진린·심무 등 동원한 부대가 차례로 이르러서 멀
리 달려 바다까지 갔다면 공의 공은 마땅히 더욱 높아졌을 것이다.
또 만약에 왜노가 개성·왕경에 웅거하면서 물러나지 않고 왕자를
살려서 송환하지 않으며 조선이 재조(再造)되지 못하였다고 해도 또
한 마땅히 어떻게 공을 탓할 것인가. 일찍이 왜가 조선을 함락하였
을 때 은 1만 냥과 백작을 세습할 것을 상으로 내걸었으나 조정의
신하들이 덜덜 떨면서 서로 곁눈질만 하며 한 사람도 감히 소리 내
어 응하는 자가 없었던 것을 기억하지 못하는가.

외람되이 생각건대, 공이 동쪽을 정벌한 공은 비록 구준(寇準)의
전연(澶淵)[440]과 배도(裴度)의 회서(淮西)[441]와 서로 견주지는 못하더

········
대책 없는 철병을 주장하기보다 전쟁의 확실한 종결과 사후 대책을 마련하기 위한 명군
주둔을 주장하기는 하였으나, 석성과 심유경이 추진하는 대일 강화 교섭을 실행하는 과
정에는 매우 밀접하게 간여하였다. 대일 강화 교섭기의 송응창의 태도에 대해서는 김경
태, 앞의 글, 2014b, 62-75쪽을 참고.

439 중산(中山)·교지(交阯)의 비방: 전국시대 악양(樂羊)은 위(魏) 문후(文侯)의 장수가 되
어 중산을 공격하였는데, 3년의 전쟁 기간 동안 그에 대한 많은 비방이 있었다. 악양이
개선하였을 때 문후가 그를 비방하는 글 한 상자를 꺼내 보이니, 악양은 중산을 정복한
것은 자신의 공이 아니라 주군의 힘이라고 말하였다. 후한(後漢)의 개국공신 마원(馬援)
은 교지를 정벌한 뒤 그곳에서 나는 율무를 먹고 그 효능을 알게 되어 귀환할 때 씨앗으
로 심을 용도로 수레에 싣고 왔다. 당시 사람들은 이것을 남쪽의 진기한 보물이라고 오
해하였다. 전자는 『사기』 「저리자감무열전(樗里子甘茂列傳)」, 후자는 『후한서(後漢書)』
「마원전(馬援傳)」에 나오는 일화이다. 둘 다 전쟁에 나간 장수에 대해 터무니없는 오해
와 억측으로 비방하는 것을 가리키는 고사이다.

라도, 어찌 유강의 망해과 대첩에 비하기에 부족하겠는가. 그렇지 않다면 또한 어떻게 연수에서 오랑캐의 소굴을 쳐서 수급을 벤 것보다 못하기에 이르겠는가. 이는 충신과 지사가 분하여 팔뚝을 잡고 탄식할 바이고 효자가 피눈물을 흘리며 호소할 바이나, 공에게는 무슨 손상이 있겠는가.

공은 장년에 벼슬살이를 시작하여 지방관으로 나갔으며,[442] 과도관·지방관·포정사·안찰사의 관직을 역임하면서 이르는 곳마다 명성과 실적이 있었다. 병부우시랑까지 올라가서 부월을 잡고 동쪽을 정벌하는 일에 나섰다. 살아서 은퇴하기를 요청한 뒤 고향으로 돌아가 양생하면서 신중히 보내며 입을 닫고 정벌에 대한 말을 꺼내지

.......

440 구준(寇準)의 전연(澶淵): 북송(北宋) 진종(眞宗) 7년(1004)에 거란의 성종(成宗)은 모후 승천황태후(承天皇太后)와 함께 북송을 향해 친정(親征)에 나서 하북 지역을 관통하여 북송의 수도 개봉(開封)에서 멀지 않은 황하 북쪽의 전주(澶州)까지 진출하였다. 이에 북송 조정은 한때 남쪽으로 천도하자는 주장이 나오는 등 혼란에 빠졌으나, 재상 구준은 진종에게 강력히 친정을 요청하였다. 구준의 주장대로 진종이 황하 북쪽으로 친정하여 거란군과 대치하면서 전선은 교착되었고, 화평교섭을 통해 북송이 세폐(歲幣)를 지급하고 양국의 군주가 형제 관계를 맺되 영토 할양은 요구하지 않는 전연의 맹(盟)을 체결하는 데 성공하였다.

441 배도(裴度)의 회서(淮西): 당나라 헌종(憲宗)은 즉위 기간 내내 조정에 반항하는 절도사(節度使)들의 번진(藩鎭)을 제압하는 데 힘을 기울였고, 원화(元和) 9년(814) 회서(淮西) 번진을 물려받은 오원제(吳元濟)는 이에 대항하여 반란을 일으켰다. 이때 치청(淄靑) 번진의 이사도(李師道) 역시 호응하여 대규모 반란으로 발전하였는데, 이사도는 장안(長安)에 자객을 보내 재상 무원형(武元衡)을 암살하고 어사중승(御史中丞) 배도에게 부상을 입히기까지 하였다. 이후 배도는 재상으로서 토벌을 주도하였고, 원화 12년(817) 스스로 토벌을 지휘할 것을 자청하여 회서절도사(淮西節度使)·회서선위초토처치사(淮西宣慰招討處置使)가 되어 지휘권을 일원화함으로써 같은 해 회서 번진의 반란을 진압하는 데 기여하였다.

442 공은 …… 나갔으며: 송응창은 가정 15년(1536)에 태어나 가정 44년(1565)에 진사가 된 뒤 융경 원년(1567) 강주지주로 관직 생활을 시작하였으므로 32세에 벼슬살이를 시작한 셈이다.

經略朝鮮薊遼保定山東等處兵部左侍郎都察院右都御史宋公行狀 • 395

않았다.[443] 고산(孤山)에서 은퇴해 있으면서 매화와 두루미를 벗으로 삼았고, 혹 손님이 찾아오면 큰 소리로 노래를 불렀으며, 혹 승려가 찾아오면 맑은 이야기를 나누었다.[444] 독서하기를 좋아하였고 『서(書)』·『역』에 더욱 조예가 깊었으며 『태극도설』과 『하도』·『낙서』의 뜻을 밝혔다. 대개 소년 시절부터 스승으로부터 배우고 세상의 변화를 두루 거치며 마음의 본바탕을 두루 통해서 매번 홀로 깨닫는 것이 있었으나, 배우는 자들이 엿보기 어려웠다. 저술로 『도기도설(道器圖說)』·『심경모서(心逕茅鋤)』·『규측진전(窺測陳筌)』 등이 있어서 문인들이 받들어 지침으로 삼는다고 한다.

공은 가정 병신년(1536) 10월 3일 신시(申時: 오후 3~5시)에 태어나 만력 병오년(1606) 2월 10일 사시(巳時: 오전 9~11시)에 졸하였으니 향년 71세이다. 부인 고 숙인은 무략장군(武略將軍) 유당공(柳塘公)의 딸이다.[445] 두 아들을 낳았는데, 첫째 아들 송수일은 관생(官

.......

443 살아서 …… 않았다: 본문의 서술과 달리 송응창은 은퇴한 후 자신이 쓴 문서들과 관련 자료를 모아 『경략복국요편』을 편집하고 만력 23년(1595) 초에 간행하여 자신의 입장을 적극적으로 변호하고 공적을 선전하였다. 『경략복국요편』의 간행 시점에 대한 고찰은 무봉림(繆鳳林), 앞의 글, 26-28쪽을; 송응창의 의도와 그에 대한 당시의 반응에 대해서는 孫衛國, 앞의 글, 48-49쪽을 참고. 또한 신축년(1601) 2월에는 비원록(費元祿: 1575-?)과 술을 마시면서 동쪽 정벌에 관한 이야기를 매우 자세하게 하였다고 한다. 費元祿, 『甲秀園集』(일본 국립공문서관 내각문고 317-0106) 卷29, 吳越紀行 , 19a, "廿九日, 微雨. 候少司馬宋桐江公, 留酌, 談東征事甚悉. 平攘之捷, 司馬公之力也. 然公不免憂讒, 畏譏任事之難如此, 令人慨然."

444 혹 …… 나누었다: 고 숙인의 묘지명과 주장춘(朱長春)이 만력 23년(1595)에 지은 시를 통해 송응창의 은퇴 생활을 일부 엿볼 수 있다. 黃汝亨, 『㝢林集』卷15, 誌銘, 「明兵部左侍郎經略桐岡宋公配顧淑人墓誌銘」, 44a; 朱長春, 『朱太復文集』卷20, 詩, 五言排律, 乙未(三首), 「經略朝鮮宋公招宴于孤山影玉堂呈謝(開府山東日子爲門下擧吏)」, 10b.

445 부인 …… 딸이다: 원문에는 "아무 관직에 있는 아무개 공의 딸[某官某公女]"이라고만 되어 있으나 고 숙인의 묘지명에 따라 보충하여 번역하였다. 黃汝亨, 『㝢林集』卷15, 誌銘, 「明兵部左侍郎經略桐岡宋公配顧淑人墓誌銘」, 41a.

生)<sup>446</sup>으로 도인의 풍채와 질박한 행실을 갖추고 내외(內外)의 전적 (典籍)에 정통하였으며, 지금 피눈물을 흘리며 궁궐로 나아가 글을 올린 자이다. 광서계림부경력(廣西桂林府經歷) 오정(五亭) 김공(金公) 의 딸에게<sup>447</sup> 장가들었다. 둘째 아들 송수경(宋守敬)은 태학생(太學生: 국자감 학생)으로 휘주부지부(徽州府知府) 순암(純庵) 심공(沈公)<sup>448</sup>의 딸에게 장가들었다가 태학생 지록(芝麓) 허공(許公)의 딸과 재혼하 였고, 다시 허공의 딸과 혼인하였다.<sup>449</sup> 둘 다 고 숙인이 낳은 아들이 다. 측실 정씨(丁氏)는 아들 송수심(宋守心)과 딸 하나를 낳았는데 모 두 어리다. 손자는 3명이며 첫째 송초망(宋楚望)<sup>450</sup>은 인화현(仁和縣) 의 생원으로 거인(擧人) 국번(國蕃) 전공(錢公)의 딸에게 장가들었다. 둘째 송이망(宋夷望)은 태학생 중선(仲宣) 김공의 딸에게 장가들었 다. 셋째 송우망(宋虞望)<sup>451</sup>은 아직 혼인하지 않았다. 손녀는 2명으로

.......

446 관생(官生): 명대 경관(京官) 3품 이상으로 인사고과에서 높은 평가를 받으면 아들 1명 이 음직을 받아 국자감에 입학할 수 있었는데, 이를 관생이라고 한다.

447 딸에게: 원문은 "病女"인데, "病"은 잘못 들어간 글자가 아닐까 의심된다.

448 심공(沈公): 『휘주부지(徽州府志)』에 따르면 송응창과 같은 인화현 출신의 심문(沈文) 이 만력 20년(1592)에 부임하여 만력 23년(1595)에 교체되었다고 하므로, 본문의 심공 은 그를 지칭한 것으로 보인다. 『(康熙)徽州府志』(하버드대학 옌칭도서관 소장본) 卷3, 秩官志 上, 郡職官, 明, 知府, 59a. 심문의 자는 사질(思質)이며, 융경 2년(1568)에 진사가 되었다.

449 다시 …… 혼인하였다: 원문 및 『우림집』에는 "再娶許公女"가 분명히 들어가 있는데, 이 것이 잘못 반복된 것인지 아니면 송수경의 세 번째 부인에 대한 설명인지 불분명하다.

450 송초망(宋楚望): 송초망은 만력 46년(1618) 송응창의 손자로 음직을 고칠 것을 허락받 았으며, 그 결과 부친 송수일은 음직이 관생에 그쳤던 데 비해 금의위후소정천호(錦衣衛 後所正千戶)가 될 수 있었다. 『명신종실록』 권575, 만력 46년 10월 12일(정묘); 『(康熙) 仁和縣志』(하버드대학 옌칭도서관 소장본) 卷11, 選擧, 恩廕, 明, 32a. 송초망의 관직을 금의위후소정천호라고 기록하지 않았다는 점에서 본 행장이 만력 46년 이전에 작성되 었음을 알 수 있다.

451 송우망(宋虞望): 『복건통지(福建通志)』에 따르면 송우망은 순치(順治) 4년(1647)에 정

1명은 태학생 강지환(江之渙)에게 시집갔다. 이상은 모두 송수일의 자식이다. 다른 손녀 1명은 남직례제독학정어사(南直隸提督學政御史) 기원(淇園) 양공(楊公)[452]의 아들과 혼약을 맺었는데, 송수경의 자식이다. 증손자 1명과 증손녀 1명이 있는데 모두 송초망의 자식이다. 모년 모월 모일 산기슭에 받들어 장사지냈다.[453]

　나는 외람되게도 공께서 알아주심을 입어 공을 매우 잘 알지만 그 평생의 좋은 행실은 갖추어 논하지 않았고, 그 큰 행적만 논해서 열거하여 행장을 지어 거공(鉅公) 선생(先生)들께서 채택하실 수 있도록 갖추었다. 당대에 밝게 믿을 수 있도록 하고 내세에 불후(不朽)하도록 함으로써 충신과 효자로 하여금 번민하며 흐느껴 우는 지경에 이르지 않도록 채록하여 편집한 것을 드러내어 보인다. 삼가 행장을 짓는다.

........

주부(汀州府)의 동지(同知)가 되었음이 확인된다. 『(乾隆)福建通志』(사고전서 수록본) 卷27, 職官 8, 汀州府, 國朝, 同知, 104b. 아울러 『항주부지』에 따르면 송우망은 관직이 지부(知府)에 이르렀으며, 송초망과 송우망은 사후 송응창의 조부 송부 및 부친 송유와 같은 곳에 묘를 썼다고 한다. 『(乾隆)杭州府志』卷33, 冢墓 1, 29a.

452 양공(楊公): 『명대직관연표(明代職官年表)』에 따르면 만력 31년(1603)부터 만력 33년(1605)까지 양굉과(楊宏科)가 남직례(南直隸)의 제학관(提學官)을 맡았다고 되어 있으므로, 본문의 양공은 그를 지칭한 것으로 보인다. 張德信, 『明代職官年表』 4, 合肥: 黃山書社, 2009, 3972-3974쪽. 양굉과의 자는 의백(意白)으로, 절강 여요현(餘姚縣) 사람이다. 만력 14년(1586)에 진사가 되었으며, 남직례 제독학정어사를 거친 뒤에는 대리시소경(大理寺少卿)·강서순무(江西巡撫) 등을 역임하였고, 사후에는 예부상서가 추증되었다.

453 모년 …… 장사지냈다: 『항주부지』에 따르면 송응창의 묘는 북고봉(北高峰) 아래에 있다고 한다. 『(乾隆)杭州府志』卷33, 冢墓 1, 33a. 또한 『인화현지(仁和縣志)』에서는 송응창을 기념하는 "경략화이방(經略華夷坊)"이 인화현 관항가(官港街)에 있었음을 전하고 있다. 『(康熙)仁和縣志』卷1, 牌坊, 官港街西及腹裏地方, 35a, "經略華夷坊, 在長壽橋, 爲兵部侍郎宋應昌立."

# 명 병부좌시랑 경략 동강 송공의 배우자
# 고 숙인의 묘지명[454]

明兵部左侍郞經略桐岡宋公配顧淑人墓志銘

**날짜** 천계(天啓) 3년(1623)

**발신** 황여형

**내용** 송응창의 부인 고 숙인의 일생을 기록한 묘지명(墓誌銘)이다. 고 숙인의 덕행, 남편 송응창을 보필하고 권면한 행적, 불교에 귀의한 내력 등을 정리하여 싣고 있다. 송응창의 일생에 대한 사적도 적지 않게 등장하며, 행장에는 기록되지 않았던 내막이나 송응창의 은퇴 이후의 삶 등에 대한 정보를 함께 싣고 있다.

**관련자료** 본문의 저자인 황여형은 앞서 송응창의 행장도 지었으므로, 송응창의 행장과 본문은 표리의 관계이며 내용상으로도 연결되는 점이 많다.

황여형,『우림집』권15

좌사마(左司馬: 병부좌시랑) 경략 동강 송공이 돌아가신 지 5년 만

......

454 명 ······ 묘지명: 黃汝亨,『寓林集』卷15, 誌銘,「明兵部左侍郞經略桐岡宋公配顧淑人墓誌銘」, 40b-46b.

에 부인 고 숙인이 돌아가셨다. 돌아가신 지도 12년이 되어 장공자 수일과 계공자(季公子) 수경(守敬)이 손수 모친의 아름다운 행적을 모아 나에게 들러 울면서 청하기를,

"속상합니다. 어머님의 묘지(墓誌)를 지어 장례를 치르지 못한 까닭은 선친 경략공(經略公)께서 아직도 얕은 땅에 묻혀 계시기 때문입니다. 선친 경략공은 나라에 큰 공훈이 있었기에 전례에 따라 제장(祭葬)의 은전을 내리게 되어 있습니다만, 마침 헐뜯는 자가 있어서 끝내 청하지 못하였습니다.[455] 어머님께서 임종하실 때 저희 불효자들을 불러 말씀하시기를, '너희 아버지의 공을 밝히지 못하면 내가 눈을 감지 못하겠다.'라고 하셨습니다. 돌아가신 어머님께서는 제가 오랫동안 주저하였다고 말씀하신 것입니다. 돌이켜 생각건대, 선친 경략공의 공은 공훈을 담당하는 관청에 기록되어 있으니 끝내 인멸되지는 않겠으나 어머님의 아름다운 행적은 규방 안에서 있었던 일이니, 지금 기록할 방도를 도모하지 않으면 장차 묻히고 말 것입니다. 따라서 감히 번거롭게 그대에게 청하는 것입니다."라고 하였다.

나는 글재주가 없다고 사양하였으나, 장공 형제와는 우의가 매

........

455 선친 …… 못하였습니다: 명에서는 3품 이상의 고관이 사망하였을 경우 관원을 보내어 제사 지내게 하고 장례를 치르는 제장(祭葬)의 은전을 내리게 되어 있었다. 다만 파직되어 물러나 있었거나 죄를 지어 유배되었다가 사면을 받아 원직으로 복직하게 된 경우에는 제장을 내리지 않는다고도 규정되었다. 『大明會典』卷101, 禮部 59, 喪禮 6, 「恩恤」, 9b-10a, "凡三品官曾經考滿者, 祭一壇, 全葬. 未經考滿者, 祭一壇, 減半造葬. … 凡致仕養病, 終養聽用等項官員, 祭葬俱與見任官同. 革職閒住, 及先曾爲事謫戍, 遇蒙恩詔辯復原職者, 祭葬俱不准給." 송응창은 인사고과를 마친 뒤 병을 명분으로 고향으로 돌아가게 되었기 때문에 제장의 은전을 받을 수 있는 대상이지만, 이후 그에 대한 탄핵이 그치지 않았기 때문에 당시까지 제장이 내려지지 않았던 것으로 보인다.

우 두텁고 예전에 이미 경략공의 행장을 지었으니 어찌 숙인의 묘지를 차마 짓지 못하겠는가. 공손히 받아 묘지를 짓는다.

숙인의 성은 고(顧)이며 부친은 무략장군 유당공이고 모친은 심(沈) 의인(宜人)이다.[456] 태어나기 전에 청오가(靑烏家: 풍수가)가 고씨의 묘를 지나면서 가리켜 말하기를 "여기 귀한 딸이 나오겠구나." 하였는데, 얼마 지나지 않아 숙인이 태어났다. 태어날 때부터 생김새가 남달랐으며 조금 커서는 조용하고 순하였다. 『효경(孝經)』[457]·『내칙(內則)』[458] 같은 책들을 받으면 곧바로 능히 이해하였다. 유당공이 기뻐하며 이르기를, "이 아이가 하는 일을 보니 귀해질 징조겠구나. 내 평범한 사내아이에게는 시집보내지 않겠다."라고 하였다. 병부좌시랑으로 추증된 호산공[송유(宋儒)]과 사이가 가장 좋았기에 경략공을 보게 되었는데,[459] 그 또한 생김새가 남달랐다. 그래서 아는 사람들에게 말하기를, "이 아이는 우리 딸에게 충분하겠구나." 하니 호산공이 위금(委禽)[460]을 청하였다.

이듬해[가정 33년(1554)] 시어머니 하(何) 태부인(太夫人)의 병이

<hr>

456 숙인의 …… 이다: 고 숙인의 부친 유당공(柳塘公)의 직급인 무략장군은 종5품이며, 모친 심(沈) 의인(宜人)의 봉작인 의인은 5품 관원의 모친과 처에게 주는 봉작이다.

457 『효경(孝經)』: 효의 원칙과 규범을 수록한 책으로, 공자(孔子)와 증자(曾子)가 효에 대해 문답한 구절을 추려서 수록한 경전이라고 하나 실제 저자나 저작 연대는 불투명하다.

458 『내칙(內則)』: 한대(漢代)에 편찬된 『예기(禮記)』의 편명(篇名)이다. "내(內)"는 여자들이 거처하는 규문(閨門) 안으로, 주로 규문 안에서 행하는 예절이나 의식이 기록되어 있다.

459 병부좌시랑으로 …… 되었는데: 송응창의 행장에 따르면 송응창의 부친 호산공은 만력 21년(1593) 송응창의 관직과 같은 병부우시랑 관직을 추증받았다. 黃汝亨, 『寓林集』卷17, 行狀, 「經略朝鮮薊遼保定山東等處兵部左侍郎都察院右都御史宋公行狀」, 10b. 이후 송응창이 병부좌시랑으로 승진하면서 호산공 역시 병부좌시랑으로 추증되었을 것으로 추정된다.

460 위금(委禽): 결혼할 때 신랑이 신부 집에 기러기를 가지고 가서 초례상(醮禮床) 위에 올려놓는 것으로, 곧 장가가는 것을 뜻한다.

심해져 어진 신부 한 번 만나보고 눈을 감기를 매우 염원하였다. 숙인이 이에 시집을 가니 나이 18세에 행동거지가 의젓하여 흠잡을 데가 없었다. 태부인이 보고 기뻐하며 말하기를, "우리 아이에게 신부가 생겼구나." 하고서는 눈을 감았다. 이어서 태부인의 상을 치르는데 아침저녁으로 곡할 때 심하게 슬퍼하면서도 안에서 일을 처리하니, 그 일하는 것이 예법에 맞았다.

호산공은 예전부터 호방하여서 집안사람들의 살림을 돌보지 않았다. 경략공은 가르치는 제자들에게 받는 수입이 넉넉하지 않았으나[461] 문장으로 날마다 명성을 얻었기 때문에 지나가면서 교류하는 사람들은 모두 이름난 선비였다. 숙인은 열심히 길쌈을 하여 맛있는 음식을 마련하고 시아버지의 뜻을 기쁘게 받들었으며 경략공의 독서를 돕고 여력이 있으면 손님에게 낼 술을 공급하였다. 부족하면 비녀와 귀걸이를 풀어서 거의 다 떨어져도 화내는 기색이 없었다. 당시 손윗동서가 집안일을 맡고 있었는데 숙인이 마치 시어머니를 모시듯 엄격하게 하니 손윗동서 역시 숙인을 아껴주어 둘 사이에 전혀 거리가 없었다.

갑자년[가정 43년(1564)], 경략공이 향시에 합격하였다. 형 오강공[梧岡公: 송응기(宋應期)]이 현(縣)의 서리(胥吏)로 있다가 잘못에 연루되어 옥에 갇혔다. 공이 방금(坊金)을 내어 형을 빼내려고 하자 호산공이 도리어 난색을 보이며 말하기를, "너는 네 부인이 비녀와 귀

<hr />

461 경략공은 …… 않았으나[經略公束脯之入不贍]: 원문의 "束脯"는 "속수(束脩)"와 같은 의미이다. 속수란 육포 10개를 묶은 것으로 중국 고대의 예물 중 매우 가벼운 액수를 지칭하였으며, 공자가 "나는 속수 이상의 예를 행한 자에게는 가르치지 않은 적이 없다."(『논어』「술이(述而)」)라고 한 이후로 스승에게 올리는 예물 혹은 수업료를 지칭하는 말이 되었다.

걸이를 풀어서 다 쓴 일을 생각하지 않느냐?"라고 하였다. 숙인은 그 말을 듣고 일어나서 대답하기를, "돈과 형 중에 무엇이 더 중요합니까?"라고 하였다. 형은 결국 나올 수 있었고 친척들이 경략공의 우애와 어진 숙인을 배필로 맞은 것을 매우 칭찬하였다고 한다.

을축년[가정 44년(1565)], 경략공은 진사에 합격하였으나 호산공을 생각하여 휴가를 받아 고향에 내려가기를 청하였다. 해를 넘겨 이부(吏部)의 선발에 나아가야 하였을 때도 차마 부친을 떠날 수 없어서 모시고 북쪽으로 올라갔다. 갑자기 오강공이 집에서 돌아가시니 호산공이 아들의 죽음에 대한 애통한 심정을 이기지 못하고 시력을 잃을 지경이 되었다.[462] 일상생활에서 남이 부축해주지 않으면 반드시 넘어지니, 숙인이 모시는 데에 더욱 정성을 들였다. 호산공이 기뻐서 사람들에게 얘기하기를, "이 노인네가 눈이 멀었는데 볼 수 있게 해준 사람은 내 며느리이다."라고 하였다. 경략공은 선발 결과 산서 강주의 지주가 되었다[융경 원년(1567)]. 지주로서의 업무에 바빠 집사람에게 안부를 물을 겨를도 없었지만, 숙인이 집안을 단속하여 물처럼 투명하게 하였다. 덕분에 정무를 성공적으로 수행하여 형부원외랑(刑部員外郞)으로 승진하였다[융경 4년(1570)].

임신년[융경 6년(1572)], 경략공이 호과급사중이 되었다가 얼마 뒤에 예부로 옮겼으나,[463] 호산공이 갑자기 돌아가시니 공이 슬픔

.......

462 자기 …… 되었다: 원문에는 "서하지통(西河之慟)"이라는 말이 나오는데, 이는 아들을 잃은 슬픔을 말한다. 공자의 제자인 자하(子夏)는 서하(西河)에 은거하여 살고 있었는데, 그의 아들이 죽자 슬피 곡하다가 시력을 잃었다. 『예기』「단궁(檀弓)」에 나오는 고사이다.

463 임신년 …… 옮겼으나: 본문에서는 송응창의 관력을 매우 짧게 요약하고 있다. 송응창은 융경 4년(1570) 12월에 호과급사중이 되었다가 융경 5년 5월 형과우급사중이 되었

때문에 몸을 상하여 상을 제대로 치를 수 없었다.[464] 숙인은 아침저녁으로 그를 따라 시어머니상 때 곡한 것처럼 곡을 하였고 함수(含襚)[465] 및 접대 등 일체의 절차를 도왔는데, 이 역시 예법에 맞게 하여 근심으로 방해받는 바가 없었다.

상을 마치고 경략공은 관직을 받아 예전처럼 예과좌급사중이 되었다[만력 3년(1575)].[466] 숙인은 황상의 은혜로 유인(孺人)[467]에 봉해졌으며, 제사(制詞)[468]는 「고양(羔羊)」[469]·「채빈(采蘋)」[470]의 시구(詩句)와 비교해도 손색이 없었다. 얼마 지나지 않아 경략공은 황명을 받들어 경영(京營)을 순시하였다. 변경의 일을 조목별로 상주하였다가 권력을 잡고 있던 재상과 사이가 틀어져 마침내 제남지부(濟南知府)로 나가게 되었다.[471] 경략공이 속으로 분개하여 옷을 털며 화를 내

고, 융경 6월 2월에 예과좌급사중으로 옮겼다. 『명목종실록』 권52, 융경 4년 12월 9일(임인); 권57, 융경 5년 5월 29일(경인); 권66, 융경 6년 2월 21일(무신).

464 호산공이 …… 없었다: 『가정사십사년을축과진사이력편람』에 "壬申五月, 陞禮科左, 丁憂."라고 기록하고 있는 것으로 보아 송응창이 부친상을 당한 것은 융경 6년 5월의 일로 보인다. 『嘉靖四十四年乙丑科進士履歷便覽』12b.

465 함수(含襚): 함(含)은 주옥(珠玉)을 죽은 자의 입속에 채워 넣는 것을 말하고, 수(襚)는 의금(衣衾)을 죽은 자에게 주는 것을 말한다.

466 상을 …… 되었다: 『명신종실록』 권35, 만력 3년 2월 20일(기축).

467 유인(孺人): 명대 7품 관원의 어머니와 처에게 주었던 봉작이다. 당시 송응창의 관직인 예과좌급사중은 종7품의 관직이었다.

468 제사(制詞): 명·청대에 관리 임명장인 고칙(誥勅)에 적은 글을 말한다.

469 「고양(羔羊)」: 『시경』 소남(召南)의 편명으로, 문왕(文王)의 정사(政事)로 남국(南國) 사람들이 교화되어 높은 지위에 있는 이들이 모두 검소하고 정직하게 되었음을 칭송하는 내용이다.

470 「채빈(采蘋)」: 『시경』 소남의 편명으로, 법도에 따라 제사 음식을 정결하게 마련하려는 부인의 아름다운 행실을 찬미하는 내용이다.

471 변경의 …… 되었다: 본문의 "권력을 잡고 있던 재상"은 당시 집권자였던 장거정이다. 『가정사십사년을축과진사이력편람』에는 송응창의 제남지부 임명이 만력 3년 7월의 일로 되어 있다. 『嘉靖四十四年乙丑科進士履歷便覽』12b.

자 숙인이 위로하여 마음을 풀어주며 말하기를, "당신은 제남(濟南)을 박하게 여기시는 것입니까? 듣기로 '해내(海內)의 정사(政事)가 공평하고 송사(訟事)가 잘 다스려져서 탄식하고 원망하는 소리가 없도록 하는 것은 오직 봉록 2천 석의 지방관에게 달려 있다.'[472]라고 하였습니다."라고 말하니, 공이 이에 편한 마음으로 길을 떠났다.[473]

제남에 도착하여 고을의 일에 마음을 다하니 제남이 매우 잘 다스려졌으며, 숙인은 강주에 있을 때와 마찬가지로 삼가 집안을 잘 단속하였다. 공이 인사고과에서 천하제일로 뽑히자 숙인도 승진하여 공인(恭人)[474]에 봉해졌다.[475] 얼마 뒤 경략공은 산서안찰사부사로 승진하였다가 이어서 하남참정(河南參政)·산동안찰사를 역임하고 강서우포정사(江西右布政使)로 옮겼으며 복건좌포정(福建左布政)으로 전임되었는데, 가는 곳마다 치적이 드러났다.[476] 숙인은 잠시 집에서 쉬다가 공이 산동순무에 제수되자 함께 갔다.[477] 경략공이 문무

후附
등

472 해내(海內)의 …… 달려 있다: 백성을 다스리는 지방관의 임무를 강조한 말로, 『한서(漢書)』 「순리열전(循吏列傳)」에 실린 한 선제(宣帝)의 말을 살짝 다르게 인용한 것이다. 원래 내용은 다음과 같다. "서민이 전원에서 편안히 살며 탄식하고 원망하는 마음이 없게 하려면 정치가 공평하고 송사(訟事)가 잘 다스려져야 하는데, 나와 함께 이 일을 할 자는 바로 봉록 2천 석의 지방관들이다[庶民所以安其田里, 而亡歎息愁恨之心者, 政平訟理也, 與我共此者, 其惟良二千石乎]."

473 공이 …… 떠났다: 본문의 내용과는 달리 앞서 지어진 송응창의 행장에는 고 숙인의 공헌은 생략되고 송응창이 편한 마음으로 길을 떠났다는 내용만 실려 있다. 黃汝亨, 『寓林集』 卷17, 行狀, 「經略朝鮮薊保定山東等處兵部左侍郎都察院右都御史宋公行狀」, 3a.

474 공인(恭人): 명대 4품 관원의 어머니와 처에게 주었던 봉작이다. 당시 송응창의 관직인 제남지부는 정4품의 관직이었다.

475 공이 …… 봉해졌다: 송응창의 행장에 따르면 이는 만력 3년(1575) 입근고찰에서 송응창이 탁이 제1인으로 선정된 것을 말한다.

476 얼마 …… 드러났다: 송응창이 산서안찰사부사에 임명된 만력 8년(1580)부터 복건좌포정(福建左布政)으로 옮긴 만력 17년(1589)까지의 관력을 요약한 것이다.

477 숙인은 …… 갔다: 송응창의 산동순무 임명 기사는 『명신종실록』 권212, 만력 17년 6월

관리들을 격려하여 업무에 힘쓰게 하고 백성을 어루만져 따르게 하니, 목동들은 들에서 기뻐하고 병사들은 대오에서 엄숙하였으며 산동 사람들이 편안하고 이롭게 여긴 것이 여러 해가 되었다. 숙인이 웃으며 공에게 말하기를, "당신은 예전에 제남을 얕보시더니 이제는 온 산동 땅에 혜택을 입히시는군요."라고 하였다.

임진년[만력 20년(1592)], 황상께서 공을 불러 대리시경으로 삼았다.[478] 공이 숙인에게 말하기를, "나는 일개 가난한 선비로 구열(九列)[479]의 지위까지 올라 그대 아버님의 사람을 알아보는 안목을 저버리지 않았소. 바라던 바가 만족되었으니 함께 녹문(鹿門)[480]에 은거하지 않겠소?"라고 하니, 숙인이 고개를 끄덕였다. 은퇴하기를 청하는 상소를 막 작성하려 하는데, 마침 왜가 조선을 함락하여 경사의 경계가 삼엄해지고 안팎이 모두 진동하였다. 조정에서 회의를 하였으나 경략의 적임자를 찾기 어려웠고, 조정의 신하들은 왼쪽 오른쪽으로 돌아보고 곁눈질하면서 감히 앞으로 나서는 자가 없었으며, 모두가 공을 추천하면서 다방면으로 재촉하였다. 공은 분연히 말하기를, "어려운 일을 피하지 않는 것이 신하의 직분이다." 하고 마침내

.......

10일(을유)에 실려 있다. 『가정사십사년을축과진사이력편람』에는 2월의 일로 되어 있으나, 『명신종실록』의 기사가 정확할 것으로 보인다. 『嘉靖四十四年乙丑科進士履歷便覽』 12b. 원문에는 "개부삼제(開府三齊)"라고 되어 있는데, "개부(開府)"는 순무의 아칭(雅稱)이고, "삼제(三齊)"는 옛 제나라의 땅인 산동을 가리키는 말이다.

478 임진년 …… 삼았다: 『명신종실록』 권247, 만력 20년 4월 21일(경술).
479 구열(九列): 구경을 의미한다.
480 녹문(鹿門): 세상을 피해 숨어 지내는 곳 또는 숨어 사는 은자를 말한다. 후한(後漢) 말에 방덕공(龐德公)이 처자를 이끌고 녹문산(鹿門山)으로 들어가 약초를 캐며 세상 밖으로 나오지 않았던 고사에서 유래하였다. 『후한서』 「일민열전(逸民列傳)」 방공(龐公)에서 나온 말이다.

재빨리 마부를 재촉하여 떠났다. 대리시경에서 벼슬을 세 번 옮겨 병부우시랑이 되었고,[481] 신묘(神廟: 만력제)께서 유독 공을 크게 의지하여 부월을 내려주고 동쪽을 정벌하게 하셨는데, 이러한 내용은 경략의 행장에 갖춰져 있다.[482]

숙인은 곧바로 그해 겨울 12월에 집으로 돌아가 아침저녁으로 분향하며 기도하기를, "부인은 무기를 들어 사직을 지킬 수 없으니, 부처의 자애로움에 의지하여 바라옵건대 부군이 공을 세워 주군께 보답할 수 있도록 해주소서."라고 하였다. 계사년[만력 21년(1593)]에 평양을 격파하였으니, 노포(露布)[483]가 전해지자 숙인이 기뻐하였음은 알 만하다.

갑오년[만력 22년(1594)], 경략공이 군대를 거두어 돌아오자 조정의 의논은 장차 병부상서의 자리를 비워 공을 기다리고자 하였으나,[484] 마침 일을 담당한 사람과 논의가 어그러져 공은 빨리 「수초부(遂初賦)」를 읊고자 하였다.[485] 숙인 역시 차공(次公: 송수경)을 경사

後附
등

.......

481 대리시경에서 …… 되었고: 원문에는 "정위(廷尉)"에서 세 번 옮겨 "소사마(少司馬)"가 되었다고 하였는데, "정위"는 대리시경을 지칭하고 "소사마"는 병부시랑의 이칭이다. 송응창은 만력 20년 6월 24일 대리시경에서 공부우시랑(工部右侍郞)이 되었고, 8월 13일에 병부우시랑이 되었다. 따라서 실제로는 두 번 벼슬을 옮긴 셈이다. 『명신종실록』 권248, 만력 20년 6월 24일(임자); 권251, 만력 20년 8월 13일(경자).
482 이러한 …… 있다: 黃汝亨, 『寓林集』 卷17, 行狀, 「經略朝鮮薊遼保定山東等處兵部左侍郞都察院右都御史宋公行狀」, 6a-6b.
483 노포(露布): 승전보를 말한다. 당나라 봉연(封演)이 지은 『봉씨문견기(封氏聞見記)』 「노포(露布)」에 "노포는 승첩을 알리는 문서의 별명이다. 제군(諸軍)이 적병을 격파하면 비단에다 글을 써서 장대에다 걸어놓는데, 병부에서 이것을 노포라고 이른다."라고 하였다.
484 경략공이 …… 하였으나: 원문에는 "중추(中樞)"의 자리를 비워 송응창을 기다렸다고 되어 있는데, 명대에 "중추" 혹은 "추신(樞臣)"은 병부상서의 이칭이었다.
485 마침 …… 하였다: 송응창 행장의 내용을 감안하면 황여형은 송응창이 조정에 돌아가지 못한 이유를 석성과의 의견 차이 탓으로 돌리려고 한 것으로 보인다. 따라서 본문의 "일

로 보내어 공에게 말하기를, "공을 이루고 명망을 성취하였으니 몸이 은퇴해야 할 때입니다. 바라건대 임진년의 뜻을 잊지 마소서."라고 하였다. 공은 마침내 옷을 털고 돌아가 동쪽의 일을 전혀 말하지 않았으며, 날마다 문인(門人) 및 오랜 친구 두어 명과 더불어 시를 짓고 강론하기를 그치지 않았다. 숙인은 술과 장, 신선한 고기를 올리면서 술과 안주가 떨어지지 않도록 하였다.[486] 공은 태연하게 임천(林泉)[487]에 가서 세상 물정에서 벗어난 사람처럼 지냈다. 당시 장공(長公: 송수일)을 데리고 운서대사(雲棲大師)[488]의 법석(法席)을 쫓아 무생(無生)[489]의 뜻을 증험하고 유수장자(流水長者)[490]가 되었다.[491] 이로 인해 숙인은 재계하고 지내며 부처를 섬기고 때때로 기뻐하며

을 담당한 사람"은 석성으로 추측된다. 수초(遂初)는 처음 뜻을 이룬다는 말로, 벼슬을 그만두고 은퇴하여 전야에 은거함을 뜻한다. 진(晉)나라 손작(孫綽)이 10여 년 동안 산수(山水)에 노닐며 산림(山林)에 은거하려고 마음먹은 처음의 뜻을 마침내 이루게 되었다는 내용으로 「수초부(遂初賦)」를 지은 데서 유래하였다. 『진서』 「손작전(孫綽傳)」.

486 술과 …… 하였다: 원문에는 "뇌치(罍恥)"를 알리지 않았다고 되어 있는데, "뇌치"는 『시경』 소아(小雅) 「육아장(蓼莪章)」에 나오는 말로 작은 술병이 비어 있음은 큰 술 항아리의 부끄러움이라는 뜻이다. 여기서는 술과 안주가 떨어졌다는 말이 나오지 않게 잘 마련하였다는 의미이다.

487 임천(林泉): 산림천석(山林泉石)의 준말로, 은거하는 곳을 뜻한다.

488 운서대사(雲棲大師): 1535~1615. 명나라의 승려 주굉(袾宏)이다. 자는 불혜(佛慧), 호는 연지(蓮池)이다. 처음에는 유생(儒生)으로 있었는데 30세 이후에 출가하여 다년간 행각(行脚)하다가 절강성 항주(杭州)의 운서산(雲棲山)에 머물러 선림(禪林)을 창건하고 염불을 장려하여 계율(戒律)을 엄히 하였다. 만력 43년(1615)에 81세로 입적하였으며 32종의 저서가 있다.

489 무생(無生): 불교 용어로 생성과 소멸이 없는 경지를 뜻한다.

490 유수장자(流水長者): 『금광명경(金光明經)』에 나오는 깨달음을 얻은 사람이다. 강에 물이 말라 수많은 물고기가 떼죽음을 당할 위기에 있는 것을 보고 코끼리를 동원해 물을 길어다 주어 이를 살려내고 깨달음도 얻었다고 한다.

491 당시 …… 되었다: 오지경(吳之鯨)이 항주 무림(武林) 일대의 사찰들에 대해 저술한 『무림범지(武林梵志)』에는 송응창이 불교에 심취하여 편액을 쓰는 등의 활동을 한 흔적이 남아 있다.

도왔다. 사람들이 숙인을 칭하기를, "귀한 배필일 뿐만 아니라 도려(道侶)이기도 하다."라고 하였다. 이해에 경략공이 3품으로 인사고과를 마쳤기 때문에 법제에 따라 3대를 증직하고 모친도 숙인으로 봉하였다.[492] 1년 남짓 지나 신묘께서 경략공이 힘들게 수고하였고 공이 높음을 생각하여 도찰원우도어사로 승진시키고 세습 음직을 내리셨다.[493]

임인년[만력 30년(1602)], 장공이 이부로 나아가 선발에 응하기 위해 도성으로 들어갔다. 장공은 태어날 때부터 아첨할 줄 몰라 1년여를 지내면서 주머니가 비어가도록 아부를 하지 못하였으니, 공과 예전부터 교분이 있던 당국자가 아무 상관도 없는 남의 일처럼 보았으므로 끝내 명이 거두어지고 시행되지 못하였다. 숙인이 손수 편지를 써서 부르기를, "어찌 돌아오지 않느냐?[494] 운명이다. 잠시 기다려라."라고 하니, 장공이 급히 돌아왔다.

3년이 지나 경략공이 세상을 떠나니[만력 33년(1606)], 숙인은 슬피 곡하였다. 장공은 경략공의 부음을 신묘께 아뢰었고, 신묘께서는

........

492 이해에 …… 봉하였다: 본문에는 송응창이 은퇴하여 은거했음을 서술한 뒤에 인사고과 및 봉작 관련 내용을 싣고 있지만, 송응창의 행장에는 송응창이 경략에서 물러나 북경으로 돌아가기 위해 광녕에서 대기하던 중 인사고과를 받았다고 되어 있다. 黃汝亨, 『寓林集』卷17, 行狀, 「經略朝鮮薊遼保定山東等處兵部左侍郎都察院右都御史宋公行狀」, 10b.

493 1년 …… 내리셨다: 만력제가 송응창을 승진시키고 음직을 세습하도록 한 성지는 「15-1-6 兵部一本 後附, 13b-17b」에 실려 있다. 『명신종실록』 권277, 만력 22년 9월 1일(병자)에 해당 성지의 요지가 기록되어 있으므로 성지가 내려온 날짜는 만력 22년(1594) 9월 1일로 보인다.

494 어찌 …… 않느냐: 『맹자(孟子)』 「진심 하(盡心下)」에 나오는 말이다. 맹자의 제자 만장(萬章)이 공자의 "어찌 돌아가지 않겠는가[盍歸乎來]. 내 고향의 선비들은 뜻은 크지만 일에 소략하여 진취적이지만 그 처음을 버리지 못하니."라고 한 말이 무슨 뜻인지를 맹자에게 질문한 바 있다. 고 숙인은 이 구절을 인용하여 억지로 벼슬하기 위해 뜻을 굽히지 말고 얼른 돌아올 것을 주문한 것으로 보인다.

그 상소를 이부·예부에 내려 공로가 있는 신하에게 휼전(恤典)을 베풀 방도를 논의하게 하셨다.[495] 이부 계훈청리사(稽勳淸吏司)[496]의 주공(朱公) 아무개가[497] 전례에 따르도록 조목별로 논의하였기에 거의 청한 바를 얻을 수 있게 되었으나, 마침 예전에 경략공이 산동순무로 재직할 때의 속리(屬吏)로서 원한을 가진 자가 갑자기 다른 부서의 낭관(郎官)을 통해 규탄하는 논의를 내고 탄핵하는 상소를 두 번이나 올렸으며, 장공 역시 상소를 올려 변론한 것이 아홉 번이었다. 보고한 대로 허락하라는 성지를 받았고 탄핵하는 상소는 궐 안에 두고 담당 관원에게 내려보내지 않도록 하였으나, 일은 또한 끝내 중지되었다.

장공은 당시 사람들 앞에서 눈물을 훔치며 말하기를, "선친 경략께서 몸소 피폐해진 속국 6000리를 빼앗아 조정에 돌려주었습니다. 이것을 지금 요동의 산과 강에서 군대의 패배를 초래하고 장수

........

495 장공은 …… 하셨다: 송응창의 장자 송수일이 부친의 공을 밝히고 그에 따라 자신의 음직을 고쳐줄 것을 상소한 것은 만력 35년(1607)의 일이다. 『명신종실록』 권432, 만력 35년 4월 7일(기해)에 따르면 결과적으로 만력제는 송수일의 요청에 대답하지 않았다고 되어 있다.

496 계훈청리사(稽勳淸吏司): 원문에는 "사훈(司勳)"이라고 되어 있는데, 명청시대에 "사훈"은 계훈청리사의 별칭으로 사용되었다. 계훈청리사는 문관의 공훈 등을 관장하는 이부 속하의 관청으로, 낭중·원외랑·주사 등의 관원이 있었다.

497 주공(朱公) 아무개가: 『명신종실록』 권435, 만력 35년 윤6월 26일(정해)에는 이부 문선사원외랑(文選司員外郎) 주광조(朱光祚)를 계훈청리사낭중(稽勳淸吏司郎中)으로 삼았다는 기사가 나온다. 따라서 본문의 주공은 주광조를 가리키는 것으로 보인다. 주광조는 만력 34년(1606) 10월에는 고공사원외랑(考功司員外郎), 만력 35년 5월에는 문선사원외랑을 담당하여 문관의 인선 및 공적 관리 등을 지속적으로 담당하였다. 『명신종실록』 권426, 만력 34년 10월 11일(병오); 권433, 만력 35년 5월 4일(병인). 단 주광조는 호광성(湖廣省) 형주부(荊州府) 강릉현(江陵縣) 사람으로 송응창이 은퇴한 이후인 만력 23년(1595) 진사가 되었으므로, 송응창과 개인적인 연관은 없는 것으로 보인다.

를 죽게 하며 병력을 손상시키고 군수를 소모하여 수습할 수가 없는 것과 비교하면 공과 죄가 어떠합니까? 그런데도 제가 유독 부친의 공을 밝히지 못하고 지극한 은혜를 입는다면 사람이라고 할 수 있겠습니까?"라고 하였다. 결국 벼슬에 나아갈 뜻을 영영 거두고 차공과 함께 숙인을 모시고는 슬하에서 푸성귀를 정식(鼎食)[498]보다 맛있게 먹고 베를 비단보다 영화롭게 입었다. 숙인도 돌아보고 즐거워하여 화목하였는데, 어찌 갑자기 세상을 떠나셨는가. 임종할 때 다른 말은 없이 곡진하게 경략공의 공적을 밝힐 것을 부탁하고는 잠시 뒤에 일어나 앉아 손을 씻고 중얼거리기를, "서방(西方: 서방정토)에서 부르는구나."라고 하고는 눈을 감았다.

아! 숙인이 덕을 심은 바가 깊다. 대개 숙인은 평생 부모에게 효도하고 자식을 사랑하였으니, 어찌 살아서든 죽어서든 뜻을 다하여 섬기는 것을 시어머니와 시아버지에 대해서만 하였겠는가? 그 모친 심 의인이 병이 들자 안 써 본 탕약이 없었고 상을 당해 장례를 치를 때도 자신이 도맡아 하여 유감이 없도록 하였다. 친척들은 자매, 오라비, 오라비의 아들과 손자까지 돌보고 보살펴주었고 그 마음을 마을의 할머니와 장획(臧獲: 노비)에까지 미쳐서 차마 버려두지 않았다. 평생 검소하여 여러 자부(子婦)와 손부(孫婦)들이 감히 화려한 의복과 풍성한 반찬을 보이지 못하였다. 베풀어 선행을 짓는 일은 늙어서 더욱 독실해졌다. 굶주린 사람을 먹이고, 추위에 떠는 사

498 정식(鼎食): 종명정식(鍾鳴鼎食)의 준말로 호화로운 식사를 말한다. 왕발(王勃)의 「등왕각서(滕王閣序)」에 종을 쳐서 여러 사람들에게 식사 시간을 알린 다음 솥을 벌여놓고 모여 식사를 한다는 내용이 나오는데, 태평성대에 부유하고 호화스럽게 생활하는 것을 뜻한다.

람은 입혔으며, 병든 사람에게는 약을 주고, 죽은 자에게는 관을 마련해주는 일이 없는 달이 없었다. 겨울에는 뜨거운 물을 주고 여름에는 시원한 물을 주는 일도 하지 않는 해가 없었다. 승려에게 음식을 공양한 것이 수천 번이고, 나루터와 다리, 도로를 수리한 것은 수십 번, 수백 번이며, 물고기와 새를 살려준 것은 수백만 번으로 이루 다 적을 수가 없다.

문지방을 넘지 않고서도 일을 훤히 꿰뚫고 있어서 아무도 숙인을 속일 수 없었다. 경략공이 안팎에서 관직 생활을 하던 30여 년 동안 보좌하면서 집안일을 정돈하였고 출사(出仕)할지 물러날지 결정해야 할 큰일이 있을 때마다 공은 숙인과 더불어 절충하였으니, 여느 부인이 하기 어려운 바였다.

장공은 또한 숙인의 정성이 하늘과 사람이 감응하는 데 통하였다고 칭송하였다. 장공이 포대기에 있을 때 우연히 포대기에 뒤덮여 목에서 소리를 낼 수 없어 위태로울 지경이었다. 마침 숙인은 현악기를 타고 있었는데 갑자기 공중에서 아기가 위급하다는 말이 들려 뛰어가서 아기를 보고 포대기를 풀어주었다. 을축년[가정 44년(1565)], 경략공이 과거에 응시하려는데 한질(寒疾)에 걸려 거의 시험장에 들어가지 못할 처지가 되었다. 숙인이 듣고 밤낮으로 슬피 기도를 올렸더니, 경략공이 병중에서 어렴풋이 천신(天神)이 칼로 마귀를 베는 것을 보고는 놀라 땀을 흘렸고 병이 결국 나았다. 경사에 있을 때 일찍이 어머니를 생각해서 남쪽을 향해 눈물을 흘렸다. 신에게 점을 쳐보니 "다만 비단옷을 입은 공자가 이를 것을 기다리라[直待錦衣公子至]."라는 점괘를 얻었다. 처음에는 무슨 말인지 이해할 수 없었으나, 얼마 지나지 않아 숙인은 호산공의 상으로 고향으로 돌아가 해를 넘겼는데 마침 어머니가 병으로 돌아가시게 되어 큰일에 힘을 다할 수 있게 되었으니, 점괘의 말이 비로소 증험되었다. 그 정성에 하늘이 호응하는 것이 왕왕 이와 같았다. 그래서 숙인은 신심(信心)으로 수행하고 정업(淨業)에 귀의하기를 50년을 하루처럼 하였다.

그러므로 숙인은 딸에서부터 며느리, 어머니, 할머니가 될 때까지 성스러움과 선함을 도탑게 갖추었으니, 다른 평범한 규수가 견줄 수 없는 분이었다. 경략공의 공훈은 기상(旂常)[499]에 새겨져 있고 숙인의 현명함은 동관(彤管)[500]에 실려 있다. 부부의 덕이 나란히 아름다우니 백세 동안 밝게 드리우는 것이 또한 마땅하지 않겠는가. 숙인은 가정 정유년(1537) 6월 30일에 태어나서 만력 신해년(1611) 7월 4일에 돌아가셨으니 75년을 사셨다. 장공 아무개가 모년 모월 모일 모산의 남쪽에 경략공과 합장하였다.[501] 나라에는 포상하는 전례가 있어 공로가 있는 신하를 표창하고 돌보게 되어 있으니, 그것이 숙인에게도 미치기를 바라마지 않는다. 자손들의 혼가(婚嫁)는 상세하게 적지 않으니, 상세한 내용은 경략공의 묘지에 있다.[502] 이에 이

.......

499 기상(旂常): 주나라 때 사용하던 깃발의 일종으로, 기(旂)는 교룡(蛟龍)을 그린 푸른색 깃발이며, 상(常)은 천자의 상징으로 해·달·별을 그린 태상기(太常旗)를 말한다. 여기에 공신들의 이름을 기록하였으므로 공신을 지칭하기도 한다.

500 동관(彤管): 붓대를 붉게 칠한 붓을 말한다. 흔히 여자가 쓰는 붓이므로 여사(女史)나 여사가 기록한 책을 의미하기도 한다. 옛날에 후비(后妃)에게는 반드시 여사가 있어 그들에 대한 기록을 담당하였다고 한다.

501 장공 …… 합장하였다:『항주부지』에 따르면 송응창의 묘는 북고봉(北高峰) 아래에 있었다고 한다.『(乾隆)杭州府志』卷33, 冢墓 1, 33a.

502 자손들의 …… 있다: 송응창의 행장 말미에 자세히 나와 있다. 黃汝亨,『寓林集』卷17, 行狀,「經略朝鮮薊遼保定山東等處兵部左侍郎都察院右都御史宋公行狀」, 13a-13b.

어서 명(銘)한다.

명하기를,

신하는 왕을 좇아 안으로 편안하게 하고 밖으로 적을 물리쳐 공훈과 이름을 크게 날리네.

부인은 지아비를 좇아 공손하고 정숙하여 서로에게 모범이 되었네.

태어나서부터 지혜롭고 단정하였으며 장수하고 강녕하였으며 돌아가실 때에도 길상(吉祥)이 있었네.

황상께서 공로가 있는 신하를 생각하시어 제사 음식을 올리기도 하고 땅을 내려주셨네.

같은 공덕으로 합장하였으니 이에 함께 흠향(歆饗)하시고 이에 함께 영면하시기를.

땅의 후덕함은 끝이 없으니 경사가 대대손손 이어지고 자손들은 창성(昌盛)하리로다.

## 15-4

# 발문

## 跋

**날짜** 1929년 12월

**발신** 유이징(柳詒徵)[503]

**내용** 국학도서관장(國學圖書館長) 유이징이 『경략복국요편』의 영인본 간행 이유를 밝히는 발문(跋文)이다. 유이징은 중국에서 전통적으로 외국과의 전쟁에 대한 기록을 잘 남기지 않아 『경략복국요편』이 제대로 전해지지 않았던 상황을 개탄하고, 영인에 즈음하여 무봉림(繆鳳林)[504]이 제요(提要)를 작성하고 황여형이 지은 송응창의 행장을 발굴함으로써 그 역사적 가치를 밝혔음을 기록하였다. 아울러 『경략복국요편』의 간행을 통해 중국인들에게 국내의 통일만이 아니라 지금까지의 치욕을 씻고 외국과 경쟁하는 일에도 관심을 기울일 것을 촉구하고 있다. 당시 외세의 압력과 통일을 위한 내전(內戰)에 신음하던 중국의 정세가 강력히 반영된 간행사이다.

.......

503 유이징(柳詒徵): 1880~1956. 중국 사람으로 강소성(江蘇省) 단도(丹徒) 출신이다. 자는 익모(翼謀)·희조(希兆), 호는 지비(知非)·호구당(號劬堂)이다. 역사가·고전문학가·도서관학자·서예가로, 중국 근현대 역사학의 선구자 중 한 사람이다. 『역대사략(歷代史略)』·『중국상업사(中國商業史)』·『중국교육사(中國敎育史)』·『중국문화사(中國文化史)』등을 저술하였으며, 국립중앙대학(國立中央大學)에서는 가장 오랫동안 교수로 강의하였다. 1927년부터는 국학도서관(國學圖書館)의 관장을 역임하였으며, 일본과의 전쟁 당시 도서를 안전한 곳으로 운반하는 데도 힘을 쏟았다. 만년에는 상해박물관(上海博物館)에 근무하다가 1956년 상해(上海)에서 사망하였다.

우리나라[중국]의 풍속은 외국과 겨루는 것을 숭상하지 않았다. 당나라 유인궤(劉仁軌)는 백강(白江)에서 네 차례 싸워서 바닷물이 붉어질 지경이었으나,[505] 역사서에는 "현경(顯慶: 651-661) 연간 이후에는 은상(恩賞)이 거의 끊어졌으며, 백제·평양을 격파하는 데 공을 세운 자는 승진하여 임용되지 못하였다."[506]라고 하였다. 대개 나라의 넓이가 매우 넓어 국경 밖에서 소소한 승리를 거두어도 중히 여기기에 부족하였기 때문이다. 유인원(劉仁願)은 백제에 승전비를 세웠음에도 『신당서(新唐書)』·『구당서(舊唐書)』에 모두 열전(列傳)이 없고 겨우 유인궤의 열전 안에 부록되어 있는 것이 이 때문이다.[507]

.......

504 무봉림(繆鳳林): 1898~1959. 중국 사람으로 절강성(浙江省) 부양(富陽) 출신이다. 자는 찬우(贊虞)이다. 1923년 남경고등사범학교(南京高等師範學校) 역사계(歷史系)를 졸업하였으며, 1927년 남경(南京)의 국학도서관 인행부(印行部) 주임이 되었다. 1928년에는 남경대학(南京大學)의 전신인 국립중앙대학 문학원(文學院) 사학계(史學系) 교수가 되었고, 이후 주임이 되었다. 그는 중국사학회(中國史學會) 발기인으로『사학잡지(史學雜志)』의 창간을 주도하였으며,『중국통사강요(中國通史綱要)』·『중국통사요략(中國通史要略)』·『중국사논총(中國史論叢)』·『중국민족사(中國民族史)』·『일본사논총(日本史論叢)』·『일본사조감(日本史鳥瞰)』등의 저서를 남기는 등 근대 중국 사학의 성립 과정에서 활발히 활동하였다. 중화인민공화국 성립 이후에도 남경대학에 재직하다가 1959년 사망하였다.

505 당나라 ...... 지경이었으나: 당대 용삭(龍朔) 3년(663) 바다를 건너온 일본의 구원병과 백제 부흥군이 합세하여 나당연합군과 벌였던 백강(白江) 전투를 말한다.『일본서기』에서는 백강을 백촌강(白村江)으로 기록하고 있다. 이 싸움에서 나당연합군은 일본 병선 400여 척을 불태우는 등 일본군을 크게 격퇴하였으며, 결과적으로 주류성(周留城)을 중심으로 전개되던 백제의 부흥 운동을 궤멸시켰다.

506 현경(顯慶: 651~661) ...... 못하였다:『신당서(新唐書)』「유인궤전(劉仁軌傳)」에 나오는 말이다. 원문은 다음과 같다.『新唐書』卷108,「劉仁軌傳」, 4083쪽, "(劉仁軌)遇倭人白江口, 四戰皆克, 焚四百艘, 海水爲丹 (⋯) 先是, 貞觀·永徽中, 士戰歿者皆詔使弔祭, 或以贈官推授子弟. 顯慶後, 討伐恩賞殆絶, 及破百濟·平壤有功者, 皆不甄敍, 州縣購募, 不願行, 身壯家富者, 以財參逐, 率得避免, 所募皆傝劣寒憊, 無鬪志." 밑줄 친 문장은 본문에 인용된 부분이다.

507 유인원(劉仁願)은 ...... 때문이다: 유인원은 백강 전투가 있었던 용삭 3년(663)에 자신

명나라 송응창[宋思文]은 유자(儒者)로서 군사를 통솔하여 소국(小國)을 사랑하는 도리를 크게 떨쳤으며, 심한 추위를 견디고 요해(遼海)를 넘어 잿더미가 된 삼한·팔도를 수습해서 안전한 곳에 올려놓았다. 평양의 대첩은 위세가 해동(海東)에 진동하였으나 『명사(明史)』또한 열전을 두지 않았다. 만약 다른 나라에서였다면 밝혀서 쓰고 이목을 요란하게 하는 것이 어느 정도였겠는가.

이 책은 『천경당서목(千頃堂書目)』[508]에 6권이라고 되어 있으니,[509] 대개 명말(明末)에 이미 그다지 드러나지 않았던 것이다. 만청(滿淸: 청나라) 때에 이르러서는 '복국(復國)' 두 글자를 오인하여 금서로 지정하였기에 전본(傳本)이 더욱 적어졌다.[510] 갑오년(1894) 이래로 동쪽의 일을 말하는 자들도 아무도 이 책을 말하지 않았다. 이 책이 국학도서관[盋山圖書館][511]에 소장된 지 여러 해 되었는데, 어떤 영사

.......

의 공을 기록한 비석을 부여 부소산(扶蘇山)에 세웠다. 현재는 "부여 당 유인원 기공비(紀功碑)"로 보물 제21호로 지정되어 있으며, 국립부여박물관에 소장되어 있다.

508 『천경당서목(千頃堂書目)』: 명 말 청 초의 장서가였던 황우직(黃虞稷: 1629-1691)이 편찬한 『명사』 「예문지(藝文志)」 초고를 항세준(杭世駿: 1696-1773)이 건륭(乾隆) 초년에 증보한 명 일대의 도서목록이다. 『사고전서총목제요(四庫全書總目提要)』에서 "명 일대의 저작을 상고하려면 끝내 이 책에 의거해야 한다."라고 칭할 정도로 명대 서적을 종합한 목록으로서의 위상을 갖고 있다. 『천경당서목』의 성립 과정에 대한 고증은 井上進, 「千頃堂書目」と『明史藝文志』稿」, 『東洋史研究』 57-2, 1998을 참고.

509 이 …… 있으니: 『경략복국요편』은 본문 14권 및 앞뒤의 부록으로 구성되어 있으나, 『천경당서목』에서는 6권으로 잘못 기록하였다. 무봉림은 이를 책수(冊數)를 권수(卷數)로 오인하였기 때문에 빚어진 오류로 보았다. 무봉림(繆鳳林), 앞의 글, 38-39쪽.

510 만청(滿淸: 청나라) …… 적어졌다: 실제로 청대에는 『경략복국요편』을 금서로 지정하였다. 『軍機處奏准全燬書目』(咫進齋叢書 수록본), 2a, "『經略復國要編』(明宋應昌撰)".

511 국학도서관(國學圖書館): 현재의 남경도서관(南京圖書館)의 1929년 당시 이름이다. 원문에는 "발산도서관(盋山圖書館)"으로 되어 있는데, 발산(盋山)은 남경도서관이 있는 곳의 지명이다. 유이징은 국학도서관장으로 재직하면서 1928년 도서관에 소장된 송·원대의 진본(珍本) 126종을 엄선하여 그 사진을 『발산서영(盋山書影)』으로 간행하였는데,

(領事)가 일찍이 베껴가기를 요청하였으나 중국인 중에서는 찾는 이가 없었다.[512] 그 공훈과 지략을 책벌레가 갉아먹도록 하는 것은 유인궤의 옛일이 『해동금석원(海東金石苑)』에 뚜렷이 드러나 있는 것에 비해 더욱 탄식할 만한 일이다.[513] 서리와 싸라기눈이 하늘에 가득하고 동북쪽에 사변이 많을 때 도록을 두루 살펴보면서 이 때문에 개탄하였다.[514]

찬우(贊虞) 무봉림은 이미 제요를 짓고 아울러 황여형이 지은 행장을 채집하여 역사서의 빠진 부분을 보충하였다.[515] 이에 마음에 품은 바를 서술함으로써 국족(國族: 중국인)에게 명이 가정(1522-1566) 이래 왜로 인한 환란으로 갖은 괴로움을 겪었으나 세상을 다스릴

........

이때도 발산의 지명을 따서 책의 이름을 지었다.

512 어떤 …… 없었다: 무봉림의 『경략복국요편』 제요에 따르면 임술년(1922)·계해년 (1923) 사이에 영파(寧波) 주재 일본 영사가 남에게 부탁하여 도서관에 와서 베껴갔다 고 한다. 무봉림(繆鳳林), 앞의 글, 47쪽.

513 그 …… 일이다: 『해동금석원(海東金石苑)』은 청대 고증학자 유희해(劉喜海: 1794- 1852)가 조선에 전해지는 금석문의 탁본을 수집하여 편집하고 유승간(劉承幹)이 보충 해서 1922년에 간행한 책이다. 이 책에는 유인원의 기공비를 탁본에 근거하여 수록하 였다. 劉喜海 輯, 劉承幹 補刊, 『海東金石苑』(南林劉氏嘉業堂刊) 卷1, 「唐劉仁願紀功碑」, 13b-18a. 다만 유인원의 기공비는 현재 후반부가 마멸되어 유인궤의 사적이나 백강 전투 에 대한 기록은 구체적으로 확인할 수 없다. 이는 『해동금석원』 수록본도 마찬가지이다.

514 서리와 …… 개탄하였다: 중국에서는 1926~1928년에 걸쳐 국민당이 각지에 할거하던 군벌들을 대상으로 북벌을 진행하였다. 1928년 북경을 지배하던 군벌 장작림(張作林)이 본거지 만주로 돌아가다 일본군에 의해 폭살되고 그 아들 장학량(張學良)이 국민당에 귀순함으로써 중국 전역이 표면적으로 국민당이 이끄는 남경 정부의 기치 아래 통일되 었으나, 1929년에는 국민당을 따르던 군벌들이 재차 장개석(蔣介石)에 대항하여 내전을 일으키는 등 혼란한 상황이었다.

515 찬우(贊虞) …… 보충하였다: 무봉림의 제요는 『명나라의 임진전쟁: 출정 전야』(송응창 의 『경략복국요편』 역주 1)에 수록된 제요를 말하며, 황여형이 지은 행장이란 『우림집 (寓林集)』에 수록된 송응창의 행장과 고 숙인의 묘지명을 지칭한다. 모두 1929년 국학 도서관의 영인본에 수록되었다.

만한 인재는 애초에 지나간 전철(前轍)로 인해 기가 꺾이지 않고 이
렇듯 혁혁하게 공을 세웠음을 알게 한 것이니, 오늘날 부끄러움을
밝히고 풍속을 격려하여 마땅히 이전의 구습(舊習)을 한 번에 씻어
버리고 국내를 평정시키는 것만을 나라를 위한 공으로 여기지 말도
록 충고할 따름이다. 기사년(1929) 12월, 유이징.

# 인명록

가모 우지사토(蒲生氏鄉) 1556~1595. 일본 사람이다. 오다 노부나가(織田信長)의 사위이다. 노부나가 사후 도요토미 히데요시(豊臣秀吉)를 따라 여러 전투에서 전공을 세우고 아이즈(会津) 지역의 영주가 되었다. 임진왜란 때 규슈(九州)에서 도요토미 히데요시를 보필하다 사망했다.

가유약(賈惟鑰) ?~1630. 명나라 사람이다. 이름이 『상촌고(象村稿)』에는 賈維鑰, 『선조실록』에는 賈惟約 또는 賈維鑰으로 기록되어 있다. 자는 무경(無扃)이고 호는 지백(知白)이며 직례 순천부(順天府) 준화현(遵化縣) 출신이다. 만력 17년(1589) 진사가 되어 출사했다. 만력 21년(1593)에 흠차사험군공(欽差查驗軍功) 병부무선청리사주사(兵部武選清吏司主事)로 조선에 와서 군공을 조사하고 돌아갔다. 만력 27년(1599) 병부직방사낭중(兵部職方司郎中)으로 다시 조선에 파견되었고 부산평왜비명(釜山平倭碑銘)을 작성한 일도 있다. 숭정 2년(1629) 홍타이지가 준화(遵化)를 침공하자 가유약은 식솔을 데리고 투항하여 준화순무(遵化巡撫)에 제수되었다. 이후 홍타이지의 후금군이 물러가고 명군이 다시 성을 함락시키자 가족들과 함께 피살되었다.

가토 기요마사(加藤清正) 1562~1611. 일본 사람이다. 도요토미 히데요시와 같은 고향 출신으로 어려서부터 히데요시를 주군으로 섬기며 여러 전투에서 활약하였다. 1588년에 히고(肥後) 국의 영주가 되었다. 임진왜란이 발발하자 1만 명의 병사를 이끌고 출병하여 서울을 거쳐 함경도로 진격하여 조선의 왕자 임해군(臨海君)과 순화군(順和君)을 포로로 잡았다. 일본이 명과 강화 교섭을 시작하자 사로잡은 왕자를 돌려보냈다. 1596년에는 도요토미 히데요시로부터 귀환 명령을 받고 일본으로 돌아갔다가, 이듬해 정유재란 때 일본 병선 300여 척을 이끌고 조선으로 다시 들어왔다. 가토 기요마사가 이끄는 부대는 울산성 전투에서 조명연합군에게 포위되어 대다수의 병사가 싸우지도 못하고 죽었고, 가토 기요마사는 구사일생으로 일본에 귀국하였다. 히데요시가 사망한 이후 시치쇼(七將)의 일인으로 활동하였다. 1600년에 벌어진 세키가하라(關ヶ原) 전투에서 도쿠가와 이에야스(德川家康)의 동군(東軍)에 가담하여 전후에 히고 지역의 54만 석 영주가 되었다. 1611년에는 도요토미 히데요리(豊臣秀賴)를 설득하여 도쿠가와 이에야스와의 회담을 성사시켰다.

갈봉하(葛逢夏) ?~?. 명나라 사람으로 자는 섭명(變明)이다. 평양성 전투에 참여하여 이여송(李如松) 휘하에서 통령보진건준조병유격장군(統領保眞建遵調兵遊擊將軍)으로 선봉우영(選鋒右營) 마병(馬兵) 1300명을 통솔하였다. 사대수(查大受)에 이어 행궁을 호위하기 위해 조선에 와서 오래도록 의주(義州)에 머물렀다. 후에 남원(南原) 원정까지 참여하였다. 만력 22년(1594)에 명나라로 돌아갔다.

게이테쓰 겐소(景轍玄蘇) 1537~1611. 일본 사람으로 가와즈(河津) 가문 출신이다. 하카다(博多) 세이후쿠사(聖福寺)에서 승려생활을 하던 중 대륙 침략의 야심을 품은 도요토미 히데요시의 부름을 받아 그 수하로 들어갔다. 1588년에 조선을 드나들며 자국의 내부 사정을 설명하고 일본과 수호 관계를 맺고 통신사를 파견하라고 요청하였다. 1590년 황윤길(黃允吉), 김성일(金誠一) 등의 통신사 일행이 일본의 실정과 히데요시의 저의를 살피기 위하여 일본으로 갈 때 동행하였으며, 이듬해 다시 입국하여 조선의 국정을 살피고 히데요시의 명나라 침공을 위한 교섭 활동을 하였다. 1592년에 임진왜란이 일어나자 고니시 유키나가(小西行長)가 이끄는 선봉군에 국사(國使)와 역관 자격으로 종군하였다. 이후 임진강을 사이에 두고 조명연합군과 대치할 때 일본 측 고니시의 제의로 이루어진 강화회담에 참여하는 등 일본의 전시 외교 활동에 종사하였다.

경수룡(耿隨龍) ?~?. 명나라 사람이다. 자는 순언(舜言)이고 직례(直隷) 대명부(大名府) 출신이다. 만력 14년(1586) 과거에 합격하여 출사했다.

고공(高拱) 1513-1578. 명나라 사람으로 하남 신정(新鄭) 출신이다. 자는 숙경(肅卿), 호는 중현(中玄)이다. 관직은 이부상서(吏部尙書)에 이르렀고 중극전대학사(中極殿大學士)로 내각의 수보(首輔)가 되었다.

고니시 도노모노스케(小西主殿介) ?~1593. 일본 사람이다. 고니시 유키나가의 이복형제로 유키나가의 가신이었다. 도노모노스케는 별칭으로 실명은 전해지지 않는다. 임진왜란 때는 소 요시토시(宗義智)와 함께 양산성(梁山城) 전투에 참여하였으며 1593년 평양성 전투에서 패전하고 후퇴하던 중 전사했다.

고니시 유키나가(小西行長) 1555~1600. 일본 사람이다. 사카이(堺) 출신의 약재 무역상인 고니시 류우사(小西隆佐)의 아들로 그 자신도 상인이었다. 본명은 고니시 야구로(彌九郎)였으며 1559년생이라고도 한다. 오다 노부나가가 사망한 혼노지(本能寺)의 변란 이후로 도요토미 히데요시를 섬기면서 아버지 류우사와 함께 세토나이카이(瀨戶內海)의 군수물자를 운반하는 총

책임이 되었다. 1588년 도요토미 히데요시의 신임을 얻어 히고 우토(宇土) 성의 영주가 되었으며, 1592년 임진왜란 때는 그의 사위인 대마도주(對馬島主) 소 요시토시와 함께 1만 8000명의 병력을 이끌고 제1진으로 부산진성을 공격하였다. 이후 일본군의 선봉장이 되어 대동강까지 진격하여 평양성을 함락하였다. 1597년 정유재란 때 다시 조선으로 쳐들어와 남원(南原)과 전주(全州) 일대를 장악하였다가 조명연합군의 반격을 받고 순천왜성에 주둔하였다. 이듬해 히데요시가 사망하고 철군 명령이 내려지자 노량해전이 벌어지는 틈을 이용해서 일본으로 돌아갔다. '기리시탄 다이묘(吉利支丹大名)'로서 대표적인 천주교도 다이묘였다.

고니시 유키시게(小西末郷) ?~1602. 일본 사람으로 고니시 유키나가의 가신이다. 임진왜란 때 선발대를 이끌었고 1, 2차 평양성 전투에서 활약하였다.

고바야카와 다카카게(小早川隆景) 1533~1597. 일본 사람이다. 모리(毛利) 가문의 당주 모토나리(毛利元就)의 셋째 아들로 고바야카와(小早川) 가문의 양자로 들어가 당주가 되었다. 모리 가문을 계승한 조카 모리 데루모토(毛利輝元)를 보필하였으며 이후 모리 가문과 함께 도요토미 히데요시에게 복속하였다. 임진왜란이 발발하자 1만 명의 병사를 이끌고 직접 전장에 나섰다. 7월 금산군에서 벌어진 이치(梨峙) 전투에서 권율(權慄)에게 패배하였고 이듬해 벽제관(碧蹄館) 전투에서 명군에 승리하였다. 오대로(五大老)에 임명되었으며, 정유재란 때 병사하였다.

고바야카와 히데아키(小早川秀秋) 1582~1602. 일본 사람이다. 도요토미 히데요시의 정실 고다이인(高台院)의 오빠인 기노시타 이에사다(木下家定)의 아들이다. 어려서 히데요시의 양자가 되었으나 친아들 히데요리(秀頼)가 태어나자 고바야카와(小早川) 가문의 양자로 보내졌다. 정유재란 때 조선으로 출병하여 부산에 주둔하였다. 세키가하라 전투 때 도쿠가와 이에야스와 밀약을 맺고 서군을 배반하여 동군의 승리를 이끌었다. 이 공으로 오카야마(岡山)로 옮겨 영지가 늘었으나 곧 사망하였다.

고승(高昇) ?~?. 명나라 사람이다. 만력 20년(1592) 흠차양하유격장군(欽差陽河遊擊將軍)으로 마병 1000명을 이끌고 조선에 왔다가 만력 21년(1593)에 명나라로 돌아갔다.

고양겸(顧養謙) 1537~1604. 명나라 사람으로 남직례(南直隸) 통주(通州) 출신이다. 자는 익경(益卿)이다. 가정 44년(1565) 진사에 합격하여 공부주사(工部主事), 복건안찰첨사(福建按察僉事), 절강우참의(浙江右參議) 등을 거쳐 요동순무(遼東巡撫), 병부시랑(兵部侍郎), 계요총독(薊遼總督) 등을 역임하였다. 만력 21년(1593) 말에 송응창(宋應昌)이 탄핵되어 본국으로 소환되자 계요총독 겸 경략조선군무(薊遼總督兼經略朝鮮軍務)로 임명되어 그를 대신해 경략부를 지휘하였다. 송응창과 이여송(李如松) 등이 명 조정에 거짓 보고를 하고 일본과의 강화를 추진하였던 사실 때문에 탄핵되었음에도 불구하고 그 역시 전쟁의 강화를 위해 노력하였다. 그리고 조선 조정의 반대를 무시하고 명에 대한 일본의 조공과 일본군의 전면 철수를 지속적으로 요구하였다. 특히 이 과정에서 조선 조정에 일본의 봉공(封貢)을 허락해줄 것을 요청하는 주본을 올리도록 강요해 자신의 뜻을 관철시키는 데 성공하였다. 하지만 그 역시 강화 교섭을 추진하면서 일본군의 실상을 명 조정에 숨긴 일 등이 문제가 되어 탄핵을 받았고 관직에서 물러난 후 명나라로 돌아갔다.

고책(高策) ?~?. 명나라 사람이다. 산서 천성위(天城衛) 사람이며 호는 대정(對庭)이다. 만력 20년(1592) 12월에 흠차통령대동영병유격장군(欽差統領大同營兵遊擊將軍)으로 마병 2천을 거느리고 조선에 왔다가 이듬해 9월에 명나라로 돌아갔다. 만력 25년(1597)에 흠차계요군문관리중군사무 통령중협

정왜병마부총병 후군도독부도독첨사(欽差薊遼軍門管理中軍事務統領中協征倭兵馬副總兵後軍都督府都督僉事)로 형개(邢玠)의 군문을 따라 조선에 와서 계병(薊兵) 2500명을 거느리고 도산(島山) 전투에 참여하였다.

고토 스미하루(五島純玄) 1562~1594. 일본 사람이다. 히젠국(肥前國)의 다이묘로 기독교 신자였다. 도요토미 히데요시가 규슈 정벌에 나서자 재빨리 복속하고 영지를 인정받았다. 임진왜란 때 고니시 유키나가와 함께 출정하였으나 강화 회담 중 천연두에 걸려 조선 땅에서 사망했다.

곡수(谷燧) ?~?. 명나라 사람으로 대동위(大同衛) 출신이다. 만력 20년(1592)에 흠차제독표하통령대동영병유격장군(欽差提督標下統領大同營兵遊擊將軍)으로 마병 1000명을 이끌고 조선에 왔다가 만력 22년(1594)에 명나라로 돌아갔다.

곽몽징(郭夢徵) ?~?. 명나라 사람으로 광녕전위(廣寧前衛) 출신이다. 호는 사재(思齋)이다. 만력 20년(1592) 흠차통령계요조병참장(欽差統領薊遼調兵參將)으로 마병 500명을 이끌고 조승훈(祖承訓)을 따라 조선에 왔다가 같은 해 명나라로 돌아갔다.

곽실(郭實) 1552~?. 명나라 사람으로 직례(直隸) 고읍현(高邑顯) 출신이다. 자는 화백(華伯)이다. 만력 11년(1583)에 31살의 나이로 진사에 합격하였다. 조읍현(朝邑縣)의 지현(知縣)에 임명되었고 감찰어사(監察御史)에 선발되었다. 전쟁 초기에 송응창의 경략 임명을 반대하는 상주를 올렸다. 만력 22년(1594) 9월에는 일본에 대한 봉공을 반대해서 축출되었다. 축출된 지 15년이 지나 남경(南京) 형부주사(刑部主事)로 재기용되었고 대리우시승(大理右寺丞)으로 관직을 마쳤다.

광해군(光海君) 이혼(李琿) 1575~1641. 조선의 제15대 왕이다. 선조(宣祖)
의 둘째 아들이며 어머니는 공빈(恭嬪) 김씨이다. 임진왜란이 발발하자 의
주로 파천을 준비하는 가운데 세자로 서둘러 책봉되었다. 광해군은 강원
도, 함경도 등지에서 분조(分朝) 활동을 하며 민심을 수습하고 의병을 모집
하였으며 서울이 수복된 후에는 명나라의 요청에 따라 군무(軍務) 관련 업
무를 주관하였다. 정유재란 때에는 전라도에서 모병, 군량 조달 등의 활약
을 하였다. 만력 36년(1608) 왕위에 올랐으나 그 과정은 순탄하지 않았다.
명나라는 전쟁 중에는 광해군의 능력을 칭찬하였으나 장자가 아니라는 이
유로 세자로 책봉해주지 않았고 만력 34년(1606) 인목왕후(仁穆王后)에게
서 적자 영창대군(永昌大君)이 태어나자 계승권 분쟁으로 인한 붕쟁이 확대
되었다. 광해군은 즉위 이후 왜란의 피해를 복구하고 국가 운영을 안정시
키려 하였으나 국내적으로는 대북(大北)의 독재를 허용하였고, 광해군 5년
(1613) 모후 인목대비(仁穆大妃)를 유폐하고 동생 영창대군(永昌大君)을 사
사하는 계축옥사(癸丑獄事) 등으로 정국을 공포 분위기로 몰아갔으며, 대외
적으로는 명과 후금의 전쟁에 개입하지 않으려는 중립외교를 폄으로써 양
반 사대부 대부분의 지지를 잃었다. 천계 3년(1623) 서인 일파가 주도하여
일으킨 반정으로 폐위되어 강화도에 유배되었다가 제주도에 옮겨져 숭정
14년(1641)에 사망하였다.

권율(權慄) 1537~1599. 조선 사람으로 본관은 안동(安東)이다. 자는 언신
(彦愼), 호는 만취당(晚翠堂), 모악(暮嶽)이다. 선조 15년(1582)에 문과에 급
제하였다. 임진왜란이 발발하자 전라도관찰사 겸 순찰사(全羅道觀察使巡察
使)로 발탁되어 전라도에서 군사를 모아 서울을 수복하기 위해 북상하다
고바야카와 다카카게의 군대와 접전을 벌인 끝에 일본군의 전라도 침입을
저지하였다. 선조 26년(1593) 행주산성(幸州山城)에서 일본군과 싸워 대승
을 거두었다. 곧 3도도원수(三道都元帥)로 임명되어 영남지방에 주둔하면서
일본군과 싸웠다. 선조 37년(1604) 선무공신(宣武功臣) 1등 영가부원군(永嘉

府院君)으로 추봉되었다.

기노시타 요시타카(木下吉隆) ?~1598. 일본 사람이다. 도요토미 히데요시의 가신으로 그가 발급하는 문서에 연서(連署)하는 등의 역할을 맡은 측근이었다. 임진왜란 때 조선에 출정하지 않고 나고야성(名護屋城)에 머물렀으며 히데쓰구(秀次)가 실각할 때 연루되어 유배되었다가 사망하였다.

김명원(金命元) 1534~1602. 조선의 문신으로 본관은 경주(慶州)이다. 자는 응순(應順), 호는 주은(酒隱)이다. 이황(李滉)의 문인으로 명종 16년(1561) 식년 문과에서 급제하였다. 선조 22년(1589) 정여립(鄭汝立)의 난을 수습한 공으로 이듬해 평난공신(平難功臣) 3등으로 책록되고 경림군(慶林君)에 봉해졌다. 임진왜란이 발발하자 팔도도원수(八道都元帥)로 임진강 방어선을 전개하였으나 적을 막지 못하고 후퇴하였고 평양이 함락된 이후에는 순안(順安)에 주둔해 행재소(行在所)를 경비하였다. 정유재란 때에는 병조판서로 유도대장(留都大將)을 겸하였다.

김상(金相) ?~?. 명나라 사람이다. 천문을 잘 본다는 평가가 있어 선조가 천문의 길흉을 물어보도록 한 일이 있다.

김수(金睟) 1547~1615. 조선 사람으로 본관은 안동이다. 자는 자앙(子盎), 호는 몽촌(夢村), 시호는 소의(昭懿)이다. 선조 6년(1573) 알성 문과에 병과로 급제하였다. 선조 25년(1592) 경상도관찰사로 있을 때 임진왜란이 발발하였고, 전라도관찰사 이광(李洸), 충청도관찰사 윤국형(尹國馨)과 함께 근왕병을 일으켰다. 선조 29년(1596) 호조판서에 임명되었고, 명나라 군사의 군량미를 충당하기 위해 전라도와 충청도에서 군량미 징수를 담당하였다.

나대관(羅大冠) ?~?. 명나라 사람으로 인화현(仁和縣) 출신이다. 자는 현부

(玄父)이다. 만력 19년(1591) 절강 향시(鄕試)에 합격하여 거인(擧人)이 되었
다. 이후 남경국자감(南京國子監) 학정(學正) 등을 역임하였다.

나쓰카 마사이에(長束正家) 1562~1600. 일본 사람이다. 도요토미 히데요시
를 섬기며 여러 전투에 참여하였다. 임진왜란 때는 나고야성에서 군량 공
급을 담당하였다. 도요토미 가문의 오봉행(五奉行) 중 한 명으로 임명되었
다. 세키가하라 전투에서 패배하고 사망하였다.

나이토 조안(小西飛驒守) ?~1626. 일본 사람이다. 본명은 나이토 다다토시
(內藤忠俊)이나 가정 43년(1564) 가톨릭에 귀의하여 요한이라는 세례명을
받은 후 이름을 나이토 조안(內藤如安, João)이라고 하였다. 고니시 유키나
가에게 등용된 후 고니시 히다노카미(小西飛驒守)라는 이름으로 불렸으며
중국과 조선 측 사료에서는 고니시 히(小西飛)라는 이름으로 자주 등장한
다. 1565년 부친이 전사하자 나이토 가문의 당주가 되었다. 오다 노부나가
와 대립한 쇼군 아시카가 요시아키(足利義昭)를 지지하였으나 패배하였고,
이후 근거지도 잃어버렸다. 1585년 고니시 유키나가의 가신이 되어 고니시
성을 칭하게 되었다. 유키나가에게 중신으로 대우받았으며 임진왜란 당시
명과의 강화 교섭을 담당하여 북경(北京)을 방문했다. 이후 세키가하라 전
투에서 주군 유키나가와 함께 서군으로 참전하여 패배하고 피신하여 마에
다가(前田家)를 섬기게 되었으나 에도 막부의 기독교인 추방령에 따라 1614
년 필리핀 루손섬으로 추방되어 그곳에서 사망하였다.

낙상지(駱尙志) ?~?. 명나라 사람으로 절강(浙江) 소흥부(紹興府) 여요현(餘
姚縣) 출신이다. 호는 운곡(雲谷)이다. 참장(參將), 경영부총병(京營副總兵)을
지냈다. 신장이 약 2미터(7척)에 이르고 무예가 뛰어났으며 "천 근의 무게
를 들 수 있는 힘을 가졌다"하여 "낙천근(駱千斤)"이라고 불리기도 하였다.
만력 20년(1592) 흠차통령절직조병신기영좌참장(欽差統領浙直調兵神機營左

參將)으로 보병 3000명을 인솔하고 조선으로 들어왔다가 만력 22년(1594)에 명나라로 돌아갔다. 평양성 전투에 참가하였다. 낙상지는 용맹함으로 잘 알려져 있었을 뿐만 아니라 청렴함으로도 이름이 높았다. 또 조선에 협조적인 인물로 선조와 신료들의 관심을 받았다. 강화 교섭이 진행되면서 명군의 잔류와 철수가 논의되었고 송응창이 조선에 머물 장수를 스스로 택하라고 하자, 선조는 유정(劉綎)·오유충(吳惟忠)과 함께 낙상지를 잔류하게 해줄 것을 명 측에 요구하였다. 조선 정조(正祖) 연간에 평안도관찰사(平安道觀察使) 홍양호(洪良浩)의 주장으로 석성(石星), 이여송 등과 함께 무열사(武烈祠)에 제향되었다.

누대유(樓大有) ?~?. 명나라 사람으로 절강 의오(義烏)의 하연촌(夏演村) 출신이다. 자는 유풍(惟豐), 호는 남호(南湖)이다. 어렸을 때부터 병서 읽는 것을 좋아하였고 척계광(戚繼光)이 누대유에게 병사를 거느리는 재능이 있음을 보고는 지휘를 맡겼다. 임진왜란 때 세운 공으로 하남영병첨서지휘사(河南領兵僉書指揮使)로 승진하고 논공 후에 절강도지휘사(浙江都指揮使)로 승진하였다. 『상촌고』 및 중국 측 자료에서 일관되게 누대유(樓大有)로 기록되었다. 본문의 누(婁)는 오기로 보인다.

담종인(譚宗仁) ?~?. 명나라 사람이다. 만력 20년(1592)에 이여송을 따라 조선에 왔다. 임진왜란 중 벽제관(碧蹄館) 전투의 패전 이후 명은 점차 일본과 강화를 추진해나가는 방향으로 입장을 선회하였다. 특히 군량 문제가 명이 강화 교섭을 진행하게 된 가장 큰 원인이었다. 명의 심유경(沈惟敬)은 웅천(熊川)에 있던 고니시 유키나가와 접촉하여 일본의 입장을 조율함으로써 강화 교섭을 주도하였다. 그리고 만력 21년(1593) 담종인은 명의 지휘(指揮)로 심유경 대신 고니시 진영에 그대로 남아 고니시 측의 요구를 전달하는 역할을 담당하다가 만력 23년(1595)년에 빠져나왔다. 이후에도 일본과의 교섭 업무를 주로 담당하였다.

대조변(戴朝弁) ?~?. 명나라 사람이다. 흠차통령요병유격장군(欽差統領遼兵遊擊將軍)으로 마병 1000명을 이끌고 만력 20년(1592) 6월에 압록강(鴨綠江)을 건너왔는데, 군령이 매우 엄숙하여 백성이 편하게 여겼다. 7월에 평양성 전투에서 패하면서 적탄에 맞아 전사하였다.

데라자와 마사나리(寺澤正成) 데라자와 히로타카(寺沢広高) 1563~1633. 일본 사람이다. 마사나리(正成)라는 이름으로도 불렸다. 아버지와 함께 일찍부터 도요토미 히데요시를 섬겼다. 히젠(肥前) 나고야성의 건축을 담당하고 출전한 무장들과의 연락을 맡아 그 공으로 출세하였다. 임진왜란 때는 보급과 병력 수송 임무를 담당했다. 세키가하라 전투에서 동군에 소속되어 히젠 가라쓰 번(唐津藩)의 초대 번주가 되었다.

도양성(陶良性) ?~?. 명나라 사람으로 절강 처주부(處州府) 진운현(縉雲縣) 출신이다. 호는 양오(養吾)이다. 태학생(太學生)으로 송응창을 따라 조선에 왔고, 만력 25년(1597)에 또 형개(邢玠)의 군문을 따라 다시 조선에 왔다.

도요토미 히데쓰구(豊臣秀次) 1568~1595. 도요토미 히데요시의 조카로 히데쓰구의 어머니가 히데요시의 친누나였다. 오다 노부나가가 사망하고 히데요시가 정권을 잡은 후 히데요시의 몇 안 되는 가까운 친척으로 중용되었다. 1591년 히데요시의 적장자가 어린 나이에 사망하자 히데쓰구는 히데요시의 양자로서 관백(關白)에 취임하였다. 그러나 1593년 히데요시에게 아들 히데요리(秀賴)가 태어난 이후 히데요시와 갈등이 생겼고, 결국 히데쓰구는 관백 자리에서 해임되고 쫓겨나 자살을 명령받았다.

도요토미 히데야스(豊臣秀保) 1579~1595. 일본 사람이다. 도요토미 히데요시의 조카로 후에 히데요시의 이부동생인 도요토미 히데나가(豊臣秀長)의 양자로 입적되었다. 임진왜란 때는 나고야성에 머물며 휘하 장수들을 조선에 보내 출진하도록 했다.

도요토미 히데요시(豊臣秀吉) 1536~1598. 일본 사람이다. 하급무사인 기노시타 야우에몬(木下彌右衛門)의 아들로 태어나 젊어서는 기노시타 도키치로(木下藤吉郎)라는 이름을 썼고, 29세 이후에는 하시바 히데요시(羽柴秀吉)라고 하였다. 1558년 이후 오다 노부나가의 휘하에서 점차 두각을 나타내어 중용되어오던 중 아케치 미쓰히데(明智光秀)의 모반으로 혼노지에서 죽은 오다 노부나가의 원수를 갚고 실권을 장악하였다. 이때부터 다이라(平)를 성씨로 사용하였으며, 1585년 간바쿠(關白)가 되자 후지와라(藤原)로 성씨를 다시 바꾸었다. 도요토미라는 성씨는 1586년부터 사용하였다. 도요토미 히데요시는 대마도주에게 명하여 조선에 명나라 정복을 위한 협조를 요청하였고, 교섭이 결렬되자 마침내 1592년 조선을 침공하여 임진왜란을 일으켰다. 그는 출정군을 9개 부대로 나누어 15만 여 명이 넘는 수군과 육군을 선두로 부산포를 공격하였고, 서울에서 평양까지 파죽지세로 진공하였다. 하지만 겨울이 되면서 전쟁의 어려움이 가중되어 고니시 유키나가로 하여금 명의 심유경과 평화 교섭을 추진하게 하였으나 실패하였다. 이듬해 1597년에 다시 군대를 동원하여 정유재란을 일으켰지만 고전을 거듭하여 국력만 소모하는 결과를 낳았다. 결국 그는 후시미(伏見) 성에서 질병으로 사망하였다.

도쿠가와 이에야스(德川家康) 1543~1616. 일본 사람으로 에도막부(江戸幕府)의 초대 쇼군(將軍)이다. 오카자키(岡崎) 호족 출신으로 원래의 성은 마쓰다이라(松平)였다. 이마가와(今川) 가문에서 독립하여 세력을 확장하였다. 오다 노부나가에게 협력하였다가 노부나가 사망 후에는 도요토미 히데요시의 패권을 인정하였다. 히데요시로부터 간토(關東) 지방의 지배권을 부여받아 동부 지방 경영에 힘썼고, 임진왜란 당시에는 동원되지 않았다. 히데요시 사망 이후 벌어진 세키가하라 전투에서 승리하여 일본의 패권을 장악

하였고 1603년 천황으로부터 쇼군에 임명되어 에도 막부를 열었다. 1607
년 조선에 국서(國書)를 보내 관계 개선을 도모하였고 그 결과 조선에서 회
답겸쇄환사(回答兼刷還使)를 파견하여 외교 및 무역을 재개하게 되었다.

동양정(佟養正) ?~1621. 명나라 사람으로 요동(遼東) 무순소(撫順所) 출신
이다. 임진왜란 때 관전부총병(寬奠副總兵)을 지냈다. 이후 천명 3년(1618)
에 일족을 이끌고 후금에 투항하였다. 훗날 손녀가 순치제(順治帝)의 비가
되고 그 아들이 강희제(康熙帝)로 즉위하여 효강장황후(孝康章皇后)로 추존
되었다.

류성룡(柳成龍) 1542~1607. 조선 사람이다. 본관은 풍산(豊山)으로 황해도
관찰사(黃海道觀察使) 류중영(柳仲郢)의 아들이다. 자는 이현(而見), 호는 서
애(西厓)이다. 이황의 문인으로 명종 21년(1566) 별시 문과에 급제해 예문
관검열(藝文館檢閱) 등 여러 관직을 거쳐 선조 23년(1590)에 우의정으로 승
진, 광국공신(光國功臣) 3등에 녹훈되고 풍원부원군(豊原府院君)으로 봉해졌
다. 선조 25년(1592) 임진왜란이 발발하자 병조판서를 겸하고 도체찰사(都
體察使)로 군무를 총괄하였다. 이어 영의정이 되어 왕을 호종하였으나 나라
를 그르쳤다는 탄핵을 받고 면직되었다. 선조 26년(1593) 명군과 함께 진격
하여 평양성을 수복했으며 다시 영의정에 오르고 4도의 도체찰사를 겸하
여 군사를 총지휘하였다. 이여송(李如松)이 일본과 화의하려 하자 글을 보
내 이에 반대하고 군비 확충에 노력하였다. 10월, 선조를 호위하여 서울로
돌아왔고 선조 27년(1594) 훈련도감제조(訓鍊都監提調)를 겸하여 군비 보완
을 위해 노력했다. 선조 31년(1598) 정응태(丁應泰)의 무고사건이 일어나자
이 사건의 진상을 변명하려 하지 않는다는 북인(北人)들의 탄핵을 받고 관
직을 삭탈당했다. 이후 복관되었으나 거절하고 은거하였다. 호성공신(扈聖功
臣) 2등에 책록되었다. 안동(安東)의 병산서원(屏山書院) 등에 제향되었고 시
호는 문충(文忠)이다. 저서로『서애집(西厓集)』,『징비록(懲毖錄)』등이 있다.

마시타 나가모리(增田長盛) 1545~1615. 일본 사람이다. 도요토미 히데요시의 가신으로 군공을 세우고 주변 세력과의 외교 교섭이나 행정에도 공헌하였다. 임진왜란 때는 봉행(奉行)으로서 한양에 주둔하며 점령지 통치와 병참의 일을 맡았다.

마쓰라 시게노부(松浦鎭信) 1549~1614. 일본 사람이다. 마쓰라(松浦) 가문의 26대 당주이며 히라도번(平戶藩)의 초대 번주이다. 도요토미 히데요시에게 복속 후 적극 협력하여 정권 내에서 지위를 확립했다. 임진왜란 때 소(宗) 가문과 함께 향도(嚮導) 역할을 맡았으며 고니시 유키나가 부대 소속으로 7년간 전쟁에 참여하였다. 정유재란이 끝나고 조선 도공을 비롯하여 포로 수백 명을 데리고 돌아갔다.

마에다 겐이(前田玄以) 1539~1602. 일본 사람이다. 승려였다가 오다 노부나가의 초빙을 받아 신하가 되었고 이후 도요토미 히데요시에게 복속하였다. 오봉행 중 1명이다.

마에다 도시이에(前田利家) 1537~1599. 일본 사람이다. 오다 노부나가의 가신으로 여러 전투에서 전공을 세워 국주(國主)가 되기에 이르렀다. 노부나가 사망 후 도요토미 히데요시에게 항복하여 히데요시의 신임을 받는 유력자로 성장했다. 오대로(五大老)의 한 사람으로서 도쿠가와 이에야스와 함께 최유력자의 역할을 수행하였으며 히데요시가 사망하자 아들 히데요리(秀賴)의 후견인 역할을 맡아 도요토미 체제의 안정을 도모하였으나 곧 사망하였다.

만력제(萬曆帝) 1563~1620(재위 1572-1620). 명나라 13대 황제로 묘호는 신종(神宗)이다. 즉위 초에 장거정(張居正)을 등용하여 세금 징수의 효율성을 높이고 국방체계를 정비하여 국내외적으로 '만력중흥(萬曆中興)'이라고 불리는 안정적인 상황을 형성했다. 만력 10년(1582) 장거정 사후 친정(親政)이 시작되면서 후계자를 둘러싼 갈등이 생겼고, 신료들의 반대로 원하는 후계자를 정하지 못하자 30년 가까이 정사를 보지 않는 이른바 '태정(怠政)'이 지속되었다. 또한 재위 기간에 대규모 반란들이 연이었다. 만력 20년(1592) 영하(寧夏)에서 일어난 보바이(哱拜)의 난, 같은 해 조선에서 발발한 임진왜란, 만력 22년(1594) 사천(四川) 귀주(貴州)에서 발생한 양응룡(楊應龍)의 난 등으로 인해 군사를 연이어 파견하여 명의 군력과 재정에 상당한 부담을 주었다. 이 와중에 부족한 군비의 조달 및 황실 재산의 확충을 위해 은광(銀鑛)을 열고 환관을 징세관으로 파견하였다. 무거운 세금과 가혹한 징수 과정에서 나타난 문제로 백성들의 원망이 매우 컸다.『명사』등 대부분의 사서(史書)에서는 만력제를 명나라가 멸망한 원인을 제공한 황제로 평가한다.

모리 데루모토(毛利輝元) 1553~1625. 일본 사람이다. 모리(毛利) 가문의 당주로 오다 노부나가에게 끝까지 대항하였으나 노부나가 사망 후 도요토미 히데요시에게 항복하고 적극적으로 협력하였다. 임진왜란 때 모리군을 이끌고 직접 조선에 참전하였으며 정유재란 때는 직접 조선에 가지 않았으나, 양자 히데모토(秀元)가 이끄는 대군을 보내어 참여하였다. 오대로 중 한 사람으로 임명되었고 히데요시로부터 아들 히데요리를 보좌해 줄 것을 부탁받았다. 세키가하라 전투에서 서군의 총대장으로 추대되었으나 패전 이후 영지를 삭감당하고 출가하였다.

모리 요시나리(毛利吉成) 모리 카츠노부(毛利勝信) ?~1611. 일본 사람이다. 별명은 요시나리(吉成)이다. 성을 모리(森)에서 모리(毛利)로 바꾸었다. 이른 시기부터 도요토미 히데요시를 섬긴 고참 가신이다. 임진왜란 때 4번대의 대장으로 2000명의 군사를 이끌고 참전했다. 정유재란 때도 아들과 함께 출진하였고 마지막까지 서생포왜성(西生浦倭城)에 주둔하였다. 히데요시 사후 세키가하라 전투에서 패하여 히고국으로 추방되었다.

박의장(朴毅長) 1555~1615. 조선 사람이다. 자는 사강(士剛)이고, 본관은 무안(務安)이다. 아버지는 현감(縣監) 박세렴(朴世廉)이다. 경상좌도 병마절도사(慶尙左道兵馬節度使)를 지냈다. 선조 10년(1557) 무과에 급제하여 주부(主簿)가 되었다. 선조 21년(1588) 진해현감(鎭海縣監)이 되었고, 선조 25년(1592년) 4월 임진왜란 때에는 경주판관(慶州判官)이 되었다. 7월에 박진(朴晉)이 병마절도사로 임명되자, 장기현감(長鬐縣監) 이수일(李守一)과 함께 박진을 도와 적에게 빼앗긴 경주성을 탈환했다. 선조 26년(1593) 4월 대구 파잠(巴岑)에서 일본군을 상대로 31명의 수급과 말 123필을 빼앗는 등 큰 전공을 세웠다. 그 해 5월에는 울산군수 김태허(金太虛) 등과 함께 울산에 있는 일본군과 며칠 동안 싸워 일본군을 격퇴시켰다. 그러한 공으로 당상관에 승진되고, 경주부윤(慶州府尹)이 되었다. 그 해 8월에는 일본군이 안강(安康)에 주둔하고 있는 명나라 군사를 급습하여 200여 명을 죽이자 병사(兵使) 고언백(高彦伯)과 함께 적을 추격하여 무찔렀다. 선조 27년(1594) 2월에는 양산(梁山)의 일본군을 무찔렀고, 3월에는 임랑포(林浪浦)의 일본군이 언양현에 진입하여 노략질을 하자 이를 급습하여 무찔렀다. 이때 일본군에게 잡혀 있던 백성 370명을 구해내고, 우마 32필도 노획하였다. 그 해 5월에는 기장(機張)에서, 그 해 7월에는 경주에서 많은 일본군을 물리쳤다.

방시춘(方時春) ?~?. 명나라 사람이다. 표하중군 원임참장 도지휘첨사(標下中軍原任參將都指揮僉事)로 이여송의 표하군에 소속되어 있었다.

방시휘(方時輝) ?~?. 명나라 사람으로 산서 울주위(蔚州衛) 출신이다. 만력 20년(1592)에 흠차통령계진유격장군(欽差統領薊鎭遊擊將軍)으로 마병 1000명을 이끌고 조선에 왔고, 이여백(李如栢)의 표하에 소속되어 평양성을 공격해서 공을 세웠다. 오래도록 상주(尙州)에 주둔하다가 만력 21년(1593)에 명나라로 돌아갔다. 원문에는 "方時輝"와 "方時暉"가 혼용되어 있으나 조선과 명 측 자료를 교차로 검토한 결과 "方時輝"로 표기하였다.

범겸(范謙) 1534~1597. 명나라 사람으로 강서 풍성(豊城) 출신이다. 자는 여익(汝益), 호는 함허(涵虛)이다. 융경 2년(1568)에 진사가 되어 만력 20년(1592)에 예부시랑(禮部侍郞)을 거쳐 만력 22년(1594)에 예부상서(禮部尙書)에 올랐다.

보바이(哱拜) 1526~1592. 명나라 사람이다. 원래 몽골 달단부(韃靼部)의 추장이었다가 명에 투항하여 부총병(副總兵)에 임용되었다. 대대로 영하(寧夏) 지역에서 많은 전공을 쌓았다. 만력 20년(1592) 2월에 영하 순무(巡撫)와 불화가 생기자 거병하여 영하성(寧夏城)을 점거하였다. 보바이의 반란 세력은 명조에 큰 위협이 되었으나 이여송의 활약으로 같은 해 9월에 제압되었고, 결국 보바이는 자진하였다. 이 사건은 흔히 '보바이의 반란', '영하 병변(兵變)'이라 칭해지고, 이에 대한 명조의 토벌은 임진왜란 파병, 사천 지역 양응룡의 반란 진압과 함께 '만력 삼대 정벌'로 거론된다.

부정립(傅廷立) ?~?. 명나라 사람으로 요동 광녕위(廣寧衛) 출신이다. 만력 21년(1593)에 군량을 관리하러 와서 평양에 머물렀으며, 뒤에 의주를 수비하러 다시 조선에 왔다.

사대수(査大受) ?~?. 명나라 사람으로 요동 철령위(鐵嶺衛) 출신이다. 임진 왜란 당시 선봉부총병(先鋒副總兵)으로 임명되어 대군의 선봉대 역할을 수행하였다. 평양성 전투에 참여하였고, 선봉대를 지휘하면서 정탐 관련 임무를 수행하는 등의 많은 전공을 세웠다. 명군의 장수들 중에서 낙상지·이방춘(李芳春)과 함께 뛰어난 무예와 용맹으로 유명하였다. 이들은 모두 요동 지역 출신으로 원래 이성량(李成梁)의 가정이었다. 이여송의 측근으로 활동하였다.

사용재(謝用梓) ?~?. 명나라 사람으로 절강 출신이다. 만력 21년(1593) 심유경(沈惟敬)이 고니시 유키나가와 강화 협상을 진행할 때, 서일관(徐一貫)과 함께 일본에 사신으로 파견되었다. 나고야에서 도요토미 히데요시에게 융숭한 대접을 받고 일본에 잡혀 있던 임해군, 순화군과 함께 조선에 들어왔다. 후에 강화 협상에서 공문을 위조한 사실이 발각되어 서일관과 함께 유배되었다.

사헌(司憲) ?-?. 명나라 사람으로 하남부(河南府) 수주(睢州) 출신이다. 호는 진대(晉臺)이다. 만력 14년(1586)에 진사에 급제하였다. 만력 21년(1593) 윤 11월에 칙서를 가지고 조선을 방문하였다.

서문벽(徐文璧) ?~1602. 명나라 사람이다. 남직례 풍양현(風陽縣) 출신으로 중산왕(中山王) 서달(徐達)의 8세손이다. 융경 2년(1568)에 정국공(定國公)에 습봉되었고 만력제 즉위 후에 후군도독부(後軍都督府)의 일을 관장했다. 만력제의 신임을 받은 인물이었으며 시호는 강혜(康惠)이다.

서일관(徐一貫) ?~?. 명나라 사람이다. 만력 20년(1592) 황응양(黃應陽), 하시(夏時)와 함께 조선에 사신으로 파견되었다. 윤근수(尹根壽)를 만나 조선과 일본이 서로 짜고 명나라를 침략하려 한다는 의심을 풀었다. 만력 21년(1593) 일본과 강화 협상이 진행될 때 사용재와 함께 일본에 사신으로 파견되었다.

석성(石星) 1538~1599. 명나라 사람으로 대명부(大名府) 동명현(東明縣) 출신이다. 자는 공진(拱辰), 호는 동천(東泉)이다. 가정 38년(1559)에 진사가 되어 이과급사중(吏科給事中)으로 발탁되었다. 융경 연간에 직언을 올려 죄를 입었다가 만력제가 즉위한 이후 크게 기용되었고 누차 관직이 올라 병부상서(兵部尙書)에 올랐다. 임진왜란이 발발하여 조선이 명에 원조를 요청하자 파병을 강력히 주장하였다. 송응창과 이여송의 대군이 출병하여 평양을 수복하고 우세한 전황에서 명나라 국내의 어려운 상황을 감안하여 일본 측의 화의 요청을 받아들일 것을 건의하였다. 그러나 일본군이 재차 침입하자 조지고(趙志皐) 등이 강화 실패의 책임을 그에게 돌려 만력제에 의해 옥사당하였다.

섭몽웅(葉夢熊) 1531~1597. 명나라 사람으로 광동 혜주부(惠州府) 출신이다. 자는 남조(南兆), 호는 화운(華雲)이다. 가정 44년(1565)에 진사가 되었다. 호부주사(戶部主事)·산서도감찰어사(山西道監察御史)를 역임하였다가 융경화의(隆慶和議)에 반대하여 좌천된 바 있다. 이후 섬서순무(陝西巡撫)를 거쳐 감숙순무(甘肅巡撫)가 되었으며, 만력 20년(1592) 영하에서 보바이의 난이 일어났을 때는 진압에 참여하였다가 위학증(魏學曾)이 경질되자 그를 대신하여 섬서총독(陝西總督)이 되어 진압을 마무리지었다. 이후 위학증의 전공을 강조하여 그의 복귀를 지원하였다.

섭방영(葉邦榮) ?~?. 명나라 사람이다. 만력 21년(1593) 통령절병유격장군(統領浙兵遊擊將軍)으로 마병 1500명을 통솔하였다. 만력 25년(1597)에 절강 군사 1500명을 이끌고 조선에 다시 왔다가 명나라로 돌아갔다.

소 요시토시(宗議智) 1568~1615. 일본 사람이다. 초명은 아키카게(昭景)이다. 나중에 도요토미 히데요시로부터 히데요시의 예전 성이었던 하시바(羽柴)와 이름의 요시(吉)라는 한자를 받아 하시바 요시토시(羽柴吉智)로 개명했다. 선조 21년(1588) 정사 겐소와 부사 요시토시가 선조를 만나 조선 측통신사 파견을 요청했고, 선조 23년(1590) 11월 정사 황윤길, 부사 김성일, 서장관 허성이 통신사로 일본에 갔다. 일본에서는 이들 통신사에게 명 정복 사업의 선도 역할을 요구했으나 결과적으로 교섭에 실패했다. 임진왜란 때 장인 고니시 유키나가의 제1대 부대에서 활약했다. 경상도, 충청도, 서울을 차례대로 정복하고 평양으로 진격했으며, 평양성 전투, 벽제관 전투 등에서 공적을 쌓았다. 정유재란 때 좌군에 소속되어 참전했다.

소국부(蘇國賦) ?~?. 명나라 사람이다. 수영참장(隨營參將)으로 조선에 왔다가 송응창과 함께 명나라로 돌아갔다.

소다 나오히사(早田尙久) ?~?. 일본 사람이다. 소 요시토시의 가신으로, 나이토 조안을 수행하여 북경까지 왕래하였다.

소대형(蕭大亨) 1532~1612. 명나라 사람으로 산동 태안주(泰安州) 출신이다. 자는 하경(夏卿), 호는 악봉(岳峰)이다. 가정 41년(1562)에 진사로 관직 생활을 시작하였으며, 변경에서 몽골족의 침입을 막아내고 화의를 통해 몽골과의 관계를 안정시키는 데 공헌하였다. 만력 17년(1589)에는 선대총독으로 임명되어 조하(洮河)의 변과 출루게(撤力克)의 청해(靑海) 원정 등에 대처하는 데 주력하였으며, 만력 20년(1592) 영하에서 보바이가 난을 일으켰을 때도 진압에 기여하였다. 이후 형부상서(刑部尙書)·병부상서를 장기간 역임하였으며, 몽골에 대처한 실무 경험을 토대로 『북로풍속(北虜風俗)』을 저술하였다.

손비양(孫丕揚) 1531~1614. 명나라 사람이다. 가정 35년(1556) 과거에 합격하였고 대리시(大理寺) 우승(右丞), 우첨도어사(右僉都御史) 등을 거쳤고 만력 22년(1594)에는 이부상서(吏部尙書)에 임명되었다.

송대빈(宋大斌) ?~?. 명나라 사람으로 광녕우위(廣寧右衛) 출신이다. 호는 양허(養虛)이다. 만력 21년(1593) 정월에 흠차통령선대입위반병유격장군

(欽差統領宣大入衛班兵遊擊將軍)으로 마병 2000명을 이끌고 조선으로 나왔다
가 만력 22년(1594) 정월에 명나라로 돌아갔다.

송응창(宋應昌) 1536~1606. 명나라 사람으로 항주(杭州) 인화현(仁和縣) 출
신이다. 호는 동강(桐岡)이다. 가정 44년(1565)에 진사가 되었다. 임진왜
란 때 1차로 파병된 조승훈이 평양성 전투에서 패배하고 요동으로 돌아가
자, 명나라 조정은 병부시랑 송응창을 경략군문(經略軍門)으로, 도독동지(都
督同知) 이여송을 제독군무(提督軍務)로 삼아 4만 3000명의 명군을 인솔하
게 하여 조선으로 출병시켰다. 벽제관 전투에서 이여송이 일본군에 패배
한 뒤, 송응창은 요동으로 돌아가 선조로 하여금 평양에 머물면서 서울을
수복하도록 자문을 보냈다. 그는 조선에 군사를 파견하거나 부상병을 돌려
보내거나 군수물자를 수송하는 등의 지원을 하였다. 송응창은 벽제관 전투
후 도요토미 히데요시를 일본 국왕으로 책봉하고 영파(寧波)를 통해 조공
하도록 하는 봉공안(封貢案)을 주도하였다. 일본과의 강화 교섭이 진행되는
동안 일본의 무리한 강화 요구가 알려지는 것을 우려하여 조선 사신의 중
국 입경을 가로막기도 했다.

송창세(宋昌洗) ?~?. 조선 사람이다. 일본군이 경상도 지역에 주둔하고 있
을 때 일본군의 포로가 되었다.

순화군 이보(李㺚) 1580~1607. 선조(宣祖)의 6남으로 어머니는 순빈(順嬪)
김씨이다. 임진왜란이 발발하자 근왕병(勤王兵) 모집을 위해 강원도로 파견
되었다. 5월에 일본군이 북상하자 이를 피해 함경도로 들어가 임해군과 함
께 회령(會寧)에 주둔하였다. 반적에 의해 임해군 및 여러 호종 관리들과 함
께 붙잡혀 가토 기요마사에게 포로로 넘겨졌다. 오랜 협상을 거쳐 이듬해
인 선조 26년(1593) 8월에 부산에서 석방되었다. 성격이 포악하여 양사(兩
司)의 탄핵을 받아 군호가 박탈되는 지경에 이르렀으나 사후에 복구되었다.

시등과(柴豋科) ?~?. 명나라 사람이다. 자는 앙원(仰元), 호는 급천(汲泉)이다. 흠차밀운전영유격장군(欽差密雲前營遊擊將軍) 도지휘동지로 마병 1350명을 이끌고 만력 25년(1597) 9월 조선에 왔다가 만력 27년(1599) 4월 명나라로 돌아갔다.

시마즈 요시히로(島津義弘) 1535~1619. 일본 사람이다. 시마즈(島津) 15대 당주의 차남으로 시마즈 가문의 규슈(九州) 통일에 큰 역할을 하였다. 도요토미 히데요시가 규슈 정벌에 나서자 항전하다가 항복하였으며, 임진왜란 당시에는 시마즈씨의 존속을 위해 가문을 대표해서 임진왜란과 정유재란에 참전하였다. 정유재란 때는 사천 전투에서 공격해온 명군을 격파하기도 했다. 세키가하라 전투에서 서군 측에 가담해 패배했지만 본국으로 철수하는 데 성공하였고, 도쿠가와 이에야스와의 화평 교섭 결과 살아남았다.

시조경(施朝卿) ?~?. 명나라 사람이다. 흠차산서유격장군(欽差山西遊擊將軍)으로 만력 20년(1592) 12월에 마병 1000명을 이끌고 조선에 왔다가 만력 21년(1593) 6월 명나라로 돌아갔다.

심사현(沈思賢) ?~?. 명나라 사람으로 절강 소흥부(紹興府) 여요현(餘姚縣) 출신이다. 자는 방달(邦達), 호는 사천(沙川)이다. 원임(原任) 통판(通判)으로 송응창을 따라 나와서 심유경과 함께 일본군의 진영에 들어갔다. 만력 25년(1597)에 어사 진효(陳效)의 표하관(標下官)으로 따라와 군량 조달을 맡았다.

심유경(沈惟敬) ?~1597. 명나라 사람으로 절강 가흥현(嘉興縣) 출신이다. 명나라에서 상인으로 활동하다가 임진왜란 때 조승훈이 이끄는 명나라 군대를 따라 조선에 들어왔다. 평양성 전투 이후 일본과 화평을 꾀하는 역할을 하였다. 그러나 양측이 제시한 협상 조건은 타협이 불가능하였고, 심유경은 조건을 조작하여 명의 만력제로부터 협상을 허락받았다. 심유경은 정사

양방형(楊方亨)과 함께 도요토미 히데요시에게 보내는 일본 국왕 책봉 국서를 가지고 일본으로 건너가 만력 24년(1596) 9월 2~3일 오사카(大阪) 성에서 그를 만났다. 그러나 국서를 받은 히데요시는 격분하였고 명나라와 일본 양국 사이에 심각한 불신만 초래하는 결과를 낳았으며 이후 정유재란이 발발하였다. 심유경은 감금되었다가 석방되었고 또다시 일본과 평화 교섭을 시도하였으나 이것마저 실패로 돌아가자 일본으로 망명을 기도하였다가 경상남도 의령(宜寧) 부근에서 명나라 장수 양원(楊元)에게 붙잡혀 처형되었다.

아리마 하루노부(有馬晴信) 1567~1612. 일본 사람이다. 규슈 히젠국(肥前國)의 다이묘(大名)이다. 기리시탄 다이묘로 수많은 기독교도를 보호하였다고 한다. 도요토미 히데요시에게 복속하였고 임진왜란 때 고니시 유키나가 군 소속으로 전쟁에 참여하였다. 세키가하라 전투에서 동군 측에 가담하였고 그 공으로 영지를 유지하였다.

아케치 미쓰히데(明智光秀) ?~1582. 일본 사람이다. 미노(美濃)의 사이토 도산(斎藤道三)이 사망하자 한동안 떠돌아다니다 아시카가 요시아키(足利義昭)의 휘하를 거쳐 오다 노부나가의 가신이 되었다. 노부나가의 신임을 받아 수많은 전공을 세우고 여러 직무를 담당하였으나 1582년 돌연 노부나가가 출정을 위해 머물고 있던 혼노지(本能寺)를 습격하여 자결케 하였다. 며칠 후 하시바 히데요시(羽柴秀吉)와의 전투에서 패전하여 도망가던 중 사망하였다.

애유신(艾維新) 1563~?. 명나라 사람으로 하남 개봉부(開封府) 난양현(蘭陽縣) 출신이다. 호는 시우(時宇)이다. 만력 14년(1586)에 진사가 되었고, 만력 21년(1593) 정월에 흠차경리정왜양향호부산동청리사주사(欽差經理征倭糧餉戶部山東淸吏司主事)가 되어 임진왜란에 종군하여 군대의 군량과 봉급을 관리하였다. 군량의 운송을 독촉하는 중에 조선의 관리들에게 곤장을 가해 지나가는 곳마다 무서워 떨었다고 한다. 이 해 7월에 귀국하였고, 다음 해 논공 때 원활한 군량 운송에 공이 있다 하여 포상을 받았다.

야나가와 시게노부(柳川調信) ?~1605. 일본 사람이다. 쓰시마(對馬島) 소(宗) 가문의 가신으로서 조선의 수직왜인(受職倭人)이기도 했으며, 도요토미 히데요시 및 도쿠가와 이에야스에게도 신임을 받았다. 소 요시토시를 보좌하여 임진왜란 전후의 대조선 교섭에서 중요한 역할을 수행하였으며, 전후 강화 교섭에도 깊게 관여하다가 사망하였다.

야마나카 나가토시(山中長俊) 1547~1607. 일본 사람이다. 여러 주군을 섬기며 떠돌다 도요토미 히데요시의 문서를 관장하는 우필(右筆)이 되었다. 임진왜란 때에는 히젠 나고야성에 머물렀다.

야쿠인 젠소(施藥院全宗) 1526~1600. 일본 사람이다. 어린 시절 출가하여 히에이잔(比叡山)의 승려가 되었으나 환속하여 의학을 익혔다. 이후 도요토미 히데요시의 주치의가 되었고 히에이잔 및 시약원(施藥院)의 부흥을 시도했다. 이에 유명무실했던 시약원이 재건되었고 젠소는 칙명으로 시약원사 (施藥院使)에 임명되어 의술에 힘썼다.

양굉과(楊宏科) ?~?. 명나라 사람이다. 절강 여요현(餘姚縣) 출신이며 자는 의백(意白)이다. 만력 14년(1586)에 진사가 되었으며, 남직례 제독학정어사를 거친 뒤에는 대리시소경(大理寺少卿), 강서순무(江西巡撫) 등을 역임하였고, 사후에는 예부상서가 추증되었다.

양방형(楊方亨) ?~?. 명나라 사람이다. 만력 23년(1595) 흠차책봉일본정사 (欽差冊封日本正使) 이종성(李宗城)을 따라 부사(副使)로 조선에 들어왔으며,

도중에 이종성이 도망치자 정사(正使)가 되어 일본에 가서 도요토미 히데 요시와 협상하였으나 실패하였다.

양소선(楊紹先) ?~?. 명나라 사람으로 전둔위(前屯衛) 출신이다. 흠차요동총 병표하영령이병 원임참장(欽差遼東總兵標下營領夷兵原任參將)으로 마병 800 명을 이끌고 제독 이여송을 따라 조선에 왔다가 만력 21년(1593)에 명나라 로 돌아갔다.

양소훈(楊紹勳) ?~?. 명나라 사람이다. 임진왜란 때 요동광녕진수총병관(遼 東廣寧鎭守總兵官)으로 재직하였다.

양심(梁心) ?~?. 명나라 사람이다. 만력 20년(1592) 흠차보정유격장군(欽差 保定遊擊將軍)으로 마병 1000명을 이끌고 조선에 왔다가 만력 21년(1593)에 명나라로 돌아갔다.

양운룡(梁雲龍) 1528~1606. 명나라 사람으로 해남(海南) 경산현(瓊山縣) 출 신이다. 자는 회가(會可), 호는 임우(霖雨)이다. 진사로 명성이 자못 높아 그 의 사적이 해남의 민간에 널리 알려져 있었다고 한다. 호광순무(湖廣巡撫), 병부좌시랑(兵部左侍郎) 등의 관직을 역임하였다. 만력 20년(1592) 안찰사 부사(按察使副使)로 천진(天津)을 수비하며 북경으로 향하는 관문을 지키고 있었다. 임진왜란이 발발하자 일본군이 명에 쳐들어올 것을 대비하여 단단 히 방비하였다. 만력 22년(1594)에는 요동 개원(開原)에서 병사를 이끌고 여진과의 전투에서 공을 세웠다.

양원(楊元) ?~1598. 명나라 사람으로 정요좌위(定遼左衛) 출신이다. 호는 국 애(菊厓)이다. 명나라 조정은 병부시랑 송응창을 경략군문으로, 도독동지 이여송을 제독군무로 삼아 4만 3000명의 명군을 인솔하게 하여 조선으로 출병시켰다. 양원은 이때 좌협대장으로 임명되어, 왕유정(王維禎), 이여매(李如梅), 사대수, 갈봉하 등 여러 명의 부총병과 참장, 유격 등을 인솔했다. 양원은 정유재란 당시 남원성 전투에서 패배함으로써 탄핵되어 명나라로 송환되었고, 이후 참형되었다.

양준민(楊俊民) ?~1599. 명나라 사람으로 산서 포주(蒲州) 출신이다. 초명은 양주민(楊州民)이고, 자는 백장(伯章)이다. 가정 41년(1562)에 진사가 되어 호부주사(戶部主事)를 제수 받고 예부낭중(禮部郎中) 등의 관직을 역임하였다. 만력 17년(1589)에 호부상서 총독창장(戶部尙書總督倉場)에 임명되어 임진왜란 때 재정을 담당하여 군량 운송을 총괄하였다.

오계작(吳繼爵) ?~1599. 명나라 사람으로 북직례 순천부(順天府) 출신이다. 가정 27년(1548) 공순후(恭順侯)에 봉작되었다.

오다 노부나가(織田信長) 1534~1582. 일본 사람이다. 오와리(尾張)의 작은 호족 가문 출신으로 주군 가문을 축출하고 오와리를 통일하였다. 주변국을 복속시키며 세력을 키워가다 아시카가 요시아키(足利義昭)와 결탁하여 그를 무로마치(室町) 막부 15대 쇼군으로 옹립하고 권력을 장악했다. 이후 요시아키와의 대립 끝에 그를 추방하고 주위 세력과의 대립에서 승리하여 기나이(畿內) 일대를 지배하는 센고쿠시대의 실질적인 패자가 되었으나 주고쿠(中國) 지역의 모리가(毛利家)를 직접 공격하러 가던 중 혼노지에서 아케치 미쓰히데의 배신으로 사망했다.

오문재(吳文梓) ?~?. 명나라 사람으로 남직례 지주부(池州府) 청양현(靑陽縣) 출신이다. 자는 자교(子喬)이다. 만력 5년(1577) 진사로 급제하여 출사하였다.

오유충(吳惟忠) ?~?. 명나라 사람으로 절강 금화부(金華府) 의오현(義烏縣)

출신이다. 호는 운봉(雲峯)이다. 척계광이 모집한 의오군으로 활동하며 왜
구 토벌에 공을 세웠으며 몽골 방어를 위한 계주(薊州)의 성보(城堡) 수축에
참여하였다. 만력 20년(1592)에 흠차통령절병유격장군(欽差統領浙兵遊擊將
軍)으로 보병 1500명을 이끌고 조선에 와서 평양성 전투에 참여하였고 만
력 22년(1594)에 명나라로 돌아갔다. 만력 25년(1597) 흠차비왜중익부총병
원임도독첨사(欽差備倭中翼副總兵原任都督僉事)로 보병 3990명을 이끌고 다
시 조선에 와서 충주에 주둔하고 영남을 왕래하면서 일본군을 토벌하였다.
만력 27년(1599)에 명나라로 돌아갔다.

오카모토 요시카쓰(岡本良勝) 1542~1600. 일본 사람이다. 이름을 시게마사
(重政)라고도 한다. 아쓰타신궁(熱田神宮)의 신관 가문으로 일찍부터 오다
노부나가와 연이 있었다. 노부나가의 아들 히데타카(信孝)의 가신이었다가
노부나가 사후 도요토미 히데요시에게 귀부하였다. 임진왜란 때 선봉행(船
奉行)을 맡아 조선에 출병하였다가 2차 진주성 전투까지 참여하고 귀국하
였다. 세키가하라 전투에서 서군에 속했다가 패배하여 사망하였다.

오타니 요시쓰구(大谷吉繼) 1559~1600. 일본 사람이다. 도요토미 히데요
시의 가신이며 이시다 미쓰나리(石田三成)의 절친한 친구였다. 임진왜란 때
미쓰나리와 함께 조선에 건너와 군대를 감독하였고 1593년에는 명과의 화
의 교섭 진행에 참여하였다. 세키가하라 전투에서 패배 후 자결하였다.

오희한(吳希漢) ?~?. 명나라 사람이다. 이여송에게 임용되어 조선에 왔다.

왕개(王玠) 1561~?. 명나라 사람이다. 『선조실록』에 따르면 선조 26년
(1593) 1월 1일에 보병 2700명을 거느리고 강을 건너왔으며, 2월 말까지 조
선에 있었다는 기록이 보인다.

왕군영(王君榮) ?~?. 명나라 사람으로 산동 청주부(靑州府) 익도현(益都縣) 출신이다. 호는 혜천(惠泉)이다. 원임 통판으로 송응창을 따라 나와서 관향 은(管餉銀)을 전담하다가 만력 21년(1593) 9월에 명나라로 돌아갔다.

왕문(王問) ?~?. 명나라 사람으로 의용위(義勇衛) 출신이다. 호는 의재(義齋) 이다. 만력 14년(1586)에 무진사(武進士)가 되었다. 만력 20년(1592)에 흠차 건창유격장군(欽差建昌遊擊將軍)으로 마병 1000명을 이끌고 조선에 왔다. 만력 21년(1593) 명나라로 돌아갔다.

왕석작(王錫爵) 1534-1611. 명나라 사람으로 남직례(南直隸) 태창주(太倉州) 출신이다. 자는 원어(元馭), 호는 형석(荊石)이다. 명망 있는 태원(太原) 왕씨 가문으로 가정 41년(1562)에 회시 1등, 전시 2등으로 급제하여 출사하였다. 한림원(翰林院)을 거쳐 국자좨주(國子祭酒), 예부우시랑(禮部右侍郞) 등 여러 관직을 역임하다가 만력 연간 초 장거정(張居正)과의 불화로 관직에서 물러 났다가 만력 12년(1584)에 예부상서 겸 문연각대학사(禮部尙書兼文淵閣大學 士)에 제수되었다. 만력 21년(1593)에는 수보대학사(首輔大學士)가 되었으나 황태자의 지명을 둘러싼 정쟁에 애매한 태도를 취하였다가 조정의 탄핵을 받고 이듬해에 관직에서 물러났다. 시호는 문숙(文肅)이다.

왕승은(王承恩) ?~?. 명나라 사람으로 대녕전위(大寧前衛) 출신이다. 계진동 협부총병(薊鎭東協副總兵), 도독첨사(都督僉事)의 직책을 맡았다가 이후 중군 (中軍)이 되어 송응창을 따라 조선에 왔으나, 오래지 않아 관마(官馬)를 사 사로이 팔았다는 송응창의 탄핵을 받고 파직되어 돌아갔다.

왕여현(王汝賢) ?~?. 명나라 사람으로 강소성 무석(無錫) 출신이다. 현승(縣 丞)을 지냈다.

왕유익(王有翼) ?~?. 명나라 사람으로 하남 언릉(鄢陵) 출신의 철령위 사람이다. 호는 심헌(心軒)이다. 만력 20년(1592)에 흠차통령요병 원임부총병(欽差統領遼兵原任副總兵)으로 마병 1200명을 이끌고 조선에 왔다가 만력 21년(1593)에 명나라로 돌아갔다.

왕유정(王維貞) ?~?. 명나라 사람으로 삼만위(三萬衛) 출신이다. 만력 20년(1592) 흠차통령계진조병 원임부총병(欽差統領薊鎭調兵原任副總兵)으로 마병 1000명을 이끌고 조선에 왔다가 만력 21년(1593) 명나라로 돌아갔다.

왕필적(王必廸) ?~?. 명나라 사람이다. 만력 20년(1592) 통령남병유격장군(統領南兵遊擊將軍)으로 압록강을 건너 조선에 왔다. 제독 이여송이 지휘한 평양성 전투에서 보병 1500명을 통솔하였다.

우키타 히데이에(宇喜多秀家) 1573~1655. 일본 사람이다. 오다 노부나가의 명으로 가문을 상속하였고 이후 도요토미 히데요시의 군에 편입되었다. 노부나가가 사망한 이후에는 히데요시의 신임을 얻어 유시(猶子: 양자)의 연을 맺게 되었고, 1586년에는 히데요시의 양녀를 정실로 맞이하였다. 히데요시의 신임이 두터워 '오대로(五大老)'가 되었다. 임진왜란과 정유재란 때는 일본군의 감군(監軍)으로 조선에 침입해왔다. 1592년에 일본군의 제8진 1만 명을 이끌고 침입하여 서울에 입성하고 일본군이 북진한 뒤의 서울 수비를 담당하였다. 이듬해 행주성 전투에서 권율에게 패배하였을 때 부상을 당하고 철군하였다. 1597년 정유재란 때도 일본군의 제2진을 이끌고 내침하여 남원과 전주를 점령하였으나 소사평(素沙坪)·명량(鳴梁) 전투에서 일본군이 대패하자 퇴각하였다. 1600년의 세키가하라 전투에서 서군의 중심 전력으로 출전하였다가 대패하여 1606년 하치조섬(八丈島)에 약 50년간 유폐되었다가 사망하였다.

운서대사(雲棲大師) 주굉(株宏) 1535~1615. 명나라의 승려다. 자는 불혜(佛慧), 호는 연지(蓮池)이다. 처음에는 유생(儒生)으로 있었는데 30세 이후에 출가하여 다년간 행각(行脚)하다가 절강성 항주(杭州)의 운서산(雲棲山)에 머물러 선림(禪林)을 창건하고 염불을 장려하여 계율(戒律)을 엄히 하였다. 만력 43년(1615)에 81세로 입적하였으며 32종의 저서가 있다.

웅정동(熊正東) ?~?. 명나라 사람이다. 이여송의 표하관이었으며, 만력 20년(1592) 수비(守備)로 조선에 와서 부산의 일본 진영을 왕래하다가 명나라로 돌아갔다.

원균(元均) 1540~1597. 조선 사람으로 본관은 원주이고 자는 평중(平仲)이다. 무과에 급제한 뒤 조산만호(造山萬戶)로 북방에 배치되어 여진족을 토벌하여 부령부사로 특진했다. 선조 25년(1592) 경상우도 수군절도사에 임명된 지 3개월 만에 임진왜란이 일어났다. 5월 7일 옥포해전에서 이순신과 합세하여 적선 26척을 격침시켰다. 이후 합포해전·적진포해전·사천포해전·당포해전·당항포해전·율포해전·한산도대첩·안골포해전·부산포해전 등에 참전하여 이순신과 함께 일본 수군을 무찔렀다. 선조 26년(1593) 이순신이 삼도수군통제사가 되자 그의 휘하에서 지휘를 받게 되었으나, 두 장수 사이에 불화가 생기게 되었고, 이에 원균은 해군을 떠나 육군인 충청절도사로 자리를 옮겼다. 이후 전라좌병사로 옮겼다. 선조 30년(1597) 정유재란 때 가토 기요마사가 쳐들어오자 수군이 앞장서 막아야 한다는 건의가 있었지만 이순신이 이를 반대하여 출병을 거부하자 수군통제사에서 파직당하고 투옥되었다. 원균은 이순신의 후임으로 수군통제사가 되었다. 기문포해전에서 승리하였으나 안골포와 가덕도의 일본군 본진을 공격하는 작전을 두고 육군이 먼저 출병해야 수군이 출병하겠다는 건의를 했다가 권율에게 곤장형을 받고 출병을 하게 된다. 그해 6월 가덕도해전에서 패하였으며, 7월 칠천량해전에서 일본군의 교란작전에 말려 참패하고 전라우도 수군절도사 이억기(李億祺) 등과 함께 전사하였다. 이 해전에서 조선의 수군은 제해권을 상실했으며 전라도 해역까지 일본군에게 내어 주게 되었다. 그가 죽은 뒤 백의종군하던 이순신이 다시 수군통제사에 임명되었다.

원황(袁黃) 1533~1606. 명나라 사람으로 절강 가흥부(嘉興府) 가선현(嘉善縣) 출신이다. 자는 곤의(坤儀)이다. 만력 연간에 진사가 되어 보저현(寶坻縣)의 지현(知縣)에 임명되었다가 선정을 펼쳐 병부주사(兵部主事)로 발탁되었다. 임진왜란 때 송응창을 보좌하여 원정에 나섰으며 계책을 세우는 데 많은 역할을 하였다. 원황이 임진왜란 당시 명에서 맡았던 정식 관직은 병부의 직방청리사주사(職方淸吏司主事)였다. 임진왜란 당시 명의 정규군이 조선에 파견될 때 병부원외랑(兵部員外郎) 유황상(劉黃裳)과 함께 찬획(贊畫)으로 파견되어 참모 역할 등을 수행하였다. 특히 병참과 관련된 업무를 많이 담당해서 군량 문제 등을 조선 조정과 논의하는 경우가 많았다.

위학증(魏學曾) 1525~1596. 명나라 사람으로 섬서 경양현(涇陽縣) 출신이다. 자는 유관(惟貫)이다. 가정 32년(1553)에 진사가 되었다. 호부주사·이부우시랑(吏部右侍郎) 등을 역임하였으나 당시 집권자였던 내각대학사 장거정의 비위를 거슬러 파직당하였다. 장거정 사후에 다시 남경호부우시랑(南京戶部右侍郎)에 임명되었고 남경호부상서(南京戶部尙書)를 거쳐 섬서총독(陝西總督)으로 부임하였다. 만력 20년(1592) 보바이의 난이 일어나자 반란 진압을 총괄하였으나, 연달아 진압에 실패한 후 탄핵당해 관직을 삭탈당하였다. 하지만 그가 파직된 지 한 달이 지나지 않아 보바이의 난이 진압되었고, 그 결과 본래 관직이 회복되었다.

유정(劉綎) 1553~1619. 명나라 사람으로 강서 남창부(南昌府) 홍도현(洪都縣) 출신이다. 자는 자신(子紳), 호는 성오(省吾)이다. 도독(都督) 유현(劉顯)의 아들로, 음서로 지휘사(指揮使)의 관직을 받았다. 이후 누차 전공을 세우면서 사천총병(四川總兵)까지 승진하였다. 임진왜란 때에는 어왜총병관(禦倭總兵官)으로 참전하였으며 나중에 후금과의 전쟁에서 사망하였다.

유황상(劉黃裳) 1529~1595. 명나라 사람으로 하남 광주(光州) 출신이다. 자는 현자(玄子)이다. 만력 14년(1586) 진사에 올랐고 문장으로 유명하였다고 한다. 병부원외랑, 찬획경략(贊畫經略)으로 임진왜란 때 송응창의 군무를 보조하는 임무를 맡았다. 압록강을 건너 평양에 도달하여 적병을 크게 물리쳤으며 퇴각하는 적을 쫓아 연승을 거두었다. 이 공을 인정받아 낭중(郎中)으로 승진하였다.

윤근수(尹根壽) 1537~1616. 조선 사람으로 본관은 해평(海平)이다. 자는 자고(子固), 호는 월정(月汀), 시호는 문정(文貞)이다. 임진왜란 때 명나라에 구원병 5만 명을 청하고 전쟁 물자를 얻는 데 결정적 역할을 한 외교관이다. 일본군이 서울 근교에 육박하자 선조는 평소 신뢰하였던 윤근수 형제를 조정으로 불러 피난길에 앞장세웠다. 우의정 윤두수(尹斗壽)가 중국어를 잘하는 동생 예조판서 윤근수를 사신으로 명나라에 보내 조선의 위급한 상황을 알리고 구원병을 요청하게 하였다. 윤근수는 명나라 요동도사(遼東都司)와 광녕부(廣寧府)에 가서 5만 명의 구원병을 조선에 보내달라고 교섭하였다. 이에 7월 명나라 장수 조승훈(祖承訓)이 요동 군사 5000여 명을 거느리고 먼저 조선으로 들어왔다. 이어 10월에 비변사에서 윤근수를 요동에 계속 보내어 구원병을 증파할 것을 교섭하게 하였으므로, 6개월 사이에 윤근수는 명나라 광녕부에 세 번, 요동도사에 여섯 번 왕래하면서 명나라 경략 송응창과 광녕총병관(廣寧總兵官) 양소훈 등과 교섭하였다. 그 결과 12월에는 명나라 제독 이여송이 요동 군사 4만 2000여 명을 거느리고 조선으로 들어왔다.

윤두수(尹斗壽) 1533~1601. 조선의 문신으로 본관은 해평(海平)이다. 자는 자앙(子仰)이고 호는 오음(梧陰)이다. 임진왜란 때 명나라 측과 소통하는 데 결정적인 역할을 한 윤근수의 형이다. 명종 13년(1558) 식년 문과에 급제하여 승문원(承文院)에 들어간 이후 여러 관직을 역임하였다. 선조 10년(1577) 명나라에 사신으로 다녀온 후 도승지(都承旨)로 승진하였으나 이종동생 이수(李銖)의 옥사에 연좌되어 윤근수와 함께 파직되었다가 복직되었다. 선조 22년(1589) 명나라에 사신으로 가서 종계변무(宗系辨誣)한 공으로 광국공신(光國功臣) 2등에 해원군(海原君)으로 책봉되었다. 선조 24년(1591) 세자 책봉 문제[建儲問題]로 화를 당하여 유배되었으나 임진왜란이 발발하자 복직되어 좌의정에 이르렀다. 선조 27년(1594) 삼도체찰사(三道體察使)를 겸하여 세자를 시종하였다. 선조 32년(1599) 영의정에 올랐으나 곧 사직하였다. 이후 호성공신(扈聖功臣) 2등에 책록되었다.

이녕(李寧) ?~?. 명나라 사람으로 요동 철령위(鐵嶺衛) 출신이다. 이성량의 가정 출신이며 용력(勇力)으로 이름났다. 만력 20년(1592) 이여송 휘하에서 참장으로 친병(親兵) 1000명을 통솔하여 평양성 전투에 참전하였고 계속 공을 세워 부총병에 이르렀다. 만력 25년(1597)에 흠차통령보정영병비왜부총병 서도독첨사(欽差統領保定營兵備倭副總兵署都督僉事)로 마병 2000명을 이끌고 남하하였는데 만력 26년(1598) 4월 거창(居昌) 지역에서 일본군과 전투하다 사망하였다.

이도(李都) ?~?. 명나라 사람이다. 요동의 식량 운송을 관장하였다.

이방춘(李芳春) ?~?. 명나라 사람으로 직례 대명부(大名府) 평로위(平虜衛) 출신이다. 자는 응시(應時), 호는 청강(晴岡)이다. 만력 20년(1592) 흠차통령계진준화참장(欽差統領薊鎭遵化參將)으로 마병 2000명을 이끌고 조선에 왔다. 만력 21년(1593)에 돌아갔다가 만력 25년(1597)에 총병으로 다시 왔다. 이방춘은 본래 이성량의 가정이었다. 낙상지·사대수와 함께 뛰어난 용맹으로 유명하였다. 중협대장(中協大將) 이여백의 지휘를 받아 여러 전투에 참여하였는데, 특히 평양성 전투에서 크게 활약해서 평양 수복에 중요한 역할을 하였다.

이승훈(李承勛) ?~?. 명나라 사람이다. 왜구에 대한 방어가 긴요해지자 만력 23년(1595)에 북방의 중요 수비지역이었던 산동총병관 겸 도독첨사(山東總兵官兼都督僉事)에 추천되어 수륙의 관병을 제독하였다. 이승훈은 군령을 매우 엄격히 하여 부하들이 민간에서 함부로 물품을 징발하는 것을 금하였다. 정유재란이 마무리될 무렵 명군 제독 총병관(總兵官)으로 조선에 파견되어 서울에 머무르며 전쟁의 뒤처리를 담당하였다. 만력 28년(1600) 10월에 명나라로 돌아갔다.

이시다 마사즈미(石田正澄) ?~1600. 일본 사람이다. 이시다 미쓰나리의 친형이다. 미쓰나리와 함께 도요토미 히데요시의 가신이 되었다. 임진왜란 시에는 나고야성에서 조선으로 물자를 수송하는 일을 담당했다. 세키가하라 전투에서 패한 후 사망하였다.

이시다 미쓰나리(石田三成) 1560~1600. 일본 사람이다. 오미(近江) 출신으로 10대에 도요토미 히데요시의 가신이 되었다. 임진왜란이 발발하자 조선에 들어와 한양에서 부대를 감독하는 역할을 하였다. 1593년 평양성에서 패전하여 후퇴한 이후 고니시 유키나가와 함께 강화 교섭을 진행하였다. 정유재란 때는 히데요시 사망 후 일본군의 철수를 주도하였다. 이후 세키가하라 전투 때 패하여 참수되었다.

이식(李植) ?~?. 명나라 사람이다. 자는 여배(汝培)이다. 만력 5년(1577) 진사가 되었다.

이여매(李如梅) ?~1612. 명나라 사람으로 요동 철령위 출신이다. 자는 자청

(子淸), 호는 방성(方城)이다. 이여송의 동생으로, 임진년에 흠차의주위진수참장(欽差義州衛鎭守參將)으로 마병 1000명을 이끌고 이여송을 따라 조선에왔다가 만력 21년(1593)에 명나라로 돌아갔다. 일본과의 강화 교섭이 진행되고 전쟁이 고착화되자 이여송과 함께 요동으로 돌아갔다가 정유재란이발발하자 다시 참전하였다. 울산성 전투에서 선봉으로 나서서 외성을 함락하는 등 큰 공헌을 하였다. 이여송이 광녕(廣寧)에서 죽자 형의 관직인 요동총병을 승계하여 요동을 방어하였다.

이여송(李如松) 1549~1598. 명나라 사람으로 요동 철령위 출신이다. 자는자무(子茂), 호는 앙성(仰城)이다. 조선 출신인 이영(李英)의 후손이며 아버지는 이성량으로, 전공을 세워 광녕총병(廣寧總兵)이 되었다. 이여송의 동생은 이여백, 이여장, 이여매이며 모두 총병관에 임명되었다. 철령위 지휘동지(指揮同知)를 세습하다가 만력 11년(1583)에 산서총병관(山西總兵官)이 되었다. 만력 20년(1592) 감숙(甘肅) 영하(寧夏)에서 보바이(哱拜)의 난이 일어나자 제독으로 토벌군을 이끌고 참전하여 동생인 이여장과 함께 반란 진압에 큰 공을 세웠다. 그 공으로 도독(都督)으로 승진하였으며, 임진왜란이 일어나자 흠차제독계요보정산동등처방해어왜군무총병 중군도독부도독동지(欽差提督薊遼保定山東等處防海禦倭軍務總兵中軍都督府都督同知)로 임명되어 조선으로 파병되었다. 4만 명의 병력을 이끌고 압록강을 건넌 이여송은 만력21년(1593) 1월 조선의 승군, 관군과 연합하여 평양성을 함락시키고 퇴각하는 일본군을 추격하며 평안도와 황해도, 개성 일대를 탈환하였지만, 서울 부근 벽제관에서 일본군에 패하여 개성으로 퇴각하였다. 그 뒤에는 전투에 적극적으로 나서지 않고 화의 교섭에 주력하다가 명으로 철군하였다. 조선 조정에서는 그의 공적을 기려 생사당(生祠堂)을 세웠다.

이여오(李如梧) ?~?. 명나라 사람으로 요동 철령위 출신이다. 이성량의 아들이자 이여송의 동생이다.

이원익(李元翼) 1547~1634. 조선 사람으로 본관은 전주(全州)이며 한성부(漢城府) 출신이다. 자는 공려(公勵), 호는 오리(梧里), 시호는 문충(文忠)이다. 선조 3년(1569) 문과에 급제하여 성균관전적(成均館典籍), 동부승지(同副承旨) 등 여러 관직을 역임하였다. 임진왜란이 발발하자 평안도관찰사 겸순찰사가 되어 일본군 토벌에 공을 세웠다. 선조 26년(1593) 이여송과 합세해 평양을 탈환한 공로로 숭정대부(崇政大夫)에 가자되었고, 선조가 환도한 뒤에도 평양에 남아서 군병을 관리하였다. 선조 28년(1595)에는 변무사(辨誣使)로 명에 사행을 다녀왔으며, 선조 31년(1598) 영의정에 임명되었다. 선조 37년(1604)에는 충근정량효절협책호성공신 2등(忠勤貞亮効節協策扈聖功臣二等)에 녹훈되었고 완평부원군(完平府院君)에 봉작되었다. 또한 임진왜란 때의 공로로 선무원종공신 2등(宣武原從功臣二等)에 녹훈되었다.

이유승(李有昇) ?~1593. 명나라 사람으로 요동 철령위 출신이다. 이여송을 따라 조선에 왔다. 벽제관 전투에서 일본군 하나가 칼을 휘두르며 돌진해와서 하마터면 이여송이 위험할 뻔하였는데, 이때 이유승이 옆에 있다가 뛰쳐나와 적을 막다 죽었다. 『상촌고』에는 "이유승(李有升)"으로 기록되어 있다.

이응원(李應元) 1525~?. 명나라 사람으로 하남 개봉부(開封府) 상부현(祥符縣) 출신이다. 자는 문징(文徵)이다. 가정 32년(1553) 진사가 되었다.

이종성(李宗城) 1560~1623. 명나라 사람이다. 자는 규악(葵岳), 호는 여번(汝藩)이며 남직례 풍양부(風陽府) 출신이다. 벽제관 전투 후 명 조정은 도요토미 히데요시를 일본 국왕으로 책봉하여 전쟁을 끝마치려 했고 이종성을 책봉사행의 정사(正使)로 임명했다. 이종성은 일본으로 가기 위해 부산 일본군 진영에 머물던 중 살아돌아오지 못할까 겁을 먹어 일본 진영을 탈출하였고 명에 돌아가 황제의 명을 욕되게 한 죄로 처벌받았다.

이평호(李平胡) ?~?. 오랑캐 지역의 사람인데 영원백 이성량이 그의 용모를 기이하게 여겨 아들로 거두었다. 임진년에 흠차통령요동조병 원임부총병 서도독동지(欽差統領遼東調兵原任副總兵署都督同知)로 마병 800명을 이끌고 제독을 따라 조선에 왔다가 만력 21년(1593) 10월에 명나라로 돌아갔다.

임자강(任自强) ?~?. 명나라 사람으로 대동(大同) 양화위(陽和衛) 출신이다. 자는 체원(體元), 호는 관산(冠山)이다. 만력 20년(1592)에 흠차통령요동조병 원임부총병 서도독동지(欽差統領遼東調兵原任副總兵署都督同知)로 선부(宣府)의 병력 1000명을 이끌고 압록강을 건너왔다가 만력 21년(1593)에 명나라로 돌아갔다. 만력 27년(1599)에 무원(撫院)의 청용관(聽用官)으로 다시 조선에 왔다가 명나라로 돌아갔다.

임해군(臨海君) 이진(李㻶) 1572~1609. 선조의 서장자로 어머니는 공빈 김씨(恭嬪金氏)이다. 자는 진국(鎭國)이다. 임진왜란이 발발하자 근왕병 모집을 위해 함경도로 떠났다. 9월 함께 회령(會寧)에 주둔 중이었던 순화군과 함께 반란 세력에게 잡혔다가 가토 기요마사에게 포로로 넘겨졌다. 가토는 조선 정부와 오랫동안 석방 협상을 벌인 끝에 선조 26년(1593) 8월 부산에서 임해군 일행을 석방하였다. 임해군은 성질이 본래 포악하였는데 포로 경험으로 인해 더욱 심해졌다고 한다. 한편, 명나라는 광해군이 장자가 아니라는 이유로 세자 책봉을 미루었는데 광해군 즉위년(1608) 광해군 즉위 후 이 문제가 다시 거론되어 조선에 사신을 파견하였다. 일부 대신들과 명나라가 임해군을 왕으로 즉위시킬 것을 주장하자 임해군은 역모죄로 몰려 진도(珍島)로 유배되었고 이듬해 사사되었다. 인조 즉위년(1623) 인조(仁祖) 즉위 후 신원되었다.

장구경(張九經) ?~?. 명나라 사람으로 하남 수양위(睢陽衛) 출신이다. 호는 봉죽(鳳竹)이다. 중군기고관(中軍旗鼓官)으로 송응창을 따라 조선에 왔다. 이후 만력 25년(1597)에 형개의 기고관으로 다시 왔다.

장기공(張奇功) ?~?. 명나라 사람으로 요동 출신이다. 만력 20년(1592) 진무(鎭撫)로 차출되어 양오전(楊五典)과 함께 조선의 사정을 자세히 탐지하고 돌아갔다. 돌아간 지 얼마 되지 않아 원임 참장으로 대녕영(大寧營)의 병마 1000명을 이끌고 이여송을 따라 재차 조선에 왔다가 만력 21년(1593)에 명나라로 돌아갔다.

장사충(張思忠) ?~?. 명나라 사람으로 직례 광평부 비향현(肥鄕縣) 출신이다. 자는 자정(子貞)이다. 가정 44년(1565) 진사가 되었다.

장삼외(張三畏) ?~?. 명나라 사람으로 요동 삼만위(三萬衛) 출신이다. 만력 20년(1592)에 요동도지휘사사첨사(遼東都指揮使司僉事)로 의주에 와 머물면서 군량을 관리하였다.

장세작(張世爵) ?~?. 명나라 사람으로 광동우위(廣東右衛) 출신이다. 호는 진산(鎭山)이다. 만력 20년(1592) 도독 이여송 예하부대에서 흠차정왜우영 부총병 도지휘사(欽差征倭右營副總兵都指揮使)로 군사 1500명을 거느리고 평양성 전투에 참전하였다. 평양성 전투에서 크게 활약해서 평양 수복에 주도적인 역할을 하였다. 만력 21년(1593)에 이여송과 함께 명나라로 돌아갔다.

장위(張位) 1534-1610. 명나라 사람으로 강서 남창(南昌) 신건(新建) 출신이다. 자는 명성(明成), 호는 홍양(洪陽)이다. 융경 2년(1568) 진사가 되었고, 만력 연간 초 수보대학사 장거정과의 불화로 좌천되었다. 장거정 사후 복권되어 여러 관직을 역임하다 만력 19년(1591)에 이부좌시랑 겸 동각대학사를 제수받았고, 곧 예부상서에 올랐다. 만력 26년(1598)에 탄핵을 당하여 관직이 삭탈되었다. 훗날 천계 연간에 복권되었고 태보(太保)로 추증되었다. 시호는 문장(文莊)이다.

장응충(張應种) ?~?. 명나라 사람이다. 만력 20년(1592) 12월에 흠차통령남북조병탁주참장(欽差統領南北調兵涿州參將)으로 마병 1500명을 이끌고 조선에 나왔다가 만력 21년(1593) 4월에 명나라로 돌아갔다.

전세정(錢世禎) 1561~1644. 명나라 사람으로 직례 가정현(嘉定縣) 출신이다. 자는 자손(子孫), 호는 삼지(三持)이다. 만력 17년(1589) 무과 진사에 급제하여 계진참장(薊鎭參將), 소주위진무(蘇州衛鎭撫), 절강총운(浙江總運), 동정유격장군(東征遊擊將軍), 금산진참장(金山鎭參將) 등의 관직을 역임하다가 나중에는 강서총병(江西總兵)으로 승진하였다. 임진왜란 때 유격장군으로 승진하였다. 오유충과 함께 명나라 군대를 선봉하여 압록강을 건널 수 있게 통솔하였다. 만력 21년(1593) 정월 1일 일본 정탐 군대와의 전투에서 승리하고, 제독 이여송과 함께 평양을 점령하고 대동강으로 가서 일본군을 개성으로 물리쳤으며, 일본군 장수 1명을 참수하였다. 참수 때 일본군 장수의 이름을 물었지만 답을 얻지 못하여 이 공로는 알려지지 않았다.

정락(鄭洛) 1530-1600. 명나라 사람이다. 자는 우수(禹秀), 호는 범계(範溪)이며, 보정부(保定府) 안숙현(安肅縣) 사람이다. 가정 35년(1556)에 진사가 되어 관직 생활을 시작하였다. 융경 연간부터 북방 방어에 관여하여 공을 세웠다. 몽골의 알탄 칸이 사망하자 그 아들 셍게가 제2대 순의왕(順義王)으로 즉위할 수 있도록 조정하였으며, 셍게 사후에는 그의 아들 출루게의 계승을 지원하여 명과 몽골의 화의가 순조롭게 지속되는 데 큰 공헌을 하였다. 만력 17년 출루게가 소남 갸초의 유해를 전송하기 위해 청해(靑海) 지역으로 원정하자 청해 몽골의 유력자 콜로치 등이 명의 서북 변경을 위협하게 되었고, 명은 정락으로 하여금 선부(宣府)·대동(大同)·산서(山西)·

섬서(陝西)·연수(延綏)·영하(寧夏)의 변무(邊務)를 경략(經略)하도록 하였다. 그는 청해 몽골을 군사적으로 격퇴하는 한편 티베트계 원주민을 포섭하고 청해 몽골과 오르도스·투메트의 연결을 차단하며, 순의왕 출루게를 동쪽으로 돌려보내기 위해 노력함으로써 위기를 극복하는 데 크게 공헌하였다. 시호는 양민(襄敏)이다.

정문빈(鄭文彬) ?~?. 명나라 사람이다. 원임(原任) 하간부동지(河間府同知)로 군량을 관리하였는데, 만력 20년(1592)에 조선에 왔다가 만력 21년(1593)에 명나라로 돌아갔다. 만력 25년(1597)에 다시 조선에 왔다.

조문명(趙文明) ?~?. 명나라 사람이다. 만력 20년(1592) 흠차진정유격장군(欽差眞定遊擊將軍)으로 마병 1000명을 이끌고 조선에 왔다가 만력 21년(1593)에 명나라로 돌아갔다.

조승훈(祖承訓) ?~?. 명나라 사람으로 영원위(寧遠衛) 출신이다. 호는 쌍천(雙泉)이다. 원래 이성량의 가정이었다가 부총병 우군도독부도독첨사(右軍都督府都督僉事)가 되었다. 만력 20년(1592) 7월에 유격(遊擊) 사유(史儒)와 평양성 전투에서 패해 파직되었다. 그 후 이여송의 표하관으로 기용되어 평양성 공격에 참가해 공을 세웠다. 이에 따라 요양협수(遼陽協守)에 인임되었지만 곧바로 또 죄에 걸려 파직되었다. 만력 25년(1597)에 다시 군문 형개를 따라 조선에 왔다.

조여매(趙汝梅) ?~?. 명나라 사람으로 요동 철령위 출신이다. 호는 초암(肖菴)이다. 산서 노안부(潞安府) 호관현(壺關縣)의 지현으로 만력 20년(1592) 12월에 나와서 군량을 관리하였다. 적이 물러가자 이여송을 따라 서울로 들어왔다가 얼마 뒤에 송응창의 탄핵을 받고 만력 21년(1593) 9월에 명나라로 돌아갔다.

조지고(趙志皐) 1524-1601. 명나라 사람이다. 절강 금화부(金華府) 난계현(蘭溪縣) 출신으로 자는 여매(汝邁), 호는 곡양(濲陽)이다. 융경 2년(1568), 과거에 3등으로 급제한 후 한림원(翰林院)에서 여러 관직을 역임하였다. 만력 연간 초 실세였던 장거정을 탄핵한 일에 연루되어 좌천되었다가 장거정 사후인 만력 11년(1583)에 복권되었다. 만력 19년(1591)에는 동각대학사로 임명되었고 곧 수보대학사가 되었다. 시호는 문의(文懿)이다.

조지목(趙之牧) ?~?. 명나라 사람이다. 임진왜란 때 우협대장(右協大將) 장세작의 통솔을 받았던 사람 중 하나이다. 『선조수정실록』 25년(1592) 12월 1일과 『선조실록』 26년(1593) 1월 11일 기사에는 조지목이 통령창평우영병참장(統領昌平右營兵參將)이라고 명기되어 있다.

종명고(鍾鳴高) ?~?. 명나라 사람으로 남직례 단양(丹陽) 출신이다. 자는 함정(咸亭)이다. 만력 10년(1582) 거인이 되었고, 만력 20년(1592) 진사가 되었다.

주경(周京) ?~?. 명나라 사람으로 직례 광평부(廣平府) 영년현(永年縣) 출신이다. 자는 자의(子依)이다. 가정 32년(1553)에 진사가 되었다.

주역(周易) ?~?. 명나라 사람이다. 만력 20년(1592) 조선에 들어와서 제4차 평양성 전투에 참가하였다.

주유한(周維翰) ?~?. 명나라 사람으로 직례 하간부(河間府) 부성현(阜城縣) 출신이다. 호는 도우(韜宇)이다. 만력 8년(1580)에 진사가 되었다. 만력 21년(1593) 2월에 흠차순안요동 겸 관해방군무 감찰어사(欽差巡按遼東兼管海防軍務監察御史)로 조선으로 와서 감군(監軍)하며 평양에 도착하였고 6월에 돌아갔다. 파견 목적은 평양성 전투에서 명군의 사상자를 파악하고 이여송이 승전을 보고할 때 죽은 조선인을 일본인으로 속였다고 하는 탄핵 내용을 현지에서 조사하는 것이었다.

주홍모(周弘謨) ?~1594. 명나라 사람이다. 만력 20년(1592) 흠차통령선부영병유격장군(欽差統領宣府營兵遊擊將軍)으로 마병 1000명을 이끌고 조선에 왔다가 만력 21년(1593) 명나라로 돌아갔다. 만력 22년(1594)에 적들을 선유(宣諭)하기 위해 재차 와서 서울에 머물렀는데, 얼마 되지 않아 말에서 떨어져 병으로 죽었다.

진린(陳璘) 1532~1607. 명나라 사람으로 광동 소주부(韶州府) 옹원현(翁源縣) 사람이다. 자는 조작(朝爵), 호는 용애(龍厓)이다. 가정 연간 말에 지휘첨사(指揮僉事)가 되었고, 영덕(英德)의 농민봉기를 진압한 공로로 광동수비(廣東守備)가 되었다. 광동(廣東)의 군사를 이끌고 부총병으로 임진왜란에 참전하였으며, 정유재란 때 다시 파견되어 어왜총병관(禦倭總兵官)으로서 조선의 이순신과 함께 노량해전에서 전과를 올렸다. 이후에도 귀주(貴州)와 광동에서 무관으로 활동하였다.

진문촉(陳文燭) 1525~?. 명나라 사람으로 호광 승천부(承天府) 면양주(沔陽州) 출신이다. 자는 옥숙(玉叔), 호는 오악산인(五嶽山人)이다. 가정 44년(1565) 진사가 되었다. 대리시평사(大理寺評事), 사천제학부사(四川提學副使), 산동좌참정(山東左參政) 등을 역임하였고 남경 대리시경(南京大理寺卿)에 이르렀다.

진방철(陳邦哲) ?~?. 명나라 사람이다. 만력 20년(1592) 흠차통령산서영원임참장(欽差統領山西營原任參將)으로 군사 1000명을 이끌고 조선에 왔다가 만력 21년(1593) 명나라로 돌아갔다.

진신(陳申) ?~?. 명나라 사람으로 복건 동안현(同安縣) 출신이다. 금문도(金門島)에서 상인으로 활동하였다. 만력 16년(1588) 4월 복주(福州)에서 출항하였으나 유구(琉球)에서 배가 좌초하였다. 진신은 유구에 잔류하던 중 도요토미 히데요시의 명나라 공격 계획을 듣게 된다. 그는 유구의 협력을 받아 유구의 조공 사절에 동행하여 만력 19년(1591) 윤3월에 복주로 귀국해서 자신이 들은 정보를 보고하였다. 이후 만력 20년(1592) 11월에 송응창에게 파견되거나 만력 22년(1594) 마닐라로 파견되는 등 일본에 대한 명의 모략 실행에 누차 동원된 것으로 보인다.

척금(戚金) 1556~1621. 명나라 사람으로 산동 등주위(登州衛) 출신이다. 만력 21년(1593) 흠차통령가호계송조병유격장군(欽差統領嘉湖薊松調兵遊擊將軍)이라는 직함으로 1000명의 보병을 거느리고 조선에 입국하여 평양성 전투에 참가하였다. 이때 남병(南兵)이라고도 불린 절강성(浙江省) 군사들의 전법은 조선의 관심을 불러일으켰다. 이들의 전법체계인 절강병법(浙江兵法) 혹은 척가병법(戚家兵法)은 척계광이 창안한 '어왜법(禦倭法)'이었고, 척계광의 인척으로 알려진 척금에 대한 관심도 높았다. 척금은 용맹함뿐만 아니라 겸손함으로도 알려져 있었다. 척금은 부대의 규율을 엄격히 하여 주변에 폐를 끼치지 않았다. 정탁(鄭琢)은 그를 두고 "옛 장수의 풍모를 지닌 인물"이라고 평가하였다. 전라도 여산군(礪山郡)에는 척금의 군대가 주둔하면서 전혀 해를 끼치지 않았던 점을 칭송하는 청덕비(淸德碑)가 백성에 의해 세워지기도 하였다. 만력 22년(1594) 명나라로 돌아갔다.

최경영(崔景榮) ?~1631. 명나라 사람이다. 자는 자강(自强)이며 대명부(大名府) 출신이다. 만력 11년(1583) 진사가 되어 출사하였고 감숙(甘肅), 호광(湖廣), 하남(河南), 사천(四川) 등지를 18년 동안 순안했다. 양응룡(楊應龍)의 반란을 진압했고 영하(寧夏)를 순무했다. 천계 4년(1624)에는 이부상서(吏部尙書)에 임명되었다.

필장(畢鏘) 1517-1608. 명나라 사람으로 남경(南京) 지주부(池州府) 석태현(石埭縣) 출신이다. 자는 정명(廷鳴)이다. 가정 23년(1544)에 진사가 되었다. 융경 6년(1572) 형부우시랑(刑部右侍郎)에 부임한 후 본격적으로 중앙 관직에서 활동하였고, 만력 연간 호부시랑(戶部侍郎)·남경호부상서(南京戶部尚書)·북경호부상서(北京戶部尚書) 등을 역임하였다. 관직에 있을 때 공정함을 엄숙히 지켜 중망(衆望)이 있었다고 한다. 80세 때 태자소보(太子少保)를 더하였으며, 93세로 세상을 떠나자 태자태보(太子太保)를 증직하고 공개(恭介)라는 시호를 내렸다.

한종공(韓宗功) ?~?. 명나라 사람으로 요동 철령위 출신이다. 제독 이여송의 자부(姊夫)라고 일컬어지기도 하였다. 원임 비어(備禦)로 이여송을 따라 조선에 왔다.

한취선(韓取善) 1546~?. 명나라 사람으로 산동 제남부(濟南府) 치천현(淄川縣) 출신이다. 자는 성암(惺菴)이다. 만력 5년(1577)에 진사가 되었다. 만력 21년(1593) 2월에 흠차분수요해동녕도 겸이둔전 산서포정사우포정(欽差分守遼海東寧道兼理屯田山西布政司右布政)으로 조선에 와서 감군하였다.

허욱(許頊) 1548~1618. 조선 사람으로 본관은 양천(陽川)이다. 자는 공신(公愼), 호는 부훤(負暄), 시호는 정목(貞穆)이다. 선조 15년(1572)에 문과에 급제하였고 선조 24년(1591) 공주목사(公州牧使)로 재직하다 임진왜란이 일어나자 호남·호서 지방을 방어하는 데 공을 세웠다. 선조 26년(1593) 충청도 관찰사(忠淸道觀察使)가 되었는데, 군량을 충분히 확보하지 못하였다고 탄핵당해 파직되었다. 곧 이조(吏曹)의 요청과 류성룡의 추천으로 형조참의에 임명되었고, 청량사(請糧使)로 명나라에 건너가 산동 지방의 곡식 2만 2700섬을 얻어왔다. 이후 관직이 좌의정에 이르렀다.

호란(胡鸞) ?~?. 『상촌고』에 따르면 이여송이 직접 임용한 관원이었다.

호택(胡澤) ?~?. 명나라 사람으로 절강 소흥부 여요현 출신이다. 호는 용산(龍山)이다. 원임관(原任官)으로 일본 진영에 왕래하였다. 만력 22년(1594)에 경략 고양겸의 표하관으로 다시 왔고, 만력 25년(1597)에도 조선에 왔다. 심유경과 함께 일본과의 강화를 위해 노력하였기 때문에 조선의 군신과는 수많은 외교적 갈등을 초래하였다. 호택은 조선 조정에 중국 황제에게 보내는 글을 올려 일본에 대한 책봉을 요청하도록 강요하기도 하였다.

홍진(洪進) 1541~1616. 조선 사람으로 본관은 남양(南陽)이다. 자는 희고(希古)이다. 명종 19년(1564) 사마시에 합격하고, 선조 3년(1570) 병과로 급제하였다. 선조 25년(1592) 임진왜란이 일어나자 임금의 어가를 호종하였다. 그 후 좌부승지(左副承旨)에 오른 뒤, 우승지(右承旨), 좌승지(左承旨)를 역임하였다. 이듬해(1593) 9월 환도(還都)하기에 앞서 한성판윤(漢城判尹)에 임명되었다. 임진왜란 때 호종한 공으로 호성공신(扈聖功臣) 2등에 책록되었으며, 당흥부원군(唐興府院君)에 봉해졌다.

황걸(黃杰) ?~?. 명나라 사람이다. 하남 여녕부(汝寧府) 광주식현(光州息縣) 출신이며 자는 식언(式彦)이다. 만력 17년(1589) 진사로 급제하여 병부무선사주사(兵部武选司主事)에 임명되었다. 어머니가 사망하자 어머니의 관을 가지고 귀향하였고 얼마 지나지 않아 38세의 나이로 사망하였다.

황여형(黃汝亨) 1558~1626. 명나라 사람으로 절강 전당현(錢塘縣) 출신이다. 자는 정부(貞父), 호는 박현거사(泊玄居士)·우림거사(寓林居士)이다. 만력 26년(1598)에 진사가 되어 이듬해 강서 진현지현(進賢知縣)으로 벼슬을 시작하였으며, 태창(泰昌) 원년(1620) 호광포정사사우참의(湖廣布政使司右參議)로 치사하였다. 『부매란기(浮梅欄記)』·『천목기유(天目記遊)』·『염리전(廉吏

傳)』·『고주의(古奏議)』·『우용유기(寓庸遊記)』 등의 저술을 남겼으며, 『우림집(寓林集)』은 그의 문집이다. 서예가, 문장가로서 이름이 있었다.

후공진(侯拱辰) ?~? 명나라 사람으로 대흥(大興) 출신이다. 만력 9년(1581) 목종(穆宗)의 3녀 수양공주(壽陽公主)와 혼인하여 부마도위가 되었다. 이후 약 50년간 종인부(宗人府)를 관장하였다. 시호는 영강(榮康)이다.

송응창의《경략복국요편》역주
# 명나라의 임진전쟁 4 전후 처리

2021년 10월 25일 초판 1쇄 인쇄
2021년 10월 30일 초판 1쇄 발행

지은이      송응창
역주        구범진 · 김슬기 · 김창수 · 박민수 · 서은혜 · 이재경 · 정동훈 · 薛戈

총괄        장상훈(국립진주박물관장)
북디자인    김진운

발행        국립진주박물관
            경상남도 진주시 남강로 626-35
            055-742-5952
출판        ㈜사회평론아카데미
            서울특별시 마포구 월드컵북로6길 56
            02-326-1545
ISBN        979-11-6707-029-6  94910 / 979-11-89946-81-4(세트)